USHER in GRAMMAR

어셔인 그래머

어셔 어학 연구소

USHER in Grammar
TOEFL·TOEIC·IELTS　(어셔인 그래머 / 토플·토익·아이엘츠)

초 판 1쇄 발행 · 2016년 1월 31일
개정판 3쇄 발행 · 2020년 1월 01일
개정증보판 7쇄 발행 · 2024년 9월 01일

| 지 은 이 | 어셔 토플 연구소
| 펴 낸 곳 | (주)어셔 어학연구소
| 펴 낸 이 | 어셔 어학연구소
| 주　　소 | 서울시 서초구 잠원로3길 40 태남빌딩 2층 어셔 어학연구소
| 전　　화 | 02)595-5679
| 홈페이지 | www.usher.co.kr

ISBN 979-11-85317-10-6
CIP2018000471

정가 · 30,000원

저작권자 · ⓒ2018, 어셔 어학연구소
이 책 및 mp3 내용의 저작권은 저자에게 있습니다.
서면에 의한 저자와 출판사의 허락없이 내용의 일부 혹은 전부를 인용하거나, 발췌하는 것을 금합니다.

COPYRIGHT ⓒ 2018 by Usher Language Research Institute
All rights reserved including the rights of reproduction In whole or part in any form Printed in Korea

「이 도서의 국립중앙도서관 출판예정도서목록(CIP)은 서지정보유통지원시스템 홈페이지(http://seoji.nl.go.kr)와
　국가자료공동목록시스템(http://www.nl.go.kr/kolisnet)에서 이용하실 수 있습니다. (CIP제어번호: CIP2018008292)」

PREFACE

영어를 가르치다 보면,

정말 그냥 영어 공부한다며 오는 학생
아는 것도 아니고, 모르는 것도 아니게 뭔가를 아는 학생
공부 순서를 엉망으로 잡고 오는 학생
학원을 뺑뺑이 돌면서 실력은 여전히 모자란 학생

이 학생들을 위해 내린 결론은 다음과 같습니다.

문법책은

단순
명료
최소 분량, 최대 효과 가능케 함으로서
틀을 확실히 잡아야 한다.

그래서 그렇게 만든 책이 이 책입니다.
그러므로, 자잘한 내용이 없다고 징징대지 말고,
중요한 것을 확실히 잡아 두시기 바랍니다.
없는 것은 다 이유가 있어서이고,
있는 것 역시 다 이유가 있어서 입니다.

다음을 기억하기 바랍니다.

바보는 단순한 것을 복잡하게
천재는 복잡한 것을 단순하게

여러분들을 위해 만든 책이므로,
군말없이 잘 따라주시기 바랍니다.

단순하게 만든 기준은, 오로지하나 "사용 빈도" 입니다.
즉, 중요한 것 = 많이 쓰이는 것

누구를 위해

문법을 크게 두가지로 나눈다면,
조각조각을 알아야 하는 문법과
그 조각들을 통합하는 문법으로 나누고자 합니다.

즉, '단수 주어 뒤엔 s를 붙이고,
　　복수 주어 뒤엔 s를 붙이지 않는다.'
　'관사 a는 복수 명사와 같이 쓰지 않는다' 같은 문법을 조각문법으로 나눈다면,

본 교재는 후자, 즉 **통합에 초점을 맞춰 쓰여진 책**으로서, 이를 알아두면,
초심자에게는 영어 전반에 걸쳐 자신감을 얻을 수 있고,
수험 영어의 경우, 점수 확보가 될 것이며,
일반 영어의 경우라도, 영어의 가장 기초되는 문장 구조를 파악하는데 큰 도움을 얻을 수 있도록 구성되었습니다.

특히, 아직도 **문법 문제가 살아있는 토익이나 텝스, 수능**의 경우에는 확실한 효과를 얻을 수 있으며,

문법 문제는 사라졌거나, 없지만, 여전히 까다로운 문장구조 등을 섞어 리딩 문제 등을 내는,
토플이나, 아이엘츠(ielts) 심지어 SAT의 시험의 경우에도, 본 교재에서 다루는 문법 구조는 큰 도움이 되도록 만들었습니다.

이외, 영어에 있어, 문법이 영어를 하기 싫게 만든 것을 경험해 본 영포자라면,
꼭 백지 부분을 나가는 일주일 과정만이라도 확실히 해두면, 큰 도움이 되리라 확신합니다.

TABLE OF CONTENTS

Introduction

1	본 기초 영 문법 교재의 구성	6
2	본 기초 영 문법 교재를 잘 활용하려면	8
3	본 기초 영 문법 교재의 특징 및 목적	10

Usher 문법 백지

day 1 문장의 조건 및 종류	16
day 2 8품사 + 정형동사의 형태와 체크리스트	20
day 3 비정형 동사 (TO 부정사 + 동명사)	31
+ 명사의 기능과 체크리스트	
day 4 비정형 동사 (분사)	39
day 5 절개념 (that절과 what절)	44

Usher 문법 문장 묶기

Comets 묶기 샘플 지문	51

Actual Test 2회 (문법 실전 테스트)

Actual Test 1	56
오답노트	60
문장묶기	100
묶기 test	104
명사 기능 잡기	108
Actual Test 2	114
오답노트	118
문장묶기	158
묶기 test	162
명사 기능 잡기	166

영어 문법 별지

EASY		173
01.	자동사 vs 타동사	174
02.	과거형 동사	175
03.	불규칙 동사의 3단 변화	176
04.	주어와 동사의 수 일치	180
05.	3인칭 단수 현재형 동사	181
06.	진행형 동사	182
07.	조동사	183
08.	인칭대명사	187
09.	명사의 복수형 (규칙형)	188
10.	명사의 복수형 (불규칙형)	189
11.	관사	190
12.	어휘학습	191
13.	8품사와 문장 성분	198
14.	문장 형식	199
15.	영어사전 찾는 방법	200
HARD		201
[동사]		202
[접속사와 전치사] (일반)		221
[중요포인트]		229
[접속사와 전치사] (개별)		247

해석 별지

1 해석 Rules	270
2 There is / are	272
3 be+of / among	273
4 품사 구별에 관하여(most로 예시)	274
백지테스트 oral test 족보	276
승반테스트 oral test 족보	286
별도 구매 서비스 소개	331
어셔 프로그램 소개(백지+40문장)	339

USHER

 ## 기초 영 문법 교재의 구성
USHER in **GRAMMAR**

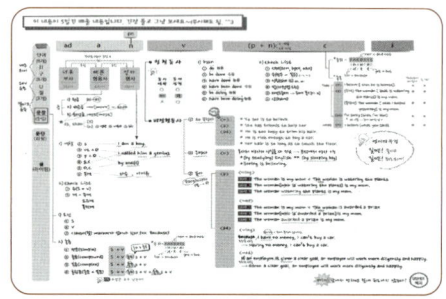
백지부분

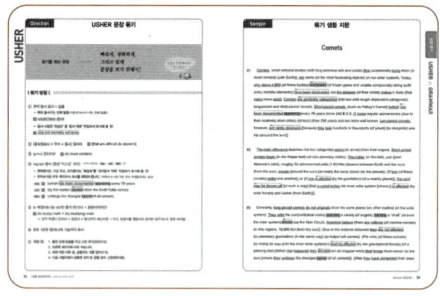
묶기 부분

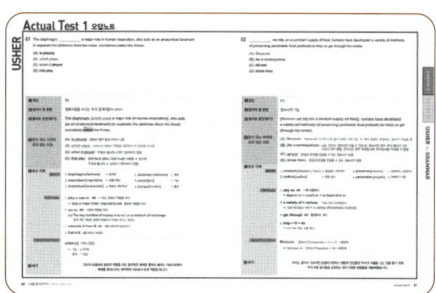
문제 풀이 부분

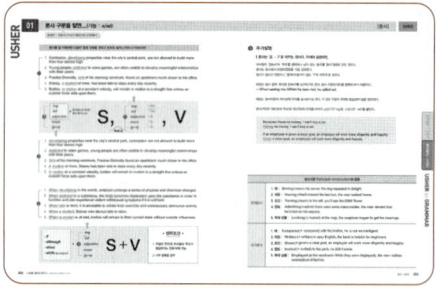
별지 부분

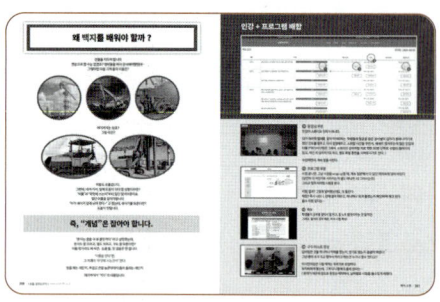
프로그램 소개

| 토플 공부도우미 |　usherin.usher.co.kr

교재는 크게 다섯 파트로 나위어져 있습니다.

1 백지부분은, 문법의 큰틀을 이해하고 싶은 분들에게 강하게 권합니다.

소요 시간은 5일이며, 이부분을 파악하면, 앞으로 문장에서 어떤 내용이 나오든, "그 부분이 뭐지?"라는 말도 안되는 질문을 피할 수 있습니다. 단, 반드시 주의할 것은, **절대!! 앞 부분이 이해가 되지 않으면, 뒷 부분으로 넘어가서는 안된다**는 사실입니다. 다시 말하면, 앞 부분 수업을 듣지 않은 상태에서는, 또는 앞 부분이 이해되지 않은 상태에서는 절대 뒷부분을 읽지 말라는 점입니다. 이유는 바닥 공사없이 건물을 올리는 것과 같습니다. 싫다면 해보고, 판단해도 좋습니다.

다음으로, **꼭!!! 숙지하고 다음으로 넘어가야** 합니다.
이 점은, 어셔어학원에서 강하게 추진하는 정책인 단어 습득과 다소 차이를 보이는 부분입니다. 단어 습득은 밑빠진 독에 물 붓는 방법입니다. 즉, 최선을 다한 후, 회독 수를 중요시 합니다. 하지만, 문법에서 본 교재의 내용 중, 백지 부분은, 최선이외, 확실한 숙지까지 해야합니다. 그렇지 못하면, 반드시 후회합니다. 이유는 첫째로 이미 설명했습니다.

2 묶기 부분

두번째 파트인, 묶기 부분은 할당 시간은 2일이내로, 솔직히, 정신 차리고 하면, 5시간 내외면 충분히 끝낼 수 있는 부분 입니다. 문제는, '아! 이렇구나~'를 파악하기 쉽지만, 그럼에도, **지속적으로 연습하지 않으면,** 곧 잊게 되고, 그러면, 가장 중요한 것을 잃게 됩니다.

결론부터 말씀 드리겠습니다.
네가지 구성, 즉, 백지, 묶기, 문제, 별지 중에서, **가장 큰틀을 제공하는 것은, 백지 부분**이지만, **가장 효과를 볼 수 있는것은 묶기 부분**입니다. 그리고 두 가지는 상호 보완적인 관계입니다. 백지 부분을 이해하지 못하면, 묶기 부분을 이해하지 못하고, 그 상태로 진행하면, 이해도가 상당히 떨어집니다.

다음으로, 백지만 해 두면 이해는 될 수 있어도, 활용을 하지 못합니다. 결국 써먹어야 하는데, 써먹지 못한단 얘기죠. 반드시 두 가지를 다 해내야 합니다. 이 부분 잘 기억하고 꼭 각 단계별 요구사항을 잘 따라 주시기 바랍니다. **그리고 무조건 점수날때까지 묶습니다.**

3 문제 풀이 부분

세번째 문제 풀이 부분은, 앞의 두가지만 잘되어 있으면, 자잘한 내용들이 붙게 되더라도 문제 없을 부분입니다. 수업시간 중 강조하는 세가지만 잘 지켜 주시면 됩니다.

1. **등떼고,**
2. **펜잡고,**
3. **멍 때리지 말고!!**

4 별지 부분

자잘하지만 알아두어야 할 내용 모음입니다.
막힐때마다, 작은 노력으로 하나씩 해결해 두면 상대적으로 실력이 쌓이는 걸 확인하기 쉬운 모음입니다.

5 어셔 프로그램 소개

어셔의 관리는 "책을 팔고 끝! 아닌, 책을 사는 순간 부터 !입니다.
차별화된 어셔의 관리를 설명해 놓았습니다.

2 본 기초 영문법 교재를 잘 활용하려면...

USHER in **GRAMMAR**

요구 정도는 다음과 같습니다.
자기가 아는것을 다른 사람에세 설명할줄 알만큼 해야합니다.

한번쯤 경험해 봤을 내용을 살피자면, 내가 안다고 생각한 것을 다른 누군가가 질문 했을때,
갑자기 막힐 때가 있었던 적이 있었을 겁니다.

이때 문제가 된 것은 알긴 아는데, **어설프게 아는 것이 가장 문제입니다.**

수업 내용중엔 이런 내용이 나와서는 안됩니다.
그래서 어셔어학원에서는 타 토익 토플 학원과는 다르게 자리 배치 자체도 스터디에 유리하게 되어있고, 수업시간 중에도 수시로 옆사람과 설명을 시킵니다. 이때 적극 참여해서 더 많은 것을 얻어가는 어셔인이 되었으면 합니다.

다음으로 how에서 중요한 것은, **꼭 두가지를 "까"** 두시기 바랍니다.
1) 우선, **자신의 실력을 타인에게 밝혀(까)** 주시기 바랍니다.
   한국에서 교육을 받은 학생들과 미국에서 교육받은 학생들 사이에서 가장 큰 차이가 있다면, (물론 많겠지만)
   채점할 때 표시 방법입니다.

   한국 학생들은, 맞은 것은 동그라미, 틀린 것은 사선으로 표시하지요.(작게 하거나 생략하기도 합니다.)
   미국에서 교육받은 학생들은, 맞은 것은 아무 표시하지 않고, 틀린 것에 동그라미 칩니다.

   이유를 살피자면, **한국 학생들은, 맞은 것은 드러내고, 틀린 것을 감추고 싶어합니다.**
   하지만, **미국에서 교육 받은 학생들은, 틀린 것만 크게 부각시켜서 본인의 실력을 늘리고자** 합니다.
   맞은 것은 이미 아는 것이니, 실력 향상이라는 점에 있어 틀린 것보다는 덜 중요하기 때문입니다.

   하지만, 학생들을 가르치다 보면, 역시나, 한국 학생들답게 틀린 것을 감추는 경우가 너무 많습니다.
   영어를 못하는 것은 잘못이 아닙니다.
   그리고, **우리에게 중요한 것은 나아지는 것입니다.**
   그러므로, 반드시 **틀린 것에 집중**해 주시고, 틀린 것은 **드러낼수록 빨리 고쳐집니다.**
   모두에게 본인의 실력을 알려주세요.
   그러면, 강사 선생님도, 스터디 조 구성원들도 도와주고, 무엇보다 본인 스스로 그것을 고치기 위해 집중합니다.

   하지만, 감추면, 답도 없습니다. 아닐 것 같으면 해보시고, 판단하셔도 좋습니다.

2) 두번째로 까야 할 것은,
   공부하는데 주변 사람이 하지 않으면, **가차없이 "질타(까)"** 해주시기 바랍니다.
   공부하는데, 필수내용은,
   반드시, 도움되는 사람과 같이 해야한다는 점입니다.

도움주는 사람과같이 있으면, 실력은 당연히 늡니다.
도움안되는 사람과 같이 있으면, 있던 실력도 깎아 먹습니다.

반드시, 주변 사람들을 공부하느 사람들로 채우시기 바랍니다.
자습할때도, 학원에서도, 어디서든 분위기는 중요한 요소입니다.

"다했어?" 를 꼭 주변 사람들에게 사용 바랍니다.

과거 학생 중 한 명이 전해준 얘기입니다.

초등 임용 고시를 준비한 그 학생이 시험 합격 후, 맡은 첫반 학생 중 인상적인 학생에 관한 얘기인데,
그 반에서도 유난히 작던 그 학생은 생긴 것이 닥터 슬럼프 중, 아리를 닮았다고 합니다.
(큰 동그란 안경에 귀엽게 생긴^^;)
재밌는 건, 반에서 부회장을 밭은 이 학생은 있는 모듬은 항상 2주내외에 모든 공부를 잘하게 되더라는 겁니다.
그래서 관찰을 시작한 선생님이 발견한 것.
매우 짧은 집중력을 가진, 초등학생들이기에 한계시간인 10분내외의 수업을 하면, 10분동안 모듬활동을
하곤 했는데, 모듬활동 시작하자마자 항상 그 학생은 조용히 자기 일을 먼저 끝냅답니다. 5분내외에.......
하지만, 그때 항상 어디에나 있는 개구진 남자애들은 놀기 여념없고...

자기 할일을 다 마친 그 꼬마 부회장은, 조용히 다가가 이렇게 얘기한답니다.

"다 해 th ㅓ ?"

처음엔 짜증을 부리던 그 남학생들, 결국 말을 듣게되고, 2주내외엔 모두가 모범생이 된다고 합니다.
그저 묻기만 했을뿐인데... "다 해 th ㅓ ?"
꼭 주변 사람들과 같이 공부할꺼라면, 항시 체크 바랍니다. "다 해 th ㅓ ?"

이렇게 기초적으로 다 잡힌뒤엔, 어셔의 시험 시스템! **백지 시험** 을 보게 됩니다.
시험 문제는 간단히, 답안지는 여러분이 배운대로 그대로 채워야 합니다.
문제를 통한 팁을 얻거나, **요행을 바랄 여지가 전혀 없는 시험 디자인** 입니다. 다들 처음엔 징징대지만,
한번 해보시면 아시게 됩니다. 그 시험의 효능에 대해서.......

주의사항
꼭 기억해야 하는 것은,
문법은 어디까지나 구슬을 꿰는 실로서의 역할이라는 점.
즉, 구슬(단어)이 없으면, 꿸수도 없다는 점을 꼭 기억하시고, **단어 암기는 꼭 병행**해 두시기 바랍니다.
순서는, 어셔 중고등 단어(5일완성) 후, 어셔 토플 13일 완성 또는 어셔 토익단어를 암기해 두시기 바랍니다.
다시 말씀 드립니다. 단어 없이는 문법은 그냥 실만 가지고 있는 것입니다.

3 본 기초 영문법 교재의 특징 및 목적
USHER in GRAMMAR

본 토플 교재는 어셔 토익 토플 학원 내부에서 지난 십년간 가르친 내용을 엮은 문법 교재입니다.
대체로 10년간이라면, 방대한 양을 얘기하는 경향이 있지만,

이 문법 책은 정반대로, **최소화를 꾀하였기 때문에,**
처음 이 문법 책을 보는 분들은 상당히 당황할 수 있는 구성일수도 있습니다.

하지만, 전체를 조망하지 못하고, 문법을 공부하다
망가지는 많은 학생들을 보면서,

나무가 아닌 숲을 볼 수 있도록 하고자
단순하게 구성하되, 가장 중요한 것을 **선별해서** 두었습니다.

그러므로, 본 문법 교재는 어셔 어학원 내부용뿐만 아니라,
어셔 외부에서 영어공부를 시작하는 기초가 부족한 **문법 초심자** 및 **마무리를 원하는 분들에게도**
도움이 되도록 구성하였습니다.

또한 토익, 토플, 텝스, 아이엘츠, 편입, 공무원, 수능을 준비하시는 분에게도
도움이 되도록 구성된 기초 영 문법 교재입니다.
그렇기에 영어 기초가 부족한 분이시라면
본 기초 영 문법 책이 영어공부에 안내자가 되어 줄 것이라 생각됩니다.

오늘 아침에 집에서 나올 때의 여러분과
오늘 저녁에 집에 갈 때의 여러분은 같은 사람이 아닐 수 있도록
여러분의 든든한 안내자, USHER가 되도록 노력하겠습니다.

여러분의 각각 노력이 결실을 볼 수 있도록,
여러분의 꿈을 응원합니다.

제가 가보지 않은 인생들을 살 소중한 여러분들이기에,
여러분 한 명 한 명의 꿈과 삶은 소중합니다.

모두가 잘 되는 세상
널리 이롭게 하는
더불어 사는
사랑으로 채워진 세상을 만들고자
모두가 각자의 위치에서
자신이 원하는 일을 멋지게 해냄으로써 모두가 혜택을 누리는 행복한 세상을 꿈꿉니다.

"If your dreams do not scare you,
   they are not big enough."
        - Ellen Johnson Sirleaf -

목표 설정 날짜 :
월 목표 :   년   월
이름 :

usher in GRAMMAR

Sunday	Monday	Tuesday	Wednesday	Thursday	Friday	Saturday

USHER in GRAMMAR CONTENTS

1 Usher 백지

day 1 문장의 조건 및 종류
day 2 8품사 + 정형동사의 형태와 체크리스트
day 3 비정형 동사 (TO부정사 + 동명사) + 명사의 기능과 체크리스트
day 4 비정형 동사 (분사)
day 5 절개념 (that절과 what절)

2 Usher 문장 묶기

Comets 묶기 샘플 지문

3 Actual Test (2회)

Actual Test 1
Actual Test 2

4 뽀지

EASY
HARD
[동사]
[접속사와 전치사] (일반)
[중요포인트]
[접속사와 전치사] (개별)

USHER

_____ , 20 ____ 왕초1반 문법 Syllabus

왕초1,2반은 내신평가제입니다. 평소에 (단어·문법·독해)성적관리 집합하세요

회차	Date	진도		페이지
1	·	(개강일) 기본 OT - 8품사 / 문장요건 / 문장종류		
2	·	[이론]	동사 / 정형동사	
3	·	[이론]	동사 > 비정형동사 Ⅰ. To 부정사, 동명사	
4	·	[이론]	동사 > 비정형동사 Ⅱ. 분사, 형용사	
5	·	[이론]	접속사	
6	·	[이론]	묶기 TEST 1	
7	·	[이론]	묶기 TEST 2	
8	·	[실전풀이]	TEST 1 문제풀이	
9	·	[실전풀이]	TEST 1 문제풀이	
10	·	[실전풀이]	TEST 1 문제풀이	
11	·	[실전풀이]	TEST 1 문제풀이	
12	·	[실전풀이]	TEST 1 문제풀이	
13	·	[실전풀이]	TEST 1 문제풀이	
14	·	[실전풀이]	TEST 2 문제풀이	
15	·	[실전풀이]	TEST 2 문제풀이	
16	·	[실전풀이]	TEST 2 문제풀이	

(백지 / 묶기 / 문제풀이)

- This schedule is subject to change.
- 빠지지 말자!!

Things to do(꼭꼭!!!!)

1. 학원생활, 그리고 그 마음가짐

- 한 단위의 마음가짐 : 누구나 기초부터 시작한다. 쫄지 말 것!!!
  앞조 1반과 2반은 문법을 기반으로 기초부터 탄탄하게 밟고 올라가는 과정으로서 토플, 토익, 아이엘츠를 대비하는 가장 중요한 단계라고 볼 수 있습니다. 단어와 문법을 통시에 이 과정을 아이러이하게 생각하면 안됩니다. 통히 단어만 외워도 만만하게 보지 말 것 ¬ 그런 2주자가 되면 학점이 많이 오르게 될 것입니다.
- 실력 드러내기 - 빠도 실력 향상 필수 조건이면서 지름길
  쭉, 대답 잘하기 → 수업반응 활성화하기 - 유치원생보다 더 귀엽고 상냥하게~^^
  (손들기, 대답 잘하기)
- 잠 줄이지 않기
- 정확도 → 속도 (순서 명확히 할 것)
- 영어감을 배려하는 자체, 머드게만 나의 것입니다. – 내가 공부할 때 남이 옆에서 떠들면 기분이 나쁠게요?
  서로를 배려하는 마음이 우선입니다. 우리 모두 지켜나갑시다.
- 떠드는 이유는 아는 것이 모두 느끼 좋아서 때, 즉, 많은 수 있어야 아는 것입니다.
- 쉬는 시간 : 떠드는 시간 / 조는 시간이 아닙니다. 바로 수업한 내용 화신히 피기억라 된 이유에 줄기 시기 바랍니다. 복습도 수업 듣는 것과 독같이 효과 좋고 같습니다.^^
- 밥 이동 만반 : 사회성이 돌아서 옆반에서 상아나가기 vs 아랫반으로 내려가기

2. 목표

- 우선순위 : 1.단어 → 2.문법(기호 따라가기) → 3.독해 → 4.리스닝
- 이번 만의 단어가 우선 순위, 그 다음이 문법수업입니다. 어떤 분들은 이를 거꾸로 하는 경우가 많은데, 기필코 3개월 내에 주회하게 단어를 외울수 있는 장업으로 가능급으로 만들어져야이나만요 ^^ 바랍니다. 지금 왕초1반이 바로 단어를 너무 집중적으로 단단하면서 못 만들려게 싶답입니다.
- 포기하지 말 것 : 양 조건하겠습니다 싶패하여도 그럼 기준으로 됩니다.
- 혼자서 끝끝 안해보기 시작한 부분도 꼭 예습하는 것입니다. 만약 나 자신이 마음에 만들지 한 포기라면 흔들린데 포함해 주십시오!!
- 제가 향동수 있는 신호는 오기나 죽이 오만 죽이도! 오디 만지세이나 단당사상에 답글해 달라주세요!!

3. 예습

- 조별 스터디 : (2주차 중반부터 시행) 단어찾기, 해석, 답구하기, 질문체크
- 이미 수업 나라가 부분을 반복 설명 인함입니다. 예습대상이 바뀜에 간수록 실력 향상되고 있는 겁니다.

4. 수업

- 항상 수업시간에 맞 생각하고 진지한 스터디 시간에 수업 공부를 다시하려는 사람이 많습니다. 결코할입니다. 매시간 집중해야 걸대 시간 납비하는 일이 없게요...치라로 게임중
- 수업 준비물 : 문법 정리노트, 린바인드(프린트물), 눈, 귀, 입, 엄마 갑
- 문법은 아래서 부선두이 않을 수 업시간에 철저해준입니다.
  종이사전(예스)는 문법 정리노트 필기바랍니다. 늘 같이 바랍니다.
- 틀린 개수에 엄살라지 마세요. 들겼은 그건 다 이해하고 그 다음에 실수하는 일이 없도록 노력합니다.
- 모르는 것도 수업 해결하고 나가가야 다음에 질문단계 안서요.

5. 복습

- 무조건 복습이 우선입니다!!! 그 내용 복습을 하지 않은 채 새로운 수업을 한다고 밴지시시이 매일 있을 예정입니다.
- 모든 것이 누적적입니다. (매 만간 기장할 것)
- 다시 한번만 모르면 바로 질문단게 처리 하십시오.

USHER in GRAMMAR 용어정리

8 Parts of Speech

- adverb : 부사 "ad"
- adjective : 형용사 "a"
- noun : 명사 "n"
- pronoun : 대명사 "pn"
- verb : 동사 "v"
- preposition : 전치사 "p"
- conjunction : 접속사 "c"
  (a coordinate[subordinate] conjunction 등위[종속]접속사)
- interjection : 감탄사 "I"

Verb

sfinite verb : 정형동사 (non-finite verb : 비정형 동사)
- to-infinitive : to부정사
- gerund : 동명사
- participle : 분사

- tense : 시제
- voice : 태 (passive 수동태 active 능동태)
- perfect : 완료

Component of sentence

- modifier : 수식어 (postmodifier : 후치수식)
- clause : 절
- phrase : 구 [phr]
- relative pronoun : 관계대명사 [r.pn]

- subject : 주어 [s]
- object : 목적어 [o]
- complement : 보어
  (subjective complement(s.c), objective complement(o.c))
- the objective/possesive/nominative case : 목적격/소유격/주격

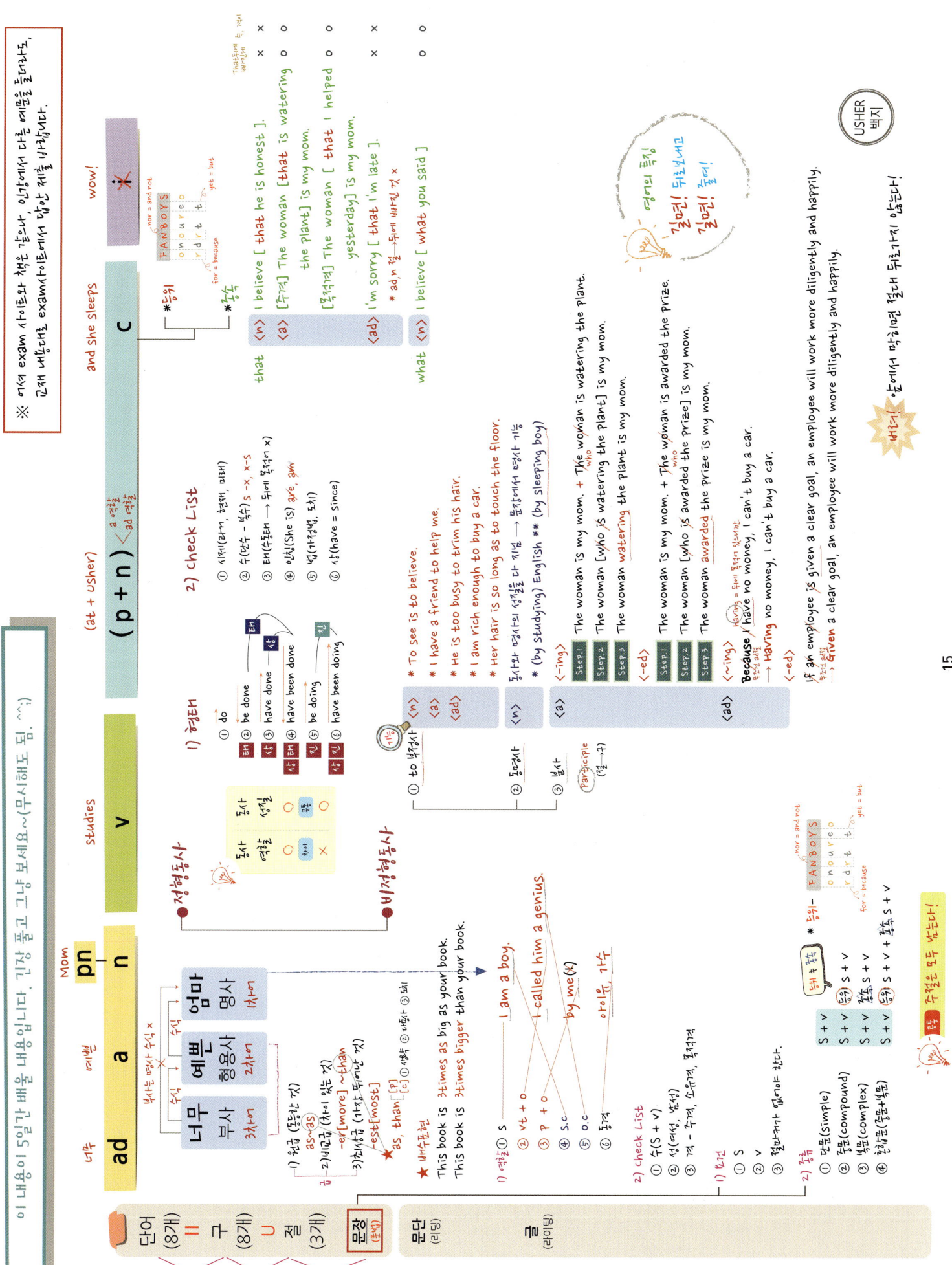

| DAY 1 | DAY 2 | DAY 3 | DAY 4 | DAY 5 |

SENTENCE (문장)

■ 영어 구성 단위

알파벳 → 단어 → (구 or 절) → 문장
최소단위   알파벳이 모여서   경합단위

■ 문장이 되기 위한 조건
1. 주어(S)
2. 동사(V)
3. 절마커가 없어야 한다. (ex. Because)

Because I was sick. → 절마커X → 나는 아팠기 때문에 (정말단위들이 문법관계가 있다!)
= I was sick. → 절마커O → 나는 아팠다.

문장 (O) = ? ! .
문장 (X) = ; , :
                 경합단위들

■ 문장의 종류 (접속사 기준)

종류	구조	예문
단문	S+V	My name is Jane
중문	S+V (등위) S+V	Jane works hard **but** Tom doesn't work hard.
복문	S+V (종속) S+V	Jane works hard [**beacause** she wants to get promoted].
혼합문	S+V (등위) S+V (종속) S+V	I want to win the prize, **but** I know]**that** Jane deserves it].

접속사에 의해 문장의 종류는 나눌 수 있지만,
반드시! **주절 S+V (Main Clause)**은 남는다는 것!

주절이란? 문장의 핵심!

■ 등위접속사 vs 종속접속사

등위접속사 (Coordinate conjunction)

F A N B O Y S
for = because
nor = and not
yet = but

F: The rocket launch was surprising, **for** it was the country's first acknowledgement of their space program.
로켓 발사는 놀라운 일이었다. 왜냐하면 그것이 그들의 우주프로그램에서 처음으로 국가의 승인을 받은 것이기 때문이다.

A: I flew to Zurich **and** I took a side trip to Gstaad.
나는 Zurich에 갔다. 그리고 Gstaad에 잠깐 들렀었다.

N: I've never seen the movie, **nor** do I want to.
나는 그 영화를 한번도 본적이 없다. 그리고, 원하지도 않는다.

B: Mary is the most qualified applicant, **but** she is not likely to take the job.
Mary는 가장 자격이 있는 지원자이다. 그러나, 아마 그 직업을 선택하지 않을 것 같다.

O: Mark must be offered a raise **or** else he is going to find another job.
Mark는 임금 인상을 제공 받아야 한다. 또는, 아니면 다른 직업을 찾을 것이다.

Y: The iNote is the lightest laptop on the market, **yet** it's one of the most powerful.
iNote는 시장에서 가장 가벼운 휴대용 컴퓨터이다. 그러나 가장 강력한 컴퓨터 중에 하나이기도 하다.

S: The television was still not working **so** I brought it to a repair center.
텔레비전이 여전히 작동하지 않았다. 그래서 나는 수리센터에 그것을 가지고 갔었다.

종속접속사 (Subordinate conjunction)

1. 명사절 접속사 — that, what, if/whether, 의문사, -ever
2. 형용사절 접속사 — "**관계사절**" who, which, that, where, when, why, how
3. 부사절 접속사 — (시간) after, once, while, (장소) where
   (이유) because, as (조건) if, unless (양보) although, though

** 명동사 & 전치사 절 금지

17

Day 1

USHER 백지

때리기! 돋아기가 맞히면 읽고 더 뒤로가지 않는다!

장(단원) (리딩)

1) 토건
① S
② V
③ 덩어가 있어야 한다.

2) 종류
① 단문(Simple) — S + V
② 중문(compound) — S + V, S + V
③ 복문(complex) — S + V + 종속 S + V
④ 중복합문(중문+복문)

* 덩어가 — 등위 + 종속

주절은 모두 있다!

등위 FANBOYS
f a n b o y s
for and nor but or yet so

nor = and not
yet = but
for = because

day 1 TEST

ad	a	pn	v	(p+n)	c	※
너무	어떤	Mom	studies	(at + usher)	and she sleeps	wow!

명사패밀리   미친존재감   <a 역할 / ad 역할>

단어는 무조건 8개 안에서 categorizing 가능합니다.
8품사는 각생각 해당된 대상이 아머라 쉽게 처리할 수 있도록 도와주는 훌륭한 도구입니다.

사람이 만든 것!!
테두리 없고 쓸 것!!
c.f) 문법 이름 알기 = 문법 잘하기

단어
(8개)

문장 (쓰기)

문단 (라이팅)

글 (라이팅)

USHER
배지

배크기 문소에서 맞춤법 킬러 뒤날리가 있는다!

21

8 PARTS OF SPEECH (8품사)

지겨운 8품사 왜 버릴 수 없을까?

> 8품사는 뚝뚝하기 때문!

우리가 흔히 보는 종이 사전에는 약 18만개의 단어가 존재하며, 미국 대학생들이 사용하는 단어는 약 9만2천개이다. 게다가 google을 통해 확인해 보면 현재 2015년도 기준 100만개 이상의 영단어가 존재한다. 그리고 앞으로도 꾸준히 새로운 단어들은 추가될 예정이다. 그렇다고 했을 때 단어를 외워야만 하는 외국인인 우리는 금방 힘이 빠져 버릴 것이다. 여기서 우리는 어떻게 단어를 빠르게 익혀서 정확한 영어를 구사 할 수 있을지에 대한 방법을 생각해봐야 한다.

사람의 유형을 이렇게 나눠보자.

단순한 일을 → 복잡하게 해결하는 사람 : 바보
복잡한 일을 → 복잡하게 해결하는 사람 : 일반인
복잡한 일을 → 단순하게 해결하는 사람 : 똑똑한 사람

우리는 모두 똑똑한 사람이 되기를 바랄 것이다. 그렇다면 복잡한 일을 단순하게 해결 할 수 있어야 하고, 여기서 나는 "지겨운" 8품사에 대해서 시작을 하려고 한다. 8품사라고 말하고 나면 대부분의 학생들이 거부 반응을 보인다는 것을 알고 있다. 하지만 우리에게 **유용한 도구가 되는 것이 바로 '8품사'이다. 왜? 수 많은 단어를 모두 8개의 품사 안에서 해결하게 해주는 훌륭한 도구**이기 때문이다.

더 이상 8품사는 우리를 귀찮게 하는 공부 대상이 아니라는 것을 명심하자.

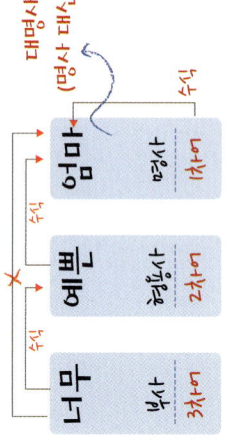

'명사 패밀리'

① adverb(부사)   ② adjective(형용사)
③ noun(명사)   ④ pronoun(대명사)

대명사
(명사 대신!!!)

나무 / 예쁜 / 엄마
명사 / 형용사 / 명사
3자리 / 2자리 / 1자리

'미친 존재감'

⑤ verb(동사) = 매우 중요! ★ 비도 가장 높음 ★

'연결 고리' → 반드시 뒤에 무언가 데리고 다녀야 함!

⑥ preposition(전치사)   ⑦ conjunction(접속사)

- ⑥ (preposition(전치사) + noun(명사)) → 역할은? a/ad
- ⑦ conjunction(접속사) 는 이미 배운 등위접속사와 종속접속사가 존재하는데 종속접속사 뒤에 반드시 [접속사 + 주어+동사(S+V)] 형태이다.

⑧ interjection(감탄사) = 감탄사는 걱정도 안 됨! 왜? 빈도가 너무 낮음!

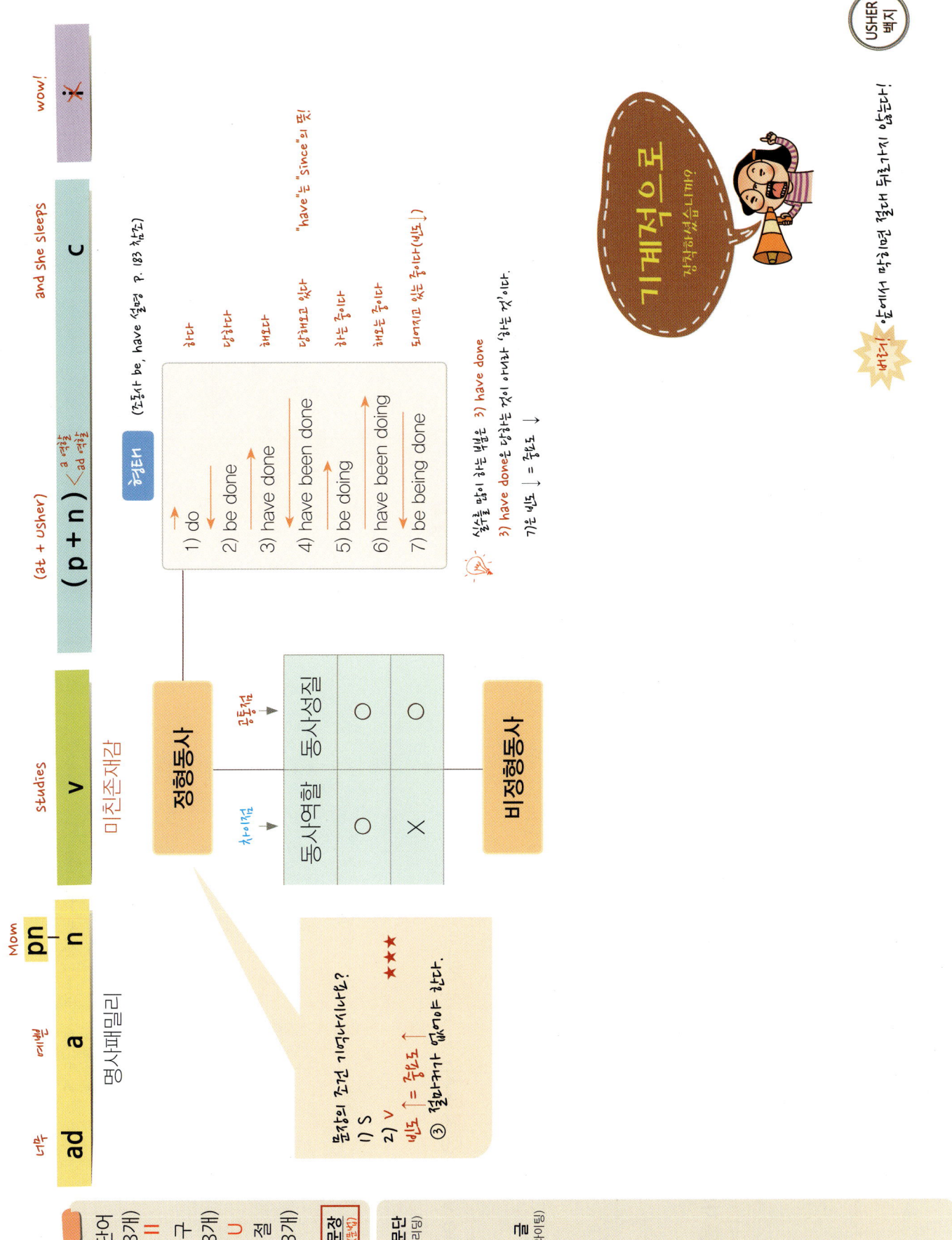

VERB (동사)

동사 = 미친 존재감

왜? 내포수가 동등하 놓기 때문! 내포가 동는다는 것은? 그 만큼 중요한 것!

■ 동사의 종류

1. 문맥상 취한다
2. 부사의 수식을 받는다

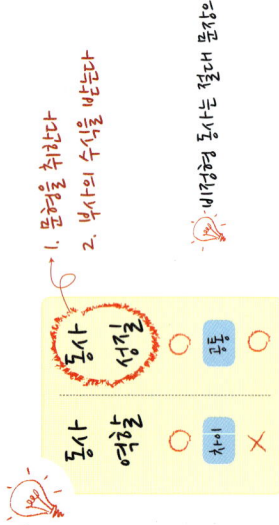

※ 내신영역 동사는 영어 문장의 동사 자리에 들어갈 수 없다!

finite verb(정형동사) – 7개 (반드시 알기!)

1) do	하다
2) be done	당하다
3) have done	해오다
4) have been done	당해오고 있다
5) be doing	하는 중이다
6) have been doing	해오는 중이다
7) be being done	되어지고 있는 중이다

= since

▲ 시제상 앞에서부터 6번조사까지 가까워질수록 강해짐!
▲ 시수를 많이 하는 방법 3번 have done
▲ 3) have done은 당하는 것이 아니라 '하는 것'이다.
↑기본 시제↓ = 주동

call
(ex)강아지

1) call	1) 부르다
2) be called	2) 불린다
3) have called	3) 불러왔다
4) have been called	4) 불려져 왔다
5) be calling	5) 부르는 중이다
6) have been calling	6) 불러오는 중이다
7) be being called	7) 불리는 중이다

ex)

연습해 보세요~

love

1)	
2)	
3)	
4)	
5)	
6)	
7)	

1) love 사랑하다 → 2) be loved 사랑 받다
3) have loved 사랑해오다 ← 4) have been loved 사랑 받아오다
5) be loving 사랑하는 중이다 → 6) have been loving 사랑해오는 중이다
7) be being loved 사랑을 받아오는 중이다

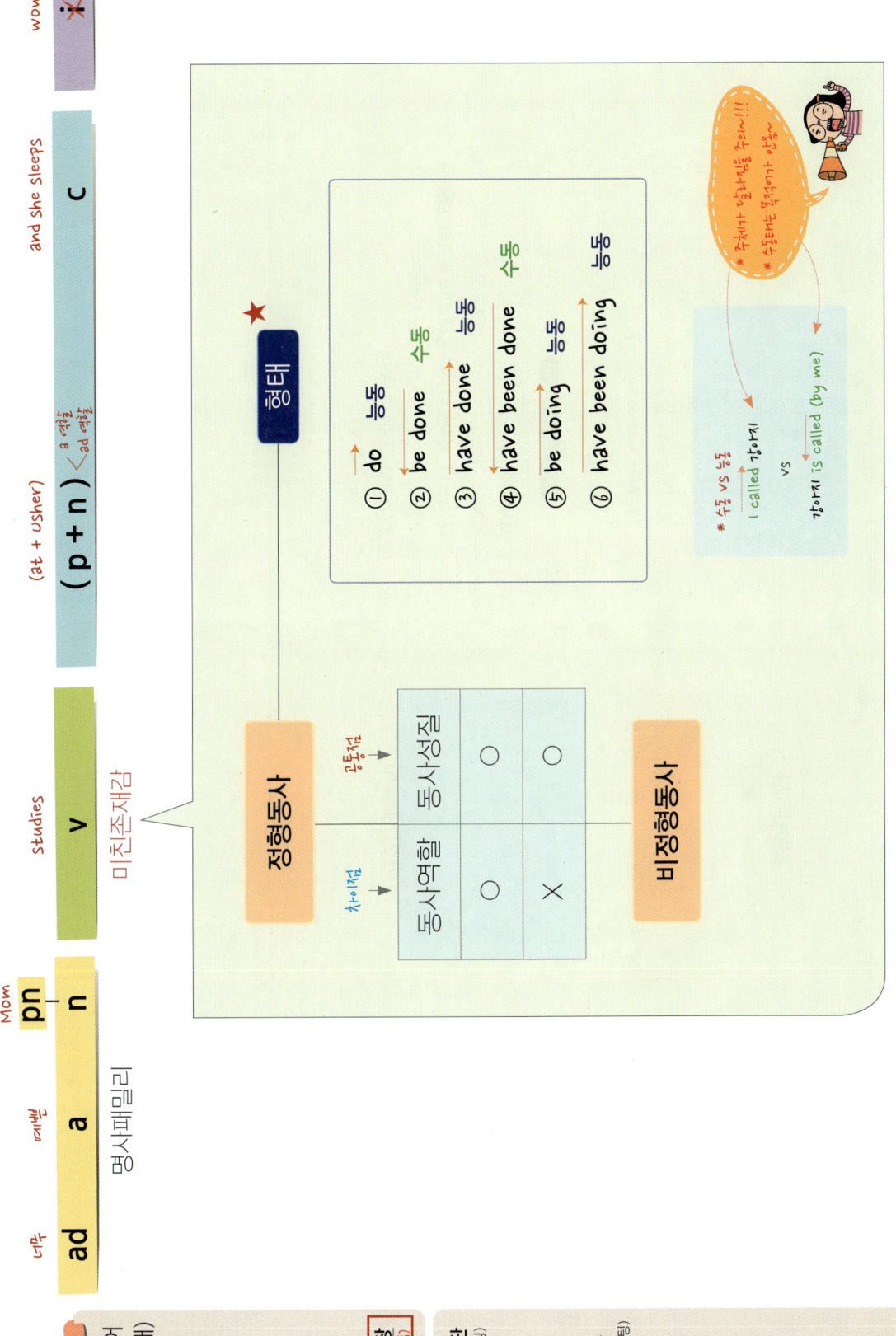

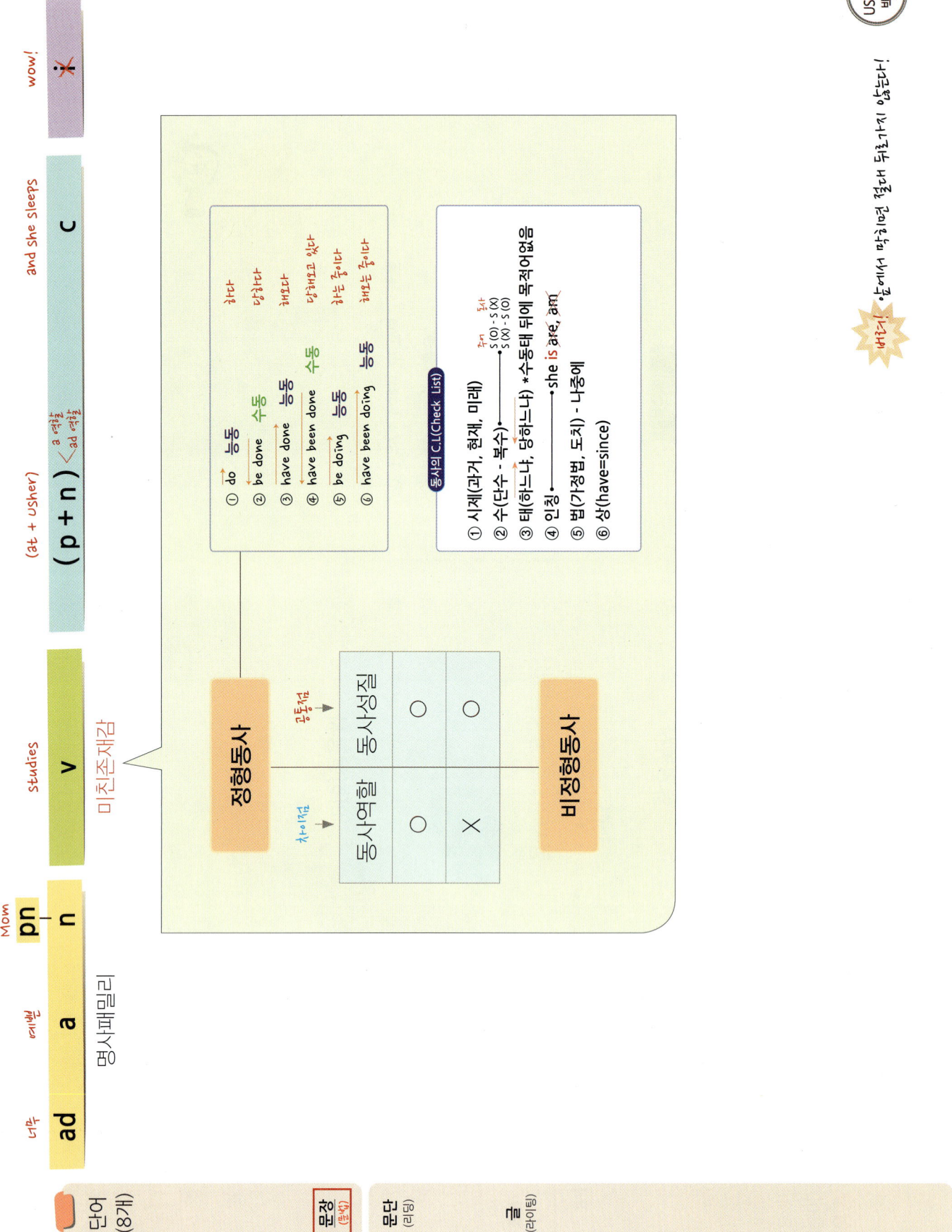

| DAY 1 | DAY 2 | DAY 3 | DAY 4 | DAY 5 |

8 PARTS OF SPEECH(8품사)

finite verb(정형동사)의 체크리스트

1) 시제(과거 / 현재 / 미래) do / did	시간부사(구)와 함께 ex) yesterday도 과거
2) 수(단수 / 복수)	it does / they do 주어와의 단수/복수 일치
3) 태(하느냐 / 당하느냐)	do / be done 목적어의 유무
4) 인칭	she is (are, am)
5) 법(가정법, 도치)	별지(도치 확인) *차라리 생략하두자
6) 상(have의 유무)	do / have done

■ 시제

1) 과거
 - 과거 시점 (yesterday)
 - 역사적 사실 (The Korean War broke out in 1950.)

2) 현재
 - 현재 시점 (now)
 - 습관 (every morning)
 - 현재사실 (I live in Seoul.)
 - 진리 (The moon goes around the earth.)

3) 미래
 - 미래 시점 (tomorrow, next week, tonight)

■ 수(단수/복수) - 별지참고(P.180)

주어		동사	
단수	명사 - s x	단수	동사 - s
복수	명사 - s	복수	동사 - s x

*주어(명사)가 단수이면, 동사 뒤에 -s가 붙는다. ex) He provides
*주어(명사)가 복수이면, 동사 뒤에 -s가 붙지 않는다. ex) They provide

■ 태(하느냐 당하느냐)

능동태	수동태
주체가 동작을 직접 함	주체가 동작을 당함
I call my dog 춘듯이	My dog is called 춘듯이

■ 인칭 - 별지참고 (EASY p.181)

■ 법 - 별지참고 (HARD 가정법 p.218/ 도치 p.213)
 * 등장하지 않으면 자라리 생략해둘 것!

■ 상 - 별지참고
 → aspect

동사형태 TEST항목

[TEST 방법]

1:1 test

짝 지어, 밀줄 내고 → 그림보고 유추 → 뒤, 때, 마지 → *6개의 의미를 넣어서 TEST

형태 TEST도 참이 또 참이!!
기억나들 [?] 생각나도록!!

1st STEP - 6개 형태 암기

① do
② be done
③ have done
④ have been done
⑤ be doing
⑥ have been doing

2nd STEP - 각각 의미 암기

① do — 하다
② be done — 당하다
③ have done — 해오다
④ have been done — 당해오고 있다
⑤ be doing — 하는 중이다
⑥ have been doing — 해오는 중이다

3rd STEP - Random TEST

4th STEP - 각각 태 암기

① do   동
② be done   수동
③ have done 동
④ have been done 수동
⑤ be doing   동
⑥ have been doing 동

28

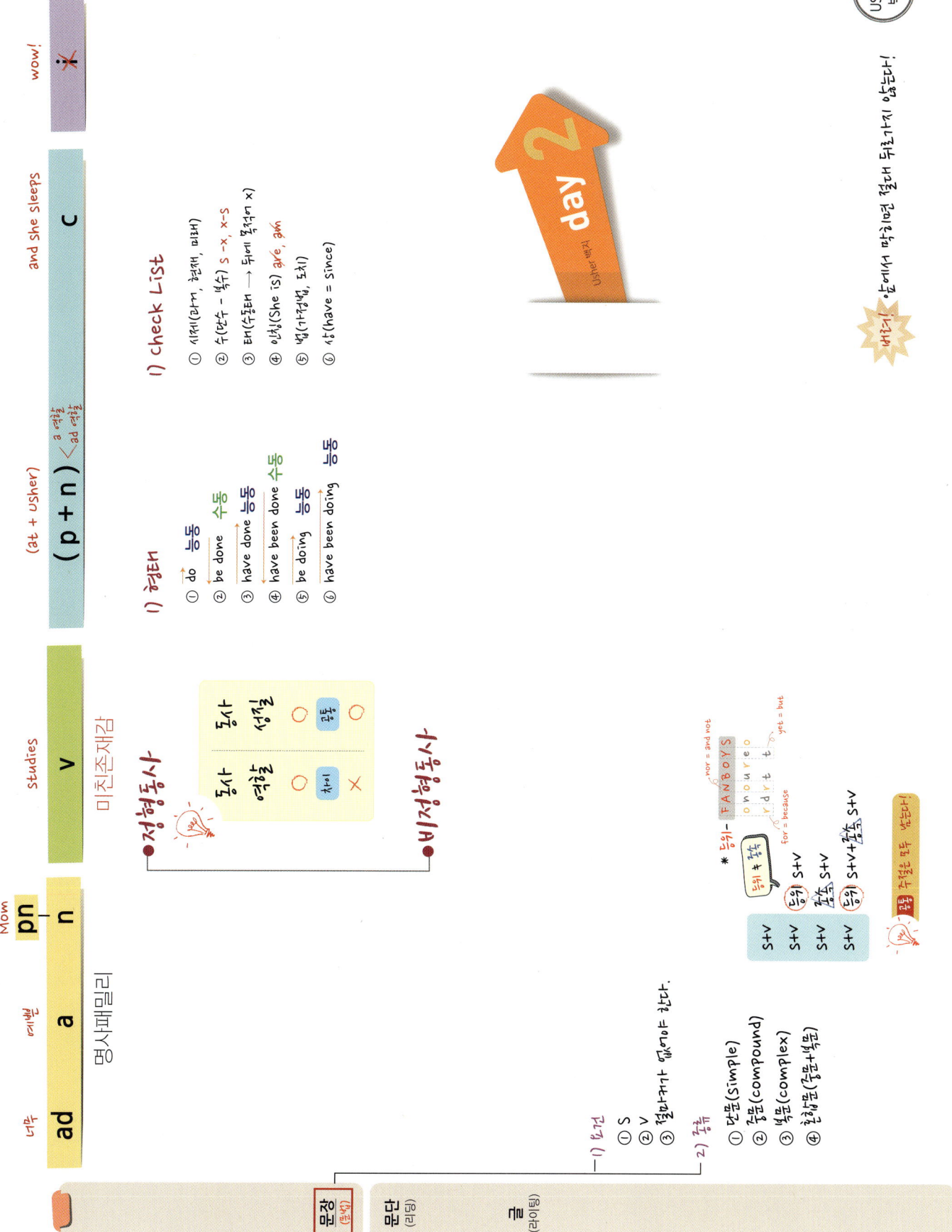

day 2 TEST

3 day
Usher 뱃지

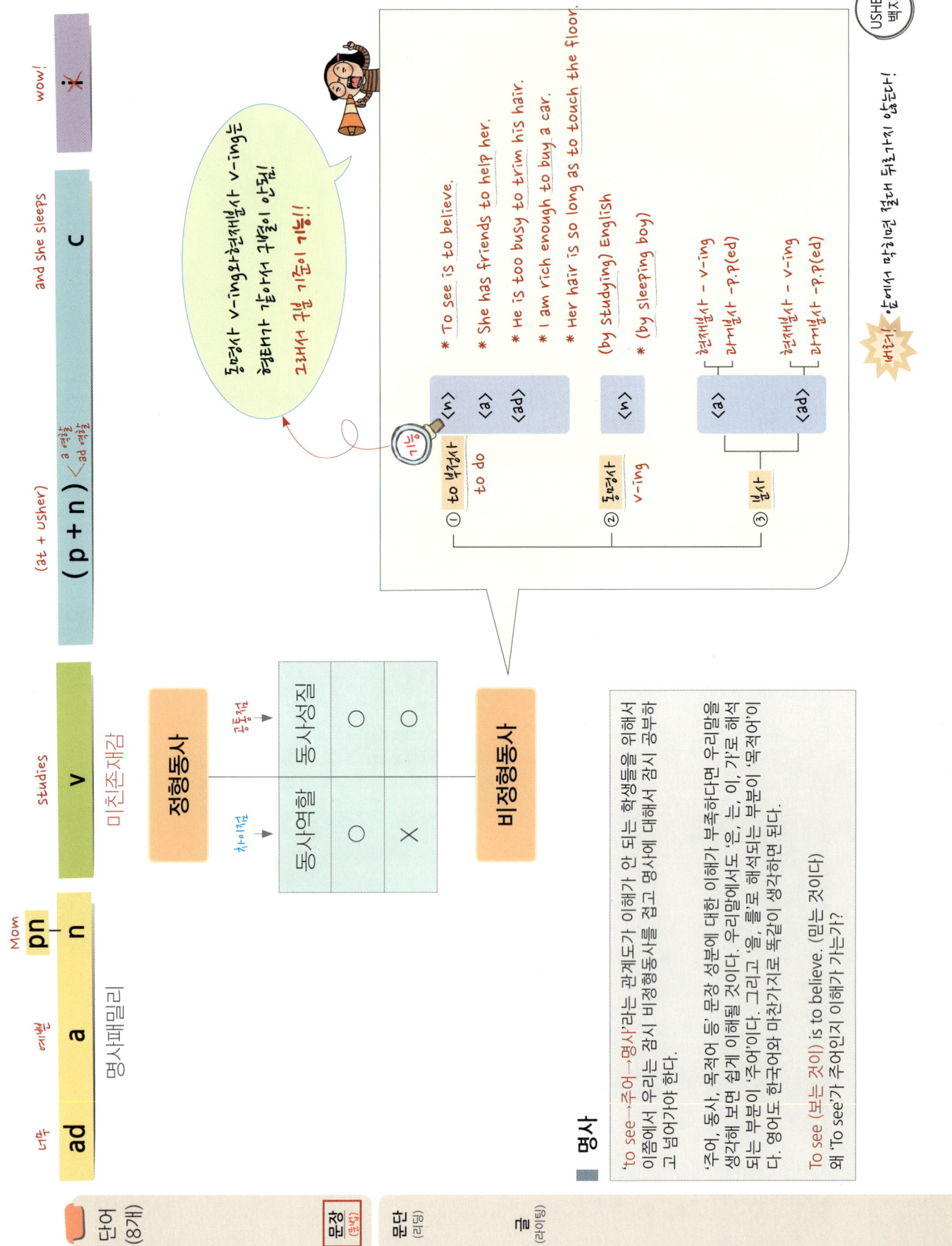

NON-FINITE VERB 1 (비정형동사 - to 부정사 & 동명사)

non-finite verb (비정형동사)

비정형 동사는 절대 동사의 자리에 올 수 없다. 다만, 동사의 성질을 지닌 채 동사가 아닌 **다른 품사의 기능**을 할 수 있다. (동사의 역할 X, 성질 O)

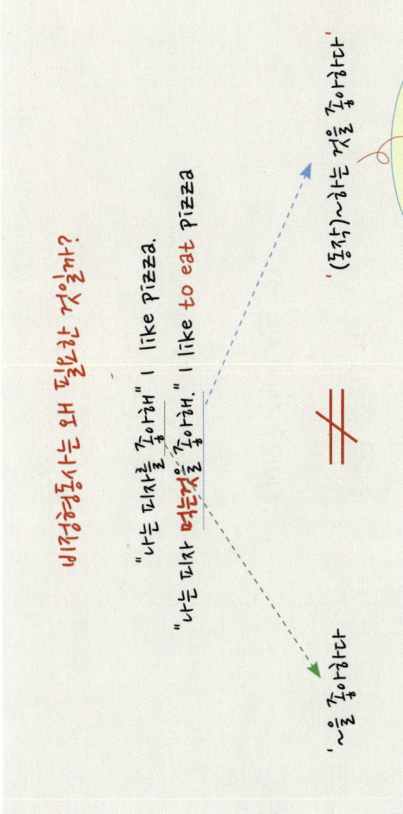

하나의 문장에는 반드시 하나의 동사가 들어가야 한다. 하지만 위에 예문처럼 우리가 말을 하다 보면 문장이 동사(좋아하다) 이외의 동작(먹다)을 말해야 하는 경우가 생긴다.
이럴 때 쓰이는 것이 바로 **비정형사**다.

종류

1. to 부정사 (to + V)
2. 동명사 V - ing
3. 분사 V - ing / V - ed

1. to 부정사 (to do)

1. 형태 : to뒤에 반드시 암기된 정형동사의 형태가 와야 한다.
2. 기능 : 3개

기능	예문
n	**To see** is to believe. - to see 주어 - 주어 → 명사
a (명사 수식)	She has friends **to help** her. - to help → friends 수식 - 명사수식 → 형용사 수식
ad (형용사, 부사 수식)	He is rich enough **to buy** a car. - to buy → 부사 → 형용사수식 - enough : 부사 → 형용사수식

2. 동명사 (doing)

1. 형태 : 동사원형 뒤에 -ing를 붙인다
2. 기능 : 1개

기능	예문	
	의미적 접근	문법적 접근
n	by **studying** English '공부하는 영어에 의해서' (by studying English) (X) VS '영어를 공부함으로써' (by studying English) (o) **뭐가 맞을까?**	• by **study** English (X) • by **studying** English (o) 전치사 'by'뒤에는 명사가 반드시 들어가야 할 자리다. (p+n) 따라서 'study'라는 동사의 형태를 바꿔 '동명사'로 사용한 것이다. 그럼 이제 문법적으로도 OK! 전달하고자 하는 내용도 OK!

너무 예뻐 Mom studies and she sleeps wow!
ad a n pn v (p+n) c ✗

(at + usher)
           a 수식할
          ad 수식할

USHER
받침

• 돈에서 막힘없이 읽다 뒤로가지 않는다!

평사패밀리   미친존재감

n
  너무   예쁜   엄마
  부사   형용사   명사
  3차AI   2차AI   1차AI
  ad   a

1) 원급 (동등한 것)
   as~as
2) 비교급 (차이 있는 것)
   -er[more] ~than
3) 최상급 (가장 뛰어난 것)
   -est[most]

★ as, than [P]
     [c] ① 생각 ② 대답 ③ 되다
         → 주격보어 | 교 p229참고

★ 배수표현법
   This book is 3times as big as your book.
   This book is 3times bigger than your book.

be 동사는
해석할 때 = 로!

c.f. I am a boy ≠ I am happy
        (n)   (a)

① S   I am a boy.
② vt + o
③ p + o   I called him a genius.
④ S.C   by me(o), by I (✗)
⑤ O.C   아이유, 가수
⑥ 동격

어형
check
List

단어
(87H)

문장
(돋보기)

문단
(리딩)

글
(라이팅)

34

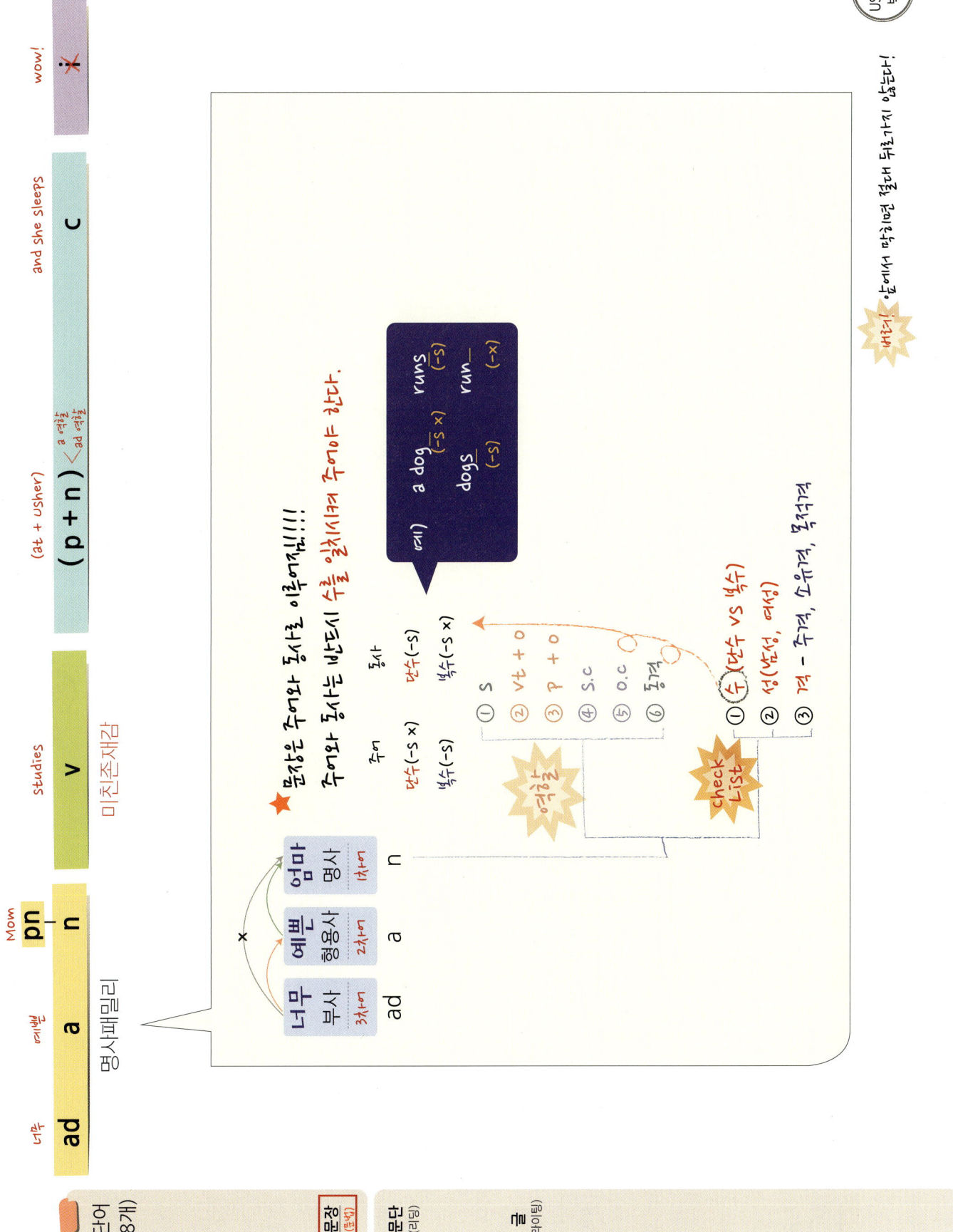

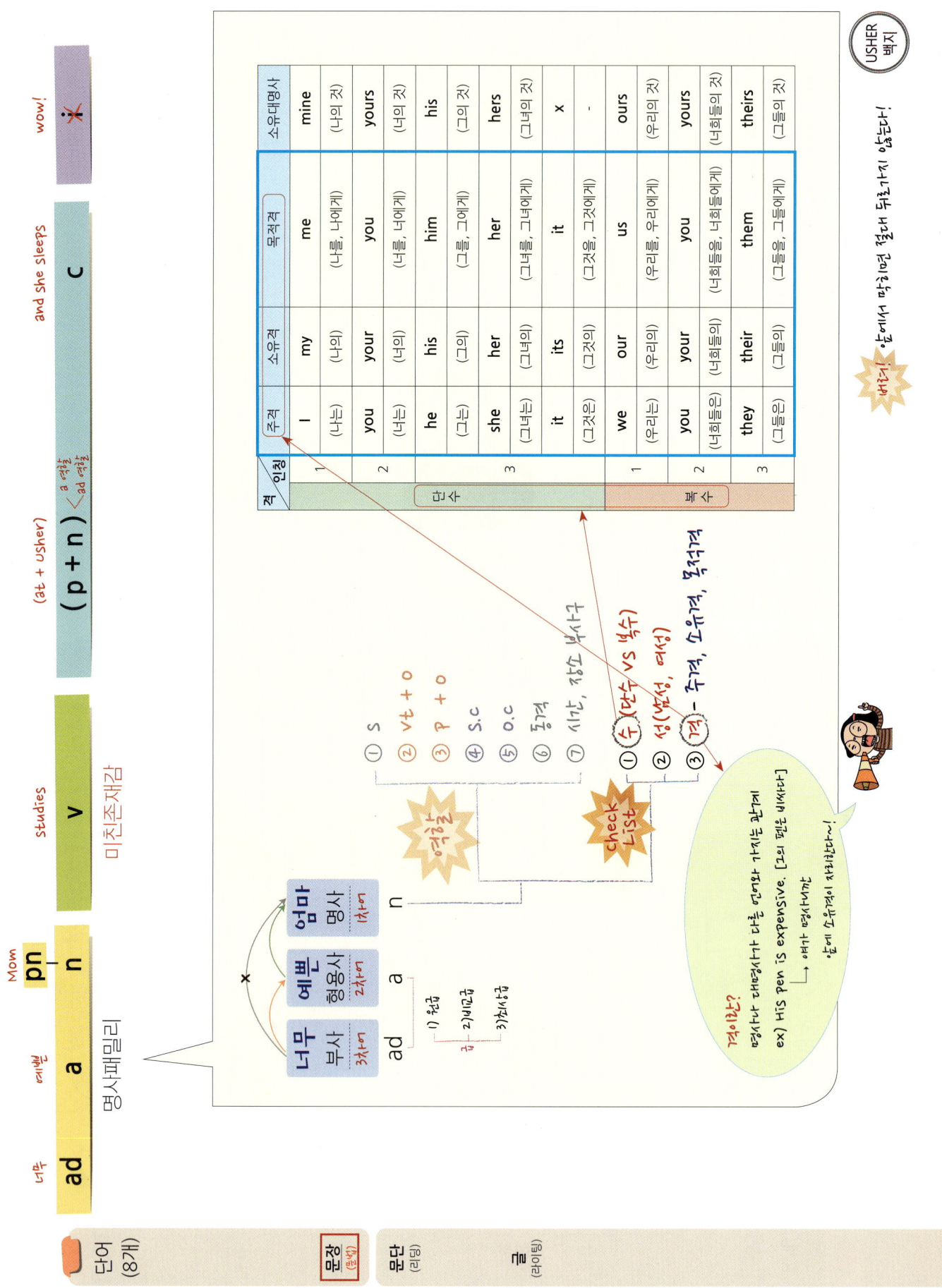

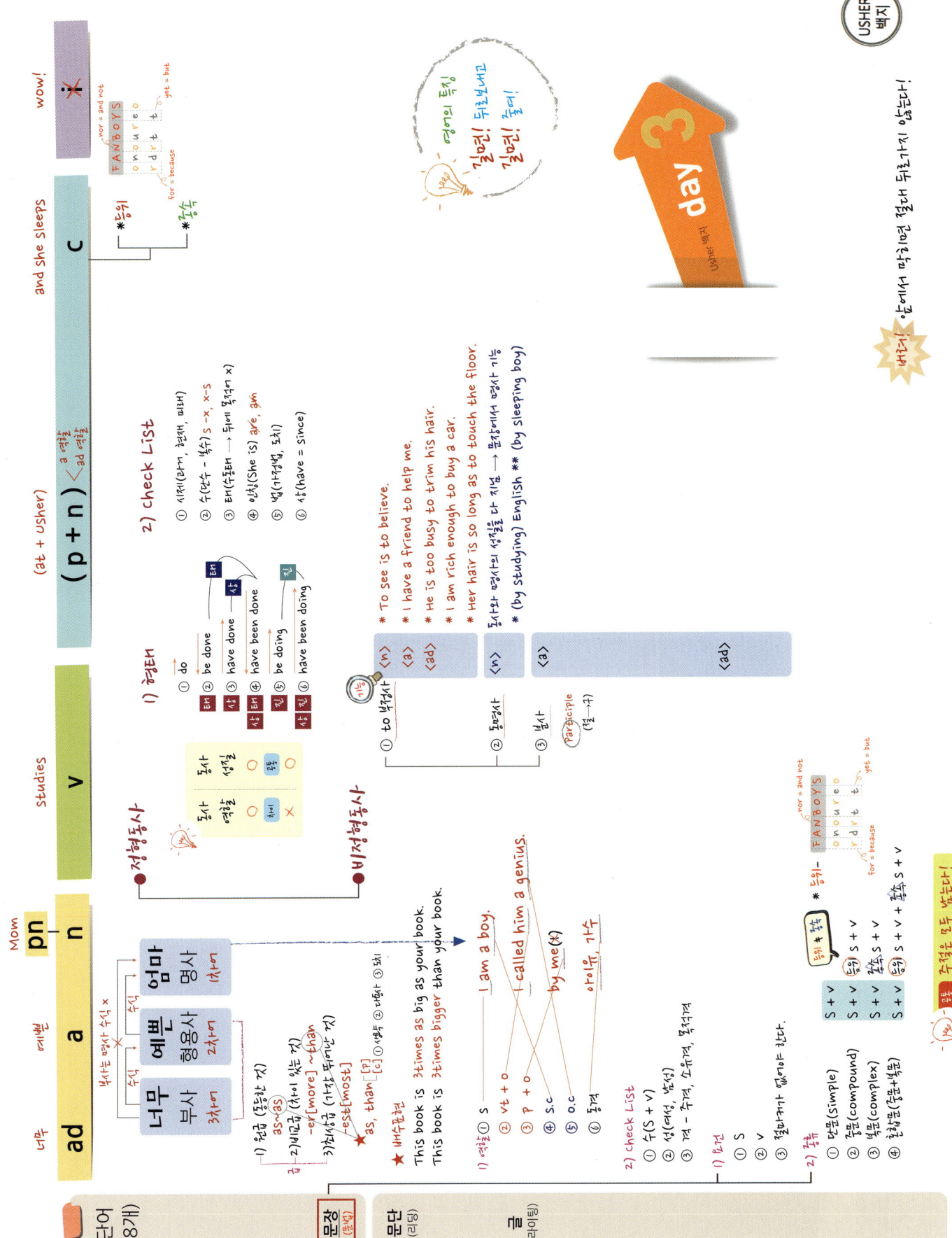

day 3 TEST

ad   a   n   v   (p+n)   and she sleeps
너네반 며느리반 Mom studies (at+USHER) wow!
         pn   c
         |
명사패밀리   미친존재감

단어(8개) = 구(8개) ∪ 절(3개) → P.243 참고
개수차이 / S+V 유무 / 접.관.그 유무
문장(손색)

문단(리딩)
글(라이팅)

비정형동사
└ **준사** ← 동사의 변신!
   Participle (정→구)

<a>
Step.1 ⟨-ing⟩ The woman is my mom. + The woman is watering the plant.
                                                  who
Step.2   The woman [who is watering the plant] is my mom.
Step.3   The woman watering the plant is my mom.

⟨-ed⟩
Step.1 The woman is my mom. + The woman is awarded the prize.
                                             who
Step.2 The woman [who is awarded the prize] is my mom.
Step.3 The woman awarded the prize is my mom.

<ad>
⟨~ing⟩ (부사절 접속)
Because I have no money, I can't buy a car.
→ Having no money, I can't buy a car.   (Having = 두번째 문장에 있으면)   수동

⟨-ed⟩ (부사절 접속)
If an employee is given a clear goal, an employee will work more diligently and happily.
→ Given a clear goal, an employee will work more diligently and happily.

Tip
단어의 특징
① 두음법칙
길죠다. 길조다!
길어다. 길어다!

✦ 문어에서 맞춰먹긴 많다 뒤로나 있다!

USHER
배지

40

| DAY 1 | DAY 2 | DAY 3 | **DAY 4** | DAY 5 |

NON-FINITE VERB 2 (비정형동사 2 - 분사)

[3] 분사(doing/done)
'현재분사(doing)' '과거분사(done)' 로 나뉜다.

기능		예문
a	ing	step 1) The woman is my mom. + The woman is watering the plant. step 2) The woman [who is watering the plant] is my mom. 형절 step 3) The woman **watering** the plant is my mom. 형 'watering 이하'가 'the woman'을 수식! → 형용사
	p.p	step 1) The woman is my mom. + The woman is awarded the prize. step 2) The woman [who is awarded the prize] is my mom. 형절 step 3) The woman **awarded the prize** is my mom. 형 'awarded'가 뒤에서 'the woman'을 수식! → 형용사
ad	ing	Because I have no money, I can't buy a car. 부절 **Having no money**, I can't buy a car. 부 'Because 가 이끄는 부사절의 축약 → 문장 전체를 수식하는 부사
	p.p	If an employee is given a clear goal, an employee will work more ad형 diligently and happily. ad형 **Given a clear goal**, an employee will work more diligently and happily. ad형 'If 가 이끄는 부사절의 축약 → 문장 전체를 수식하는 부사

현재분사(v-ing) - 형용사구 or 부사구

* 해석 : 능동 → '~하는'

The woman **watering** the plant is my mom.
'watering' : '물을 주는' (형용사구)

과거분사(p.p) - 형용사구 or 부사구

* 해석 : 수동 → '~된, 당하는'

Given a clear goal, an employee will work more diligently and happily.
'Given' : '받은' (부사구)

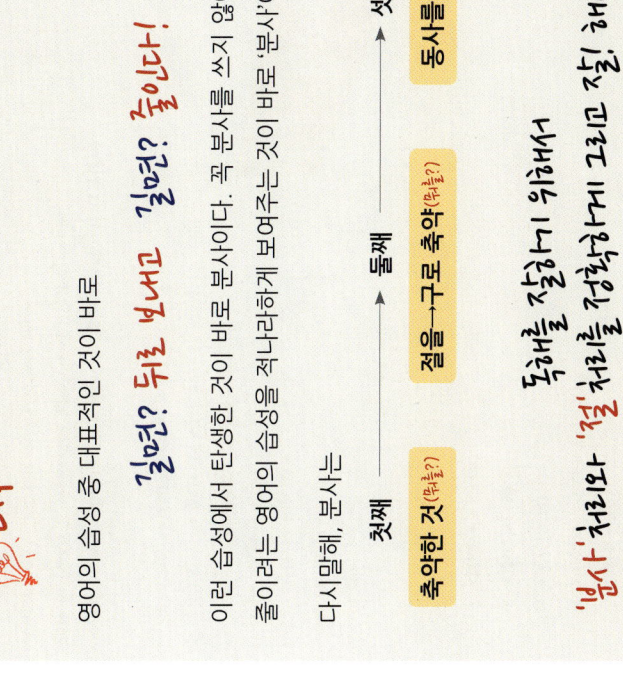

tip

영어의 습성 중 대표적인 것이 바로

길어? 두개 넣고? 길다? 줄이다!

이런 습성에서 탄생한 것이 바로 분사이다. 꼭 분사를 쓰지 않아도 되지만 줄이려는 영어의 습성을 적나라하게 보여주는 것이 바로 '분사'이다.

다시말해, 분사는

첫째 → 둘째 → 셋째!
축약한 것(무엇?) 절을→구로 축약(무엇?) 동사를 없애기!

문장을 짧게 전달하기 위해서

'분사' 처럼 '길'었던 걸 '짧'게 만드는 것이 바로 '형용사'와 '부사'이다.

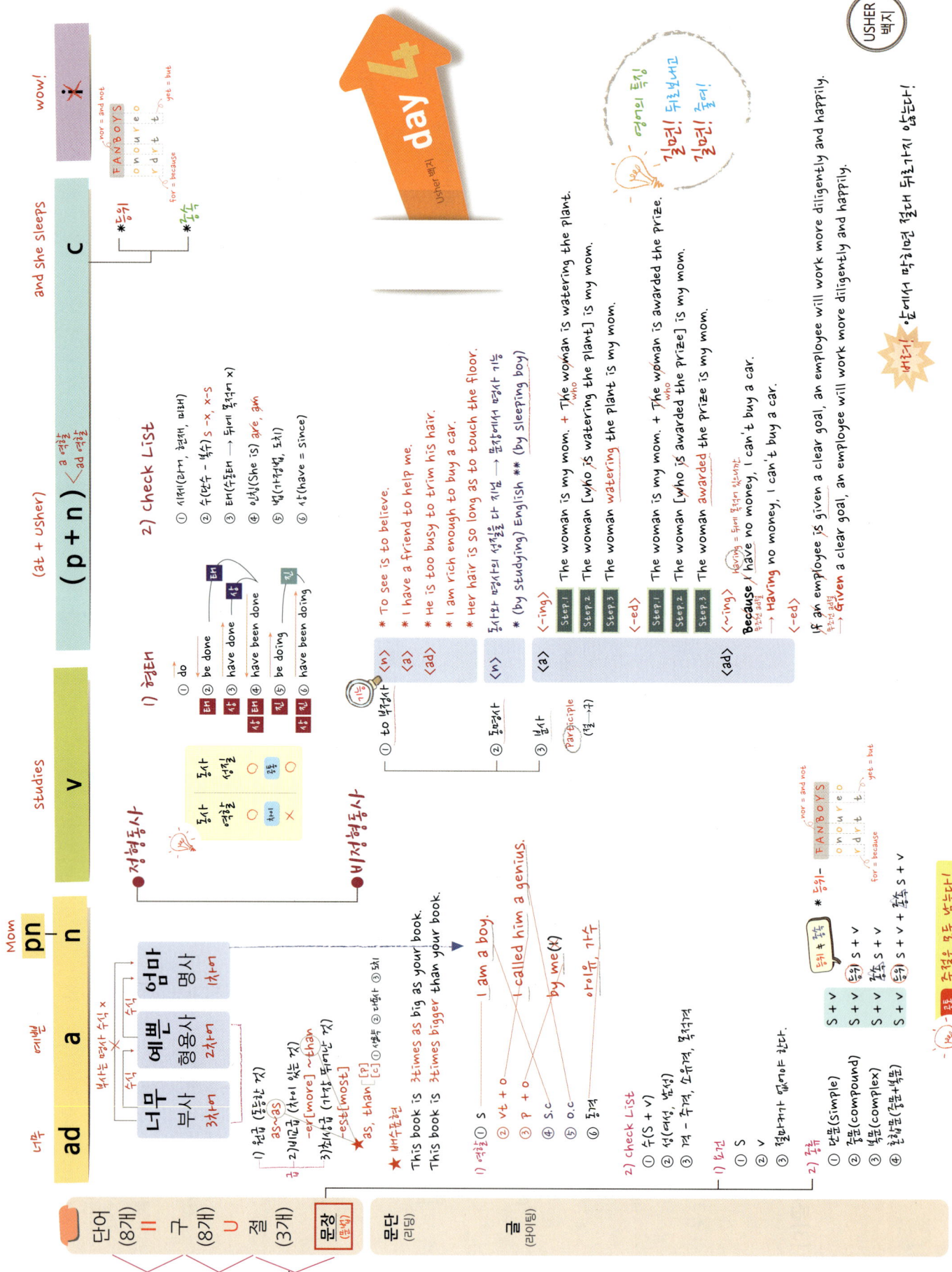

day 4 TEST

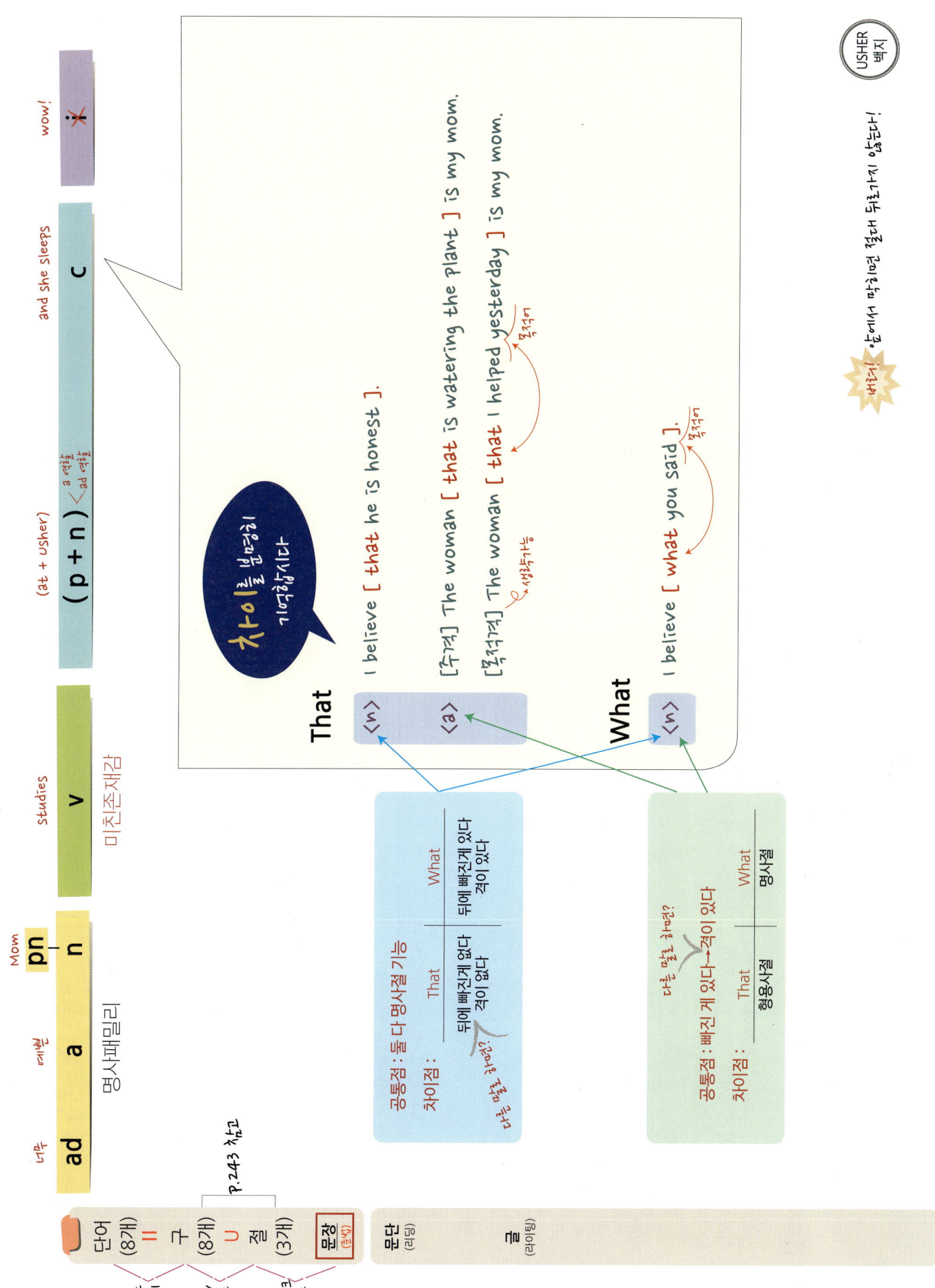

| DAY 1 | DAY 2 | DAY 3 | DAY 4 | DAY 5 |

SUBORDINATE CONJUNCTION (종속접속사) & CLAUSES (절개념 정리)

■ 접속사와 전치사

접속사와 전치사는 기능적인 차이가 너무나 확연하다.
따라서 접속사와 전치사를 '구별'하는 것이 그 무엇보다도 중요하다.
(어느 정도의 암기가 필요하다.)

that

기능	예문	격
a	I believe [that he is honest]. 나는 그가 정직하다고 믿는다.	x =절이 완전하다
	The woman [that is watering the plant] is my mom. 식물에 물을 주고 있는 여자는 우리 엄마다.	주어가 빠지면? o(주격)
	The woman [that I helped yesterday] is my mom. 어제 내가 도와줬던 여자는 우리 엄마다.	목적어가 빠지면? o(목적격)
ad	I am sorry [(that) I am late]. ← = because 늦어서 미안하다.	x =절이 완전하다

'that'을 순으로 가려라!
격이 있다는 것? 다음 글을 읽어보아 뒤에 빠져있게 있다는 것!

what

기능	예문	격
n	I believe [what you said]. 나는 네가 말했던 것을 믿는다.	o

That
- ⟨n⟩ I believe [that he is honest].
- ⟨a⟩ [주격] The woman [that is watering the plant] is my mom.
- [목적격] The woman [that I helped yesterday] is my mom.
- ⟨ad⟩ I'm sorry [that I'm late]
  * ad, n일 → 뒤에 빠져있게 x

what
- ⟨n⟩ I believe [what you said].

	That뒤에 빠졌을때	That뒤에 는, 것이
	x	x
	o	o
	o	o
	x	x
	o	o

| DAY 1 | DAY 2 | DAY 3 | DAY 4 | **DAY 5** |

PREPOSITION (전치사)

■ 전치사란?

In 영어 → pre + position
             (위치)

In 한자 → 前置詞 + position
           (둘 치 말 사)
           (앞 전) (놓을 치)

→ 그래서 명사 앞에 쓰는 말!

■ 전치사는 기능이 중요한데......

너무   예쁜   엄마
부사   형용사   명사
3차어   2차어   1차어

명사는 명사가 수식 X
수식   수식
                   수식

= lady (in red)
         ↑ 후치수식

(p+n)
  ↙   ↘
  a   ad

a의 기능? → n 빼고 다 수식!

EX) The car (beside the black one) is the one [I want to buy].
    검은색 옆에 있는차가 내가 사고 싶은 차이다.   (that 생략)
                                                            ↑ 목적격

EX) Everyone ran (to the restroom)(before the class)
    수업 전에 모두가 화장실로 뛰어갔다.

ad의 기능?

• 국어사전의 정의: 용언 또는 다른 말 앞에 놓여 그 뜻을 분명하게 하는 품사. 활용하지 못하며 성분부사와 문장부사로 나뉜다. '매우', '가장', '과연', '그리고' 따위가 있다.

• 영어사전의 정의: A word that modifies a verb, adjective, another adverb, determiner, noun phrase, clause, or sentence. Adverbs typically express manner, place, time, frequency, degree, level of certainty, etc..

결론: 기본은 n 이게 가장 좋아!

이것만!!!

47

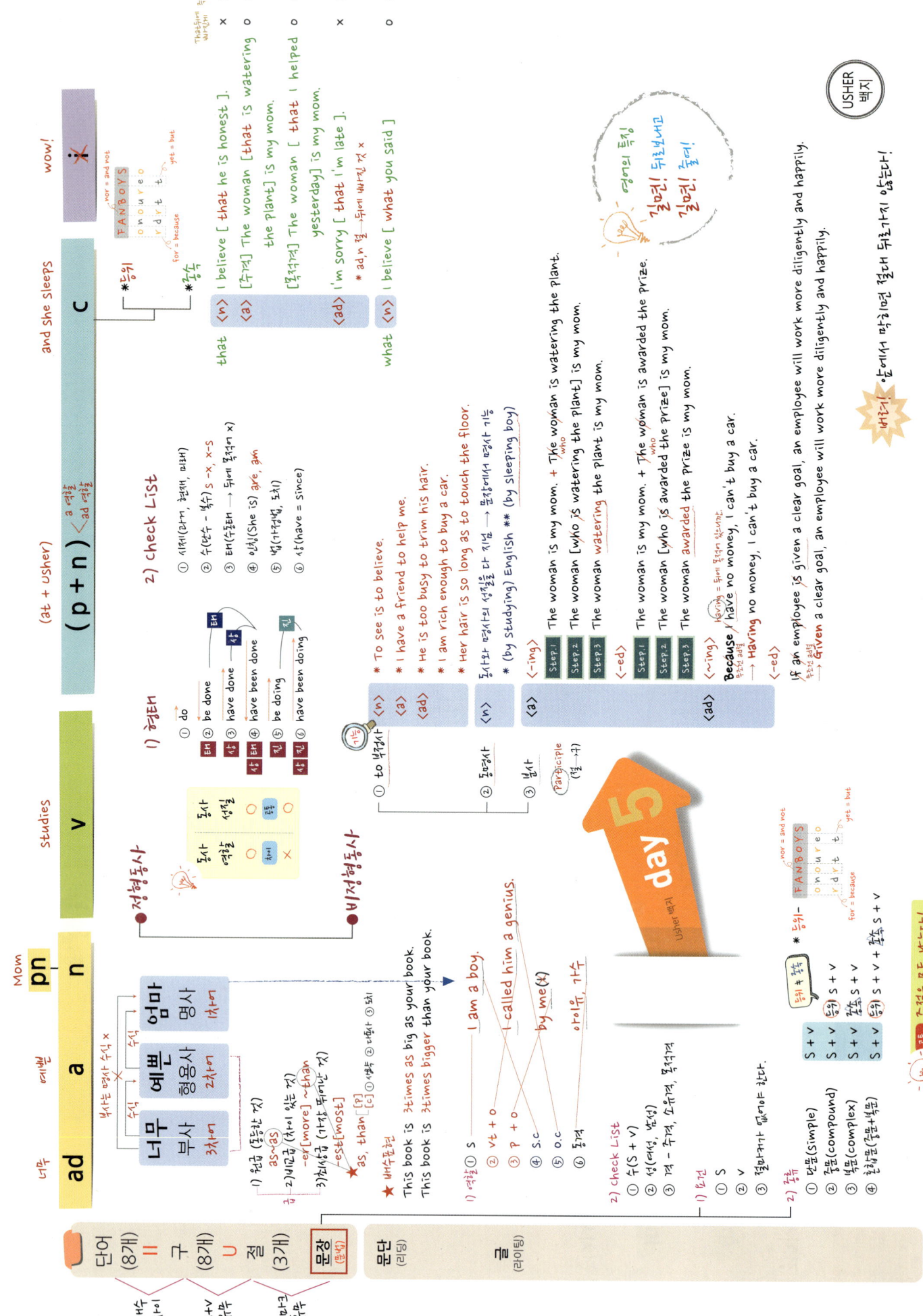

day 5 TEST

■ During the 1950s, **many** doctors recognized that the **body** could only be as healty as the brain and began **to conducting**
　　　　　　　　　(A)　　　　　　　　　　　　　　　　　　　　　　　　　　(B)　　　　　　　　　　　　　　　　　　　　　　　　(C)
psychological experiments in a **large scale**, making the study of the human brain mre important than it had been in the past.
　　　　　　　　　　　　　　　　(D)

정답은(C). 그러나, 위 한 문장에서 문제는 1문제가 아니다! 약 20개의 문제가 등장할 수 있다!

■ During the 1950s, **many** doctors recognized that the **body** could only be as healty as the brain and began
　　　　　while(x)　　much(x)　doctor(x)　recognize(x)　　　　　　　　　　　　　　　health(x), healthier(x)　　　　　begun(x)

to **conduct** psychological experiments on a **large scale**, making the study of the human brain more important
to conducting(x)　psychologically(x)　experiment(x)　by(x)　large scales(x)　made(x)　　of writing(x)　brain human(x)　⟨ importanter(x)
　　the most important(x)

than it had been in the past.
as(x) they(x)　on(x)
　　　has(x)

~다라며 도미노 도괴 들이닥고 간!!!

USHER in Grammar Contents

1 USHER 백지 (12p-50p)
- day 1 　문장의 조건 및 종류
- day 2 　8품사 + 정형동사의 형태와 체크리스트
- day 3 　비정형 동사 (TO부정사 + 동명사) + 명사의 기능과 체크리스트
- day 4 　비정형 동사 (분사)
- day 5 　종속접속사, 절개념 + 전치사

2 USHER 문장 묶기 (52p-54p)

Comets 묶기 샘플 지문

3 Actual test (56p-170p)

Actual Test 1 / Actual Test 2

4 별지 (174p-268p)

EASY
HARD 　[동사]
　　　　[접속사와 전치사(일반)]
　　　　[중요 포인트]
　　　　[접속사와 전치사(개별)]

시험 중 체크 사항 ※습관을 들이는게 중요합니다!

> 강사 선생님들은 학생들이 옆의 세 가지 행동을 하면서 실수를 줄이고, 집중하는지 늘 체크 시켜서 "버릇"들여 주시기 바랍니다.

❶ "?" 표시

02　Midsummer, or the summer solstice, is _____ of the year so it was often seen as a special day by primitive cultures.

경쟁
문장
❸

(A) the day is longest
(B) the longest day that　❷ 답근거 표시
(C) the longest day
(D) that of which the longest day

❶ "?" 표시하기 　　　본문 읽으며, 궁금한 곳에 "?" 표시를 합니다.
　　　　　　　　　　문제를 풀면서도 질문 거리에는 "?" 표시를 해 둡니다.

❷ 답근거 날리기 　　문제를 풀 때 선택지가 틀린 이유를 단어로, 간결하게 날립니다.

❸ 경쟁 문장 표시 　　4개의 선택지 중에 정답과 경쟁하는 마지막 1개의 선택지를 표시해둡니다. 무조건 1개여야 합니다.

USHER 문장 묶기

묶기를 하는 이유 → 빠르게, 정확하게, 그리고 쉽게 문장을 보기 위해서!

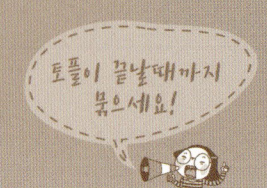

| 묶기 방법 |

① 주어 동사 표시 = 밑줄
   ☞ 특히 동사구는 전체 밑줄(가운데 부사가 껴도 전체 밑줄!)
   예) would have done

   ☞ 동사 수동은 "화살표"를 "동사 위에" 뒤집어서 표시해 둘 것!
   예) was not normally cut away

② [종속접속사 + 주어 + 동사] 절처리   예) [that are difficult (to discern)]

③ (p+n) 전치사구   예) (in close contact)

④ ing/ed 분사 (항상 "박스로" 처리)   ※박스처리는 ing , ed , 형용사 만!
   ☞ 현재분사는 그냥 두고, 과거분사는 "화살표"를 "과거분사 위에" 뒤집어서 표시해 둘 것!
   ☞ 후치수식은 모두 후치수식 표시를 해둬야 합니다. (뒤에서 수식에 약한 한국 학생들에게는 필수)
   ing 예) [which has been documented appearing every 76 years.
   ed   예) (by the matter) ejected (from the Swift-Tuttle comet)
   형용사 예) undergo the changes typical (of all comets)

⑤ to 부정사는 (to do)만 묶기 (전치사 + 동명사까지만)
   예) (to study) math = (by studying) math
   ☞ 만약 학생이 (전치사 + 동명사 + 명사)까지 묶는다면 → 이건, 동명사를 형용사로 해석한 경우이므로 잘못 해석됨.

⑥ 완초 1반은 명사(n)의 기능까지 표시

⑦ 채점 뒤, 1. 틀린 곳에 번호를 적고 고친 후(형광펜으로),
   2. 오른쪽 페이지에 이유 적습니다.
   3. 위에 적힌 이유 중, 공통되는 것을 잡아낸 뒤,
   4. 다음 시험지에서 공통된 것이 또 잡힐 경우, 긴장해주세요.

Sample 묶기 샘플 지문

Comets

01. Comets, small celestial bodies (with long luminous tails and orbits) [that occasionally bring them (in close contact) (with Earth)], are some (of the most fascinating objects) (in our solar system). Today, only about 4,900 (of these bodies) composed (of frozen gases and volatile compounds) along (with rocky metallic elements) have been discovered, but the distance (of their orbits) makes it likely [that many more exist]. Comets are generally categorized (into two orbit length dependent categories): long-period and short-period comets. Short-period comets, (such as Halley's Comet) [which has been documented appearing every 76 years (since 240 B.C.E.,)] make regular appearances (due to their relatively short orbits) (of less) (than 200 years) and are more well-known. Lon-period comets, however, are rarely observed [because they take hundreds or thousands (of years) (to complete) one trip (around the sun)].

02. The main difference (between the two categories) seems (to arrive) (from their origins). Short-period comets begin (in the Kuiper belt) (of non-planetary matter). The matter (in the belt), just (past Neptune's orbit), roughly 50 astronomical units (1 AU=the distance between Earth and the sun) (from the sun), travels (around the sun) (on nearly the same plane) (as the planets). [If two (of these comets) strike one another], or [if one is affected (by the gravitation) (of a nearby planet)], the orbit may be thrown off (in such a way) [that a comet enters the inner solar system [where it is affected (by solar forces) and visible (from Earth)]].

03. Contrarily, long-period comets do not originate (from the same plane) (as other bodies) (in the solar system). They orbit the sun(inelliptical orbits) spanning a variety (of angles), forming a "shell" (around the solar system) known (as the Oort Cloud). Scientists believe [there are millions (of inactive comets) (in this region), 10,000 AU (from the sun)]. (Due to this extreme distance) they are not affected (by planetary gravitation) (in the same way) (as Kuiper belt comets). (For one) (of these comets) (to make) its way (into the inner solar system) it must be affected (by the gravitational forces) (of a passing star).[When this happens] they are sent (on an irregular orbit) [that brings them closer (to the sun) [where they undergo the changes typical (of all comets)]]. [After they have completed their pass (near the sun)], it may be thousands (of years) [before they make their return]. (In fact), Comet West and C/1999F1 have orbits [that are estimated (at 6 million years)]. There is even a subset (of these long-period comets) called the hyperbolic, or single-apparition, comets [that make only one appearance (near the sun), [because their orbits eventually take them (out of the solar system)]].

04.   (Regardless of the category) (of comet), their telltale shape forms (in the same way). They complete most (of their orbit) (as frozen and relatively inactive masses) [that are difficult (to discern)], but [as they come closer (to the sun)], the effects (of its massive energy) sublimates the frozen materials (within this nucleus) (to form) a glowing ball (of dust and gases) known (as the coma). This coma greatly increases the comet's size. This coma is generally less (than 60 km) (in diameter), but the coma can be larger (than the sun). This most distinguishable feature differentiates comets (from other celestial bodies), (such as asteroids). [When they reach approximately 1.5 AU (from the sun)], solar energy's effects become more extreme and parts (of the coma) are blown (into a tail) [which can be millions (of kilometers) long].

05.   Research (into comets) led scientists (to make) an interesting observation (regarding their tails); they always point away (from the sun). This allowed them (to conclude) [that some force emanating (from the sun) pushed the particles (in the coma) (to form) the tail]. We now understand [that this is not one, but two forces]. Pressure (from solar radiation) drives the dust particles back (from the coma), [while solar winds push back the ionized volatile gases surrounding the nucleus]. (Because of these two different effects), comets are often found (to have) two tails, a curved one composed (of dust) and a second, composed (of ionized volatiles), [that appears blue and always points away (from the sun)].

06.   [When the comet makes its way (out of the influence) (of solar power)], the gases (in the coma) condense and the materials (in the tail) are lost, reducing its mass. Some (of this dust and matter) remains (in orbit), and can cause other celestial events. The annual Perseid meteor shower is caused (by matter) ejected (from the Swift-Tuttle comet) (during its 133-year orbit). (For this reason), it has been hypothesized [that comet lifespans are limited (by the number) (of orbits) [they complete]]. (After a certain number) (of orbits), the nucleus will have expelled all (of its volatile components) and will continue (to orbit) (as a small grouping) (of stony materials) [that are relatively unaffected (by solar radiation or winds)].

USHER in Grammar Contents

1 USHER 백지 (12p-50p)
- day 1 : 문장의 조건 및 종류
- day 2 : 8품사 + 정형동사의 형태와 체크리스트
- day 3 : 비정형 동사 (TO부정사 + 동명사) + 명사의 기능과 체크리스트
- day 4 : 비정형 동사 (분사)
- day 5 : 종속접속사, 절개념 + 전치사

2 USHER 문장 묶기 (52p-54p)
- Comets : 묶기 샘플 지문

3 Actual test (56p-170p)
- Actual test 1

4 별지 (174p-268p)
- EASY
- HARD
  - [동사]
  - [접속사와 전치사(일반)]
  - [중요 포인트]
  - [접속사와 전치사(개별)]

시험 중 체크 사항 ※습관을 들이는게 중요합니다!

> 강사 선생님들은 학생들이 옆의 세 가지 행동을 하면서 실수를 줄이고, 집중하는지 늘 체크 시켜서 "버릇"들여 주시기 바랍니다.

경쟁 문장

❶ "?" 표시

02 Midsummer, or the summer solstice, is _____ of the year so it was often seen as a special day by primitive cultures.

(A) the day is longest
(B) the longest day that ❷ 답근거 표시
❸ (C) the longest day
(D) that of which the longest day

❶ "?" 표시하기 — 본문 읽으며, 궁금한 곳에 "?" 표시를 합니다. 문제를 풀면서도 질문 거리에는 "?" 표시를 해 둡니다.

❷ 답근거 날리기 — 문제를 풀 때 선택지가 틀린 이유를 단어로, 간결하게 날립니다.

❸ 경쟁 문장 표시 — 4개의 선택지 중에 정답과 경쟁하는 마지막 1개의 선택지를 표시해둡니다. 무조건 1개여야 합니다.

55

Actual Test 1

01. The diaphragm, _____ a major role in human respiration, also acts as an anatomical landmark to separate the abdomen from the chest, sometimes called the thorax.
(A) is playing
(B) which plays
(C) when it played
(D) that play

02. _____ we rely on a constant supply of food, humans have developed a variety of methods of preserving perishable food products to help us get through the winter.
(A) Because
(B) As a consequence
(C) All told
(D) Since then

03. In 1953, _____ agreed upon a ceasefire and created a demilitarized zone that effectively divided the Korean peninsula into two separate countries.
(A) when the United Nations Command and North Korean government
(B) the United Nations Command and North Korean government which
(C) with the United Nations Command and North Korean government
(D) the United Nations Command and the North Korean government

04. Prized for thousands of years for their delicate beauty and medicinal values, orchids are probably the world's _____ plants.
(A) expensive ornamental most
(B) ornamental expensive most
(C) most expensive ornamental
(D) ornamental most expensive

05. By area, Alaska is the largest American state, _____ it ranks forty-seventh in population, whereas Rhode Island is the smallest, but ranks forty-third in population.
(A) or
(B) despite
(C) that
(D) but

06. Most fruit and vegetables _____ in greenhouses in areas where the winter temperatures prevent them from growing naturally.
(A) grown
(B) are grown
(C) had grown
(D) growing

07. Elephant brains are larger _____ of any other land animal; they have been found to weigh 4.5 to 5.5 kg (10-12 lbs.).
(A) than those
(B) of them
(C) those than
(D) then

08. Although precipitation occurs throughout the year in most places, in East Asia and a few other locations affected by monsoons, _____ of the annual precipitation occurs as a result of changes in the seasonal wind patterns.

(A) and most
(B) most
(C) where most
(D) it is most

09. _____ to learn more about the origin of the Earth, scientists study fossilized animal remains to determine when the species existed and other aspects of their lifecycles.

(A) Because attempting
(B) Do they attempt
(C) There is attempting
(D) In attempting

10. _____ where the conservative movement seems to have gained the most ground since the last election, partly because of the region's inhabitants' displeasure with the current administration.

(A) Is the South
(B) The South as
(C) It is the South
(D) The South being

11. _____ as purple is really a composite color made up of both the red and blue wavelengths of the light spectrum.

(A) To which we are referring
(B) What do we refer to
(C) That we referred to
(D) What we refer to

12. Despite being only 23 at the time, Alice Guy-Blache made history with La Fee aux Choux since it was _____ to be produced by a female director.

(A) first narrative film
(B) whose first narrative film
(C) a narrative film that first
(D) the first narrative film

13. When the location of the Earth relative to the Sun changes, the seasons and _____ with them intensify.

(A) the weather patterns that go
(B) as go the weather pattern
(C) which the weather patterns to go
(D) the weather patterns is going

14. In addition to many individual rights, the separation of church and state, which ensures both organizations do not interfere with one another, was _____ in the United States' Bill of Rights.

(A) included it
(B) which included
(C) and included
(D) included

15. A rather new area in the field of chemistry is _____ how carbon fibers can form strong cylindrical molecules called nanotubes.

(A) that of explaining
(B) to have explaining
(C) the explaining
(D) explaining that

Actual Test 1

[16~40] 틀린것 골라내기

16. While the gopher tortoise, a large land-based turtle, (A) <u>digs</u> a series of burrows to use (B) <u>as</u> a network of shelters (C) <u>to protect</u> it from predation, other animal species accomplish the same thing (D) <u>to using</u> preexisting burrows.

17. During the 1950s, (A) <u>many</u> doctors recognized that the (B) <u>body</u> could only be as healthy as the brain and began (C) <u>to conducting</u> psychological experiments on a (D) <u>large scale</u>, making the study of the human brain more important than it had been in the past.

18. American politics has been (A) <u>controlled</u> by two (B) <u>political</u> parties (C) <u>since</u> the (D) <u>administer</u> of the first president, yet the two parties have occasionally changed.

19. Although ethics (A) <u>have</u> traditionally (B) <u>been viewed</u> as a subcategory of human psychology, its importance in business and politics (C) <u>links</u> it with (D) <u>many other</u> fields of study.

20. Initially (A) <u>introduced</u> in classical Greece, the yo-yo, which is (B) <u>usually</u> used as a toy that exploits (C) <u>angular</u> momentum to perform tricks, (D) <u>consists</u> two interconnected disks on a string and can be used as a weapon if it is wielded by an expert.

21. Nutritionists and dieticians often debate whether the colorful peel (A) <u>surrounding</u> (B) <u>many</u> fruits and vegetables is actually high in the vitamins and minerals that (C) <u>are</u> important for respiratory and (D) <u>nutritionally</u> health.

22. The shift in the American population to (A) <u>crowded</u> urban areas from the (B) <u>relatively sparsely</u> populated countryside during the late 19th century (C) <u>were</u> seen as (D) <u>a result</u> of families seeking financial stability, though there were many other reasons.

23. Since personal freedom is the cornerstone of the Constitution, its fourth amendment (A) <u>restricts</u> the government's (B) <u>ability</u> (C) <u>to search</u> and seize a (D) <u>personal</u> and their property unless it has obtained a lawful warrant to do so.

24. National pride, (A) <u>exciting</u> game play, and international (B) <u>rivalry</u> (C) <u>both</u> contribute (D) <u>to</u> interest in the World Cup around the world, except for the United States, where soccer is not closely followed.

25. Once the death of Martin Luther King, Jr. was announced, many people realized that although (A) <u>has there</u> been many other civil rights leaders, (B) <u>none exemplify</u> the struggle to change society (C) <u>more dramatically</u> than (D) <u>he</u>.

26. The company (A) <u>that became</u> Lorillard Tobacco Company, one of (B) <u>the oldest</u> public companies (C) <u>at</u> the United States, (D) <u>was founded</u> in Colonial New York City in 1760.

27. As long as there was no major catastrophe during the previous term, (A) <u>voters</u> tend to base their votes on the (B) <u>experience</u> of the sitting president, making (C) <u>an</u> mid-term election a (D) <u>partial</u> validation or denouncement of the president.

28. While paleontologists study the (A) remains of fossilized life forms and paleobotanists (B) concern with the study of ancient plants (C) in their (D) previous forms, why they are different fields of study is often confusing to young learners.

29. (A) Most geological changes are (B) generated by wind and water (C) current that agitate the environment and cause the (D) surfaces of geological features to erode or build up.

30. (A) Some fish species, like the clownfish, are capable of (B) switching genders for (C) certain periods after (D) the die of the dominant members of the society.

31. Temperatures surveys (A) show El Nino occurs (B) approximate every 6 years, meaning that a (C) major shift (D) occurs in surface temperatures in the eastern Pacific Ocean.

32. The novels (A) of Charles Dickens, a nineteenth-century British author, (B) reflect a concern (C) on the rapid (D) industrialization that was occurring in London at the time.

33. Seismic waves generated (A) by earthquakes (B) or large seismic shifts under the ocean (C) can be recorded hundreds or thousands (D) of kilometer from their epicenter and can spawn massive waves known as tsunamis.

34. (A) After America became independent from the UK, the (B) more fertile soils of the Midwest region (C) drew steadily farmers and settlers (D) into the region and greatly expanded the new country's territory.

35. (A) Found in most oceans, (B) various species of squid use light, which (C) they can generate, for both camouflage (D) or attracting the predators of their predators when they feel threatened.

36. Hydrogen is (A) a light, flammable element that (B) readily reacts with (C) another elements (D) to form many important compounds, such as water and ammonia, providing it is in its gaseous state.

37. Among the (A) most complex chemical compounds are (B) that of carbon, for they take on several (C) different structures at various temperatures and pressures, with the most precious and (D) valuable being diamonds.

38. How their relationships began remains a mystery, but some organisms (A) cope with the threat of predators by forming relationships (B) that do not (C) necessary act (D) for the benefit of the other organism.

39. (A) By the early 1800s, America's population (B) had reached a remarkable level of (C) uniform, (D) as well as developed a distinct national character that we can still recognize.

40. (A) With more than half of Russia's (B) annual production of petroleum, an (C) important source of tax revenue, is (D) produced in the region of Western Siberia where large oil fields dot the otherwise uninhabitable landscape.

Actual Test 1 오답노트

USHER

01 The diaphragm, _____ a major role in human respiration, also acts as an anatomical landmark to separate the abdomen from the chest, sometimes called the thorax.

(A) ~~is playing~~
(B) which plays
(C) when it ~~played~~
(D) that ~~play~~

I 정답

(B)

II 알아야 할 문법

형용사절을 이끄는 주격 관계대명사 which

III 올바른 문장(묶기)

The diaphragm, [which plays a major role (in human respiration)], also acts (as an anatomical landmark) (to separate) the abdomen (from the chest), sometimes called the thorax.

IV 답이 되는 이유와 되지 않는 이유

(A) is playing : 접속사 없이 동사 2개가 나옴

(B) which plays : which가 접속사 역할을 해주면서 두 문장을 이어줌

(C) when it played : 주절과 동사의 시제가 일치하지 않음

(D) that play : 문법적으로 콤마(,) 뒤에 that을 사용할 수 없으며, 주어와 동사의 수 일치가 이루어지지 않음

V 중요 어휘

일반단어

1. diaphragm [dáiəfræm] n. 횡격막
2. respiration [rèspəréiʃən] n. 호흡(작용)
3. anatomical [ænətámikəl] a. 해부의, 해부학의
4. abdomen [ǽbdəmən] n. 복부
5. chest [tʃest] n. 가슴
6. thorax [θɔ́ːræks] n. 흉부

구문(Phrase)

1. **play a role in** phr ~라는 점에서 역할을 하다.
   ☞ play a major [vital / important] role 중요한 역할을 하다

2. **act as** phr ~로써 역할을 하다.
   ex) The key function of money is to act as a medium of exchange.
   돈의 주요 기능은 교환의 매체로써 역할을 한다는 것이다.

3. **separate A from B** phr A를 B로부터 분리하다

4. **Call A B** A를 B라고 부르다

기능어(전치사/접속사)

which [c]. (격이 있음)
   ☞ 기능 : a (주격),
   해석 : '~하는'

VI 해석

인간의 호흡에서 중요한 역할을 하는 횡격막은 때때로 흉부라 불리는 가슴으로부터 복부를 분리시키는 해부학적 지표로서 또한 역할을 합니다.

02 _____ we rely on a constant supply of food, humans have developed a variety of methods of preserving perishable food products to help us get through the winter.

(A) Because
(B) ~~As~~ a consequence
(C) ~~All told~~
(D) ~~Since then~~

I 정답	(A)
II 알아야 할 문법	접속사의 기능
III 올바른 문장(묶기)	[Because we rely (on a constant supply) (of food)], humans have developed a variety (of methods) (of preserving) perishable food products (to help) us get (through the winter).
IV 답이 되는 이유와 되지 않는 이유	(A) Because : 'because' 가 주어 2개, 동사 2개가 나와 있는 두 개의 문장은 연결하는 접속사 기능을 함 (B) (As a consequence) : as는 전치사, 접속사로 쓰일 수 있는데, 접속사인 경우 뒤의 명사가 2개 나와서 주어 충돌, 전치사인 경우 주어동사와 주어동사를 이어줄 수 없음 (C) All told : 문장과 문장을 연결할 수 있는 접속사가 없음 (D) (since then) : 문장과 문장을 연결할 수 있는 접속사가 없음
V 중요 어휘 — 일반단어	1. constant [kánstənt / kɔ́n-] a. 끊임없는, 지속적인 2. method [méθəd] n. 방법, 방식 3. preserve [prizə́:rv] v. 보존하다, 보호하다 4. perishable [périʃəbl] a. 부패하기 쉬운
구문(Phrase)	1. **rely on** phr ~에 의존하다 = depend on = count on = be dependent on 2. **a variety of = various** *246p 참조 (수량형용사) ☞ 뒤에 복수명사 수반 = a variety of(=various) methods 3. **get through** phr 통과하다, 겪다 4. **help + O + do** ☞ O가 do 하는 것을 돕다
기능어(전치사/접속사)	**Because** : 접속사 [Conjunction + S + V] ~때문에 ☞ Because of : 전치사 (Preposition + N) ~때문에
VI 해석	우리는 음식의 지속적인 공급에 의존하기 때문에 인간들은 우리가 겨울을 나는 것을 돕기 위해 썩기 쉬운 음식들을 보존하는 것의 다양한 방법들을 개발해왔습니다.

Actual Test 1 오답노트

03 In 1953, _____ agreed upon a ceasefire and created a demilitarized zone that effectively divided the Korean peninsula into two separate countries.

(A) ~~when~~ the United Nations Command and North Korean government
(B) the United Nations Command and North Korean government ~~which~~
(C) ~~with~~ the United Nations Command and North Korean government
(D) the United Nations Command and the North Korean government

I 정답	(D)
II 알아야 할 문법	문장의 주어 찾기
III 올바른 문장(묶기)	**(In 1953)**, <u>the United Nations Command and the North Korean government</u> <u>agreed</u> **(upon a ceasefire)** and <u>created</u> a demilitarized zone **[**<u>that</u> effectively <u>divided</u> the Korean peninsula **(into two separate countries)]**.
IV 답이 되는 이유와 되지 않는 이유	(A) when <u>the United Nations Command and North Korean government</u> : 주절이 없음 (B) <u>the United Nations Command and North Korean government</u> which : 주절의 동사가 없음 (C) (with the United Nations Command and North Korean government) : 주절의 주어가 없음 (D) <u>the United Nations Command and the North Korean government</u> : 문장의 주어 역할을 수행함

V 중요 어휘

일반단어

1. **ceasefire** [siˈsfaiˌər]   n. 휴전, 전투 중지
2. **demilitarize** [diːˈmíləˌtəràiz]   v. 비무장화하다
3. **demilitarized zone**   n. 비무장지대
4. **separate** [séprət]   a. 나눠진, 분리된

구문(Phrase)

1. **agree with** 상대 **upon** 주제   phr   상대와 주제에 대해 동의하다
   ex) The labor union and the company's management team could not agree upon terms for a new contract.   새로운 계약에 노동조합과 회사의 영업팀은 동의할 수가 없었다.
   ☞ agree to ≠ agree to do
      ex) We did not agree to the changes that were made after the contract was signed. ≠ After 10 years of retirement, The Raging Rocks agree to do one more concert tour.
      우리는 계약서 서명 후에 만들어지는 변화들에 동의하지 않았다. ≠ 은퇴 10년 후, The Raging Rocks 콘서트 투어를 하나 더 하는것에 동의하였다.
   ☞ agree with 상대 upon 주제
      ex) The principal did not agree with the solutions presented by the student council.
      교장은 학생회가 제시한 해결책에 동의하지 않았다.

2. **divide A into B** : A를 B로 나누다

기능어(전치사/접속사)

1. **that** [c].
   1) 기능 : a절 (주격),
   2) 해석 : '~하는'

2. **into** [p]. '~안으로'; '~(상태)로'
   *divide A into B : A를 B로 나누다

VI 해석

1953년에 UN과 북한 정부는 휴전에 동의했습니다. 그리고 한반도를
두개의 분리된 국가로 효과적으로 나누는 비무장지대를 만들었습니다.

04 Prized (for) thousands of years (for) their delicate beauty and medicinal values, orchids are probably the world's _____ plants.

뜻이 다름

(A) expensive ornamental ~~most~~
(B) ornamental expensive ~~most~~
(C) most expensive ornamental
(D) ornamental most ~~expensive~~

Ⅰ 정답	(C)
Ⅱ 알아야 할 문법	어순 바로 잡기
Ⅲ 올바른 문장(묶기)	Prized (for thousands) (of years) (for their delicate beauty and medicinal values), orchids are probably the world's most expensive ornamental plants. (A) expensive ornamental most : 형용사의 최상급을 만드는 most가 맨 앞으로 가야 적절한 어순이 됨 (B) ornamental expensive most : 형용사의 최상급을 만드는 most가 맨 앞으로 가야 적절한 어순이 됨 (C) most expensive ornamental : 최상급(most) + 형용사(expensive) + 형용사(ornamental)의 적절한 어순 (D) ornamental most expensive : 형용사의 최상급을 만드는 most가 맨 앞으로 가야 적절한 어순이 됨
Ⅳ 답이 되는 이유와 되지 않는 이유	
Ⅴ 중요 어휘 — 일반단어	1. delicate [délikət, -kit] a. 섬세한, 정교한 2. medicinal [mədísənl] a. 약효가 있는, 치유력이 있는 3. ornamental [ɔ̀ːrnəméntl] a. 장식의, 장식적인
구문(Phrase)	1. **prize A for B** : A를 B때문에 높이 평가하다 *202p 참조 (분사 구문을 알면...(기능: a/ad))
기능어(전치사/접속사)	1. for + 기간 : '~동안에' *255p 참조 (접속사 + 전치사) ☞ for thousands of years ≠ by + 기간 : '~까지' 2. for : '~때문에' ☞ shout for joy : '기쁘기 때문에 소리쳤다'
Ⅵ 해석	그들의 섬세한 아름다움과 의학적 가치들 때문에 수 천년 동안 높이 칭송된 난은 아마도 세계에서 가장 비싼 장식의 식물일 것입니다.

Actual Test 1 오답노트

05 By area, Alaska is the largest American state, _____ it ranks forty-seventh in population, whereas Rhode Island is the smallest, but ranks forty-third in population.

(A) or
(B) ~~despite~~
(C) ~~that~~
(D) but

Ⅰ 정답

(D)

Ⅱ 알아야 할 문법

문맥에 알맞은 접속사

Ⅲ 올바른 문장(묶기)

(By area), Alaska is the largest American state, but it ranks forty-seventh (in population), [whereas Rhode Island is the smallest, but ranks forty-third (in population)].

Ⅳ 답이 되는 이유와 되지 않는 이유

(A) or : 접속사 역할은 가능하지만 문맥상 적절하지 않음
(B) despite : 접속사의 기능이 없는 '전치사'임
(C) that : 명사절 혹은 부사절을 이끄는 접속사로 쓰여 문맥상 적절하지 않음
(D) but : 문장과 문장을 역접으로 문맥상 적절하게 연결해주는 등위 접속사

Ⅴ 중요 어휘

일반단어

1. rank [ræŋk] v. 차지하다
2. population [pɑ̀pjuléiʃən] n. 인구

구문(Phrase)

정관사 'the'의 사용
☞ 최상급 앞 'the' - the largest / the smallest

기능어(전치사/접속사)

1. **by + 단위**   *257p 참조 (전치사)
   ☞ by area : 면적 단위로
       ≠ by + 기간
         ex) The new uPhone will be released by the end of this month.
             새로운 U폰은 이번 달 말까지 출시될 것이다.

2. **in** ~라는 점에서
   ex) in population 인구라는 점에서

3. **whereas** [c].   *252p 참조 (종속접속사)
   1) 기능 : ad절
   2) 해석 : '반면에'

Ⅵ 해석

지역에 의해서 알래스카는 가장 큰 미국의 주입니다, 그러나 이것은 인구라는 점에서 47번째로 차지합니다, 로드아일랜드는 가장 작지만, 인구라는 점에서 43번째로 차지하는 반면에

*해석 룰 basic reading 28p 앞에서부터 치고 나갈것, 접속사는 동사와 같이 해석

주의: 1. whereas는 종속절 동사와 연결지어야함   2. 주절만 "~다"로 끝낼 것.
      3. 종속절 내용 정리 후, 되감기 할 것

06 Most fruit and vegetables _____ in greenhouses in areas where the winter temperatures prevent them from growing naturally.

(A) grown
(B) are grown
(C) had grown
(D) growing

Ⅰ 정답	(B)
Ⅱ 알아야 할 문법	동사의 태 파악하기
Ⅲ 올바른 문장(묶기)	Most fruit and vegetables <u>are grown</u> (in greenhouses) (in areas) [where <u>the winter temperatures prevent</u> them (from growing) naturally].
Ⅳ 답이 되는 이유와 되지 않는 이유	(A) <u>grown</u> : 동사의 형태가 아님 (B) <u>are grown</u> : 주어와 수 일치와 더불어 수동태로 적절함 (C) <u>had grown</u> : prevent와 시제가 안 맞음 (D) <u>growing</u> : 동사의 형태가 아님
Ⅴ 중요 어휘 〔일반단어〕	1. greenhouse [grí:nhàus] n. 온실 2. temperature [témpərətʃər] n. 온도 3. prevent [privént] v. 막다, 방지하다 4. naturally [nǽtʃərəli] ad. 자연스럽게
구문(Phrase)	**prevent O from -ing** : O가 ing하는 것을 막다 ex) the winter temperatures **prevent** them **from** growing naturally
기능어(전치사/접속사)	1. where [c]. *252p 참조 (종속접속사) 기능 : a절 *장소와 관련된 명사를 수식하는 형용사절을 이끈다. (격이 없다.) ex) areas [where the winter temperatures prevent them from growing naturally] 겨울 기온이 그것들은 자연적으로 자라지 못하도록 하는 지역
Ⅵ 해석	대부분의 과일과 야채들은 겨울 온도가 그들이 자라는 것으로부터 막는 지역들의 온실에서 경작되어 집니다.

Actual Test 1 오답노트

07 Elephant brains are larger _____ of any other land animal; they have been found to weigh 4.5 to 5.5 kg (10-12 lbs.).

(A) than those
(B) ~~of them~~
(C) those than
(D) ~~then~~

Ⅰ정답	(A)
Ⅱ알아야 할 문법	비교급의 알맞은 형태
Ⅲ올바른 문장(묶기)	<u>Elephant brains</u> <u>are</u> larger (than those) (of any other land animal); <u>they</u> <u>have been found</u> (to weigh) 4.5 (to 5.5 kg) (10-12 lbs.).
Ⅳ답이 되는 이유와 되지 않는 이유	(A) than those : 비교급 'larger'에 호응하는 전치사 'than'이 적절히 사용되었으며 앞에 나온 복수명사 'brains'를 받는 복수 대명사 'than'가 적절히 사용되었음 　　　　　　　　*앞의 명사 반복을 피하는 that / those 　　　　　　　　*245p 참조 (that/those) (B) (of them) : 비교급 'larger' 때문에 'than'이 존재해야 함 (C) those than : 'than'앞뒤의 비교 대상이 안 맞음 (D) then : 비교급 'larger' 때문에 'than'이 존재해야 함
Ⅴ중요 어휘 일반단어	1. brain [brein]　n. 뇌 2. weigh [wei]　v. 무게가 나가다, 체중이 나가다
구문(Phrase)	1. 비교급 than 　☞ larger than those of any other land animal [animals (X)] 2. any other 단수명사 3. find ≠ found 　찾다 ≠ 설립하다 　☞ find - found - found ≠ found - founded - founded 4. find O + to do : O가 to do하는 것을 발견하다
기능어(전치사/접속사)	1. than : 전치사와 접속사 기능 모두 보유　*229p 참조 (급-형용사 & 부사) / *255p 참조 (접속사+전치사) 　☞ 전치사 [p]로 쓰였다면 뒤에 명사만을 수반하며, 접속사 [c]로 쓰였을 경우 뒤에 주어 동사를 수반할 것이다. 　☞ (than any other land animal) : 명사 'any other land animal' 하나만을 수반했으므로 전치사로 사용된 것을 알 수 있다.
Ⅵ해석	코끼리의 뇌는 어느 다른 육지동물들의 그것들 보다 더 큽니다; 그들은 4.5에서 5.5kg로 무게가 나가는 것으로 발견 되어져 왔습니다.

08 Although precipitation occurs throughout the year in most places, in East Asia and a few other locations affected by monsoons, _____ of the annual precipitation occurs as a result of changes in the seasonal wind patterns.

(A) ~~and~~ most
(B) most
(C) ~~where~~ most
(D) it ~~is~~ most

I 정답	(B)
II 알아야 할 문법	문장의 주어 찾기
III 올바른 문장(묶기)	[Although precipitation occurs (throughout the year) (in most places)], (in East Asia and a few other locations) affected (by monsoons), most (of the annual precipitation) occurs (as a result) (of changes) (in the seasonal wind patterns).
IV 답이 되는 이유와 되지 않는 이유	(A) and most : 접속사 두 개(Although / and)에 두 문장이 연결된 오류가 생김(동사 부족) (B) most : 대명사로 주어 자리에 적절하게 위치함 (C) [where most : 접속사 두 개(Although / where)에 두 문장이 연결된 오류가 생김(동사 부족) (D) it is most : 접속사 하나(Although)에 동사 3개 (occurs/is/occurs)가 연결된 오류가 생김(접속사 부족)

V 중요 어휘

일반단어
1. precipitation [prisìpətéiʃən] n. 강수, 강우
2. temperature [témpərətʃər] n. 온도
3. affect [əfékt] v. 영향을 주다, 영향을 미치다
4. monsoon [mansúːn, mɔn-] n. 장마, 계절풍
5. annual [ǽnjuəl] a. 연간의
6. seasonal [síːzənl] a. 어느 계절에 한정된
7. pattern [pǽtərn] n. 패턴, 형태

구문(Phrase)
1. **as a result of** : ~의 결과로써
2. **change in** : ~라는 점에서의 변화
   ex) changes in the seasonal wind patterns.
   계절적 바람 패턴이라는 점에서의 변화 *81p (shift in)참조
3. **prevent O from ing** : O를 ing 하는것으로부터 막다

기능어(전치사/접속사)
1. Although [c]. *249p 참조 (종속접속사)
   1) 기능 : ad절
   2) 해석 : '비록 ~일지라도'
2. throughout [p] + 기간 : 기간 전체를 통틀어
   ☞ throughout the year : 연간 내내 *227p (through vs throughout vs though vs thorough)참조

VI 해석
비록 강수량이 대부분의 장소에서 일년에 걸쳐서 발생할지라도, 장마에 의해 영향받은 동아시아와 몇몇 다른 지역들에서, 연간 강수량의 대부분은 계절풍 패턴이라는 점에서 변화의 결과로서 발생합니다.

Actual Test 1 오답노트

USHER

09 _____ to learn more about the origin of the Earth, scientists study fossilized animal remains to determine when the species existed and other aspects of their lifecycles.

(A) Because attempting
(B) ~~Do~~ they attempt
(C) There ~~is~~ attempting
(D) **In attempting**

I 정답	(D)
II 알아야 할 문법	문장 구조 이해하기
III 올바른 문장(묶기)	(In attempting) (to learn) more (about the origin) (of the Earth), scientists study fossilized animal remains (to determine) [when the species existed] and other aspects (of their lifecycles).
IV 답이 되는 이유와 되지 않는 이유	(A) [Because attempting : 접속사 'because'가 이끄는 문장 안에 동사가 존재하지 않음 (B) Do they attempt : 의문문의 어순으로 어순이 적절하지 않음 (C) There is attempting : 접속사 없이 동사 2개(is attempting과 study)가 나오는 오류가 발생함 (D) (In attempting) : (전치사 + 명사)로 수식어가 되면서 주절에 영향을 주지 않음
V 중요 어휘 일반단어	1. attempt [ətémpt] v. 시도하다 2. origin [ɔ́:rədʒin] n. 기원, 근원 3. fossilized [fɑ́səlàiz] a. 화석화된 4. remain [riméin] n. 흔적 5. determine [ditə́:rmin] v. 결정하다 6. species [spí:ʃi:z] n. 종, 종류 7. exist [igzíst] v. 존재하다 8. aspect [ǽspekt] n. 측면 9. lifecycle [laifsáikl] n. 생활사; 생활 주기
구문(Phrase)	1. learn about phr ~에 대해서 배우다 2. attempt to do phr ~하는것을 시도하다 3. more : 대명사 ex) I want to know more of you. (너의 더 많은 것을 알고 싶다.)
기능어(전치사/접속사)	1. in -ing prep ~함에 있어서 ex) in attempting (시도함에 있어서) 2. when conj *222p 참조 (where & when 집중) 　1) 기능 : n절 　2) 해석 : '~할 때, ~할 경우' 　☞ when the species existed : 그 종들이 존재했을 때
VI 해석	지구의 기원에 대해서 더 배우는 것을 시도한다는 점에서 과학자들은 언제 그 종들이 존재했는지를 그리고 그들의 생활주기의 다른 측면들을 결정하기 위해 화석화된 동물의 잔여물을 연구합니다.

10 _____ where the conservative movement seems to have gained the most ground since the last election, partly because of the region's inhabitants' displeasure with the current administration.

(A) Is the South
(B) The South as
(C) It is the South
(D) The South being

I 정답	(C)
II 알아야 할 문법	문장 구조 이해하기
III 올바른 문장(묶기)	It is the South [where the conservative movement seems (to have gained) the most ground (since the last election), partly (because of the region's inhabitants' displeasure) (with the current administration)].
IV 답이 되는 이유와 되지 않는 이유	(A) Is the South : 의문문의 어순이 되어 적절하지 않음 (B) The South as : 문장의 동사가 존재하지 않음 (C) It is the South : 주어와 동사를 모두 지닌 완벽한 문장을 만듦 (D) The South being : 문장의 동사가 존재하지 않음
V 중요 어휘 일반단어	1. conservative [kənsə́ːrvətiv] n/a. 보수파, 보수적인 2. movement [múːvmənt] n. 운동 3. gain [gein] v. 얻다 4. election [ilékʃən] n. 선거 5. inhabitant [inhǽbətənt] n. 주민 6. displeasure [displéʒər] n. 불만, 언짢음 7. administration [ədmìnistréiʃən] n. 정부
구문(Phrase)	**1. seem to do :** ~하는 것처럼 보이다 ex) the conservative movement seems to have gained the most ground. 보수파 운동이 대부분의 지지를 얻어온 것처럼 보인다.
기능어(전치사/접속사)	1. Because of (prep + n) ☞ because [conj + S + V] 2. since *255p 참조 (접속사 + 전치사) • (prep + n) : '~이후부터 ~이래로' • [conj + S + V] : '~이후부터 ~이래로' ; '~이기때문에' 3. where *222p 참조 (where & when 집중) 4. place where time when reason why the way how 위의 네가지를 반드시 암기 바랍니다.
VI 해석	이것은 보수적인 움직임이 부분적으로 현 정부에 대한 지역주민의 불만 때문에 지난 선거 이래로 가장 많은 지지를 얻어왔던 것처럼 보이는 남쪽입니다.

Actual Test 1 오답노트

11 _____ as purple is really a composite color made up of both the red and blue wavelengths of the light spectrum.

(A) To ~~which~~ we are referring
(B) What ~~do~~ we refer to
(C) ~~That~~ we referred to
(D) What we refer to

I 정답	(D)
II 알아야 할 문법	접속사 what의 기능 이해하기
III 올바른 문장(묶기)	[What we refer to (as purple)] is really a composite color made up (of both red and blue wavelengths) (of the light spectrum).
IV 답이 되는 이유와 되지 않는 이유	(A) [(To which) we are referring : that이 형용사절로 쓰였기 때문에 문장에 주어가 없게 됨 (B) [What do we refer (to : 의문문 어순이므로 안 됨 (C) [That we referred (to : that이 형용사절로 쓰였기 때문에 문장에 주어가 없게 됨 (D) [What we refer (to : what은 'to' 뒤에 빠져 있는 목적어를 대신하는 목적격으로 명사절을 이끌어 문장의 주어 역할을 함 *문장의 주어 [What we refer to as purple] / 동사 (is)

V 중요 어휘

일반단어

1. purple [pə́ːrpl] n. 보라색
2. composite [kəmpázit] n. 합성물
3. pigment [pígmənt] n. 그림 물감, 색소제

구문(Phrase)

1. **refer to A as B** : A를 B라고 언급하다
   ex) Because of her great influence on later artists, many musical historians refer to Bessie Smith as The Empress of the Blues.
   많은 음악 역사가들은 차후 예술가들에 미친 베시스미스의 대단한 영향력 때문에 그녀를 블루스의 여왕이라 일컫는다.
   ☞ A is referred to as B
   ex) Due to his role in military leadership, the president is referred to as the Commander-in-Chief. 그의 통수권으로 인해 대통령은 총사령관으로도 불리운다.

2. **A be made up of B** : A는 B로 구성되어 있다 (cf. make A of B / compose A of B / build A of B)
   ex) Some scientists believe that "dark matter" may be made up of tiny black holes.
   몇몇 과학자들은 암흑 물질은 작은 블랙홀들에 의해 구성됐다고 믿는다.

3. **Both A and B** : A와 B 둘 다 *226p 참조 (상관 접속사 (중요한 것 FANBOYS임!!)))

기능어(전치사/접속사)

1. what[c]. *(격이 있음)
   ☞ 기능 : n절 (문장의 주어 역할을 하고 있음)
   해석 : '~하는 무엇'   ex) What we refer to : 우리가 부르는 무엇

VI 해석

우리가 보라색이라 언급하는 무엇은 빛스펙트럼의 빨강과 파랑 파장 둘 다로 구성된 실제 혼합 색입니다.

12 Despite being only 23 at the time, Alice Guy-Blache made history with La Fee aux Choux since it was _____ to be produced by a female director.

(A) first narrative film
(B) ~~whose~~ first narrative film
(C) a narrative film ~~that~~ first
(D) **the first narrative film**

I 정답	(D)	
II 알아야 할 문법	어순 바로 잡기	
III 올바른 문장(묶기)	(Despite being) only 23 (at the time), <u>Alice Guy-Blache</u> <u>made</u> history (with La Fee aux Choux) [since <u>it</u> <u>was</u> the first narrative film (to be produced) (by a female director)].	
IV 답이 되는 이유와 되지 않는 이유	(A) first narrative film : 서수 앞에 the를 써야 하므로 안됨　　*241p 참조(관사 the) (B) <u>whose</u> first narrative film : 'whose'는 접속사 역할을 하므로 뒤에 동사를 지녀야 함, 'whose' 뒤에 동사가 없음　　*225p 참조 (of + which(=whose)) (C) a narrative film that first : 'that'은 접속사 역할을 하므로 뒤에 동사를 지녀야 함, 'that' 뒤에 동사가 없음 (D) the first narrative film : 서수 앞(the)＋서수(first)＋형용사(narrative)＋명사(film)의 어순으로 적절함	
V 중요 어휘 일반단어	1. narrative [nǽrətiv]　　a. 서술적인, 서사적인 2. produce [prədjúːs]　　v. 생산하다, 만들다 3. director [diréktər, dai-]　　n. 감독	
구문(Phrase)	1. 정관사 'the'의 사용 　• 서수 앞 the first 　• 최상급 앞 the most 　• the same 　• the rest 　• one of the 복수 명사 2. **Despite being** : 여기선 동명사(분사 아님)　*전치사 뒤에 있으므로 명사 역할하는 동명사여야 함 　*33p 참조	
기능어(전치사/접속사)	1. by + 사람 : '(그 사람에) 의해서' 　☞ by a female director : 여성 감독에 의해서 2. Despite [p] ～에도 불구하고 　☞ Although [c]　• 기능 : ad절　　*249p 참조(종속접속사)	
VI 해석	그것이 여성 감독에 의해 제작 되어진 첫 번째 서사 영화였기 때문에 그 당시 오직 23살임에도 불구하고 앨리스는 La Fee aux Choux와 함께 역사를 만들었습니다.	

Actual Test 1 오답노트

13 When the location of the Earth relative to the Sun changes, the seasons and _____ with them intensify.

(A) the weather patterns that go
(B) ~~as~~ go the weather pattern
(C) ~~which~~ the weather patterns to go
(D) the weather patterns ~~is~~ going

Ⅰ 정답	(A)
Ⅱ 알아야 할 문법	문장 구조 이해하기
Ⅲ 올바른 문장(묶기)	[When the location (of the Earth) relative (to the Sun) changes], the seasons and the weather patterns [that go (with them)] intensify.
Ⅳ 답이 되는 이유와 되지 않는 이유	(A) the weather patterns that go : 'the seasons'과 함께 'the weather patterns'가 주어 역할을 하며 'that'은 주격 관계대명사로 주어의 수에 맞게 복수 동사 'go'가 적절하게 사용되었음 (B) [as go the weather pattern : 접속사 'and'와 'as'가 중복되어 사용되었으며 as절 뒤에 주어가 없음 (C) [which the weather patterns (to go) : 접속사 'which'가 'and'와 중복되어 사용되었으며, which절의 동사가 없음 (D) the weather patterns is going : 주절의 동사가 'is going' 그리고 'intensify' 두 개로 중복이 되는 오류가 생김
Ⅴ 중요 어휘 일반단어	1. location [loukéiʃən] n. 위치 2. relative [rélətiv] a. 비례적인, 관련있는 3. pattern [pǽtərn] n. 패턴, 형태 4. intensify [inténsəfài] v. 격렬하게 하다
구문(Phrase)	1. relative to sth : '~와 관련된', '~와 관련지어' 2. go with : phr …에 부속되다, 딸려 있다

기능어(전치사/접속사)	1. with
	  1) 해석 : ~와 더불어
	          ~를 가진(*명사 수식)
	2. when *222p 참조 (where & when 집중)
	  1) 기능 : ad절

Ⅵ 해석	태양과 상대적인 지구의 위치가 변할 때 계절과 그들과 함께 가는 날씨 패턴은 강화합니다.

14 In addition to many individual rights, the separation of church and state, which ensures both organizations do not interfere with one another, was _____ the United States' Bill of Rights.

(A) included it
(B) which ~~included~~
(C) and ~~included~~
(D) included

I 정답	(D)	
II 알아야 할 문법	동사의 태 파악하기	
III 올바른 문장(묶기)	(In addition to many individual rights), the separation (of church and state), [which ensures [both organizations do not interfere (with one another)]], was included (in the United States' Bill of Rights).	
IV 답이 되는 이유와 되지 않는 이유	(A) included it : 'was'와 만나 수동태 동사 'was included' 뒤에 목적어가 남게 되는 오류가 생김 (B) [which included : 동사 'was' 뒤에 형용사절을 이끄는 'which' 가 올 수 없음 (C) and included : 동사 'included' 뒤에 목적어가 없음 (D) included : 'was' 와 만나, 수동태 동사 'was included' 가 완성되며 뒤에 따라오는 전치사구와 적절하게 쓰였음	
V 중요 어휘 일반단어	1. separation [sèpəréiʃən] n. 분리 2. ensure [inʃúər] v. 보장하다 3. organization [ɔ̀rgənaizéiʃən] n. 단체 4. Bill of Rights n. 권리 선언, 기본적 인권에 대한 선언	
구문(Phrase)	**1. interfere with** phr ~에 간섭하다 ex) Students are advised to participate in extracurricular activities as long as they do not interfere with their studies. 학생들은 그들의 공부에 방해가 되지만 않는다면 방과 후 활동에 참여하도록 권해진다. **2. 대명사의 관용표현** • on another : 서로서로 • each other : 서로서로 **3. ensure that** : that을 보장하다	
기능어(전치사/접속사)	**1. in addition to [p]** ~뿐만 아니라 ≠ **in addition [ad]** 게다가 ex) In addition to teaching, She writes a novel. ex) He plays basketball. 그녀는 학생들을 가르칠뿐만 아니라 소설도 쓴다. In addition, he plays football, too. 그는 농구를 한다. 게다가 그는 미식축구도 한다. **2. in / on / at** *228p 참조(전치사 in/on/at 비교)	
VI 해석	많은 개개인의 권리뿐만 아니라 두 기관이 서로서로 간섭하지 않는다는 것을 보장하는 교회와 국가의 분리는 미국 권리장전에 포함되어졌습니다.	

Actual Test 1 오답노트

15 A rather new area in the field of chemistry is _____ how carbon fibers can form strong cylindrical molecules called nanotubes.

(A) that of explaining
(B) to have explaining
(C) the explaining
(D) explaining ~~that~~

I 정답	(A)
II 알아야 할 문법	대명사 'that' 이해하기
III 올바른 문장(묶기)	A rather new area (in the field) (of chemistry) is that (of explaining) [how carbon fibers can form strong cylindrical molecules called nanotubes].
IV 답이 되는 이유와 되지 않는 이유	(A) that (of explaining) : that은 명사 'area'를 가리키는 대명사로 사용되었으며 전치사 'of' 뒤에서 동명사 'explaining'이 잘 사용되었음, 'explaining'의 목적어로 'how' 가 이끄는 명사절이 잘 쓰였음 (B) to have explaining : 'have' 뒤에 '-ing' 형태가 올 수 없음(have doing 형태 없음) (C) the explaining : 명사 'explaining'에 'the'가 붙으면 명사절 how절을 목적어로 사용할 수 없음 (D) explaining that : 접속사 'that'과 'how' 가 충돌하는 오류가 생김
V 중요 어휘	
일반단어	1. rather [rǽðər, rɑ́:ð-] ad. 다소 4. fiber [fáibər] n. 섬유질 2. chemistry [kémətri] n. 화학 5. cylindrical [silíndrikəl] a. 원통형의 3. carbon [kɑ́:rbən] n. 탄소 6. molecule [mɑ́ləkjù:l] n. 분자
구문(Phrase)	**1. in the field of** phr ~의 분야에서 **2. call A B** (A=목적어, B=목적보어) ☞ 'A를 B라고 부르다' ☞ 수동태 = 'A be called B' → A가 B라고 불려지다

기능어(전치사/접속사)	**1. how** *250p 참조
	1) 기능 : n절
	   ex) explain [how carbon fibers can form strong cylindrical molecules called nanotubes]
	      [ ] → explain의 목적어 자리 → n

VI 해석	화학의 분야에서 다소 새로운 영역은 어떻게 탄소섬유가 나노 튜브라 불리는 강한 원형 분자들을 형성할 수 있는지를 설명하는 것의 그것입니다.

16 While the gopher tortoise, a large land-based turtle, (A) <u>digs</u> a series of burrows to use (B) <u>as</u> a network of shelters (C) <u>to protect</u> it from predation, other animal species accomplish the same thing (D) <u>to using</u> preexisting burrows.

I 정답	(D)
II 알아야 할 문법	올바른 전치사의 사용
III 올바른 문장(묶기)	[While <u>the gopher tortoise</u>, a large land-based turtle, <u>digs</u> a series **(of burrows) (to use) (as a network) (of shelters) (to protect)** it **(from predation)**], <u>other animal species</u> <u>accomplish</u> the same thing **(by using)** preexisting burrows.
IV 답이 되는 이유와 되지 않는 이유	(A) <u>digs</u> : while절의 주어가 단수이므로 단수동사 'digs'의 사용이 올바르다. (B) (as : as는 전치사와 접속사 품사 모두를 지니고 있으므로 전치사 'as'로 잘 사용되었음 (C) (to protect) : '~하기 위해서' 라는 표현으로 'to부정사'의 사용이 적절함 (D) to using → by using : 문맥상 '기존에 있던 굴들을 사용함으로써'라는 내용이 되어야 하므로 'to'가 아닌 'by'가 사용되어야 함

V 중요 어휘 일반단어	1. gopher [góufər] n. 땅다람쥐
	2. tortoise [tɔ́ːrtəs] n. 거북
	3. land-based a. 지상의; 육지에 사는
	4. burrow [bə́ːrou, bʌ́r-] v. 굴을 파다
	      n. 굴
	5. shelter [ʃéltər] n. 주거지
	6. predation [pridéiʃən] n. 포식
	7. other
	   *246 참조 (수량형용사)

구문(Phrase)	1. **protect A from B** phr A를 B로부터 보호하다. 2. **the same** *241p 참조 (관사 the)

기능어(전치사/접속사)	1. **while [c]** ~뿐만 아니라 *253p 참조 (종속접속사)
	  1) 기능 : ad절
	  2) 해석 : '~하는 동안에, ~인 반면에'

VI 해석	거대한 육지 거북이인 Gopher tortoise 는 그것을 포식자로부터 보호하기 위한 거주지의 네트워크로서 사용하기 위해 여러 개의 땅굴을 파는 반면에 다른 동물 종들은 이미 존재하는 굴들을 사용함으로써 같은 것을 성취합니다.

Actual Test 1 오답노트

17 During the 1950s, (A) <u>many</u> doctors recognized that the (B) <u>body</u> could only be as healthy as the brain and began (C) <u>to conducting</u> psychological experiments on a (D) <u>large scale</u>, making the study of the human brain more important than it had been in the past.

I 정답	(C)
II 알아야 할 문법	전치사 'to'와 부정사 'to' 구별하기
III 올바른 문장(묶기)	(During the 1950s), many doctors recognized [that the body could only be as healthy [as the brain]] and began (to conduct) psychological experiments (on a large scale), making the study (of the human brain) more important [than it had been (in the past)]. (important가 생략)
IV 답이 되는 이유와 되지 않는 이유	(A) many : 복수명사 'doctors'를 수식하는 형용사 many가 잘 사용되었음 (B) body : 관사 'the'와 함께 명사 'body'가 잘 사용되었음 (C) to conducting → (to conduct) : 동사 'begin'의 목적어로 명사 역할을 할 수 있는 'to 부정사'나 '동명사'만 와야 함 (D) large scale : 형용사 'large'가 명사 'scale'를 잘 수식하고 있음
V 중요 어휘 일반단어	1. many [méni] a. 많은 2. conduct [kάndʌkt, kɔ́n-] v. 시행하다, 실시하다

구문(Phrase)	**1. begin to do** : to do 하는 것을 시작하다
	2. conduct experiment / research : 실험을 / 조사를 시행하다
	3. on a scale : (어떤) 규모로
	4. make O + O.C : O를 O.C로 만들다
	   ex) make <u>the human brain</u> rather (than the body) <u>their field</u> (of expertise)
	                 O O.C
	   몸이 아닌 <u>뇌를</u> 그들의 전문 <u>영역으로</u> 만들다.
	             O O.C
	5. , -ing : and do로 해석할 것

기능어(전치사/접속사)	1. than은 `prep` 와 `conj` 역할 모두를 지니고 있다.
	  - (than + n)
	  - [than + S + V]
	    *위 문장에서 주어 동사를 모두 지니고 나왔으므로 접속사 'than'으로 사용된 것을 알 수 있음
	2. during [p] '~동안에' *258p 참조 (전치사)
	   while [c] ~하는 동안에 1)기능 : ad절 *253p 참조 (종속접속사)

VI 해석	1950년대 동안에 많은 의사들은 몸이 오직 뇌만큼 건강해질 수 있었다는 것을 인지했습니다. 그리고 대규모로 심리학적 실험들을 시행하는 것을 시작했습니다. 그리고 그것이 과거에 더 중요했던 것보다 연구를 더 중요하게 만들었습니다.

18 American politics has been (A) <u>controlled</u> by two (B) <u>political</u> parties (C) <u>since</u> the (D) <u>administer</u> of the first president, yet the two parties have occasionally changed.

I 정답	(D)
II 알아야 할 문법	어휘의 품사 구별하기
III 올바른 문장(묶기)	American politics has been controlled (by two political parties) (since the administration) (of the first president), yet the two parties have occasionally changed.
IV 답이 되는 이유와 되지 않는 이유	(A) controlled : 주어 'American politics'와의 관계를 따져 봤을 때 'control'이란 동사는 수동태로 잘 사용되었음 (B) political : 명사 'parties'를 수식하는 형용사 'political' 이 잘 사용되었음 (C) (since : 'since'는 접속사와 전치사의 품사를 모두 지니고 있으며 위 문장에서는 전치사로 잘 사용되었음 (D) administer → administration : 'administer'는 동사의 품사를 지니고 있기 때문에 명사가 쓰여야 할 자리에 잘못 쓰였음, 문맥상 적절한 명사 'administration'으로 바꿔야 함
V 중요 어휘	
일반단어	1. politics [pάlətiks] n. 정치 *180p 참조 (주어와 동사의 수 일치) 2. control [kəntróul] v. 통제하다 3. party [pά:rti] n. 정당 4. administration [ədmìnistréiʃən] n. 정부, 행정 5. occasionally [əkéiʒənəli] ad. 때때로, 가끔
기능어(전치사/접속사)	**1. since** `prep` ～이래로 **2. yet** `conj` *248p 참조 (등위접속사) ☞ 1) 기능 : 등위 접속사　2) 해석 : 그렇지만 ※ **주의해야 할 해석 방법** 종속접속사는 접속사 + 동사 뜻을 합쳐서 해석하고, 예) Because + 주어 + have = 주어가 가지고 있기 때문에, 등위접속사는, -다 로 해석해야 합니다. 예) yet + 주어 + have = 그러나 주어는 가지고 있다. 로 해석해야 합니다. 여기선, 그러나 두개의 정당은 바뀌어 왔다. 로 해석해야 합니다.
VI 해석	미국 정치는 첫 번째 대통령 정권 이래로 두 정당에 의해서 통제 되어져 왔습니다, 그러나 두 정당은 때때로 바뀌어 왔습니다.

Actual Test 1 오답노트

19 Although ethics (A) <u>have</u> traditionally (B) <u>been viewed</u> as a subcategory of human psychology, its importance in business and politics (C) <u>links</u> it with (D) <u>many other</u> fields of study.

Ⅰ 정답	(A)
Ⅱ 알아야 할 문법	주어와 동사의 수 일치
Ⅲ 올바른 문장(묶기)	[Although ethics <u>has traditionally been viewed</u> (as a subcategory) (of human psychology)], <u>its importance</u> (in business and politics) <u>links</u> it (with many other fields) (of study).

Ⅳ 답이 되는 이유와 되지 않는 이유

(A) have → has : 주어 'ethics'는 '윤리학'이라는 학문명으로 단수 취급해야 함
또한 'a subcategory', 'its'등을 통해서 문장 안에서 단수로 취급하는 것으로 알 수 있음
따라서 단수동사 'has'로 바꿔야 함   *180p 참조 (주어와 동사의 수 일치)

(B) been viewed : 주어 'ethics'와의 관계를 따져보면 '간주되어 왔다(has been viewed)'라는 수동태가 적절함

(C) links : 주어가 'its importance'로 단수이기 때문에 단수 동사 'links'가 적절함

(D) many other : 'many other' 모두 복수명사를 수식해야 하며 복수명사 'fields'와 함께 잘 쓰였음

Ⅴ 중요 어휘

일반단어

1. ethics [éθiks]   n. 윤리학, 윤리
2. subcategory [sʌbkǽtəgɔːri, -gəri]   n. 하위 범주, 하위 구분
3. importance [impɔ́ːrtəns]   n. 중요성

구문(Phrase)

1. view A as B : phr A를 B로 여기다(간주하다)
- (수동태)be viewed as   phr ~로 간주되다

= see A as B
ex) Due to the company's great debt, many analysts **see** bankruptcy **as** its only option.
회사의 엄청난 빚 때문에 많은 분석가들은 부도를 유일한 선택 항목으로 본다.

= consider A as B
ex) Some movie critics **consider** Gone With the Wind **as** the best movie from the early-20th century.
회사의 엄청난 빚 때문에 많은 분석가들은 부도를 유일한 선택 항목으로 본다.

= think of A as B
ex) Despite more than 50 years of separation, Chinese politicians still **think of** Taiwan **as** a renegade province.   50년 이상의 분리에도 불구하고 중국 정치가들은 아직도 대만을 변절 지방으로 생각한다.

2. link A with B : phr A와 B를 관련시키다

기능어(전치사/접속사)

1. Although [c]   *249p 참조(종속접속사)
1) 기능 : ad절   2) 해석 : 비록 ~일 지라도

Ⅵ 해석

비록 윤리학이 전통적으로 인간 심리학의 하위분류로서 간주되어져 왔을지라도,
사업과 정치라는 점에서 그것의 중요성은 그것을 많은 다른 연구의 분야들과 연결합니다.

20 Initially (A) introduced in classical Greece, the yo-yo, which is (B) usually used as a toy that exploits (C) angular momentum to perform tricks, (D) consists two interconnected disks on a string and can be used as a weapon if it is wielded by an expert.

I 정답	(D)
II 알아야 할 문법	전치사와 함께 사용되는 자동사 구별하기
III 올바른 문장(묶기)	Initially introduced (in classical Greece), the yo-yo, [which is usually used (as a toy) [that exploits angular momentum (to perform) tricks]], consists (of two interconnected disks) (on a string) and can be used (as a weapon) [if it is wielded (by an expert)].
IV 답이 되는 이유와 되지 않는 이유	(A) introduced : 주절의 주어 'the yo-yo'와의 관계를 따져 보면 '소개된(introduced)'이란 의미의 과거분사가 적절히 사용된 것을 알 수 있음 (B) usually : 빈도부사의 위치는 '일반동사 앞', '조동사, be동사 뒤'라는 제한이 있음, 적절한 위치에 사용되었음 (C) angular : 명사 'momentum'을 수식하는 형용사 'angular'가 잘 사용되었음 (D) consists → consists of : 동사 'consists'는 **무조건** 자동사로 전치사 'of' 와 함께 다녀야 함

V 중요 어휘

일반단어

1. initially [iníʃəli]	ad. 처음에	5. exploit [éksplɔit, iksplɔ́it]	v. 이용하다
2. classical [klǽsikəl]	a. 고전의	6. angular momentum	n. 각운동량
3. interconnected [iˌntərkəneˈktid]	a. 서로 연결된	7. perform [pərfɔ́ːrm]	v. 행하다, 해 보이다
4. string [striŋ]	n. 줄, 끈	8. wield [wiːld]	v. 휘두르다, 행사하다

구문(Phrase)

1. **consist of :** phr …로 구성되다 ; A consist of B : A는 B로 구성된다
   = be composed of ≠ compose
   ex) The General announced that the invasion force would be composed of troops from the member states of the UN. 사무 총장은 침입 세력은 UN 회원국의 군대들로 이루어졌을 거라고 발표했다.
   = be comprised of
   ex) Bullet proof vests may be comprised of a variety of materials that rapidly disperse the bullet's impact force. 방탄 조끼는 빠르게 총알의 충격을 흩어지게 하는 다양한 물질들로 구성되어 있을 것이다.
   = be made up of
   ex) Ruby Smith's upcoming album will be made up of jazz standards from the 1920s and 1930s.
   루비 스미스의 다가오는 새 앨범은 1920년대와 1930년대의 표준 재즈로 구성되어 있을 것이다.

2. **use A as B :** A를 B로 사용하다

3. **introduce A in B :** A를 B에 도입하다 *해석 방법 202p 참조(분사구문을 알면…(기능 : a/ad)

기능어(전치사/접속사)

1. **which :** 형용사절을 이끄는 주격 관계대명사 'which'의 사용을 이해한다.

2. **if [c]** *250p 참조(종속접속사)
   1) 기능 : ad절   2) 해석 : '만약에 ~라면'

VI 해석

초기에 고대 그리스에 도입되어진 주로 트릭을 시행하기 위해 각 운동량을 이용하는 장난감으로서 사용되어진 요요는 줄 위에 두 개의 연결된 디스크로 구성됩니다, 그리고 만약 그것이 전문가에 의해 휘둘려진다면 무기로서 사용될 수 있습니다.

Actual Test 1 오답노트

21 Nutritionists and dieticians often debate whether the colorful peel (A) <u>surrounding</u> (B) <u>many</u> fruits and vegetables is actually high in the vitamins and minerals that (C) <u>are</u> important for respiratory and (D) <u>nutritionally</u> health.

I 정답	(D)
II 알아야 할 문법	수식 관계 이해하기(부사는 명사 수식 불가)
III 올바른 문장(묶기)	Nutritionists and dieticians often debate [whether the colorful peel surrounding many fruits and vegetables is actually high (in the vitamins and minerals) [that are important (for respiratory and nutritional health)]].
IV 답이 되는 이유와 되지 않는 이유	(A) surrounding : 명사 'The colorful peel'을 수식하는 분사로 의미상 '많은 과일과 야채를(many fruit and vegetable) 둘러싸고 있는'이라는 내용이 되어야 하므로 현재분사가 적절함 (B) many : 복수 명사 'fruit and vegetables'를 수식하므로 적절하게 사용됨 (C) are : 주격 관계대명사 'that'이 가리키는 것이 'vitamins and minerals'이므로 그에 맞게 복수동사 are가 적절함 (D) nutritionally → nutritional : 부사 'nutritionally'는 직접 명사 'health'를 수식할 수 없으므로 명사를 수식하는 형용사 'nutritional'로 바꿔야 함 *35p 참조
V 중요 어휘 일반단어	1. peel [piːl]　　　　　　　　　　n. 껍질 2. vitamin [váitəmin, vít-]　　　　n. 비타민 3. mineral [mínərəl]　　　　　　　n. 광물, 무기질 4. respiratory [réspərətɔ̀ːri, rispírətəri]　a. 호흡 기관의 5. nutritional [njuːtríʃənl]　　　　a. 영양의, 영양에 관한
구문(Phrase)	1. important for : ~에 중요한 2. high in : ~이 풍부한, ~에 함유량이 높은
기능어(전치사/접속사)	1. whether [c]　　*253p 참조(종속접속사) 　1) 기능 : n절 　2) 해석 : ~인지 아닌지
VI 해석	영양학자들과 영양사들은 종종 많은 과일과 야채들을 둘러싸는 화려한 껍질이 호흡과 영양학적 건강에 중요한 비타민과 미네랄이 풍부한지 아닌지를 다룹니다.

22 The shift in the American population to (A) <u>crowded</u> urban areas from the (B) <u>relatively sparsely</u> populated countryside during the late 19th century (C) <u>were</u> seen as (D) <u>a result</u> of families seeking financial stability, though there were many other reasons.

I 정답	(C)
II 알아야 할 문법	주어 동사의 수 일치
III 올바른 문장(묶기)	<u>The shift</u> (in the American population) (to crowded urban areas) (from the relatively sparsely populated countryside) (during the late 19th century) <u>was seen</u> (as a result) (of families) seeking financial stability, [though there were many other reasons].
IV 답이 되는 이유와 되지 않는 이유	(A) crowded : '형용사'로 '붐비는, 복잡한'이란 뜻을 지니며 명사구 'urban areas'를 수식하고 있음 (B) relatively sparsely : 부사는 또 다른 부사를 수식할 수 있으므로 부사 두 개가 나열 될 수 있음 (C) were → was : 문장의 주어는 'the American population shift'이므로 동사는 단수 동사가 되어야 수 일치가 이루어짐 (D) a result : 'result'는 동사의 품사도 지니고 있지만 동시에 명사의 품사도 지니고 있으며 가산명사에 속함

V 중요 어휘

일반단어

1. shift [ʃift]   n. 변화, 전환
2. relatively [rélətivli]   ad. 비교적으로, 상대적으로
3. sparsely [spάːrsli]   ad. 드물게, 희박하게
4. financial [finǽnʃəl, fai-]   a. 재정상의; 회계의
5. stability [stəbíləti]   n. 안정성, (위치의) 고정

구문(Phrase)

1. **see A as B** : A를 B로 여기다[보다]
   ☞ A is seen as B : A는 B로 여겨지다[보여지다]
2. **shift from A to B** : A에서 B로의 이동
3. **shift in** : ~라는 점에서의 변화 (≒change in) *67p 참조

기능어(전치사/접속사)

1. **though** [c]
   1) 기능 : ad절
   2) 해석 : '비록 ~일지라도'

VI 해석

19세기 말 동안 상대적으로 드물게 인구가 밀집된 시골로부터 붐비는 도시지역으로의 미국 인구라는 점에서의 변화는 비록 많은 다른 이유들이 있었을지라도 재정적 안정성을 찾는 가정들의 결과로서 간주 되어졌습니다.

Actual Test 1 오답노트

23 Since personal freedom is the cornerstone of the Constitution, its fourth amendment (A) <u>restricts</u> the government's (B) <u>ability</u> (C) <u>to search</u> and seize a (D) <u>personal</u> and their property unless it has obtained a lawful warrant to do so.

I 정답	(D)
II 알아야 할 문법	등위 접속사의 기능 : 문법적 대등 병치
III 올바른 문장(묶기)	[Since <u>personal freedom is</u> the cornerstone (of the Constitution)], <u>its fourth amendment restricts</u> the government's ability (to search and seize) a personality and their property [unless <u>it has obtained</u> a lawful warrant (to do) so].
IV 답이 되는 이유와 되지 않는 이유	(A) <u>restricts</u> : 단수 주어 'The Fifth Amendment'와 수 일치 하는 단수 동사 (B) ability : 명사도 '능력'이란 의미로 to부정사의 수식을 받음 (C) (to search) : to부정사가 형용사적 역할로 명사 'ability'를 수식하고 있으며 'ability'는 주로 to부정사의 수식을 받는 명사에 속함 (D) personal → person : 등위접속사 'and' 는 문법적으로 대등한 것을 연결해야 하므로 명사 'their property'와 대등한 명사 'person'으로 바꿔야 함
V 중요 어휘 — 일반단어	1. amendment [əméndmənt]　n. 개정 2. restrict [ristríkt]　v. 제한하다, 한정하다 3. property [prάpərti, prɔ́pərti]　n. 부동산, 재산, 소유, 토지 4. warrant [wɔ́ːrənt, wɔ́rənt]　n. 영장, 정단한 이유, 보증
구문(Phrase)	1. **its fourth amendment**　*241p 참조 ②번 참조 2. **ability to do :**　phr ~하는 능력　*233p 참조(어근이 같으면 품사가 달라도 문형이 같다.)
기능어(전치사/접속사)	1. **since [c]** 　1) 기능 : ad절 　2) 해석 : '~이래로'; '~때문에'　*위 문장에서는 문맥상 '~때문에'라는 의미로 사용된 것으로 알 수 있음 2. **unless [c]**　*251p 참조(종속접속사) 　1) 기능 : ad절 　2) 해석 : '만약 ~하지 않는다면'
VI 해석	개인의 자유가 헌법의 기초이기 때문에 만약 그것이 찾고 확보하는 합법적인 영장을 얻어오지 않는다면 그것의 네 번째 개정안은 사람과 그들의 사유재산을 찾고 압류하는 정부의 능력을 제한합니다.

24 National pride, (A) exciting game play, and international (B) rivalry (C) both contribute (D) to interest in the World Cup around the world, except for the United States, where soccer is not closely followed.

I 정답	(C)
II 알아야 할 문법	올바른 부사의 사용
III 올바른 문장(묶기)	National pride, exciting game play, and international rivalry all contribute (to interest) (in the World Cup) (around the world), (except for the United States), [where soccer is not closely followed].
IV 답이 되는 이유와 되지 않는 이유	(A) exciting : 형용사(흥미로운)로 명사 'game play'를 수식함 (B) rivalry : '경쟁'이란 의미의 명사이며 형용사 'international'의 수식을 받고 있음 (C) both → all : 'both'는 두 가지 항목을 지칭하는 부사, 따라서 앞에 'National pride, exciting game play, and international rivalry' 이 세 가지를 모두 지칭할 수 없으므로 all로 바꿔야 함 (D) (to : 동사 'contribute'는 전치사 'to'와 함께 쓰이는 동사이므로 전치사 구를 익혀야 함
V 중요 어휘 일반단어	1. national [næʃənl]　　　　　a. 국가의, 전국민의 2. international [ìntərnæʃənəl]　a. 국제적인, 국제의 3. rivalry [ráivəlri]　　　　　n. 경쟁, 대항, 대립관계 4. contribute [kəntríbjuːt]　　v. 기여하다, 공헌하다 5. follow [fálou]　　　　　　v. 팬이 되다
구문(Phrase)	**1. contribute to** phr ~에 기여하다　　　　interest in : ~에 대한 흥미 　☞ 전치사 to **2. A, B and C** *267p 참조(콤마, 세미콜론, 콜론)
기능어(전치사/접속사)	**1. to** 　☞ 전치사 to만을 쓰는 특정 경우를 구별해서 알아두어야 한다. 　　- *object to -ing*　　　　　-ing 하는 것에 반대하다 　　- *contribute to -ing*　　　　-ing 하는 것에 기여하다 　　- *devote to -ing*　　　　　-ing 하는 것에 헌신하다 　　- *be used(accustomed) to -ing*　-ing 하는 것에 익숙하다 　　- *look forward to -ing*　　　-ing 하는 것에 기대하다 **2. except for [p]** '~를 제외하고' **3. where [c]** *223p 참조(관계사절: [관계대명사 & 관계부사 & 관계형용사]) 　1) 기능 : a절 　2) 해석 : '~한 (장소)'　☞ 명사 'the United States'를 수식
VI 해석	애국심, 흥미로운 경기, 국제적인 경쟁은 모두 축구가 인기가 없는 미국을 제외한 전 세계에 걸쳐서 월드컵의 흥미에 기여합니다.

Actual Test 1 오답노트

USHER

25 Once the death of Martin Luther King, Jr. was announced, many people realized that although (A) <u>has there</u> been many other civil rights leaders, (B) <u>none exemplify</u> the struggle to change society (C) <u>more dramatically</u> than (D) <u>he</u>.

Ⅰ 정답	(A)
Ⅱ 알아야 할 문법	문장의 어순과 주어 동사의 수 일치
Ⅲ 올바른 문장(묶기)	[Once <u>the death</u> (of Martin Luther King, Jr.) <u>was announced</u>], <u>many people</u> <u>realized</u> [that [although there <u>have been</u> many other civil rights leaders], none exemplify the struggle (to change) society more dramatically [than <u>he</u>]].
Ⅳ 답이 되는 이유와 되지 않는 이유	(A) <u>has there</u> → there have : 종속접속사 'Although' 뒤에서 부사 'there'과 동사 'has' 의 도치가 일어나야 할 이유가 없다. 따라서 일반적인 어순 그대로 돌아와야 하며 'actors and media personalities' 를 통해 동사도 복수동사 'have' 가 되어야 함 (B) <u>none exemplify</u> : none은 문맥에 따라서 'no one'일 경우 단수취급, 'none of them'일 경우 복수 취급 둘 다 가능함, 위 문장에서 'many other civil rights leaders'를 가리켜 'none of them'의 의미이므로 복수 취급하여 복수동사 'exemplify'가 적절함 (C) <u>more dramatically</u> : 부사의 비교급의 형태로 앞에 'more'을 붙여 적절하게 사용했음 (D) <u>he</u> : 'than'은 전치사의 품사도 있지만 동시에 접속사의 품사도 지니고 있기 때문에 동사가 생략된 채 주어 'he'가 등장할 수 있음
Ⅴ 중요 어휘 *일반단어*	1. exemplify [igzémpləfài] v. ~를 예증하다, ~의 예가 되다. 2. dramatically [drəmǽtikəli] ad. 극적으로, 감격적으로 3. none *242p 참조(no vs never vs not vs none)
구문(Phrase)	**1. struggle to do** phr to do 하려는 투쟁, 노력
기능어(전치사/접속사)	**1. once [c]** *251p 참조(종속접속사) 　1) 기능 : ad절 　2) 해석 : 일단 ~하면 / 하자마자 **2. than** prep or conj *230p 참조(급-형용사 & 부사하고만 관련 있음) 　☞ than 뒤에 주격 'he'가 쓰인 것으로 보아 접속사로 사용된 것을 알 수 있음
Ⅵ 해석	일단 마틴 루터 킹의 죽음이 알려지자 많은 사람들은 비록 많은 다른 시민권리 리더들이 있어 왔을지라도, 아무도 사회를 그보다 더 극적으로 변화시키려는 투쟁의 예가 될 수 없다는 것을 깨달았습니다.

26 The company (A) <u>that became</u> Lorillard Tobacco Company, one of (B) <u>the oldest</u> public companies (C) <u>at</u> the United States, (D) <u>was founded</u> in Colonial New York City in 1760.

I 정답		(C)
II 알아야 할 문법		올바른 전치사의 사용
III 올바른 문장(묶기)		The company [that became Lorillard Tobacco Company, one (of the oldest public companies) (in the United States)], was founded (in Colonial New York City) (in 1760).
IV 답이 되는 이유와 되지 않는 이유		(A) [that became : 주격 관계대명사 'that'과 문맥상 과거 시제가 적절한 동사 'became'이 적절함
		(B) the oldest : 형용사 'old'의 최상급 형태로 최상급 앞에 쓰이는 'the'까지 적절하게 사용됨
		(C) (at → (in : 국가명 앞에 사용되는 전치사는 'in'이 적절함
		(D) was founded : 주어 'the company'와의 관계를 따져봤을 때 '설립되었다(was founded)'라는 수동태가 되는 것이 적절하며 동사의 수 일치도 이루어졌음
V 중요 어휘	일반단어	1. company [kʌ́mpəni] n. 회사, 기업
		2. public [pʌ́blik] a. 공공의, 공영의
		3. colonial [kəlóuniəl] a. 식민지의
		4. found [faund] v. 설립하다, ~의 기초를 쌓다
	구문(Phrase)	**1. one of the 복수명사** *241p 참조(관사 the)
		☞ one of the oldest public companies
		2. 정관사 the의 사용 *241p 참조(관사 the)
		• 서수 앞 **the first**
		• 최상급 앞 **the most**
		• **the same**
		• **the rest**
		• **one of the Ns**
		3. Become(≠come)
		• Become 명사 She became **queen** in 1800
		• Become 형용사 It is becoming **difficult**
		• Become done She became **confused**
	기능어(전치사/접속사)	**1. 전치사 in, on, at 비교** *228p 참조
		2. that 주격 형용사절
VI 해석		미국에서 가장 오래된 공기업들 중 하나인 LTC가 된 그 회사는 1760년에 뉴욕에서 설립되어졌습니다.

Actual Test 1 오답노트

27 As long as there was no major catastrophe during the previous term, (A) <u>voters</u> tend to base their votes on the (B) <u>experience</u> of the sitting president, making (C) <u>an</u> mid-term election a (D) <u>partial</u> validation or denouncement of the president.

Ⅰ 정답	(C)
Ⅱ 알아야 할 문법	올바른 관사의 사용
Ⅲ 올바른 문장(묶기)	[As long as there was no major catastrophe (during the previous term)], voters tend (to base) their votes (on the experience) (of the sitting president), making a mid-term election a partial validation or denouncement (of the president).
Ⅳ 답이 되는 이유와 되지 않는 이유	(A) voters : 동사 'tend'를 통해서 주어가 복수 주어임을 알 수 있음 (B) experience : 관사 'the'와 함께 쓰인 명사 (C) an → a : 관사 'a'가 'an'이 되는 경우는 바로 다음 어휘의 첫 음절발음이 '모음'으로 시작할 경우, 'mid-term'은 모음으로 시작하지 않으므로 an이 될 필요가 없음 (D) partial : 명사 'validation'을 수식할 수 있는 형용사

Ⅴ 중요 어휘

일반단어

1. voter [vóutər] n. 유권자, 투표자
2. experience [ikspíəriəns] n. 경험, 체험
3. candidate [kǽndidèit, -dət] n. 후보자
4. partial [pάːrʃəl] a. 부분적인
5. validation [vǽlədèiʃən] n. 실증, 인준, 유효
6. denouncement [dináunsmənt] n. 고발, 비난

구문(Phrase)

1. **tend to do** phr ~하는 경향이 있다.

2. **make A B** (A=목적어, B=목적보어) *204p 참조(make 문형 관련)
   <u>making</u> <u>a mid-term election</u> <u>a partial validation or denouncement of the president</u>.
     make   A   B

3. **base A on B** : A를 B에 근거하다

4. **there is/are** : ~가 있다 *272p 참조

기능어(전치사/접속사)

1. **as long as** [c] *249p 참조(종속접속사)
   1) 기능 : ad절
   2) 해석 : ~이기만[하기만] 하면

Ⅵ 해석

전임기간 동안 주요한 재앙이 없는 한 투표자들은 그들의 표를 현존하는 대통령의 경험에 기반하는 경향이 있습니다. 그리고 부분적인 유효 혹은 대통령의 비난으로 중간선거를 만듭니다.

28 While paleontologists study the (A) remains of fossilized life forms and paleobotanists (B) concern with the study of ancient plants (C) in their (D) previous forms, why they are different fields of study is often confusing to young learners.

I 정답	(B)
II 알아야 할 문법	동사의 태 파악하기
III 올바른 문장(묶기)	[While <u>paleontologists</u> <u>study</u> the remains (of fossilized life forms) and <u>paleobotanists</u> <u>are concerned</u> (with the study) (of ancient plants) (in their previous forms)], [why <u>they</u> <u>are</u> different fields (of study)] <u>is</u> often confusing (to young learners).
IV 답이 되는 이유와 되지 않는 이유	(A) remains : 동사 'remain'에 '-s'가 붙어 명사의 품사로 '잔여물, 유골' 이란 의미로 사용 됨 (B) concern → are concerned : 동사 'concern'은 '~에 관계하다.'라는 뜻으로 사람을 주체로 쓸 때는 수동태가 되어야 하며 전치사 'with'를 수반함 (C) (in : 전치사 'in'은 형태나 모양 배열 등을 나타낼 때 사용될 수 있음(in forms) (D) previous : 명사 'forms'를 수식하는 형용사
V 중요 어휘 일반단어	1. paleontologist [pèiliəntάlədʒist, -tɔ́l-] n. 고생물학자 2. remains [riméinz] n. 잔여물, 유해, 유골 3. paleobotanist [pèilioubάtənist] n. 고식물학자 4. ancient [éinʃənt] a. 고대의 5. previous [prí:viəs] a. 이전의
구문(Phrase)	**1. be concerned with** phr ~에 관계되다, 관련되다 ☞ concern about : ~을 염려하다 ex) The next volume in the series will be concerned with societal changes that occurred in the 1970s. 시리즈의 다음 권은 1970년대에 일어난 사회적 변화에 관련된 것일 것이다.
기능어(전치사/접속사)	**1. in the form** phr ~의 형태로 = in the shape **2. while [c]** *253p 참조(종속접속사) 1) 기능 : ad절 2) 해석 : ~하는 반면에; ~하는 동안에 **3. why [c]** *253p 참조(종속접속사), *180p 참조(n절은 단수동사를 받는다) 1) 기능 : n절 2) 해석 : ~하는 이유
VI 해석	고생물학자들은 화석화된 생명체의 잔여물을 연구하고 고식물학자들은 그들의 이전 형태로 고대 식물의 연구에 관여되는 반면에 왜 그들이 다른 연구의 분야인지는 종종 어린 학습자들에게 혼란스럽습니다.

Actual Test 1 오답노트

29 (A) <u>Most</u> geological changes are (B) <u>generated</u> by wind and water (C) <u>current</u> that agitate the environment and cause the (D) <u>surfaces</u> of geological features to erode or build up.

Ⅰ 정답
(C)

Ⅱ 알아야 할 문법
명사의 단/복수

Ⅲ 올바른 문장(묶기)
<u>Most geological changes</u> <u>are generated</u> **(**by wind and water currents**)** **[**that agitate the environment and cause the surfaces **(**of geological features**)** **(**to erode or build up**)]**.

Ⅳ 답이 되는 이유와 되지 않는 이유
(A) Most : '대부분의'라는 형용사로 명사 changes를 잘 수식하고 있음

(B) <u>generated</u> : 수동태로 목적어 없이 잘 쓰임

(C) current → currents : 명사 'current'는 가산명사이므로 단/복수를 표시해주어야 함. 문맥상 복수명사 'currents'의 사용이 적절하며 동사 'agitate'가 복수동사인 것을 고려하면 복수형이 적절함

(D) surface : 관사 'the'와 함께 복수명사가 잘 사용되었음

Ⅴ 중요 어휘

일반단어

1. most [moust] a. 대부분의
2. generate [dʒénərèit] v. 생산하다, 만들어 내다
3. agitate [ǽdʒitèit] v. 휘젓다, 뒤흔들다
4. geological [dʒìəlɑ́dʒikəl] a. 지질학의
5. erode [iróud] v. 침식하다

구문(Phrase)

1. build up phr 쌓아올리다
2. cause O to do phr O가 to do하는 것을 야기시키다

기능어(전치사/접속사)

1. that [c] *격이 있음
   1) 기능 : a절
   2) 해석 : ~하는
      ☞ 명사 'currents'를 수식
      currents [that agitate the environment]

Ⅵ 해석
대부분의 지질학적 변화들은 환경을 뒤흔들고 지질학적 특징의 표면이 침식하거나 퇴적하는 것을 일으키는 바람과 물의 흐름에 의해 생성되어 집니다.

30 (A) <u>Some</u> fish species, like the clownfish, are capable of (B) <u>switching</u> genders for (C) <u>certain</u> periods after (D) <u>the die</u> of the dominant members of the society.

I 정답	(D)
II 알아야 할 문법	어휘의 품사 구별하기
III 올바른 문장(묶기)	<u>Some fish species</u>, (like the clownfish), <u>are</u> capable (of switching) genders (for certain periods) (after the death) (of the dominant members) (of the society).
IV 답이 되는 이유와 되지 않는 이유	(A) <u>Some</u> : 복수명사 'fish species'를 수식하는 형용사 (B) <u>switching</u> : 전치사 'of' 뒤에 사용된 동명사 (C) <u>certain</u> : 명사 'periods'를 수식하는 형용사　☞ the certain(X) (D) <u>the die</u> → <u>the death</u> : 'die'는 동사, 따라서 관사 'the' 뒤에 사용될 수 없으므로 명사로 바꿔야 함
V 중요 어휘 　일반단어	1. clownfish [klaunfiʃ]　　　　n. 흰동가리 2. switch [switʃ]　　　　　　　v. 전환하다 3. gender [dʒéndər]　　　　　n. 성, 성별 4. dominant [dάmənənt, dɔ́m-]　a. 지배적인
구문(Phrase)	1. **be capable of -ing** : ing 하는것을 가능하게 하다 ; **be able to do = can do**
기능어(전치사/접속사)	1. **like** `prep` *239p 참조(like vs… vs likeness) 　• 동사의 품사 이외에도 전치사의 품사도 지니고 있음 　• 해석 : '~와 같은' 2. **for + 시간** `prep` : 동안에　*258p 참조(전치사) 　cf) by + 시간 : ~까지 　　　over + 시간 : ~동안에 3. **after** `prep` ~이후에　*254p 참조(접속사+전치사)
VI 해석	흰동가리와 같은 몇몇 물고기 종들은 사회의 지배적인 멤버의 죽음 이후에 특정 기간 동안 성을 바꾸는 것이 가능합니다.

Actual Test 1 오답노트

31 Temperatures surveys (A) <u>show</u> El Nino occurs (B) <u>approximate</u> every 6 years, meaning that a (C) <u>major</u> shift (D) <u>occurs</u> in surface temperatures in the eastern Pacific Ocean.

Ⅰ 정답	(B)
Ⅱ 알아야 할 문법	부사의 사용
Ⅲ 올바른 문장(묶기)	Temperatures surveys show [El Nino occurs approximately every 6 years], meaning [that a major shift occurs (in surface temperatures) (in the eastern Pacific Ocean)].

Ⅳ 답이 되는 이유와 되지 않는 이유

(A) show : 복수 주어 'surveys'와 수 일치가 이루어졌음

(B) approximate → approximately : 주로 숫자(수치) 앞에 사용되어 '대략'이라는 의미로 사용될 경우 부사 approximately가 적절함 (= about / nearly / around / roughly / perhaps)

(C) major : 명사 'shift'를 수식하는 형용사로 잘 사용되었음

(D) occurs : 단수 주어 'a major shift'와 수 일치가 이루어졌음

Ⅴ 중요 어휘

일반단어

1. temperature [témpərətʃər]   n. 온도, 기온
2. approximate [əpráksəmət, -rɔ́k-]   a. 대략의
3. major [méidʒər]   a. 주요한
4. shift [ʃift]   n. 변화
5. Eastern [íːstərn]   a. 동부의

구문(Phrase)

1. **every**   a. (빈도를 나타내어) 매…[…마다/꼴]
   ex) The buses go every 10 minutes.   버스는 10분마다 간다.

2. **every 6 years.** = 시간부사구(n기능) *36p 참조

기능어(전치사/접속사)

1. **that** [c]   "생략"(목적어절을 이끄는 접속사 'that'은 생략 가능!) *251p 참조(종속접속사)
   - 기능 : n절(격이 존재하지 않은 채(that 뒤에 빠진 게 없는 채)명사절을 이끌 수 있는 종속 접속사 역할)
   - [(that) El Nino occurs approximately every 6 years] : 동사 'show'의 목적어
   - [that a major shift occurs in surface temperatures in the eastern Pacific Ocean] : 분사 'meaning'의 목적어

Ⅵ 해석

온도 조사는 엘니뇨가 대략 매 6년마다 발생한다는 것을 보여줍니다, 그리고 동태평양의 표면 온도에서 주요한 변화가 발생한다는 것을 의미합니다.

32 The novels (A) <u>of</u> Charles Dickens, a nineteenth-century British author, (B) <u>reflect</u> a concern (C) <u>on</u> the rapid (D) <u>industrialization</u> that was occurring in London at the time.

I 정답	(C)
II 알아야 할 문법	올바른 전치사의 사용
III 올바른 문장(묶기)	<u>The novels</u> (of Charles Dickens), a nineteenth-century British author, <u>reflect</u> a concern (for the rapid industrialization) [that <u>was occurring</u> (in London) (at the time)].
IV 답이 되는 이유와 되지 않는 이유	(A) (of : '소유, 소속'을 나타낼 수 있는 전치사 'of'가 적절하게 사용되었음 (B) <u>reflect</u> : 복수주어 'novels'에 맞게 동사의 수 일치가 이루어졌음 (C) (on → (for : 어휘 'concern'이 명사로 쓰일 경우 전치사 'for'와(혹은 'about') 함께 쓰이는 것이 적절함 (D) industrialization : 형용사 'rapid'의 수식을 받는 명사가 적절히 왔음
V 중요 어휘	

일반단어

1. author [ɔ́:θər]	n. 작가
2. reflect [riflékt]	v. 반영하다
3. concern [kənsə́:rn]	n. 우려, 걱정

· a concern for [about]
  ex) Flooding remains a concern for(about) the plan to install a dam downstream.
     홍수는 강 하류 댐 설치 계획에 여전히 우려가 되고 있다.

4. industrialization [indʌstriəlizéiʃən, -lái-]	n. 산업화
5. occur [əkə́:r]	v. 일어나다(무조건 자동사!)

구문(Phrase)

1. at the time
· at the time : 그 당시에(in the past)
· at a time : 한 번에
· at one time : 한 때(once)
· at times : 가끔은(sometimes = from time to time)

2. concern about / for
: ~에 대한 염려, 걱정

기능어(전치사/접속사)

1. for prep
· (~가 갖게 하기) 위한, ~의, ~에 둘
· (~을 돕기) 위해
· ~에 대해

VI 해석

19세기 영국 작가인 찰스 디킨스의 소설들은 그 당시 런던에서 발생 중이었던 빠른 산업화에 대한 걱정을 반영합니다.

Actual Test 1 오답노트

33 Seismic waves generated (A) <u>by</u> earthquakes (B) <u>or large</u> seismic shifts under the ocean (C) <u>can be recorded</u> hundreds or thousands (D) <u>of kilometer</u> from their epicenter and can spawn massive waves known as tsunamis.

I 정답	(D)
II 알아야 할 문법	명사의 단/복수
III 올바른 문장(묶기)	<u>Seismic waves</u> generated (by earth quakes or large seismic shifts) (under the ocean) <u>can be recorded</u> hundreds or thousands (of kilometers) (from their epicenter) and can spawn massive waves known (as tsunamis).
IV 답이 되는 이유와 되지 않는 이유	(A) (by : 과거분사 'generated'에 호응하는 전치사 'by(~에 의해서)'가 적절하게 사용되었음 (B) or large : 주어 2개(Seismic waves & large seismic shifts)를 나열할 수 있는 등위 접속사와 명사 'shifts'를 수식하는 형용사가 적절하게 사용되었음 (C) <u>can be recorded</u> : 주어(waves & shifts)와의 관계를 생각했을 때 수동태('기록될 수 있다')가 적절함 (D) (of kilometer) → (of kilometers) : 단위명사에는 단/복수가 표현되어야 함 'hundreds or thousands' 로 인해 복수명사(kilometers)로 바꿔야 함 hundreds or thousands of kilometers : 명사구 기능 = 장소부사구 (*37p 참조)

V 중요 어휘

일반단어

1. seismic [sáizmik] a. 지진의
2. generate [dʒénərèit] v. 생산하다, 만들어 내다
3. earthquake [ə:rθkweik] n. 지진
4. epicenter [e'pəse,ntər] n. 진앙
5. spawn [spɔ:n] v. ~을 만들다
6. massive [mǽsiv] a. 대규모의
7. tsunami [tsunɑ́:mi] n. 쓰나미, 해일

구문(Phrase)

1. know A as B : A를 B로써 알다

ex) New Orleans may **be known as** a city of excess, but it is also a city steeped in culture and history
뉴올리언즈는 무절제의 도시로 알려졌지만, 문화와 역사에 깊이 스며든 도시이기도 하다.

☞ known as [분사] : ~로 알려진
ex) John Chapman **known as** Johnny Appleseed, introduced apple trees to the American frontier.
조니 아플시드로 알려진 존 채프맨은 아메리카의 개척자들에게 사과나무를 소개시켜줬다.

기능어(전치사/접속사)

1. under prep '~아래에'

VI 해석

바다 아래 지진 혹은 거대한 지각변동에 의해 생성된 지진파는 진앙으로부터 수백, 수천 킬로미터에서 기록되어 질 수 있습니다, 그리고 쓰나미라 알려진 거대한 파도를 만들 수 있습니다.

34 (A) <u>After</u> America became independent from the UK, the (B) <u>more fertile</u> soils of the Midwest region (C) <u>drew steadily</u> farmers and settlers (D) <u>into</u> the region and greatly expanded the new country's territory.

I 정답	(C)
II 알아야 할 문법	부사의 알맞은 위치
III 올바른 문장(묶기)	[After <u>America</u> <u>became</u> independent (from the UK)], <u>the more fertile soils</u> (of the Midwest region) steadily <u>drew</u> farmers and settlers (into the region) and greatly <u>expanded</u> the new country's territory.
IV 답이 되는 이유와 되지 않는 이유	(A) [After : 'After'는 전치사와 접속사의 품사 모두를 수행하기 때문에 문장을 이끌 수 있음 (B) more fertile : 'more'(부사)+ 'fertile'(형용사)로 'soils'을 수식하는 형태로 적절하게 쓰였음 (C) <u>drew</u> steadly → steadly <u>drew</u> : 부사는 일반적으로 수식하고자 하는 동사 앞에서 수식함 ＊부사의 위치 be동사 뒤 / 조동사 뒤 / 일반동사 앞 (D) (into : 동사 'drew'에 호응하는 전치사 'into(~안으로)'가 적절하게 쓰였음
V 중요 어휘 일반단어	1. drew (draw의 과거형) [druː]　　v. 끌다, 끌어오다 2. fertile [fə́ːrtl, -tail]　　a. 비옥한　　＊fertile soils　n. 비옥한 땅 3. expand [ikspǽnd]　　v. 확장하다 4. territory [térətɔ̀ːri, -təri]　　n. 영역, 영토
구문(Phrase)	1. **draw A into B** : A를 B로 끌어들이다. 2. **expand ≠ expend**　v. 확장하다 ≠ 소비하다(쏟다)
기능어(전치사/접속사)	1. **After [c]**　＊254p 참조(접속사+전치사) 　1) 기능 : ad절 　2) 해석 : (시간) ~이후에
VI 해석	미국이 영국으로부터 독립된 후에, 중서부 지역의 더 비옥한 땅은 지역으로 농부들과 정착민들을 꾸준히 이끌었습니다, 그리고 새로운 국가의 영토를 크게 확장시켰습니다.

Actual Test 1 오답노트

35 (A) <u>Found</u> in most oceans, (B) <u>various species</u> of squid use light, which (C) <u>they can</u> generate, for both camouflage (D) <u>or</u> attracting the predators of their predators when they feel threatened.

I 정답
(D)

II 알아야 할 문법
상관 접속사 이해하기

III 올바른 문장(묶기)
<u>Found</u> (in most oceans), <u>various species</u> (of squid) <u>use</u> light, [which <u>they</u> <u>can</u> <u>generate</u>], (for both camouflage and attracting) the predators (of their predators) [when <u>they</u> <u>feel</u> threatened].

IV 답이 되는 이유와 되지 않는 이유

(A) <u>Found</u> : 주어 'various species'와의 관계를 파악해 봤을 때, 현재분사 'Finding(찾는)'이 아닌 과거 분사 'Found(발견되는)'가 적절함

(B) various species : 형용사 'various'는 복수명사 'species'를 수식함
  (*species는 단수와 복수가 동일한 형태이다)

(C) they can : 명사 'the light'뒤에 목적격 관계대명사 'that'이 생략되어 있는 형태

(D) or → and : 상관 접속사 both A and B를 이해해야 함. ('or'을 사용하는 경우는 'either A or B')

V 중요 어휘

일반단어

1. generate [dʒénərèit]   v. 생성하다
2. various [véəriəs]   a. 다양한
3. camouflage [kǽməflɑ̀ːʒ]   n. 위장, 변장

구문(Phrase)

1. [various = a variety of = several = many] + 복수명사
   ☞ a variety of ≠ the variety of (= a number of ≠ the number of)

2. 분사구문
   ☞ <u>Found</u> in most oceans, <u>various species</u> of squid <u>use</u> the light~.
      분사   주어   동사

기능어(전치사/접속사)

1. which : 목적격 관계대명사 which의 생략을 이해한다.   *253p 참조(종속접속사)
   · 목적격 관계대명사로 사용된 which는 문법적으로 생략이 허용된다.
   ex) ~ the light (which) they can generate for both camouflage and attracting~.

2. when [c]   *252p 참조
   · 기능 : ad절
   · 해석 : '~할 때'

3. both A and B : A와 B 둘다

VI 해석
대부분의 바다에서 발견된 오징어의 다양한 종들은 그들이 위협을 느낄 때 위장과 그들의 적을 이끄는 것 둘 다를 위해 그들이 생성할 수 있는 빛을 사용합니다.

36 Hydrogen is (A) <u>a light</u>, flammable element that (B) <u>readily</u> reacts with (C) <u>another</u> elements (D) <u>to form</u> many important compounds, such as water and ammonia, providing it is in its gaseous state.

I 정답	(C)
II 알아야 할 문법	형용사와 명사의 수 일치
III 올바른 문장(묶기)	<u>Hydrogen</u> <u>is</u> a light, flammable element [that readily <u>reacts</u> (with other elements) (to form) many important compounds (such as water and ammonia), [providing <u>it</u> <u>is</u> (in its gaseous state)]].
IV 답이 되는 이유와 되지 않는 이유	(A) a light : 단수명사 'element'와 호응하는 관사 'a'와 형용사 'light'가 잘 사용됨 (B) readily : 동사 'reacts'를 수식할 수 있는 부사 (C) another → other : 'another'은 형용사로 명사를 수식할 경우 단수명사를 수식하므로 복수명사 'elements'를 수식할 수 있는 형용사 'other'로 바꿔야 함 (D) to form : '결국에 ~하다'라는 의미를 나타낼 수 있는 'to부정사'의 '결과적 용법'의 적절한 사용

V 중요 어휘

일반단어

1. flammable [flǽməbl] a. 가연성의
2. react [riːǽkt] v. 반응하다
3. compound [kάmpaund, kɔ́m-] n. 성분

구문(Phrase)

1. **react with** phr ~에 반응을 보이다
2. **to form** phr 결과 *211p 결과 참조(to 부정사의 부사적 용법)
3. **in a state** phr ~에 상태로

기능어(전치사/접속사)

1. **that** : 형용사절 이끄는 주격 관계대명사 that의 사용을 이해한다. *251p 참조(종속접속사)
   ☞ <u>that</u> readily reacts with other elements
   주어 역할과 문장과 문장을 연결하는 접속사 역할을 동시에 해내고 있다.

2. **providing [c]**
   · 기능 : ad절 *251p 참조(종속접속사)
   · 해석 : (만약) ~라면

3. 형용사, 형용사 명사 *267p 4)번 참조(콤마, 세미콜론, 콜론)

VI 해석

수소는 만약 이것이 가스 상태라면 다른 요소들과 쉽게 반응하여 그 결과 물과 암모니아와 같은 많은 중요한 혼합물을 형성하는 가볍고 불에 잘 타는 요소입니다.

Actual Test 1 오답노트

37 Among the (A) <u>most complex</u> chemical compounds are (B) <u>that</u> of carbon, for they take on several (C) <u>different</u> structures at various temperatures and pressures, with the most precious and (D) <u>valuable being</u> diamonds.

Ⅰ 정답	(B)
Ⅱ 알아야 할 문법	대명사의 수 일치
Ⅲ 올바른 문장(묶기)	(Among the most complex chemical compounds) <u>are</u> those (of carbon), for <u>they</u> <u>take</u> (on several different structures) (at various temperatures and pressures), (with the most precious and valuable) being diamonds.
Ⅳ 답이 되는 이유와 되지 않는 이유	(A) most complex : 형용사 'complex'의 올바른 최상급 형태임 (B) that → those : that은 대명사로 사용되었으며 가리키는 명사는 'compounds(복수명사)', 따라서 복수명사를 받을 수 있는 대명사 those가 되어야 함. 여기선, 도치 문장을 정상으로 하면 ☞ Those(=compounds) of carbon are among the most complex chemical compounds. 탄소의 그것(=혼합물)은 가장 복잡한 화학 혼합물에 속한다. (C) different : 명사 'structures'를 수식하는 형용사 (D) valuable) being : 분사(being) + 명사(diamonds)의 적절한 어순
Ⅴ 중요 어휘 〈일반단어〉	1. complex [kəmpléks, kάmpleks]　　a. 복잡한 2. compound [kάmpaund, kɔ́m-]　　n. 혼합물 3. carbon [kάːrbən]　　n. 탄소 4. several [sévərəl]　　a. 여러 가지의 5. various [véəriəs]　　a. 다양한 6. temperature [témpərətʃər]　　n. 온도 7. pressure [préʃər]　　n. 압력 8. valuable [væljuəbl]　　a. 가치 있는
〈구문(Phrase)〉	**1. take on** phr 띠다 **2. among**이 문두에 오는 도치(별지 참고 p213) 　・동사 : are　　・주어 : those of carbon **3. that(≠those)** *245p 참조(that/those) **4. be of, be among** : ~에 속하다. *273p 참조
〈기능어(전치사/접속사)〉	**1. at** : …에서 　☞ at temperature 온도에서　　☞ at pressure 압력에서 **2. for [c]** *241p 참조(관사 the) 　・기능 : 등위접속사　　・해석 : ~이기 때문에
Ⅵ 해석	탄소의 혼합물은 가장 복잡한 화학 혼합물에 속합니다, 왜냐하면 그들이, 다이아몬드인 가장 중요하고 가치 있는 상태와 더불어, 다양한 온도와 압력에서 몇몇의 다른 구조들을 띄기 때문입니다.

38 How their relationships began remains a mystery, but some organisms (A) cope with the threat of predators by forming relationships (B) that do not (C) necessary act (D) for the benefit of the other organism.

Ⅰ 정답	(C)
Ⅱ 알아야 할 문법	어휘의 품사 익히기
Ⅲ 올바른 문장(묶기)	[How their relationships began] remains a mystery, but some organisms cope (with the threat) (of predators) (by forming) relationships [that do not necessarily act (for the benefit) (of the other organism)].
Ⅳ 답이 되는 이유와 되지 않는 이유	(A) cope (with : 주어 'Some organisms'와 일치가 되는 동사로 'cope'는 전치사 'with'와 함께 쓰임 (B) [that : 주격 관계대명사 that은 'relationships'를 가리키므로 복수 동사 do가 사용 됨 (C) necessary → necessarily : 형용사는 동사를 수식할 수 없으므로 동사를 수식할 수 있는 부사가 쓰여야 함 (D) (for the benefit) : 전치사 'for'의 적절한 사용과 함께 명사 'the benefit'이 잘 사용됨
Ⅴ 중요 어휘 일반단어	1. organism [ɔ́ːrgənìzm] n. 유기체 2. threat [θret] n. 위협 3. predator [prédətər] n. 포식자 4. necessarily [nèsəsérəli] ad. 반드시 ~은 아닌 5. benefit [bénəfit] n. 이익
구문(Phrase)	1. cope with phr 대처하다, 처리하다　　2. for the benefit of phr ~의 이익을 위해
기능어(전치사/접속사)	1. by - ing : ~함으로써 　☞ in - ing : ~하는데 있어서 　　on - ing : ~하자마자 2. How [c] 　• 기능 : n절 (☞ 동사 remains의 주어) 　• 해석 : '어떻게 began 하는지'　*250p 참조(종속접속사)
Ⅵ 해석	어떻게 그들의 관계가 시작했는지는 미스터리로 남아있습니다, 그러나 몇몇의 유기체들은 다른 유기체의 이익을 위해 필수적으로 작용하지 않는 관계를 형성함으로써 포식자의 위험에 대처합니다.

Actual Test 1 오답노트

USHER

39 (A) <u>By</u> the early 1800s, America's population (B) <u>had reached</u> a remarkable level of (C) <u>uniform</u>, (D) <u>as well as</u> developed a distinct national character that we can still recognize.

I 정답	(C)
II 알아야 할 문법	해석상 맞는 명사 넣기
III 올바른 문장(묶기)	(By the early 1800s), America's population <u>had reached</u> a remarkable level (of uniformity), as well as <u>developed</u> a distinct national character [that <u>we can still recognize</u>].
IV 답이 되는 이유와 되지 않는 이유	(A) (By : 시간(the early 1800s)과 함께 사용하여 '~쯤에; ~까지'라는 의미로 잘 사용되었음. (B) had reached : 'By the early 1800s'라는 시간부사구와 어우러질 수 있는 '과거완료' 형태임. (C) uniform → uniformity : 'uniform'이란 어휘가 '명사'로 쓰일 경우 우리가 잘 알고 있는 '유니폼, 제복'의 의미만 존재한다. 이 경우 문맥상 적절하지 않으므로 '획일함'을 나타내는 'uniformity'로 변경해야 한다. (D) as well as : 등위 접속사 'and'와 같은 역할을 한다고 생각하면 됨. 따라서 동사 'developed'를 다시 다시 한 번 나열할 수 있음.
V 중요 어휘	
일반단어	1. remarkable [rimάːrkəbl] a. 놀라운 2. uniformity [jùːnəfɔ́ːrməti] n. 일치, 한결같음 3. distinct [distíŋkt] a. 뚜렷한, 명료한
구문(Phrase)	**1. reach a level / a peak / a height** phr ~단계에 / 절정에 / 정점에 도달하다 ☞ reach는 'to' 등 전치사의 도움 필요 없이 목적어를 취하는 타동사임을 기억하자 **2. by + 시간** phr 까지; 즈음에
기능어(전치사/접속사)	**1. as well as** ☞ A as well as B : B 뿐만 아니라 A도 (사실상 A와 B의 해석 순서가 중요하지는 않다. 두 항목을 모두 데려간다는 것에 집중해야 한다.) **2. that [c]** • 기능 : a절 (*목적격) • 해석 : [that we can still recognize] '우리가 여전히 인지 할 수 있는'
VI 해석	1800년대 초기까지 미국의 인구는 우리가 여전히 인지 할 수 있는 독특한 국가적인 특징을 개발해왔을 뿐만 아니라 동질성의 두드러진 단계에 도달해왔습니다.

40 (A) With more than half of Russia's (B) annual production of petroleum, an (C) important source of tax revenue, is (D) produced in the region of Western Siberia where large oil fields dot the otherwise uninhabitable landscape.

I 정답	(A)
II 알아야 할 문법	문장의 주어 찾기
III 올바른 문장(묶기)	More than half (of Russia's annual production) (of petroleum), an important source (of tax revenue), is produced (in the region) (of Western Siberia) [where large oil fields dot the otherwise uninhabitable landscape].
IV 답이 되는 이유와 되지 않는 이유	(A) (With more than→more than : 전치사 with가 명사구 'more than half'를 데리고 가면서 문장의 주어가 없게 되므로 전치사를 제거해 주어 역할을 할 수 있게 만들어줘야 함 (B) annual production : 전치사 'of' 뒤에서 소유격(Russia's) + 형용사(annual) + 명사(production)의 어순이 바르게 왔음 (C) important source : 관사 'an'과 함께 올바른 형용사(important) + 명사(source)의 어순이 왔음 (D) produced (in : 주어 'more than half'와 동사 'produce'의 관계는 '수동태'가 적절하며 전치사 'in'의 사용도 적절함
V 중요 어휘 일반단어	1. annual [ǽnjuəl] a. 연간의, 연례의 2. petroleum [pətróuliəm] n. 석유 3. revenue [révənjùː] n. 매출, 수입 4. region [ríːdʒən] n. 지역 5. dot [dat / dɔt] v. 산재하다, 흩어져있다 6. uninhabitable [ə,ninhæ'bətəbəl] a. 살 수 없는, 거주할 수 없는
구문(Phrase)	1. **more than** (숫자[수치]앞에서) : '~이상' 2. **in the region of** phr ~지역에서 3. **otherwise** phr 그렇지 않으면 *220p 참조(가정법)
기능어(전치사/접속사)	1. **where** [c] *252p 참조 • 기능 : a절 • 해석 : '~하는(장소)'
VI 해석	세금 수입의 중요한 자원인 러시아의 석유 연간 생산량의 절반 이상은 거대한 오일 밭이 산재해 있는 그렇지 않으면 사람이 살 수 없는 지역인 서부 시베리아 지역에서 생산됩니다.

Actual test 1 — 문장묶기 (1/2)

01. The diaphragm, [which plays a major role (in human respiration)], also acts (as an anatomical landmark) (to separate) the abdomen (from the chest), sometimes called the thorax.

02. [Because we rely (on a constant supply) (of food)], humans have developed a variety (of methods) (of preserving) perishable food products (to help) us get (through the winter).

03. (In 1953), the United Nations Command and the North Korean government agreed (upon a ceasefire) and created a demilitarized zone [that effectively divided the Korean peninsula (into two separate countries)].

04. Prized (for thousands) (of years) (for their delicate beauty and medicinal values), orchids are probably the world's most expensive ornamental plants.

05. (By area), Alaska is the largest American state, but it ranks forty-seventh (in population), [whereas Rhode Island is the smallest, but ranks forty-third (in population)].

06. Most fruit and vegetables are grown (in greenhouses) (in areas) [where the winter temperatures prevent them (from growing) naturally].

07. Elephant brains are larger (than those) (of any other land animal); they have been found (to weigh) 4.5 (to 5.5 kg) (10-12 lbs).

08. [Although precipitation occurs (throughout the year) (in most places)], (in East Asia and a few other locations) affected (by monsoons), most (of the annual precipitation) occurs (as a result) (of changes) (in the seasonal wind patterns).

09. (In attempting) (to learn) more (about the origin) (of the Earth), scientists study fossilized animal remains (to determine) [when the species existed] and other aspects (of their lifecycles).

10. It is the South [where the conservative movement seems (to have gained) the most ground (since the last election), partly (because of the region's inhabitants' displeasure) (with the current administration)].

11. [What we refer to (as purple)] is really a composite color made up (of both red and blue wavelengths) (of the light spectrum).

12. (Despite being) only 23 (at the time), Alice Guy-Blache made history (with La Fee aux Choux) [since it was the first narrative film (to be produced) (by a female director)].

13. [When the location (of the Earth) relative (to the Sun) changes], the seasons and the weather patterns [that go (with them)] intensify.

14. (In addition to many individual rights), the separation (of church and state), [which ensures [both organizations do not interfere (with one another)]], was included (in the United States' Bill of Rights).

15. A rather new area (in the field) (of chemistry) is that (of explaining) [how carbon fibers can form strong cylindrical molecules called nanotubes].

16. [While the gopher tortoise, a large land-based turtle, digs a series (of burrows) (to use) (as a network) (of shelters) (to protect) it (from predation)], other animals species accomplish the same thing (by using) preexisting burrows.

17. (During the 1950s), many doctors recognized [that the body could only be as healthy [as the brain]] and began (to conduct) psychological experiments (on a large scale), making the study (of the human brain) more important [than it had been (in the past)].

18. American politics has been controlled (by two political parties) (since the administration) (of the first president), yet the two parties have occasionally changed.

19. [Although ethics has traditionally been viewed (as a subcategory) (of human psychology)], its importance (in business and politics) links it (with many other fields) (of study).

20. Initially introduced (in classical Greece), the yo-yo, [which is usually used (as a toy) [that exploits angular momentum (to perform) tricks]], consists (of two interconnected disks) (on a string) and can be used (as a weapon) [if it is wielded (by an expert)].

Actual test 1 — 문장묶기 (2/2)

21. Nutritionists and dieticians often debate [whether the colorful peel surrounding many fruit and vegetables is actually high (in the vitamins and minerals) [that are important (for respiratory and nutritional health)]].

22. The shift (in the American population) (to crowded urban areas) (from the relatively sparsely populated countryside) (during the late 19th century) was seen (as a result) (of families) seeking financial stability, [though there were many other reasons].

23. [Since personal freedom is the cornerstone (of the Constitution)], its fourth amendment restricts the government's ability (to search and seize) a personality and their property [unless it has obtained a lawful warrant (to do) so].

24. National pride, exciting game play, and international rivalry all contribute (to interest) (in the World Cup) (around the world), (except for the United States), [where soccer is not closely followed].

25. [Once the death (of Martin Luther King, Jr.) was announced], many people realized [that [although there have been many other civil rights leaders], none exemplify the struggle (to change) society more dramatically [than he]].

26. The company [that became Lorillard Tobacco Company, one (of the oldest public companies) (in the United States)], was founded (in Colonial New York City) (in 1760).

27. [As long as there was no major catastrophe (during the previous term)], voters tend (to base) their votes (on the experience) (of the sitting president), making a mid-term election a partial validation or denouncement (of the president).

28. [While paleontologists study the remains (of fossilized life forms) and paleobotanists are concerned (with the study) (of ancient plants) (in their previous forms)], [why they are different fields (of study)] is often confusing (to young learners).

29. Most geological changes are generated (by wind and water currents) [that agitate the environment and cause the surfaces (of geological features) (to erode or build up)].

30. Some fish species, (like the clownfish), are capable (of switching) genders (for certain periods) (after the death) (of the dominant members) (of the society).

31. Temperatures surveys show [El Nino occurs approximately every 6 years], meaning [that a major shift occurs (in surface temperatures) (in the eastern Pacific Ocean)].

32. The novels (of Charles Dickens), a nineteenth-century British author, reflect a concern (for the rapid industrialization) [that was occurring (in London) (at the time)].

33. Seismic waves generated (by earthquakes or large seismic shifts) (under the ocean) can be recorded hundreds or thousands (of kilometers) (from their epicenter) and can spawn massive waves known (as tsunamis).

34. [After America became independent (from the UK)], the more fertile soils (of the Midwest region) steadily drew farmers and settlers (into the region) and greatly expanded the new country's territory.

35. Found (in most oceans), various species (of squid) use light, [which they can generate], (for both camouflage and attracting) the predators (of their predators) [when they feel threatened].

36. Hydrogen is a light, flammable element [that readily reacts (with other elements) (to form) many important compounds, (such as water and ammonia), [providing it is (in its gaseous state)]].

37. (Among the most complex chemical compounds) are those (of carbon), for they take (on several different structures) (at various temperatures and pressures), (with the most precious and valuable) being diamonds.

38. [How their relationships began] remains a mystery, but some organisms cope (with the threat) (of predators) (by forming) relationships [that do not necessarily act (for the benefit) (of the other organism)].

39. (By the early 1800s), America's population had reached a remarkable level (of uniformity), as well as developed a distinct national character [that we can still recognize].

40. More than half (of Russia's annual production) (of petroleum), an important source (of tax revenue), is produced (in the region) (of Western Siberia) [where large oil fields dot the otherwise uninhabitable landscape].

Actual test 1 — 묶기 테스트 (1/4)

01. The diaphragm, which plays a major role in human respiration, also acts as an anatomical landmark to separate the abdomen from the chest, sometimes called the thorax.

02. Because we rely on a constant supply of food, humans have developed a variety of methods of preserving perishable food products to help us get through the winter.

03. In 1953, the United Nations Command and the North Korean government agreed upon a ceasefire and created a demilitarized zone that effectively divided the Korean peninsula into two separate countries.

04. Prized for thousands of years for their delicate beauty and medicinal values, orchids are probably the world's most expensive ornamental plants.

05. By area, Alaska is the largest American state, but it ranks forty-seventh in population, whereas Rhode Island is the smallest, but ranks forty-third in population.

06. Most fruit and vegetables are grown in greenhouses in areas where the winter temperatures prevent them from growing naturally.

07. Elephant brains are larger than those of any other land animal; they have been found to weigh 4.5 to 5.5 kg (10-12 lbs).

08. Although precipitation occurs throughout the year in most places, in East Asia and a few other locations affected by monsoons, most of the annual precipitation occurs as a result of changes in the seasonal wind patterns.

09. In attempting to learn more about the origin of the Earth, scientists study fossilized animal remains to determine when the species existed and other aspects of their lifecycles.

10. It is the South where the conservative movement seems to have gained the most ground since the last election, partly because of the region's inhabitants' displeasure with the current administration.

11. What we refer to as purple is really a composite color made up of both the red and blue wavelengths of the light spectrum.

12. Despite being only 23 at the time, Alice Guy-Blache made history with La Fee aux Choux since it was the first narrative film to be produced by a female director.

13. When the location of the Earth relative to the Sun changes, the seasons and the weather patterns that go with them intensify.

14. In addition to many individual rights, the separation of church and state, which ensures bothorganizations do not interfere with one another, was included in the United States' Bill of Rights.

15. A rather new area in the field of chemistry is that of explaining how carbon fibers can form strong cylindrical molecules called nanotubes.

16. While the gopher tortoise, a large land-based turtle, digs a series of burrows to use as a network of shelters to protect it from predation, other animals species accomplish the same thing by using preexisting burrows.

17. During the 1950s, many doctors recognized that the body could only be as healthy as the brain and began to conduct psychological experiments on a large scale, making the study of the human brain more important than it had been in the past.

18. American politics has been controlled by two political parties since the administration of the first president, yet the two parties have occasionally changed.

19. Although ethics has traditionally been viewed as a subcategory of human psychology, its importance in business and politics links it with many other fields of study.

20. Initially introduced in classical Greece, the yo-yo, which is usually used as a toy that exploits angular momentum to perform tricks, consists of two interconnected disks on a string and can be used as a weapon if it is wielded by an expert.

Actual test 1 묶기 테스트 (3/4)

21. Nutritionists and dieticians often debate whether the colorful peel surrounding many fruits and vegetables is actually high in the vitamins and minerals that are important for respiratory and nutritional health.

22. The shift in the American population to crowded urban areas from the relatively sparsely populated countryside during the late 19th century was seen as a result of families seeking financial stability, though there were many other reasons.

23. Since personal freedom is the cornerstone of the Constitution, its fourth amendment restricts the government's ability to search and seize a personality and their property unless it has obtained a lawful warrant to do so.

24. National pride, exciting game play, and international rivalry all contribute to interest in the World Cup around the world, except for the United States, where soccer is not closely followed.

25. Once the death of Martin Luther King, Jr. was announced, many people realized that although there have been many other civil rights leaders, none exemplify the struggle to change society more dramatically than he.

26. The company that became Lorillard Tobacco Company, one of the oldest public companies in the United States, was founded in Colonial New York City in 1760.

27. As long as there was no major catastrophe during the previous term, voters tend to base their votes on the experience of the sitting president, making a mid-term election a partial validation or denouncement of the president.

28. While paleontologists study the remains of fossilized life forms and paleobotanists are concerned with the study of ancient plants in their previous forms, why they are different fields of study is often confusing to young learners.

29. Most geological changes are generated by wind and water currents that agitate the environment and cause the surfaces of geological features to erode or build up.

30. Some fish species, like the clownfish, are capable of switching genders for certain periods after the death of the dominant members of the society.

31. Temperatures surveys show El Nino occurs approximately every 6 years, meaning that a major shift occurs in surface temperatures in the eastern Pacific Ocean.

32. The novels of Charles Dickens, a nineteenth-century British author, reflect a concern for the rapid industrialization that was occurring in London at the time.

33. Seismic waves generated by earthquakes or large seismic shifts under the ocean can be recorded hundreds or thousands of kilometers from their epicenter and can spawn massive waves known as tsunamis.

34. After America became independent from the UK, the more fertile soils of the Midwest region steadily drew farmers and settlers into the region and greatly expanded the new country's territory.

35. Found in most oceans, various species of squid use light, which they can generate, for both camouflage and attracting the predators of their predators when they feel threatened.

36. Hydrogen is a light, flammable element that readily reacts with other elements to form many important compounds, such as water and ammonia, providing it is in its gaseous state.

37. Among the most complex chemical compounds are those of carbon, for they take on several different structures at various temperatures and pressures, with the most precious and valuable being diamonds.

38. How their relationships began remains a mystery, but some organisms cope with the threat of predators by forming relationships that do not necessarily act for the benefit of the other organism.

39. By the early 1800s, America's population had reached a remarkable level of uniformity, as well as developed a distinct national character that we can still recognize.

40. More than half of Russia's annual production of petroleum, an important source of tax revenue, is produced in the region of Western Siberia where large oil fields dot the otherwise uninhabitable landscape.

Test 1 | 명사 기능 잡기 (1/2)

01. The diaphragm, [which plays a major role (in human respiration)], also acts (as an anatomical landmark) (to separate) the abdomen (from the chest), sometimes called the thorax.

02. [Because we rely (on a constant supply) (of food)], humans have developed a variety (of methods) (of preserving) perishable food products (to help) us get (through the winter).

03. (In 1953), the United Nations Command and the North Korean government agreed (upon a ceasefire) and created a demilitarized zone [that effectively divided the Korean peninsula (into two separate countries)].

04. Prized (for thousands) (of years) (for their delicate beauty and medicinal values), orchids are probably the world's most expensive ornamental plants.

05. (By area), Alaska is the largest American state, but it ranks forty-seventh (in population), [whereas Rhode Island is the smallest, but ranks forty-third (in population)].

06. Most fruit and vegetables are grown (in greenhouses) (in areas) [where the winter temperatures prevent them (from growing) naturally].

07. Elephant brains are larger (than those) (of any other land animal); they have been found (to weigh) 4.5 (to 5.5 kg) (10-12 lbs).

08. [Although precipitation occurs (throughout the year) (in most places)], (in East Asia and a few other locations) affected (by monsoons), most (of the annual precipitation) occurs (as a result) (of changes) (in the seasonal wind patterns).

09. (In attempting) (to learn) more (about the origin) (of the Earth), scientists study fossilized animal remains (to determine) [when the species existed] and other aspects (of their lifecycles).

10. It is the South [where the conservative movement seems (to have gained) the most ground (since the last election), partly (because of the region's inhabitants' displeasure) (with the current administration)].

11. [What we refer to (as purple)] is really a composite color made up (of both red and blue wavelengths) (of the light spectrum).

12. (Despite being) only 23 (at the time), Alice Guy-Blache made history (with La Fee aux Choux) [since it was the first narrative film (to be produced) (by a female director)].

13. [When the location (of the Earth) relative (to the Sun) changes], the seasons and the weather patterns [that go (with them)] intensify.

14. (In addition to many individual rights), the separation (of church and state), [which ensures [both organizations do not interfere (with one another)]], was included (in the United States' Bill of Rights).

15. A rather new area (in the field) (of chemistry) is that (of explaining) [how carbon fibers can form strong cylindrical molecules called nanotubes].

16. [While the gopher tortoise, a large land-based turtle, digs a series (of burrows) (to use) (as a network) (of shelters) (to protect) it (from predation)], other animals species accomplish the same thing (by using) preexisting burrows.

17. (During the 1950s), many doctors recognized [that the body could only be as healthy [as the brain]] and began (to conduct) psychological experiments (on a large scale), making the study (of the human brain) more important [than it had been (in the past)].

18. American politics has been controlled (by two political parties) (since the administration) (of the first president), yet the two parties have occasionally changed.

19. [Although ethics has traditionally been viewed (as a subcategory) (of human psychology)], its importance (in business and politics) links it (with many other fields) (of study).

20. Initially introduced (in classical Greece), the yo-yo, [which is usually used (as a toy) [that exploits angular momentum (to perform) tricks]], consists (of two interconnected disks) (on a string) and can be used (as a weapon) [if it is wielded (by an expert)].

Test 1 | 명사 기능 잡기 (2/2)

21. Nutritionists and dieticians often debate [whether the colorful peel surrounding many fruit and vegetables is actually high (in the vitamins and minerals) [that are important (for respiratory and nutritional health)]].

22. The shift (in the American population) (to crowded urban areas) (from the relatively sparsely populated countryside) (during the late 19th century) was seen (as a result) (of families) seeking financial stability, [though there were many other reasons].

23. [Since personal freedom is the cornerstone (of the Constitution)], its fourth amendment restricts the government's ability (to search and seize) a personality and their property [unless it has obtained a lawful warrant (to do) so].

24. National pride, exciting game play, and international rivalry all contribute (to interest) (in the World Cup) (around the world), (except for the United States), [where soccer is not closely followed].

25. [Once the death (of Martin Luther King, Jr.) was announced], many people realized [that [although there have been many other civil rights leaders], none exemplify the struggle (to change) society more dramatically [than he]].

26. The company [that became Lorillard Tobacco Company, one (of the oldest public companies) (in the United States)], was founded (in Colonial New York City) (in 1760).

27. [As long as there was no major catastrophe (during the previous term)], voters tend (to base) their votes (on the experience) (of the sitting president), making a mid-term election a partial validation or denouncement (of the president).

28. [While paleontologists study the remains (of fossilized life forms) and paleobotanists are concerned (with the study) (of ancient plants) (in their previous forms)], [why they are different fields (of study)] is often confusing (to young learners).

29. Most geological changes are generated (by wind and water currents) [that agitate the environment and cause the surfaces (of geological features) (to erode or build up)].

30. Some fish species, (like the clownfish), are capable (of switching) genders (for certain periods) (after the death) (of the dominant members) (of the society).

31. Temperatures surveys show [El Nino occurs approximately every 6 years], meaning [that a major shift occurs (in surface temperatures) (in the eastern Pacific Ocean)].

32. The novels (of Charles Dickens), a nineteenth-century British author, reflect a concern (for the rapid industrialization) [that was occurring (in London) (at the time)].

33. Seismic waves generated (by earthquakes or large seismic shifts) (under the ocean) can be recorded hundreds or thousands (of kilometers) (from their epicenter) and can spawn massive waves known (as tsunamis).

34. [After America became independent (from the UK)], the more fertile soils (of the Midwest region) steadily drew farmers and settlers (into the region) and greatly expanded the new country's territory.

35. Found (in most oceans), various species (of squid) use light, [which they can generate], (for both camouflage and attracting) the predators (of their predators) [when they feel threatened].

36. Hydrogen is a light, flammable element [that readily reacts (with other elements) (to form) many important compounds, (such as water and ammonia), [providing it is (in its gaseous state)]].

37. (Among the most complex chemical compounds) are those (of carbon), for they take (on several different structures) (at various temperatures and pressures), (with the most precious and valuable) being diamonds.

38. [How their relationships began] remains a mystery, but some organisms cope (with the threat) (of predators) (by forming) relationships [that do not necessarily act (for the benefit) (of the other organism)].

39. (By the early 1800s), America's population had reached a remarkable level (of uniformity), as well as developed a distinct national character [that we can still recognize].

40. More than half (of Russia's annual production) (of petroleum), an important source (of tax revenue), is produced (in the region) (of Western Siberia) [where large oil fields dot the otherwise uninhabitable landscape].

Actual Test 1 정답지

번호	정답	출제포인트	번호	정답	출제포인트
1	(B)	형용사절을 이끄는 주격 관계대명사 which	21	(D)	수식 관계 이해하기(부사는 명사 수식 불가)
2	(A)	접속사의 기능	22	(C)	주어와 동사의 수 일치
3	(D)	문장의 주어 찾기	23	(D)	등위 접속사의 기능(문법적 대등 병치)
4	(C)	어순 바로 잡기	24	(C)	올바른 부사의 사용
5	(D)	문맥에 알맞은 접속사	25	(A)	문장의 어순과 주어 동사의 수 일치
6	(B)	동사의 태 파악하기	26	(C)	올바른 전치사의 사용
7	(A)	비교급의 알맞은 형태	27	(C)	올바른 관사의 사용
8	(B)	문장의 주어 찾기	28	(B)	동사의 태 파악하기
9	(D)	문장 구조 이해하기	29	(C)	명사의 단/복수
10	(C)	문장 구조 이해하기	30	(D)	어휘의 품사 구별하기
11	(D)	접속사 what의 기능 이해하기	31	(B)	부사의 사용
12	(D)	어순 바로 잡기	32	(C)	올바른 전치사의 사용
13	(A)	문장 구조 이해하기	33	(D)	명사의 단/복수
14	(D)	동사의 태 파악하기	34	(C)	부사의 알맞은 위치
15	(A)	대명사 'that' 이해하기	35	(D)	상관 접속사 이해하기
16	(D)	올바른 전치사의 사용	36	(C)	형용사와 명사의 수 일치
17	(C)	전치사 'to'와 부정사 'to'구별하기	37	(B)	대명사의 수 일치
18	(D)	어휘의 품사 구별하기	38	(C)	어휘의 품사 익히기
19	(A)	주어와 동사의 수 일치	39	(C)	해석상 맞는 명사 넣기
20	(D)	전치사와 함께 사용되는 자동사 구별하기	40	(A)	문장의 주어 찾기

USHER in Grammar Contents

1 USHER 백지 (12p-50p)
- day 1 문장의 조건 및 종류
- day 2 8품사 + 정형동사의 형태와 체크리스트
- day 3 비정형 동사 (TO부정사 + 동명사) + 명사의 기능과 체크리스트
- day 4 비정형 동사 (분사)
- day 5 종속접속사, 절개념 + 전치사

2 USHER 문장 묶기 (52p-54p)
- Comets 묶기 샘플 지문

3 Actual test (56p-170p)
- Actual test 2

4 별지 (174p-268p)
- EASY HARD [동사]
- [접속사와 전치사(일반)]
- [중요 포인트]
- [접속사와 전치사(개별)]

시험 중 체크 사항 ※습관을 들이는게 중요합니다!

> "강사 선생님들은 학생들이 옆의 세 가지 행동을 하면서 실수를 줄이고, 집중하는지 늘 체크 시켜서 "버릇" 들여 주시기 바랍니다."

02 Midsummer, or the summer solstice, is _____ of the year so it was often seen as a special day by primitive cultures.

(A) the day is longest
(B) the longest day that
(C) the longest day
(D) that of which the longest day

❶ "?" 표시하기 — 본문 읽으며, 궁금한 곳에 "?" 표시를 합니다. 문제를 풀면서도 질문 거리에는 "?" 표시를 해 둡니다.

❷ 답근거 날리기 — 문제를 풀 때 선택지가 틀린 이유를 단어로, 간결하게 날립니다.

❸ 경쟁 문장 표시 — 4개의 선택지 중에 정답과 경쟁하는 마지막 1개의 선택지를 표시해둡니다. 무조건 1개여야 합니다.

113

Actual Test 2

01. In the field of animal psychology, _____ absolute nor easy communication methods since most animals lack an easily comprehensible language system.

(A) there are neither
(B) are there no
(C) either
(D) none

02. Midsummer, or the summer solstice, is _____ of the year so it was often seen as a special day by primitive cultures.

(A) the day is longest
(B) the longest day that
(C) the longest day
(D) that of which the longest day

03. If we want a concrete example of genetic differences, we simply need to look at the _____ different strains of rice cultivated around the world.

(A) several
(B) of the several
(C) there are several
(D) several are the

04. While marine shale, _____ in which embedded organic material has decomposed under pressure for millions of years, is a major source of petroleum, it can be found in other geological environments.

(A) are that fine-grained rock
(B) that fine-grained rock
(C) rocks are fine-grained
(D) fine-grained rock

05. Mountains are one of the most common geographical features of volcanically active regions, although _____ in other areas provided they contain the requisite geological and tectonic conditions.

(A) also to have existed
(B) their existence also
(C) also exist
(D) they do also exist

06. Super-bugs, a particularly strong form of bacterial pathogen, are so called because they are _____ such as antibiotics and antibacterial ointments.

(A) known treatment to resistant
(B) treatment to known resistances
(C) resistant to most known treatments
(D) treatment known resistant to

07. In 1928, British bacteriologist Frederick Griffith showed _____, under certain circumstances, R & S strains of the pneumococci bacteria could be converted into one another, and set the stage for the study of genetics.

(A) on which
(B) that
(C) where
(D) there is

08. _____ in Canada began in the early days of the country, when there was no currency with which fur trappers, natives and fishermen could conduct commerce with one another.

(A) Bartering
(B) When bartering
(C) It was bartering
(D) Bartering was

09. By producing certain sounds and motions, porpoises are able to provide _____ with the location of recently discovered food sources and other information.

(A) while their pod mates
(B) so that their pod mates
(C) their pod mates
(D) their pod mates are

10. Although atmospheric oxygen and carbon dioxide are not quite _____ nitrogen, between them they perform two of the most important jobs in the atmosphere: allowing respiration and trapping heat from the sun, respectively.

(A) as abundant
(B) as abundant as
(C) abundant than
(D) that abundant

11. As far as I can tell, _____ both efficiency and safety have been major concerns of aircraft operators.

(A) airline history
(B) airline history includes
(C) throughout airline history
(D) in airline history there are

12. By the time the rock-and-roll revolution began, the drums had become _____ of most modern music styles.

(A) a part is integral
(B) partly integral
(C) that part is integral
(D) an integral part

13. All milk sold in the U.S. undergoes pasteurization, _____ milk is pumped into giant vats to be heated and then quickly cooled to kill the microbes present before bottling.

(A) a procedure
(B) which proceeds
(C) a procedure in which
(D) which is a procession

14. Non-verbal communication is a form of language, _____ a rudimentary form, used as a method of communication between people who cannot communicate verbally, such as the deaf.

(A) of which normally
(B) which normally of
(C) is normally of
(D) normally of

15. As soon as President Reagan selected her for the position in 1981, Arizona judge Sandra Day O'Connor became _____ appointed to a seat on the United States Supreme Court.

(A) as the first female
(B) the first female was
(C) the first female
(D) being the first female

Actual Test 2

[16~40] 틀린것 골라내기

16. As they are a prerequisite for any ecosystem, plants (A) are found both on land and in water, but most cannot (B) alive at far northern latitudes (C) because they need the sun's (D) light to give them energy.

17. Even though bronze (A) began (B) to be replaced around 1,300 BCE by iron, (C) what was used (D) to form stronger tools and farming implements, its use was never fully eliminated.

18. One of (A) the most recognizable (B) burial places in the world, the Taj Mahal is considered (C) a eternal symbol of undying love and (D) devotion as it was built by the grieving Moghul emperor Shah Jahan for his beloved third wife, Mumtaz Mahal.

19. Subcompact cars (A) were developed at the (B) beginning of the 1970s, during the energy crisis, (C) to compete with larger vehicles by providing (D) gas mileage great than the previously popular models, for it was easier and cheaper to reduce the size of the vehicle than to develop more fuel efficient engines.

20. Given that they are tropical plants, abundant natural or artificial sunlight (A) is required for the proper (B) grow of orchids, as well as to ensure that the (C) plants produce the (D) best blooms.

21. (A) There was at least 4,000 years ago (B) that inhabitants of the Indian subcontinent (C) first established (D) contact with aboriginal Australians and gave them tools that forever changed their culture.

22. (A) The earliest traces of atmospheric oxygen appeared when cyanobacteria (B) evolved the ability to break down CO_2 when exposed to sunlight, forever (C) alter Earth's atmosphere and allowing the evolution of a (D) long list of higher organisms.

23. Politicians must maintain (A) the supporting of (B) a majority of their (C) constituents to (D) remain in office long-term whether they are involved in local or national government.

24. The "Method" school of acting concentrated (A) on ordinary actors trying to reproduce the thought patterns of their subject, rendering (B) they fully enwrapped in the (C) role in a way that bordered (D) occasionally on caricature.

25. (A) By the end of the 1870's, the urban (B) population of the US was approximately (C) equally to the population that lived in (D) rural areas of the country, which we can see if we study demographic data from the period.

26. (A) Because their composition is dependent (B) of the conditions extant at their formation, diamonds often contain traces of other (C) minerals that can be important in (D) determining their geographical origin.

27. Tropical diseases are those that (A) usual affect (B) only those (C) persons living (D) within certain latitudinal limits, in that they occur only in places with warm, humid climates.

28. Historical ecology studies, (A) on a timely basis, the ways (B) in which (C) populations historical interact with the ecosystem of (D) the region where they live.

29. The Mississippi-Missouri River system and (A) its tributaries, (B) which flow (C) to the Gulf of Mexico from across the Midwest, (D) form most important river system in North America.

30. (A) Beneath Earth's surface (B) there lies a dark world (C) inhabit by animals that (D) rarely see the light of day, provided they are not forced to do so.

31. Marketers' (A) main objective is to introduce consumers to their products, (B) that is, to let them know about a product and convince them to (C) buy it before they actually physically (D) introduced to it.

32. Metals are (A) mineral that, in (B) their pure state, are (C) hard, opaque, and (D) exhibit electrical conductivity; by the time they are extracted, they can be used in a variety of ways.

33. (A) Of all the (B) elements in Venus' atmosphere, carbon dioxide is known (C) to be the (D) major abundant, as it makes up over 96% of the gases present there.

34. In photography, (A) lenses macro are used to (B) photograph objects or organisms whose (C) sizes require extreme magnification (D) for viewing.

35. The small nuts of the pistachio (A) tree grow in clusters and are (B) protected by hard shells (C) who naturally split apart with a popping sound when the nuts (D) ripen.

36. The New Deal was a series of programs (A) enacted between 1933-1936 that set up several social (B) programs: The Social Security Administration, a system of (C) unemployment insurance, and healthcare grants for (D) distribute by local governments.

37. The (A) sound produced by the Grande Utopia EM speaker is in general far more clear, (B) powerfully, and crisp than that from (C) any other audio (D) source on the market today.

38. As if his famous statue of David was not enough to make him a famous artist, Renaissance artist Michelangelo Buonarroti was also the (A) premier painter of the (B) time, receiving commissions (C) for portraits and (D) mural from influential Italian families and even the Pope.

39. (A) During last few years of the Cold War, (B) which ended in 1991, The Soviet Union broke up and (C) more than 10 formerly soviet countries came (D) into existence around Eastern Europe and Central Asia.

40. Frontier people streamed into the Louisiana Purchase in (A) so large numbers (B) between 1803 and 1812 (C) that they (D) near doubled the amount of land inhabited by American settlers.

Actual Test 2 오답노트

01 In the field of animal psychology, _____ absolute nor easy communication methods since most animals lack an easily comprehensible language system.

(A) there are neither
(B) are there no
(C) either
(D) none

I 정답	(A)
II 알아야 할 문법	상관 접속사 이해하기, 주절 찾기
III 올바른 문장(묶기)	(In the field) (of animal psychology), there are neither absolute nor easy communication methods [since most animals lack an easily comprehensible language system]. *272p 참조 (There is)
IV 답이 되는 이유와 되지 않는 이유	(A) there are neither : 접속사 'nor'과 호응하는 neither과 함께 문장의 동사 'are'도 적절하게 사용됨 (B) are there no : 의문문의 어순으로 적절하지 않음 (C) either : 상관 접속사 nor과 맞지 않음 *226p 참조 (D) none : 문장에 동사가 존재하지 않음 *242p 참조 (no vs never vs not vs none)
V 중요 어휘	
일반단어	1. animal psychology [ǽnəməl saikάlədʒi] n. 동물 심리학 2. absolute [ǽbsəlùːt] a. 완전한; 완벽한 3. communication [kəmjùːnəkéiʃən] n. 소통
구문(Phrase)	1. in the field of phr ~의 분야에서
기능어(전치사/접속사)	**1. 상관 접속사** ☞ neither A nor B : A도 아니고 B도 아니다 **2. since [c]** 1) 기능 : ad절 2) 해석 : ~때문에
VI 해석	대부분의 동물들은 쉽게 이해 가능한 언어 시스템이 부족하기 때문에 동물심리학의 분야에서 완전하거나 쉬운 의사소통 방법은 없습니다.

02 Midsummer, or the summer solstice, is _____ of the year so it was often seen as a special day by primitive cultures.

(A) the day ~~is~~ longest
(B) the longest day ~~that~~
(C) the longest day
(D) that of ~~which~~ the longest day

I 정답	(C)
II 알아야 할 문법	문장 구조 이해하기
III 올바른 문장(묶기)	Midsummer, or the summer solstice, <u>is</u> the longest day (of the year) so <u>it</u> <u>was often seen</u> (as a special day) (by primitive cultures).
IV 답이 되는 이유와 되지 않는 이유	(A) <u>the day</u> is longest : 한 문장에 동사 'is' 가 두 번 나오는 오류가 발생함 (B) the longest day [that : 접속사 'that' 뒤에 동사가 존재하지 않음 (C) the longest day : 주격보어 자리에 명사구 'the longest day'가 적절하게 사용되었으며 최상급 앞에 정관사 'the'도 잘 사용되었음 (D) that (of [which <u>the longest day</u> : 접속사 'which' 뒤에 동사가 존재하지 않음 *225p 참조 (of+which)
V 중요 어휘 일반단어	1. midsummer [mi'dsə'mər] n. 한여름 2. summer solstice [sʌmər sɑ́lstəs, sɔ́l-] n. 하지점, (북반구에서는) 6월 22일경
구문(Phrase)	**1. 정관사 'the'의 사용** · one of the 복수명사 · 서수 앞 · 최상급 앞 "the longest day" · the same · the rest "나머지" **2. see A as B : A를 B라고 여기다** ☞ A is seen as B : A는 B라고 여겨**지다**[보여**지다**]
기능어(전치사/접속사)	**1. so [c]** 1) 기능 : 등위접속사 2) 해석 : 그래서
VI 해석	여름 하절기인 하지는 연중 가장 긴 날입니다, 그래서 이것은 원시 문화에 의해 특별한 날로 종종 간주되어집니다.

Actual Test 2 오답노트

03 If we want a concrete example of genetic differences, we simply need to look at the _____ different strains of rice cultivated around the world.

(A) several
(B) ~~of~~ the several
(C) there ~~are~~ several
(D) several ~~are~~ the

I 정답	(A)
II 알아야 할 문법	형용사의 알맞은 위치
III 올바른 문장(묶기)	[If we want a concrete example (of genetic differences)], we simply need (to look) (at the several different strains) (of rice) cultivated (around the world).
IV 답이 되는 이유와 되지 않는 이유	(A) several : 복수 명사 'strains'를 수식하는 형용사로 적절하게 사용되었음 (B) (of the several : at 뒤에 of로 또 나와서 안됨 (C) there are several : 문장에 동사가 두 개 존재하는 오류가 발생함 (D) several are the : 문장에 동사가 두 개 존재하는 오류가 발생함 *246p 참조 (수량형용사)
V 중요 어휘 일반단어	1. genetic [dʒənétik] a. 유전적인 2. strain [strein] n. 계통, 품종
구문(Phrase)	1. several/various/a number of/a couple of/many/a variety of + 복수명사(strains) 2. need to do : to do 하는 것을 필요로 하다. 3. look at : -을 보다

기능어(전치사/접속사)	1. if [c] *250p 참조 (종속접속사)
	  1) 기능 : ad절
	  2) 해석 : 만약 ~라면
	2. around [p] ~의 주위를 돌아, ~전역으로

VI 해석	만약 우리가 유전 차이의 구체적인 예를 원한다면, 우리는 전 세계에 걸쳐서 경작된 쌀의 몇몇의 다른 종류를 간단히 살펴볼 필요가 있습니다.

04 While marine shale, _____ in which embedded organic material has decomposed under pressure for millions of years, is a major source of petroleum, it can be found in other geological environments.

(A) ~~are~~ that fine-grained rock
(B) ~~that~~ fine-grained rock
(C) rocks ~~are~~ fine-grained
(D) fine-grained rock

Ⅰ 정답	(D)
Ⅱ 알아야 할 문법	문장 구조 이해하기
Ⅲ 올바른 문장(묶기)	[While marine shale, fine-grained rock [(in which) embedded organic material has decomposed (under pressure) (for millions) (of years)], is a major source (of petroleum)], it can be found (in other geological environments).
Ⅳ 답이 되는 이유와 되지 않는 이유	(A) are [that fine-grained rock : 동사 'is'와 'are' 두 개가 접속사 없이 등장하는 오류가 발생함 (B) [that fine-grained rock : 접속사 'that'뒤에 동사가 존재하지 않음, 'has decomposed' 는 접속사 'has decomposed'가 이끄는 문장의 동사가 되므로 (C) rocks are fine-grained : 동사 'is'와 'are' 두 개가 접속사 없이 등장하는 오류가 발생함 (D) fine-grained rock : 콤마 ','를 사이에 두고 'marine shale'과 'fine-grained rock'이 동격을 이룸
Ⅴ 중요 어휘 — 일반단어	1. petroleum [pətróuliəm] n. 석유 2. marine shale [mərí:n ʃeil] n. 해양 혈암 3. embed [imbéd] v. 박아 넣다; 끼워 넣다 4. -grained [gréind] a. 알갱이가 …한 5. organic material [ɔːrgǽnik mətíəriəl] n. 유기 물질 6. decompose [dì:kəmpóuz] v. 부패하다
구문(Phrase)	1. under pressure : phr 압력 하에서
기능어(전치사/접속사)	1. **for** [p] ☞ for + 기간 : ~기간 동안에 2. **while** [c] *253p 참조 (종속접속사) • 기능 : ad절 • 해석 : 반면에 3. **in which** *224p 참조 (전치사 + 관계대명사)
Ⅵ 해석	수 백만년 동안 압력 하에 끼워진 유기 물질이 부패해온 곱게 갈린 알갱이인 해양 현암이 석유의 주요 자원인 반면에, 이것은 다른 지질학적인 환경에서 발견될 수 있습니다. (marine이 일반적이지만, 다른 환경에서도 발견될 수 있다는 뜻)

Actual Test 2 오답노트

05 Mountains are one of the most common geographical features of volcanically active regions, although _____ in other areas provided they contain the requisite geological and tectonic conditions.

(A) also ~~to have existed~~
(B) their existence also
(C) also ~~exist~~
(D) they do also exist

I 정답	(D)
II 알아야 할 문법	종속 접속절 채우기
III 올바른 문장(묶기)	Mountains are one (of the most common geographical features) (of volcanically active regions), [although they do also exist (in other areas) [provided they contain the requisite geological and tectonic conditions]].
IV 답이 되는 이유와 되지 않는 이유	(A) also to have existed : 접속사 'although' 뒤에 주어, 동사가 존재하지 않음 (B) their existence also : 접속사 'although' 뒤에 주어, 동사가 존재하지 않음 (C) also exist : 접속사 'although' 뒤에 주어가 존재하지 않음 (D) they do also exist : 주어와 동사를 완전하게 지닌 문장 구조가 이루어짐(do는 동사 강조)
V 중요 어휘 — 일반단어	1. geographical [dʒìːəgrǽfikəl] a. 지리적인 2. feature [fíːtʃər] n. 특징 3. volcanical [valkǽnikl] a. 화산의 4. exist [igzíst] v. 존재하다
구문(Phrase)	**1. one of the 복수명사(features)** *241p 참조(관사 the) **2. 강조의 do** ☞ 동사를 강조하고 싶을 경우 동사 앞에 do, does, did(정말로, 실제로)를 사용할 수 있다. ex) I do understand you. 나는 너를 정말로 이해한다.
기능어(전치사/접속사)	**1. although [c]** *249p 참조 (종속접속사) 1) 기능 : ad절 2) 해석 : 비록 ~일지라도 **2. provided [c]** *251p 참조 (종속접속사) 1) 기능 : ad절 2) 해석 : 만약 ~라면
VI 해석	산들은 만약 그들이 필요한 지질학적인 그리고 구조상의 조건들을 포함한다면, 비록 다른 지역들에서 그들이 또한 존재할지라도, 화산(적으로) 활동적인 지역들의 가장 흔한 지질학적인 특징들 중 하나입니다.

06 Super-bugs, a particularly strong form of bacterial pathogen, are so called because they are _____ such as antibiotics and anti-bacterial ointments.

(A) known treatment to resistant
(B) treatment to known resistances
(C) resistant to most known treatments
(D) treatment known resistant to

I 정답	(C)
II 알아야 할 문법	어순 바로잡기
III 올바른 문장(묶기)	Super-bugs, a particularly strong form (of bacterial pathogen), are so called [because they are resistant (to most known treatments) (such as antibiotics and anti-bacterial ointments)].
IV 답이 되는 이유와 되지 않는 이유	(A) known treatment (to resistant) : 수동태 동사구 'are known' 뒤에 목적어가 남아버리는 오류가 발생 (B) treatment (to known resistances) : 해석해봐야 오류가 파악됨(해석 문제) (C) resistant (to most known treatments) : 'resistant to' 라는 구문과 함께 전치사 'to' 뒤에 명사구 'most known treatments' 가 잘 사용되었음 (D) treatment known resistant (to : 전치사 'to' 뒤에 'such as' 가 오는 오류가 발생

V 중요 어휘

일반단어

1. particularly [pərtíkjulərli] ad. 특히
2. bacterial [bæktíəriəl] a. 세균의
3. pathogen [pǽθədʒən] n. 병원균, 병원체
4. resistant [rizístənt] a. …에 저항력이 있는
5. antibiotic [æntibaiátik] n. 항생 물질
6. anti- [ǽntai, -ti] n. 반…
7. ointment [ɔ́intmənt] n. 연고

구문(Phrase)

1. resistant to   phr ~에 대해 저항하는

기능어(전치사/접속사)

1. because [c]   *249p 참조(종속접속사)
   · 기능 : ad절
   · 해석 : ~이기 때문에

2. such as   [p] ~와 같은(예시 나열)
              [c] ~하는 것과 같은(예시 나열)

VI 해석

세균성 병원균의 특히 강한 형태인 슈퍼 버그들은 그들이 항생제와 항균성의 연고 같은 가장 잘 알려진 치료약에 저항하기 때문에, 그렇게 불려집니다.

Actual Test 2 오답노트

07 In 1928, British bacteriologist Frederick Griffith showed _____, under certain circumstances, R & S strains of the pneumococci bacteria could be converted into one another, and set the stage for the study of genetics.

(A) on which
(B) that
(C) where
(D) there is

Ⅰ 정답

(B)

Ⅱ 알아야 할 문법

명사절을 이끄는 접속사 that 이해하기

Ⅲ 올바른 문장(묶기)

(In 1928), British bacteriologist Frederick Griffith showed [that, (under certain circumstances), R & S strains (of the pneumococci bacteria) could be converted (into one another)], and set the stage (for the study) (of genetics).

Ⅳ 답이 되는 이유와 되지 않는 이유

(A) (on which : 동사 'showed'의 목적어가 나와야 하지만 주어, 'on which'는 명사절을 이끌 수 없음

(B) [that : 'that'은 격이 없는 완전한 문장을 이끌면서 동사 'showed'의 목적어로 명사절을 이끌고 있음

(C) [where : 의문사로 사용된 'where'은 명사절을 이끌 수 있으나, 문맥상 적절하지 않음

(D) there is : 접속사 없이 동사가 두 개 나오는 오류가 발생함

Ⅴ 중요 어휘 *일반단어*

1. circumstance [sə́ːrkəmstæns]   n. 상황
2. pneumococci [njùːməkɑ́kəs] (*pneumococcus 복수)   n. 폐렴 구균
3. genetics [dʒənétiks]   n. 유전학
4. convert [kənvə́ːrt]   v. 전환하다, 변환하다

구문(Phrase)

1. **convert A into B** phr A를 B로 변환하다.
   ☞ A be converted into B : A가 B로 변환되다.

2. **one another** phr 서로서로

3. **set the stage for** phr ~의 장을 마련하다; ~의 기초를 닦다

기능어(전치사/접속사)

1. **under** [p] ~아래에서
   ☞ under circumstance(s) phr ~의 상황에서

Ⅵ 해석

1928년에 영국 세균 학자 F.G는 특정 상황 아래에서 P 박테리아의 R&S 종류는 서로 서로 대체될 수 있었다는 것을 보여줬습니다, 그리고 유전학 연구의 기초를 닦았습니다.

08 _____ in Canada began in the early days of the country, when there was no currency with which fur trappers, natives and fishermen could conduct commerce with one another.

(A) Bartering
(B) ~~When~~ bartering
(C) It ~~was~~ bartering
(D) Bartering ~~was~~

I 정답	(A)
II 알아야 할 문법	문장의 주어 찾기(주절 채우기)
III 올바른 문장(묶기)	Bartering (in Canada) began (in the early days) (of the country), [when there was no currency [(with which) fur trappers, natives and fishermen could conduct commerce (with one another)]].
IV 답이 되는 이유와 되지 않는 이유	(A) Bartering : 동사 'began'에 필요한 주어가 적절하게 사용되었음 (B) [When bartering : 주절이 존재하지 않음 (C) It was bartering : 동사 'was'와 'began' 두 개가 충돌하는 오류가 발생함 (D) Bartering was : 동사 'was'와 'began' 두 개가 충돌하는 오류가 발생함
V 중요 어휘 일반단어	1. barter [bɑ́ːrtər] v. 물물교환하다, 교환하다 2. currency [kə́ːrənsi] n. 통화, 화폐 3. fur trapper [fəːr træpər] n. 모피를 얻기 위해 덫을 놓는 사냥꾼 4. native [néitiv] n. 원주민 5. conduct [kɑ́ndʌkt, kɔ́n-] v. 실시하다, 시행하다, 행동하다 6. commerce [kɑ́məːrs] n. 무역, 상업
구문(Phrase)	1. one another phr 서로서로 2. there is/are : ~가 있다
기능어(전치사/접속사)	1. with [p] '~를 가진', '~와 함께' ☞ with which = with currency = 화폐를 가지고 *224p 참조(전치사 + 관계대명사) 2. when *252p 참조 • 기능 : a절 in the early days of the country, when (수식)
VI 해석	캐나다에서 물물교환은 모피 사냥꾼, 원주민들 그리고 어부들이 서로서로 무역을 실행할 수 있었던 화폐가 없었던 나라의 초창기에 시작했습니다.

Actual Test 2 오답노트

09 By producing certain sounds and motions, porpoises are able to provide _____ with the location of recently discovered food sources and other information.

(A) ~~while~~ their pod mates
(B) ~~so that~~ their pod mates
(C) their pod mates
(D) their pod mates ~~are~~

I 정답	(C)
II 알아야 할 문법	동사의 목적어 이해하기
III 올바른 문장(묶기)	**(By producing)** certain sounds and motions, <u>porpoises</u> <u>are</u> able **(to provide)** their pod mates **(with the location) (of recently discovered food sources and other information)**.
IV 답이 되는 이유와 되지 않는 이유	(A) [while <u>their pod mates</u> : 접속사 'while' 뒤에 동사가 존재하지 않음 (B) [so that <u>their pod mates</u> : 접속사 'so that' 뒤에 동사가 존재하지 않음　*251p 3문장 암기 (C) their pod mates : 'to provide'의 목적어로 잘 사용되었음 (D) their pod mates <u>are</u> : 접속사 없이 be동사 'are'이 두 번 나오는 오류가 발생함
V 중요 어휘　일반단어	1. produce [prədjúːs]　　v. 생산하다, 만들다 2. porpoise [pɔ́ːrpəs]　　n. 돌고래 3. pod mate [pad meit]　　n. 고래의 짝
구문(Phrase)	**1. be able to do = be capable of ~ing = can do** **2. provide A with B**　phr　A에게 B를 제공하다 **3. other +** 가산복수명사 / 불가산복수명사　*246p 참조 (수량형용사) 　☞ information : 불가산명사
기능어(전치사/접속사)	**1. by ~ing :** ~함으로써 　☞ 여기서 producing은 동명사임　*33p 참조 (2.동명사)
VI 해석	특정한 소리와 움직임을 만듦으로써 돌고래들은 그들의 짝에게 최근에 발견된 식량 자원의 위치와 다른 정보들을 제공할 수 있습니다.

10 Although atmospheric oxygen and carbon dioxide are not quite _____ nitrogen, between them they perform two of the most important jobs in the atmosphere: allowing respiration and trapping heat from the sun, respectively.

(A) as abundant
(B) as abundant as
(C) abundant ~~than~~
(D) ~~that~~ abundant

I 정답	(B)
II 알아야 할 문법	형용사의 원급 비교
III 올바른 문장(묶기)	[Although atmospheric oxygen and carbon dioxide are not quite as abundant (as nitrogen)] (between them) they perform two (of the most important jobs) (in the atmosphere): allowing respiration and trapping heat (from the sun), respectively.
IV 답이 되는 이유와 되지 않는 이유	(A) as abundant : 부사 'as'와 호응하는 전치사 'as'가 사용이 되어야 원급 비교를 나타낼 수 있음 (B) as abundant as : 'as'~ 'as' 사이에 형용사 'abundant'가 들어간 원급의 정확한 표현이 사용되었음 (C) abundant than : 'than'에 호응할 수 있는 비교급 'more(-er)' 표현이 없어 오류가 생김 (D) [that abundant : 접속사 'that' 뒤에 동사가 존재하지 않는 오류가 발생함

V 중요 어휘

일반단어

1. atmospheric [ætməsférik] — a. 대기의, 대기로 이루어진
2. oxygen [ɑ́ksidʒen] — n. 산소
3. carbon dioxide [kɑ́ːrbən daiɑ́ksaid] — n. 이산화탄소
4. abundant [əbʌ́ndənt] — a. 풍부한
5. respiration [rèspəréiʃən] — n. 호흡
6. trap [træp] — v. 잡다, 흡수하다, 빨아들이다
7. respectively [rispéktivli] — ad. 각각

구문(Phrase)

1. **not quite** phr 완전히 ~하지 않은
2. **원급 비교**
   as A as B phr B 만큼 A한 ☞ 형용사 & 부사의 '급' 참고
3. **two of the most important jobs** *241p 참조(관사 the)
4. **perform a job** 업무를 수행하다.

기능어(전치사/접속사)

1. **Although** [c] *249p 참조(종속접속사)
   · 기능 : ad절
   · 해석 : 비록 ~일지라도
2. **between** [p] '~사이에' *226p 참조(상관접속사)

VI 해석

비록 대기의 산소와 이산화탄소는 질소만큼 풍부하지 않지만, 그들 사이에선 그들은 대기에서 가장 중요한 일 중 두 가지를 시행합니다. : 각각 호흡을 가능하게 하고 태양으로부터의 열을 흡수하는 것.

Actual Test 2 오답노트

11 As far as I can tell, _____ both efficiency and safety have been major concerns of aircraft operators.

(A) airline history
(B) airline history ~~includes~~
(C) throughout airline history
(D) in airline history there ~~are~~

Ⅰ 정답	(C)
Ⅱ 알아야 할 문법	문장 구조 이해 및 수식어구 파악
Ⅲ 올바른 문장(묶기)	[As far as I can tell], (throughout airline history) both efficiency and safety have been major concerns (of aircraft operators).
Ⅳ 답이 되는 이유와 되지 않는 이유	(A) Airline history : 명사 기능 없음 (B) Airline history includes : 접속사 없이 주어 동사가 연결되는 오류가 생김 (C) (Throughout airline history) : 전치사 'throughout'과 명사 'airline history'가 수식어로 빠지면서 문장의 구조에 영향을 미치지 않음 (D) (In airline history) there are : 동사가 'are' 그리고 'have been' 두 개가 충돌하는 오류가 생김
Ⅴ 중요 어휘 일반단어	1. throughout [θruːáut] p. …동안, …내내 2. airline [eˈrlaiˌn] n. 항공사 3. efficiency [ifíʃənsi] n. 효율, 능률 4. aircraft [eˈrkræˌft] n. 항공기, 비행기 5. operator [ɑ́pərèitər] n. 운영자, 작동자
구문(Phrase)	**1. both A and B** [상관접속사] A와 B 둘 다
기능어(전치사/접속사)	**1. As far as [c]** *249p 참조(종속접속사) • 기능 : ad절 • 해석 : '~하는 한', '~에 관한 한' **2. throughout [p]** ~을 통틀어서 *227p 참조(through vs throughout vs though vs thorough)
Ⅵ 해석	항공사의 역사를 통틀어서 효율과 안전 둘 다는 항공운항사의 주요한 관심사이어왔습니다.

12 By the time the rock-and-roll revolution began, the drums had become _____ of most modern music styles.

(A) a part is integral
(B) partly integral
(C) that part is integral
(D) an integral part

I 정답	(D)
II 알아야 할 문법	주격 보어 이해하기
III 올바른 문장(묶기)	[By the time the rock-and-roll revolution began], the drums had become an integral part (of most modern music styles). *most : 274p 참조 (A) a part is integral : 동사 'become'과 'is'가 충돌함 (B) partly integral : 주격보어 자리에 형용사가 들어갈 수 있으나 'integral of'라는 표현이 없음 (C) [that part is integral : 'integral of'라는 표현이 어색하며 문맥상 'that'이 이끄는 명사절이 become 뒤 주격 보어 자리에 들어가는 것도 어색함 (D) an integral part : 주격 보어 자리에 알맞게 들어간 명사구
IV 답이 되는 이유와 되지 않는 이유	
V 중요 어휘 일반단어	1. integral [íntigrəl] a. 불가결한, 필수의 2. modern [mάdərn] a. 현대의, 근대의
구문(Phrase)	**1. part of** phr ~의 부분
기능어(전치사/접속사)	**1. by the time [c]** *249p 참조(종속접속사) • 기능 : ad절 • 해석 : '~할 무렵', '~할 때까지' ① 형용사절 |	
time	when
place	where
reason	why
way	how의 뜻이지만 사용하지 않음 | ② "모두" that으로 바꿔 쓸 수 있음 ③ "모두" 생략 가능
VI 해석	락앤롤 혁명이 시작할 무렵 드럼은 대부분의 현대 음악의 필수 부분이 되었습니다.

Actual Test 2 오답노트

13 All milk sold in the U.S. undergoes pasteurization, _____ milk is pumped into giant vats to be heated and then quickly cooled to kill the microbes present before bottling.aircraft operators.

(A) a procedure
(B) which ~~proceeds~~
(C) a procedure in which
(D) which ~~is~~ a procession

I 정답

(C)

II 알아야 할 문법

문장 구조 이해하기

III 올바른 문장(묶기)

All milk sold (in the U.S.) undergoes pasteurization, a procedure [(in which) milk is pumped (into giant vats) (to be heated and then quickly cooled) (to kill) the microbes present (before bottling)].

IV 답이 되는 이유와 되지 않는 이유

(A) a procedure : 명사 'a procedure'와 'milk'가 충돌하는 오류가 발생

(B) [which proceeds : 동사 'proceeds'와 'is pumped'가 충돌하는 오류가 발생

(C) a procedure [(in which) : 'pasteurization'과 동격을 이루는 명사 'a procedure'이 사용되었고, 접속사 'which'뒤에 알맞은 문장이 사용되었음

(D) [which is a procession : 접속사(which) 하나에 동사 'is'와 'is pumped'가 충돌하는 오류가 발생

V 중요 어휘

일반단어

1. undergo [əˌndərgoúˈ] v. 받다, 겪다, 거치다
2. pasteurization [pæstərizéiʃən] n. 저온 살균법, 광견병 예방 접종
3. procedure [prəsíːdʒər] n. 절차
4. vat [væt] n. 큰 통, 큰 (물)탱크
5. microbe [máikroub] n. 미생물
6. all milk all 뒤에 단수 가능 *246p 참조(수량형용사)

구문(Phrase)

1. pump A into B A를 B 안으로 붓다, 풀다

기능어(전치사/접속사)

1. before [p] ~전에
   ☞ 'before'는 전치사와 접속사의 품사 모두를 가지고 있다.

2. in which *224p 참조(전치사 + 관계대명사)

VI 해석

미국에서 판매된 모든 우유는 우유가 병에 담기기 전에 거대한 통에 부어지고 가열되고 빠르게 식혀져서 살균하는 절차인, 저온 살균법 절차를 거칩니다.

14 Non-verbal communication is a form of language, _____ a rudimentary form, used as a method of communication between people who cannot communicate verbally, such as the deaf.

(A) of ~~which~~ normally
(B) ~~which~~ normally of
(C) ~~is~~ normally of
(D) normally of

I 정답	(D)
II 알아야 할 문법	(주격 관계대명사 + be동사)의 생략
III 올바른 문장(묶기)	Non-verbal communication is a form (of language), normally (of a rudimentary form), used (as a method) (of communication) (between people) [who cannot communicate verbally], (such as the deaf).
IV 답이 되는 이유와 되지 않는 이유	(A) [(of which) normally : 접속사 'which' 뒤에 동사가 존재하지 않음 (B) [which normally (of : 접속사 'which' 뒤에 동사가 존재하지 않음 (C) is normally (of : 접속사 없이 'is' 두 개가 충돌하는 오류가 생김 (D) normally (of : 'language'와 'normally' 사이에 'which is'가 생략되었음 be 동사 뒤에 (of + n)는 '~에 속해있다' 라고 해석할 수 있음
V 중요 어휘 일반단어	1. verbal [və́ːrbəl] a. 말의, 언어의 2. rudimentary [rùːdəméntəri] a. 근본의, 초보의 3. deaf [def] a. 청각 장애의, 귀가 먼 4. the deaf [ðə def] n. 청각 장애인
구문(Phrase)	1. use A as B phr A를 B로 사용하다 ☞ A used as B : B로써 사용되어지는 A 2. a form of phr ~의 한 형태 3. be of N phr ~에 속하다 = be among *273p 참조
기능어(전치사/접속사)	1. who [c] *253p 참조(종속접속사) • 기능 : a절 • 해석 : ~한(사람) 2. such as [p] ~사이에 　　　　　[c] ~하는 것과 같은
VI 해석	보통 기초의 형태에 속하는 비언어적 소통은 청각 장애인과 같은 언어적인 소통이 불가능한 사람들 사이의 소통 방법으로써 쓰여지는 언어의 한 형태입니다.

Actual Test 2 오답노트

USHER

15 As soon as President Reagan selected her for the position in 1981, Arizona judge Sandra Day O'Connor became _____ appointed to a seat on the United States Supreme Court.

(A) ~~as~~ the first female
(B) the first female ~~was~~
(C) the first female
(D) ~~being~~ the first female

I 정답	(C)
II 알아야 할 문법	동사 문형 알기
III 올바른 문장(묶기)	[As soon as <u>President Reagan</u> <u>selected</u> her **(for the position)** **(In 1981)**], <u>Arizona judge</u> Sandra Day O'Connor <u>became</u> the first female appointed **(to a seat)** **(on the United States Supreme Court)**.
IV 답이 되는 이유와 되지 않는 이유	(A) (as the first female) : 동사 'became' 뒤에 주격보어로 'as+n'의 형태는 적절하지 않음 (B) the first female was : 동사 두 개가 충돌하는 경우가 생김 (C) the first female : 주격 보어 자리에 올 수 있는 명사 'the first female'의 사용이 올바름 (D) being the first female : 동사 'became' 뒤에 주격보어 'being'의 형태는 사용하지 않음
V 중요 어휘 일반단어	1. judge [dʒʌdʒ]　　n. 판사 2. appointed [əpɔ́intid]　　a. 임명된
구문(Phrase)	**1. appoint A to B**　phr A를 B에 임명하다 　☞ A is appointed B　A는 B에 임명되다 **2. select A for B** : A를 B로 선택하다
기능어(전치사/접속사)	**1. as soon as [c]**　*249p 참조 (종속접속사) 　1) 기능 : ad절 　2) 해석 : ~하자마자 **2. in [p]**　*228p 참조 (전치사 in / on / at) 　☞ in + 년도 / on + 요일 / 특정 날짜 / at + 시각
VI 해석	R 대통령이 1981년에 그 자리에 그녀를 뽑자마자 애리조나 판사인 S는 미국 대법원의 판사 자리에 임명된 최초의 여성이 되었습니다.

16 As they are a prerequisite for any ecosystem, plants (A) <u>are found both</u> on land and in water, but most cannot (B) <u>alive</u> at far northern latitudes (C) <u>because they</u> need the sun's (D) <u>light</u> to give them energy.

Ⅰ 정답	(B)
Ⅱ 알아야 할 문법	어휘의 품사 구분하기
Ⅲ 올바른 문장(묶기)	[As they are a prerequisite (for any ecosystem)], plants are found both (on land) and (in water), but most cannot live (at far northern latitudes) [because they need the sun's light (to give) them energy].
Ⅳ 답이 되는 이유와 되지 않는 이유	(A) are found both : 주어 'plants'와 동사의 수도 복수로 알맞으며 관계를 따져봤을 때 '수동(are found)'이 되는 것도 적절함 (B) alive→live : 조동사 'cannot' 뒤에는 일반동사의 동사원형이 존재해야 하지만 'alive'는 형용사의 품사이므로 적절하지 않음, 동사 'live'가 사용되어야 함 (C) [because they : 'because'는 접속사의 품사를 지니고 있으므로 주어 동사를 이끌 수 있음, 대명사 'they'는 'plants'를 가리키므로 적절함 (D) light : 태양 빛으로 쓰인 명사 'light'는 동사 'need'의 목적어로서 맞음
Ⅴ 중요 어휘 일반단어	1. northern [nɔ́ːrðərn] a. 북부의, 북쪽의 2. latitude [lǽtətjùːd] n. 위도 3. most [moust] n. 대부분
구문(Phrase)	1. **give A B** : A에게 B를 주다 ☞ give <u>them</u> <u>energy</u> A B 2. **prerequisite for** : ~의 선행 조건 3. **at latitude** : 위도에
기능어(전치사/접속사)	1. **as** [c] *254p 참조(접속사+전치사) ・기능 : ad절 ・해석 : ~때문에 2. **both A and B** [상관 접속사] : A와 B 둘 다 *226p 참조(상관 접속사) 3. **at latitude/longitude** : 위도/경도에서
Ⅵ 해석	그들이 어떤 생태계를 위한 전제조건이기 때문에, 식물들은 땅 위, 그리고 물 안 둘 다에서 발견됩니다, 그러나 대부분은 그들이 그들에게 에너지를 주는 태양의 빛을 필요로 하기 때문에, 먼 북 위도에서 살 수 없습니다.

Actual Test 2 오답노트

17 Even though bronze (A) <u>began</u> (B) <u>to be replaced</u> around 1,300 BCE by iron, (C) <u>what</u> was used (D) <u>to form</u> stronger tools and farming implements, its use was never fully eliminated.

Ⅰ 정답	(C)
Ⅱ 알아야 할 문법	what과 which의 차이 구별하기
Ⅲ 올바른 문장(묶기)	[Even though bronze began (to be replaced) around 1,300 BCE (by iron), [which was used (to form) stronger tools and farming implements]], its use was never fully eliminated.
Ⅳ 답이 되는 이유와 되지 않는 이유	(A) began : 'around 1,300 BCE by iron'이라는 시간부사구를 통해서 과거 시제가 적절함을 알 수 있음 (B) (to be replaced) : 동사 'began'은 to부정사를 목적어로 취하며 '대체되다'라는 수동태 표현이 되어야 하므로 'be replaced'가 적절함 (C) [what → [which : what은 '명사절'을 이끌기 때문에 명사 'iron'을 수식할 수 없음, 형용사절을 이끌 수 있는 'which'가 와야 함 *45p 참조 ☞ 'that'도 형용사절을 이끌 수 있지만 위의 경우 '콤마(,)'뒤에 접속사 'that'이 들어갈 수 없다는 문법적 이유로 'which'만 정답이 될 수 있음 (D) (to form) : '~하기 위해서'라는 표현으로 to부정사의 사용이 적절함
Ⅴ 중요 어휘 일반단어	1. replace [ripléis] v. 대체하다 2. implement [ímpləmənt] n. 도구
구문(Phrase)	**1. begin to do** phr to do 하는 것을 시작하다 **2. use 목적어 to do** phr 목적어를 to do 하기 위해 사용하다 ☞ A is used to do A가 ~하기 위해 사용되다
기능어(전치사/접속사)	**1. even though** *249p 참조(종속접속사) • 기능 : 등위접속사 • 해석 : 비록 ~일지라도
Ⅵ 해석	비록 청동이 약 BCE 1,300년도에 더 강한 도구들과 농기구들을 형성하기 위해 사용되어졌던 철에 의해 대체되기 시작했을지라도, 이것의 사용은 절대 완전히 제거되지 않았습니다.

18 One of (A) <u>the most</u> recognizable (B) <u>burial places</u> in the world, the Taj Mahal is considered (C) <u>a</u> eternal symbol of undying love and (D) <u>devotion</u> as it was built by the grieving Moghul emperor Shah Jahan for his beloved third wife, Mumtaz Mahal.

I 정답	(C)
II 알아야 할 문법	관사의 올바른 표기
III 올바른 문장(묶기)	One **(**of the most recognizable burial places**)** **(**in the world**)**, <u>the Taj Mahal is considered</u> **an** eternal symbol **(**of undying love and devotion**)** **[**as <u>it was built</u> **(**by the grieving Moghul Emperor Shah Jahan**)** **(**for his beloved third wife**)**, Mumtaz Mahal**]**.
IV 답이 되는 이유와 되지 않는 이유	(A) the most : 최상급 'most recognizable' 앞에서 정관사 'the'가 올바르게 사용되었음 (B) burial places) : 'one of the' 뒤에는 복수명사가 나와야 하기 때문에 'places'가 잘 사용되었음 (C) a → an : 모음으로 시작하는 어휘 'eternal' 앞에 관사는 'an'으로 사용해야 함 (D) devotion) : 등위접속사 'and'가 명사 'love'와 'devotion'을 잘 병치시키고 있음

V 중요 어휘

일반단어

1. recognizable [rékəgnàizəbl]   a. 인식 가능한, 분간이 가는
2. burial place [bériəl pleis]   n. 묘지
3. eternal [itə́ːrnəl]   a. 영원한
4. symbol [símbəl]   n. 상징
5. undying [əndai'iŋ]   a. 죽지 않는
6. devotion [divóuʃən]   n. 헌신; 희생

구문(Phrase)

1. **one of the** 복수명사(places) *241p 참조(관사 the)
2. **consider A B** A를 B라고 여기다
   ☞ A is considered B   A는 B라고 여겨지다
3. **a symbol of**   phr ~의 상징
4. **동명사 vs 현재분사 구별하기**
   ☞ undying love and devotion
   동명사 [n] : '사랑과 헌신을 죽지 않는 것(해석이 이상함)
   현재분사 [a] : '죽지 않는 사랑과 헌신 → undying은 현재분사형 형용사로 사용된 것!
   ☞ 위와 같은 경우 형태상으로는 동명사와 현재분사형 형용사가 구분되지 않음, 해석상 판단할 수 밖에 없음

기능어(전치사/접속사)

1. **as [c]**   *254p 참조(접속사 + 전치사)
   · 기능 : ad절
   · 해석 : '~때문에'

VI 해석

세상에서 가장 알려져 있는 무덤들 중에 하나인, 타지마할은 이것이 비통한 모굴 황제 Shah Jahan에 의해 그의 사랑받는 3번째 부인인 Mumhaz Mahal을 위해 지어졌기 때문에, 죽지 않는 사랑과 헌신의 영원한 상징으로 간주되어집니다.

Actual Test 2 오답노트

USHER

19 Subcompact cars (A) <u>were developed</u> at the (B) <u>beginning of</u> the 1970s, during the energy crisis, (C) <u>to compete</u> with larger vehicles by providing (D) <u>gas mileage great</u> than the previously popular models, for it was easier and cheaper to reduce the size of the vehicle than to develop more fuel efficient engines.

I 정답	(D)
II 알아야 할 문법	비교급의 올바른 형태
III 올바른 문장(묶기)	Subcompact cars were developed (at the beginning) (of the 1970s), (during the energy crisis), (to compete) (with larger vehicles) (by providing) greater gas mileage (than the previously popular models), for it was easier and cheaper (to reduce) the size (of the vehicle) [than (to develop) more fuel efficient engines].
IV 답이 되는 이유와 되지 않는 이유	(A) were developed : 주어 'Subcompact cars'와 수 일치를 이루며 동시에 관계를 따져봤을 때 수동태가 적절함 (B) beginning) (of : 'beginning'은 동명사가 아닌 순수 명사로 '초기, 시초'를 나타냄 (C) (to compete) : 문맥상 '~하기 위해서'라는 표현으로 to부정사를 사용하는 것이 적절하며 동사 'compete'와 함께 쓰이는 전치사 'with'도 잘 사용되었음 (D) gas mileage great → gas mileage greater : 전치사 'than'과 호응하는 비교급이 등장해야 함

V 중요 어휘

일반단어

1. subcompact car [sʌbkɑ́mpækt] n. 서스콤팩트 카 (소형차보다 작은 차에 상당함)
2. develop [divéləp] v. 개발하다
3. crisis [kráisis] n. 위기
4. compete [kəmpíːt] v. 경쟁하다
5. vehicle [víːikl, víːhikl] n. 자동차
6. mileage [máilidʒ] n. 연비

구문(Phrase)

1. compete with *phr* …와 경쟁하다
2. 가주어 it *205p 참조(make 문형 관련)*
3. at the beginning of : ~의 초기에
   ☞ at the end of : ~의 말에

기능어(전치사/접속사)

1. for [c]
   · 기능 : ad절
   · 해석 : ~이기 때문에

VI 해석

소형차는 1970년대 초기에, 에너지 위기 동안에 더 큰 차들과 경쟁하기 위해 이전에 인기 있는 모델들 보다 더 큰 가스 마일리지를 제공함으로써 개발되어졌습니다, 왜냐하면 차의 크기를 줄이는 것이 발달시키는 것보다 더 쉽고 싸기 때문입니다.

20 Given that they are tropical plants, abundant natural or artificial sunlight (A) <u>is</u> required for the proper (B) <u>grow</u> of orchids, as well as to ensure that the (C) <u>plants</u> produce the (D) <u>best</u> blooms.

I 정답	(B)
II 알아야 할 문법	어휘의 품사 구별하기
III 올바른 문장(묶기)	[Given that <u>they</u> <u>are</u> tropical plants], <u>abundant natural or artificial sunlight</u> <u>is required</u> (for the proper growth) (of orchids), as well as (to ensure) [that <u>the plants</u> <u>produce</u> the best blooms].
IV 답이 되는 이유와 되지 않는 이유	(A) <u>is</u> : 주어 'sunlight'의 수에 일치 시키는 것이 적절하므로 단수 동사가 잘 사용되었음 (B) grow → growth : 형용사 'proper'이 수식하는 명사가 와야 할 자리이므로 동사 'grow'를 명사 'growth'로 수정해야 함 (C) <u>plants</u> : 동사 'produce'에 맞게 복수 명사를 사용해야 함 (D) <u>best</u> : 정관사 'the'와 함께 최상급이 잘 사용되었음
V 중요 어휘 일반단어	1. abundant [əbʌ́ndənt] a. 풍부한 2. artificial [ɑ̀ːrtəfíʃəl] a. 인공의 3. require [rikwáiər] v. 필요하다 4. orchid [ɔ́ːrkid] n. 난초 5. ensure [inʃúər] v. 보장하다 6. bloom [bluːm] n. 개화; 만발
구문(Phrase)	1. be required for phr …에 필요하다 2. ensure that phr that절을 확실히 하다

기능어(전치사/접속사)	1. given that [c] *255p 참조 (접속사 + 전치사)
	   • 기능 : ad절
	   • 해석 : ~라는 것을 고려했을 때
	
	2. A as well as B : B뿐만 아니라 A도 *225p 참조 (of + which(= whose))

VI 해석	그들이 열대식물인 것을 고려해 봤을 때, 풍부한 자연 혹은 인공적인 햇빛은 식물들이 최고의 개화를 생산하는 것을 보장하기 위해서뿐만 아니라 난초의 적절한 성장을 위해 요구되어집니다.

Actual Test 2 오답노트

21 (A) <u>There was</u> at least 4,000 years ago (B) <u>that inhabitants</u> of the Indian subcontinent (C) <u>first</u> established (D) <u>contact</u> with aboriginal Australians and gave them tools that forever changed their culture.

I 정답
(A)

II 알아야 할 문법
It is ~ that 강조 구문 알기

III 올바른 문장(묶기)
<u>It</u> <u>was</u> (at least) 4,000 years ago [that <u>inhabitants</u> (of the Indian subcontinent) first <u>established</u> contact (with aboriginal Australians) and <u>gave</u> them tools [that forever <u>changed</u> their culture]].

IV 답이 되는 이유와 되지 않는 이유

(A) There was → It was : 문장의 주어가 존재하지 않는 오류가 존재하기 때문에 'it'을 사용함으로써 문장의 주어를 만들면서 "it was ~ that" 강조구문이 만들어 짐

(B) [that <u>inhabitants</u> : "it was ~ that" 구문에 사용되는 'that'과 함께 주어인 명사 'inhabitants'가 잘 사용되었음

(C) first : 'established'를 수식하는 부사 'first'일 때는 the 안쓴다

(D) contact : 'contact'는 동사 말고도 '명사'의 품사를 지니고 있으므로 동사 'established'의 목적어로 사용 가능함

V 중요 어휘

일반단어

1. inhabitant [inhǽbətənt]　　　n. 주민, 거주자
2. subcontinent [səbkɑ'ntinənt]　n. 아대륙
3. establish [istǽbliʃ]　　　　　v. 설립하다
4. aboriginal [æbərídʒənl]　　　a/n. 원주민의, 원주민

구문(Phrase)

1. at least　*phr* 적어도
2. contact with　*phr* ~와의 접촉, 연락
3. give A B : A에게 B를 주다

기능어(전치사/접속사)

1. it was ~ that 강조 구문

VI 해석

인도 아대륙의 거주자들이 호주 원주민들과의 접촉을 처음 설립했고, 그들에게 그들의 문화를 영원히 바꿨던 도구들을 주었던 것, 이것은 적어도 4,000년 전이었다.

22 (A) <u>The</u> earliest traces of atmospheric oxygen appeared when cyanobacteria (B) <u>evolved</u> the ability to break down CO_2 when exposed to sunlight, forever (C) <u>alter</u> Earth's atmosphere and allowing the evolution of a (D) <u>long</u> list of higher organisms.

I 정답	(C)
II 알아야 할 문법	분사의 쓰임 이해하기
III 올바른 문장(묶기)	The earliest traces (of atmospheric oxygen) appeared [when cyanobacteria evolved the ability (to break down) CO_2 [when exposed (to sunlight)]], forever altering Earth's atmosphere and allowing the evolution (of a long list) (of higher organisms).
IV 답이 되는 이유와 되지 않는 이유	(A) <u>The</u> : 최상급 앞에 사용하는 'the'가 잘 사용되었음 *241p 참조 (관사 the) (B) <u>evolved</u> : 문맥 흐름에 적절한 동사의 '과거시제'가 사용되었음 (C) alter → altering : 접속사 없이 동사 'alter'가 등장할 수 없음, 따라서 분사로 변경해야 하며 목적어 'Earth's atmospher'이 존재하므로 현재분사 'altering'이 되어야 함 (D) long : 명사 'list'를 수식하는 형용사가 잘 사용되었음 *267p 참조 (콤마, 세미콜론, 콜론)
V 중요 어휘 일반단어	1. trace [treis] n. 흔적 2. evolve [ivɑ́lv] v. 진화(발달)하다 3. alter [ɔ́:ltər] v. 바꾸다 4. organism [ɔ́:rgənìzm] n. 생물
구문(Phrase)	1. **Expose A to B** phr A를 B에 노출하다 2. **break down** phr 부수다, 나빠지다, 분해하다 3. **ability to do** phr to do하는 능력 *234p 참조 (전치사 'to'와 to부정사 'to'를 구별할 것)
기능어(전치사/접속사)	1. **when** [c] *252p 참조 (종속접속사) · 기능 : ad절 · 해석 : ~할 때 　*202p "분사 구문을 알면"을 참조
VI 해석	대기 중의 산소의 최초 흔적들은 시아노박테리아가 햇빛에 노출되었을 때, CO_2를 분해하는 능력을 진화시켰을 때 　　　　　　　　　　　　　　　　　　　①　　　　　　　　　　　　　　　　② 나타났습니다, 그리고 지구의 대기를 영원히 바꿨습니다, 그리고 고등 유기체의 긴 목록의 진화를 가능하게 했습니다. 　③　　　　　　　　　　④　　　　　　　　　　　　⑤

Actual Test 2 오답노트

23 Politicians must maintain (A) <u>the supporting</u> of (B) <u>a</u> majority of their (C) <u>constituents</u> to (D) <u>remain</u> in office long-term whether they are involved in local or national government.

I 정답	(A)
II 알아야 할 문법	순수 명사와 동명사 구분하기
III 올바른 문장(묶기)	<u>Politicians</u> <u>must maintain</u> the support (of a majority) (of their constituents) (to remain) (in office) long-term [whether <u>they</u> <u>are involved</u> (in local or national government)].
IV 답이 되는 이유와 되지 않는 이유	(A) the supporting → the support : 'supporting'은 동명사로 관사 'the'와 함께 사용되지 않음, 따라서 순수 명사 'support'로 수정해야 함 (B) a : 'a majority of'는 '다수의'라는 뜻으로 단수명사 (majority)와 함께 잘 사용되었음 (C) constituents) : 'a majority of'의 영향을 받아 복수명사로 잘 사용되었음 (D) (remain : '~하기 위해서'라는 의미로 'to 부정사' 형태로 잘 사용되었음

V 중요 어휘

일반단어

1. politician [pὰlitíʃən]   n. 정치가
2. majority [mədʒɔ́ːrəti]   n. 다수, 가장 많은 수
3. constituent [kənstítʃuənt]   n. 구성요소; 선거인

구문(Phrase)

1. **a majority of**　phr 다수의, 많은
2. **remain in office**　phr 유임하다, 재직하다
3. **A be involved in B**　phr A가 B에 연관되다, 관련되다

기능어(전치사/접속사)

1. **whether [c]**　*253p 참조 (종속접속사)
   - 기능 : ad절
   - 해석 : ~이든지 (아니든지) 간에

VI 해석

그들이 지방정부에 관련되었던, 중앙정부에 소속되었던지 간에, 정치인들은 오래 재직하기 위해서 반드시 그들의 구성원의 대부분의 지지를 유지해야 합니다.

24 The "Method" school of acting concentrated (A) on ordinary actors trying to reproduce the thought patterns of their subject, rendering (B) they fully enwrapped in the (C) role in a way that bordered (D) occasionally on caricature.

I 정답	(B)
II 알아야 할 문법	대명사의 격 이해하기
III 올바른 문장(묶기)	The "Method" school (of acting) concentrated (on ordinary actors) trying (to reproduce) the thought patterns (of their subject), rendering them fully enwrapped (in the role) (in a way) [that bordered occasionally (on caricature)].
IV 답이 되는 이유와 되지 않는 이유	(A) (on ordinary : 동사 'concentrate'은 전치사 'on'과 함께 사용됨 (B) they → them : 'they'는 주어 자리에 들어가야 할 주격이므로 부적절하며 'rendering'에 대한 목적어 자리이므로 목적격 'them'을 써야함 (C) role) : 관사 'the'와 함께 명사 'role'이 잘 사용되었음 (D) occasionally : 동사구를 수식하는 부사 'occasionally'가 잘 사용되었음
V 중요 어휘 일반단어	1. concentrate [kənstítʃuənt] v. 집중시키다; 집중하다 2. ordinary [ɔ́:rdənèri] a. 일반적인 3. reproduce [ri,prədu's] v. 번식하다; 복제하다 4. render [réndər] v. ~로 만든다(=make) 5. enwrap [inrǽp] v. 몰두하다; 싸다, 덮다 6. border [bɔ́:rdər] v. 인접하다 7. caricature [kǽrikətʃər, -tʃùər] n. 캐리커처, 풍자만화
구문(Phrase)	1. **concentrate on** phr …에 집중하다, 열중하다 2. **border on** phr …에 인접하다 3. **try to do** phr to do하려고 노력하다 4. **render O O.C** phr O를 O.C하게 만들다 (= make와같음) *204p 참조 (make 문형 관련) 5. **in a way that s + v** phr ~하는 방식으로
VI 해석	연기의 "Method" 학교는 그들의 대상의 생각 패턴들을 복제하는 것을 노력하는 일반적인 배우들에 집중했습니다, 그리고 때때로 캐리커처에 인접했던 방식으로 그들이 역할에 완전히 몰입되게 만들었습니다.

USHER in GRAMMAR

Actual Test 2 오답노트

25 (A) <u>By</u> the end of the 1870's, the urban (B) <u>population</u> of the US was approximately (C) <u>equally</u> to the population that lived in (D) <u>rural</u> areas of the country, which we can see if we study demographic data from the period.

Ⅰ 정답	(C)
Ⅱ 알아야 할 문법	어휘의 품사 구별하기
Ⅲ 올바른 문장(묶기)	(By the end) (of the 1870's), <u>the urban population</u> (of the US) <u>was</u> approximately equal (to the population) [<u>that</u> <u>lived</u> (in rural areas) (of the country)], [which <u>we can see</u> [if <u>we study</u> demographic data (from the period)]].
Ⅳ 답이 되는 이유와 되지 않는 이유	(A) (By : 기간과 함께 '그 기간 즈음'을 나타낼 수 있는 전치사 'by'가 잘 사용되었음 (B) population : 형용사 'urban'의 수식을 받는 명사 'population'이 잘 사용되었음 (C) equally → equal : be 동사 뒤엔 ly형 부사는 사용할 수 없다 (D) rural : 'area'를 수식하는 형용사 'rural'이 잘 사용되었음
Ⅴ 중요 어휘 일반단어	1. urban [ə́ːrbən]　　　　　a. 도시의 2. approximately [əpráksəmətli]　ad. 약, 대략 3. rural [rúərəl]　　　　　　a. 시골의
구문(Phrase)	**1. equal to sth** phr …와 동등하다, 상당하다 **2. by the end of** phr ~의 후반[말기]에 　☞ by + 기간 : '기간 까지' 혹은 '기간 즈음'
기능어(전치사/접속사)	**1. which [c]**　*253p 참조 (종속접속사) 　☞ 격이 있음(목적격) 　・기능 : a절 　・해석 : '~하는' **2. if**　*250p 참조 (종속접속사) 　・기능 : ad절 　・해석 : 만약 ~라면
Ⅵ 해석	1870년대 말기에, US의 도시인구는 나라의 시골 지역에 살았던 인구와 거의 같았습니다, 그래서 만약 우리가 그 기간부터 인구통계의 자료를 연구한다면 우리는 볼 수 있습니다.

26 (A) Because their composition is dependent (B) of the conditions extant at their formation, diamonds often contain traces of other (C) minerals that can be important in (D) determining their geographical origin.

I 정답	(B)
II 알아야 할 문법	올바른 전치사의 사용
III 올바른 문장(묶기)	[Because their composition is dependent (upon the conditions) extant (at their formation)], diamonds often contain traces (of other minerals) [that can be important (in determining) their geographical origin].
IV 답이 되는 이유와 되지 않는 이유	(A) [Because their composition is : 'because'는 접속사의 품사이기 때문에 주어와 동사를 이끌 수 있음 (B) (of → (upon : 형용사 'dependent'는 전치사 '(upon'과 함께 사용되는 것을 알아야 함, 'of'의 사용이 적절하지 않음 *233p 참조 (어근이 같으면 품사가 달라도 문형이 같다.) (C) minerals) : 형용사 'other'에 의해 복수명사가 적절하게 사용되었음 (D) determining) : 전치사 'in' 뒤에서 동명사 'determining'이 잘 사용되었음

V 중요 어휘

일반단어

1. composition [kàmpəzíʃən]		n. 구성
2. dependent [dipéndənt]		a. 의존하는
3. extant [ékstənt]		a. 현존해 있는, 잔존하는
4. formation [fɔːrméiʃən]		n. 형태, 형성
5. determine [ditə́ːrmin]		v. 결정하다
6. geographical [dʒìːəgrǽfikəl, -grǽfik]		a. 지리적인

구문(Phrase)

1. be dependent (up)on *phr* …에 의지하는[의존하는]

기능어(전치사/접속사)

1. because [c] *249p 참조 (종속접속사)
- 기능 : ad절
- 해석 : ~이기 때문에

2. in ~ing : ~ing 함에 있어서

VI 해석

그들의 구성이 그들의 형성 때 현존하는 조건들에 의존하기 때문에, 다이아몬드는 종종 그들의 지질학적인 기원을 결정함에 있어서 중요할 수 있는 다른 미네랄들의 흔적들을 포함합니다.

Actual Test 2 오답노트

27 Tropical diseases are those that (A) <u>usual</u> affect (B) <u>only</u> those (C) <u>persons living</u> (D) <u>within certain</u> latitudinal limits, in that they occur only in places with warm, humid climates.

I 정답	(A)
II 알아야 할 문법	수식 관계 이해하기(부사는 동사를 수식함)
III 올바른 문장(묶기)	<u>Tropical diseases</u> <u>are</u> those [that usually <u>affect</u> only those persons <u>living</u> (within certain latitudinal limits), [in that <u>they</u> <u>occur</u> only (in places) (with warm, humid climates)]].
IV 답이 되는 이유와 되지 않는 이유	(A) usual → usually : 동사 'affect'를 수식하기 위해서 부사가 필요함. 따라서 형용사 'usual'을 부사로 수정해야 함 (B) only : 'only'는 '유일한'이라는 명사 'persons'를 잘 수식하고 있음 (C) persons living : 분사 'living'이 명사 'persons'를 알맞게 수식하고 있음 (D) (within certain : 'certain'은 '특정한'이라는 의미로 동일한 의미를 지닌 정관사 'the'와 함께 사용하지 않음
V 중요 어휘 *일반단어*	1. tropical [trάpikəl] a. 열대의 2. latitudinal [lætətjúːdənl] a. 위도의 3. limit [límit] n. 제한, 한계
구문(Phrase)	1. within limits phr ~범위 이내에 2. that / those *245p 참조 (that/those) 3. in place 적절한 　　⊬ 　in places 여기저기에
기능어(전치사/접속사)	1. in that [c] *250p 참조 (종속접속사) 　• 기능 : ad절 　• 해석 : '~라는 점에서'
VI 해석	열대의 질병들은 그들이 오직 따뜻하고 습한 기후를 가진 장소들에서 나타난다는 점에서, 오직 특정한 위도 한계 안에 사는 그러한 사람들에게 일반적으로 영향을 끼치는 그것들입니다.

28 Historical ecology studies, (A) <u>on a</u> timely basis, the ways (B) <u>in which</u> (C) <u>populations historical</u> interact with the ecosystem of (D) <u>the region</u> where they live.

I 정답	(C)
II 알아야 할 문법	어순 바로잡기
III 올바른 문장(묶기)	<u>Historical ecology</u> <u>studies</u>, **(on a timely basis)**, the ways **[(in which)** <u>historical populations</u> interact **(with the ecosystem) (of the region) [**where <u>they</u> <u>live</u>**]]**.
IV 답이 되는 이유와 되지 않는 이유	(A) (on a : 'on a basis'는 '~의 근거에 근거하여'라는 표현이므로 익혀두어야 함 (B) [(in which) : 구문 in a way를 알면 way가 which로 바뀌어 형용사절로 잘 쓰였음을 알 수 있다. (C) populations historical → historical populations : 형용사 + 명사의 어순이 올바름 (D) the region) : 'where they live'라는 형용사 절에 의해 수식을 받으므로 정관사 'the'와 함께 명사 'region'은 잘 사용되었음
V 중요 어휘 일반단어	1. historical ecology [histɔ́ːrikəl ikǽlədʒi] n. 역사적 생태학 2. timely [táimli] a. 적시의, 시기에 알맞은 3. interact [íntərækt] v. 서로 작용하다, 교류하다
구문(Phrase)	**1. interact with** phr …와 상호 작용하다 **2. on a timely basis** phr 늦지 않게, 제 때에 cf) **on a basis** ~한 방법으로

기능어(전치사/접속사)	**1. in which** *224p 참조 (전치사 + 관계대명사)
	☞ Historical ecology studies, on a timely basis, the ways, + Historical populations interact with the ecosystem of the region where they live in the ways.
	  → Historical ecology studies, on a timely basis, the ways which historical populations interact with the ecosystem of the region where they live in.
	  → Historical ecology studies, on a timely basis, the ways in which historical populations interact with the ecosystem of the region where they live.
	
	2. where *252p 참조 (종속접속사)
	• 기능 : a절

VI 해석	역사적인 생태학은 제때에 역사적인 인구가 그들이 사는 지역의 생태계와 상호작용하는 방법들을 연구합니다.

Actual Test 2 오답노트

USHER

29 The Mississippi-Missouri River system and (A) <u>its</u> tributaries, (B) <u>which flow</u> (C) <u>to</u> the Gulf of Mexico from across the Midwest, (D) <u>form most</u> important river system in North America.

Ⅰ 정답	(D)
Ⅱ 알아야 할 문법	최상급 앞 정관사 'the' 사용
Ⅲ 올바른 문장(묶기)	<u>The Mississippi-Missouri River system and its tributaries</u>, **[**which flow **(**to the Gulf**) (**of Mexico**) (**from across the Mideast**)]**, <u>form</u> the most important river system **(**in North America**)**.
Ⅳ 답이 되는 이유와 되지 않는 이유	(A) <u>its</u> : 앞에 나온 명사 'The Mississippi-Missouri River system' 의 소유격으로 its 잘 사용됨. (B) [<u>which flow</u> : which는 앞의 River system 과 its tributaries 둘 다 가리키기 때문에 복수 취급하는 것이 맞으며 복수동사 'flow'가 잘 사용되었음 (C) (<u>to</u> : 'flow'라는 동사와 어울리는 방향의 전치사 'to'가 잘 사용되었음 (D) <u>form</u> most → <u>form</u> the most : 최상급 앞에 정관사 'the'가 사용되어야 함
Ⅴ 중요 어휘	
일반단어	1. river system [rívər sístəm] n. 하천 2. tributary [tríbjutèri] n. 지류, 지맥
구문(Phrase)	1. 최상급 앞에 정관사 'the' 사용 : **the most important** *241p 참조 (the) 2. from across = from every part of
기능어(전치사/접속사)	1. from A to B : A에서 B로
Ⅵ 해석	M-M 강 시스템과 중동을 걸쳐서부터 맥시코만까지 흐르는 그것의 지류는 북아메리카에서 가장 중요한 강 시스템을 형성합니다.

30 (A) <u>Beneath</u> Earth's surface (B) <u>there lies</u> a dark world (C) <u>inhabit</u> by animals that (D) <u>rarely</u> see the light of day, provided they are not forced to do so.

I 정답	(C)
II 알아야 할 문법	분사의 쓰임 이해하기
III 올바른 문장(묶기)	(Beneath Earth's surface) there <u>lies</u> <u>a dark world</u> <u>inhabited</u> (by animals) [that rarely <u>see</u> the light (of day), [provided they <u>are not forced</u> (to do) so]].
IV 답이 되는 이유와 되지 않는 이유	(A) (beneath : 전치사 'beneath'는 명사 'Earth's surface'와 함께 잘 사용되었음 (B) there lies : 유도부사 'there'에 도치가 일어나 동사 'lies' 그리고 주어 'a dark world'가 수일치를 이루며 잘 사용되었음 (C) inhabit → inhabited : 동사 'lies'가 등장했기 때문에 또 다시 동사 'inhabit'이 등장할 수 없음. 명사 'a dark world'를 수식하는 과거분사 'inhabited'가 되어야 함 (D) rarely : 동사 'see'를 수식하는 부사 'rarely'가 잘 사용되었음

V 중요 어휘

일반단어

1. beneath [biníːθ]　　　　　　　　　　ad/p. 아래에; 바로 아래에
2. surface [sə́ːrfis]　　　　　　　　　　n. 표면
3. lie [lai]　　　　　　　　　　　　　　v. 놓여 있다, 위치하다
   lie - lay - lain
   [vi] 놓여있다
   lay - laid - laid
   [vt] 놓다
4. inhabit [inhǽbit]　　　　　　　　　　v. 거주하다
5. rarely [réərli]　　　　　　　　　　　ad. 드물게

구문(Phrase)

1. force A to do : A가 to do 하도록 강제하다
　☞ A is forced to do : A는 강제로(어쩔 수 없이) ~하다

기능어(전치사/접속사)

1. beneath [p] ~아래에
2. provided [c] *251p 참조(종속접속사)
　· 기능 : ad절
　· 해석 : 만약 ~라면

VI 해석

지구의 표면 아래에 만약 그들이 빛을 보는 것을 강요받지 않는다면, 거의 낮의 빛을 보지 않는 동물들에 의해 거주되는 어두운 세계가 놓여있습니다.

Actual Test 2 오답노트

31 Marketers' (A) <u>main</u> objective is to introduce consumers to their products, (B) <u>that is</u>, to let them know about a product and convince them to (C) <u>buy</u> it before they actually physically (D) <u>introduced</u> to it.

I 정답	(D)
II 알아야 할 문법	동사의 태 파악하기
III 올바른 문장(묶기)	<u>Marketers' main objective is</u> **(to introduce)** consumers **(to their products)**, that is, **(to let)** them know **(about a product)** and convince) them **(to buy)** it [before <u>they are actually physically introduced</u> **(to it)**].
IV 답이 되는 이유와 되지 않는 이유	(A) <u>main</u> : 명사 'objective'를 수식하는 형용사가 잘 사용되었음 (B) <u>that it</u> : 'that is(to say)'는 '다시 말해서'라는 표현으로 덩어리째 익혀 두는 것이 좋음 (C) <u>buy</u> : 동사 'convince'는 'convince A to do'이 구문으로 'A가 to do 하도록 확신시키다'라는 표현으로 to부정사와 함께 사용됨 (D) <u>introduced</u> : 동사 'introduce'는 'introduce A to B'라는 구문으로 사용되므로 목적어가 없는 관계로 수동태로 쓰여야 함
V 중요 어휘	
일반단어	1. marketer [máːrkitər] n. 시장에서 매매하는 사람 2. objective [əbdʒéktiv] n. 목적 3. convince [kənvíns] v. 설득하다
구문(Phrase)	**1. that is (to say)**　phr 즉, 다시 말해서(=in other words)　*268p 참조(콤마, 세미콜론, 콜론) **2. let + O + 동사원형 do** 　O가 do 하도록 시키다 **3. convince O to do** 　O는 to do 하도록 확신시키다
기능어(전치사/접속사)	**1. before [c]**　*254p 참조(접속사+전치사) ・기능 : ad절 ・해석 : ~전에
VI 해석	마케터들의 주된 목적은 소비자들을 그들의 상품에게 소개하는 것입니다, 즉 그들이 상품에 대해 알게 하는 것입니다, 그리고 그들이 사실상 물리적으로 이것에게 소개되기 전에 그들이 그것을 사도록 설득하는 것입니다.

32 Metals are (A) <u>mineral</u> that, in (B) <u>their</u> pure state, are (C) <u>hard</u>, opaque, and (D) <u>exhibit</u> electrical conductivity; by the time they are extracted, they can be used in a variety of ways.

I 정답	(A)
II 알아야 할 문법	명사의 단/복수
III 올바른 문장(묶기)	<u>Metals</u> <u>are</u> minerals [that (in their pure state) <u>are</u> hard, opaque, and <u>exhibit</u> electrical conductivity]; [by the time <u>they</u> <u>are extracted</u>], <u>they</u> <u>can be used</u> (in a variety) (of ways).
IV 답이 되는 이유와 되지 않는 이유	(A) mineral → minerals : 'minerals'를 가리키는 관계대명사 that절의 동사 'are'를 통해서 복수명사를 사용해야 함을 알 수 있음 (B) their : 'Metals'를 가리키는 대명사이기 때문에 복수대명사 'their'이 적절함 (C) hard : 주격보어 자리에 형용사 'hard'와 'opaque'가 모두 잘 사용되었음 (D) exhibit : 등위접속사 'and'에 의해서 복수동사 'are'가 'exhibit'이 잘 나열되었음
V 중요 어휘 일반단어	1. mineral [mínərəl] n. 광물 2. opaque [oupéik] a. 불투명한 3. exhibit [igzíbit] v. 보여주다, 설명하다 4. electrical conductivity [iléktrikəl kɑ̀ndʌktívəti] n. 전기전도율
구문(Phrase)	1. in a pure state phr 순수한 상태로 2. a variety of = various = a lot of = many 3. in ways : 방법으로
기능어(전치사/접속사)	1. by the time [c] *249p 참조 (종속접속사) ・기능 : ad절 ・해석 : ~할 때까지; ~할 때 즈음
VI 해석	철들은 그들의 순수한 상태에서, 단단하고 불투명한 그리고 전기전도율을 보여주는 미네랄들입니다.; (따라서) 그들이 추출될 때쯤, 그들은 다양한 방법들로 사용되어질 수 있습니다.

Actual Test 2 오답노트

33 (A) <u>Of all</u> the (B) <u>elements</u> in Venus' atmosphere, carbon dioxide is known (C) <u>to be</u> the (D) <u>major</u> abundant, as it makes up over 96% of the gases present there.

Ⅰ 정답	(D)
Ⅱ 알아야 할 문법	형용사의 최상급 이해하기
Ⅲ 올바른 문장(묶기)	(Of all the elements) (in Venus' atmosphere), carbon dioxide is known (to be) the most abundant, [as it makes up over 96% (of the gases) present there].
Ⅳ 답이 되는 이유와 되지 않는 이유	(A) (of all : 문장 맨 앞에 나오는 전치사 'of'는 '~중에'라는 의미로 'all'은 복수명사 'elements'와 함께 잘 사용되었음 (B) elements) : all의 수식을 받는 복수명사 'elements'는 잘 사용되었음 (C) (to be) : know A to be B 'A를 B라고 알다' ☞ A is known to be B 'A는 B라고 알려지다' (D) major → most : 형용사 'major'는 형용사 'abundant'를 수식할 수 없음, 정관사 'the'와 함께 형용사 'abundant'의 최상급을 표현해 주어야 함
Ⅴ 중요 어휘 — 일반단어	1. element [éləmənt] n. 요소 2. atmosphere [ǽtməsfiər] n. 대기
구문(Phrase)	**1. know A to be B** : A를 B라고 알다 ☞ A is known to be B 'A는 B라고 알려지다' **2. make up** : 구성하다
기능어(전치사/접속사)	**1. as [c]** *254p 참조(접속사+전치사) • 기능 : ad절 • 해석 : ~때문에
Ⅵ 해석	금성의 대기에서 모든 원소들 중에, 그것은(탄소는) 그곳에 존재하는 가스들의 96%를 넘게 구성하기 때문에, 탄소는 가장 풍부한 것으로 알려져 있습니다.

34 In photography, (A) <u>lenses macro</u> are used to (B) <u>photograph</u> objects or organisms whose (C) <u>sizes require</u> extreme magnification (D) <u>for viewing</u>.

Ⅰ 정답	(A)
Ⅱ 알아야 할 문법	어순 바로잡기
Ⅲ 올바른 문장(묶기)	**(**In photography**)**, <u>macro lenses</u> <u>are used</u> **(**to photograph**)** objects or organisms **[**<u>whose sizes</u> <u>require</u> extreme magnification **(**for viewing**)]**.
Ⅳ 답이 되는 이유와 되지 않는 이유	(A) <u>lenses macro</u> → <u>macro lenses</u> : 어휘의 어순이 잘못되었음 (B) photograph) : 문맥상 '~하기 위해 사용되다'라는 내용이 되어야 하므로 'to' 뒤에 동사원형이 오는 것이 적절함 (C) <u>sizes required</u> : 복수명사 'sizes'와 'require'이 잘 사용되었음 (D) (for viewing)] : 전치사 'for' 뒤에서 명사 'viewing'이 잘 사용되었으며 'viewing'은 동명사가 아닌 '조망, 감상'이란 뜻의 순수명사임을 숙지해야 함
Ⅴ 중요 어휘 일반단어	1. macro lens n. 매크로 렌즈, 접사용 렌즈 2. extreme [ikstríːm] a. 극단적인, 엄청난 3. magnification [mæɡnəfikéiʃən] n. 확대
구문(Phrase)	**1. be used to do** : to do 하기 위해 사용되다 ☞ be used to ~ing : ing 하는데 익숙해지다 ☞ used to do : to do하곤 했다
기능어(전치사/접속사)	**1. 소유격 관계대명사 'whose' [a절]** *225p 참조(of + which (= whose)) ☞ 'whose' 도 'which' 와 마찬가지로 접속사 역할을 하지만 차이점이 있다면 앞에 수식하는 명사를 '소유격'으로 전환한 채 문장을 연결한다는 점이다. organisms [whose(=organisms') sizes require extreme magnification]
Ⅵ 해석	촬영이라는 점에서, 매크로 렌즈는 그것들의 크기들이 보기 위해 극도의 확대를 요구하는 물질들이나 유기체들을 촬영하기 위해 사용되어집니다.

Actual Test 2 오답노트

35 The small nuts of the pistachio (A) <u>tree</u> grow in clusters and are (B) <u>protected</u> by hard shells (C) <u>who</u> naturally split apart with a popping sound when the nuts (D) <u>ripen</u>.

I 정답	(C)
II 알아야 할 문법	올바른 접속사의 사용
III 올바른 문장(묶기)	The small nuts (of the pistachio tree) grow (in clusters) and are protected (by hard shells) [that naturally split apart (with a popping sound) [when the nuts ripen]].
IV 답이 되는 이유와 되지 않는 이유	(A) <u>tree</u> : 'pistachio tree'라는 복합명사로 잘 사용되었음 (B) <u>protected</u> : 주어 'small nuts'와의 관계를 생각했을 때 '보호 받는다(are protected)'라는 내용의 수동태가 적절함 (C) <u>who</u> → that : 사람을 가리키는 'who'는 적절하지 않으므로 사물(hard shells)을 가리키는 'that'으로 수정해야 함 (D) <u>ripen</u>]] : 동사의 품사를 가진 'ripen'은 자동사로 '익다'라는 의미를 전달함
V 중요 어휘 일반단어	1. cluster [klʌstər] n. 다발; 무리 2. ripen [ráipən] v. 익다
구문(Phrase)	1. **split apart** phr 서로에게서 떨어지다, 쪼개지다 2. **in clusters** phr 뭉치로, 송이송이로
기능어(전치사/접속사)	1. **when** *252p 참조(종속접속사) 　· 기능 : ad절 　· 해석 : ~일때
VI 해석	피스타치오 나무의 작은 열매들은 집합체로 자랍니다. 그리고 열매들이 익었을 때, 펑 소리와 함께 자연적으로 쪼개져서 분리하는 단단한 껍질들로 보호되어집니다.

36 The New Deal was a series of programs (A) <u>enacted</u> between 1933-1936 that set up several social (B) <u>programs</u>: The Social Security Administration, a system of (C) <u>unemployment</u> insurance, and healthcare grants for (D) <u>distribute</u> by local governments.

I 정답	(D)
II 알아야 할 문법	품사 구별
III 올바른 문장(묶기)	The New Deal was a series (of programs) enacted (between 1933-1936) [that set up several social programs]: The Social Security Administration, a system (of unemployment insurance), and healthcare grants (for distribution) (by local governments).
IV 답이 되는 이유와 되지 않는 이유	(A) enacted : 명사 'programs'를 수식하는 과거분사 'enacted'는 잘 사용되었음 (B) programs] : 형용사 'several'의 수식을 받는 복수명사 'programs'는 잘 사용되었음 (C) unemployment : '실업 보험'이라는 표현을 만들어주는 복합 명사의 사용이 적절함 (D) distribute → distribution : 전치사 'for' 뒤에서 명사가 와야 함, 따라서 동사 'distribute'를 명사로 바꿔줘야 함
V 중요 어휘 일반단어	1. enact [inǽkt] v. 제정하다, 성립시키다 2. unemployment [ə,nimplɔi'mənt] n. 실업 3. insurance [inʃúərəns] n. 보험 4. grant [grænt] n. 보조금 5. distribution [dìstrəbjúːʃən] n. 유통, 배급
구문(Phrase)	**1. a series of** phr 일련의 **2. set up** phr 개설하다
VI 해석	뉴딜정책은 몇몇의 사회적인 프로그램들을 개설했던 1933년과 1936년 사이에 제정된 일련의 프로그램들이었습니다. : 사회보장행정, 실업보험의 시스템, 그리고 지역 정부에 의한 배급을 위한 건강보험

Actual Test 2 오답노트

37 The (A) <u>sound produced</u> by the Grande Utopia EM speaker is in general far more clear, (B) <u>powerfully</u>, and crisp than that from (C) <u>any other</u> audio (D) <u>source</u> on the market today.

I 정답	(B)
II 알아야 할 문법	등위 접속사의 기능(문법적 대등 병치)
III 올바른 문장(묶기)	The sound produced (by the Grande Utopia EM speaker) is (in general) far more clear, powerful, and crisp (than that) (from any other audio source) (on the market today).
IV 답이 되는 이유와 되지 않는 이유	(A) sound produced : 명사 'sound'를 수식하는 과거분사 'produced'는 전치사 'by'와 함께 잘 사용되었음 (B) powerfully → powerful : 등위접속사 'and'는 비교급 형용사 'clear, powerful and crisp'을 나열해야 함, 부사를 중간에 끼울 수 없으므로 수정해야 함 (C) any other : 'any other'는 단수명사를 수식함 (D) source) : '비교급 than any other 단수명사(source)'
V 중요 어휘 〔일반단어〕	1. in general ad. 대게, 대체로 2. crisp [krisp] a. 상쾌한, 간결한
〔구문(Phrase)〕	**1. far more** : 훨씬 더 ☞ 비교급 강조 : far, much, still, a lot, even **2. 비교급 than any other + 단수명사** **3. that / those** *245p 참조(that/those)
〔기능어(전치사/접속사)〕	**1. than [p] + n** *255p 참조 여기선
VI 해석	GU EM 스피커에 의해 생산된 소리는 일반적으로 오늘날 시중의 다른 오디오로부터의 그것보다 훨씬 더 깔끔하고, 힘차고, 상쾌합니다.

38 As if his famous statue of David was not enough to make him a famous artist, Renaissance artist Michelangelo Buonarroti was also the (A) <u>premier</u> painter of the (B) <u>time</u>, receiving commissions (C) <u>for</u> portraits and (D) <u>mural</u> from influential Italian families and even the Pope.

I 정답	(D)
II 알아야 할 문법	명사의 단/복수
III 올바른 문장(묶기)	[As if <u>his famous statue</u> (of David) <u>was not</u> enough (to make) him a famous artist], <u>Renaissance painter</u> Michelangelo Buonarroti <u>was</u> also the premier painter (of the time), receiving commissions (for portraits and murals) (from influential Italian families and even the Pope).
IV 답이 되는 이유와 되지 않는 이유	(A) premier : 명사 'painter'를 수식하는 형용사가 잘 사용되었음 (B) the time) : 그 당시 '시대', '당대'를 나타낼 때 'time'은 불가산 명사로 관사 'the'와 함께 잘 사용되었음 (C) (for : 명사 'commission'과 어우러져 쓰이는 전치사 'for'는 잘 사용되었음 (D) mural → murals : 의뢰 내용에 대한 열거이므로 '복수명사' 형태가 적정함
V 중요 어휘 일반단어	1. premier [primjíər, príːmiə]　　a. 최고의 2. receive [risíːv]　　v. 받다 3. commission [kəmíʃən]　　n. 의뢰 4. mural [mjúərəl]　　n. 벽화 5. pope [poup]　　n. 교황
구문(Phrase)	1. commissions for　phr ~에 대한 주문[의뢰] 2. (not) enough to do : ~하기에 충분한(충분하지 않은)
기능어(전치사/접속사)	1. as if [c] 일반적으로 아래 1번 뜻이 많지만 여기선 2번뜻으로 쓰임. 어려운 문장이므로, 참고만 바랍니다. • 기능 : ad절 • 해석 : 마치 ~인 것처럼 (가장 많이 씀, look as if, Seem as if med 과 같이 종속절중에서 뒤로 옴) 　*249p 참조 2. ~은 아니고(빈도 낮음, It isn't as if 또는 문장 시작을 As if로 하는 경우에만 해석 뜻이 1번과 크게 다름) 예) As if you didn't know, 네가 모르진 않았을텐데.
VI 해석	그의 유명한 다비드 조각상이 그를 유명한 예술가로 만들기에 충분하지 않지는 않았겠고, 르네상스 화가 미켈란젤로는 또한 그때의 최고의 화가였습니다. 그리고 영향력 있는 이탈리안 가문들과 심지어 교황으로부터 벽화들에 대한 의뢰들을 받았습니다.

Actual Test 2 오답노트

39 (A) <u>During last</u> few years of the Cold War, (B) <u>which ended</u> in 1991, The Soviet Union broke up and (C) <u>more than</u> 10 formerly soviet countries came (D) <u>into existence</u> around Eastern Europe and Central Asia.

I 정답	(A)
II 알아야 할 문법	정관사 'the'의 사용
III 올바른 문장(묶기)	(During the last few years) (of the Cold War), [which ended (in 1991)], The Soviet Union broke up and more than 10 formerly soviet countries came (into existence) (around Eastern Europe and Central Asia).
IV 답이 되는 이유와 되지 않는 이유	(A) During last → During the last : 'late'의 최상급인 'last' 앞에는 정관사 'the'가 필요함 　　　　　　　　　　　　　　　*241p 참조(관사 the) (B) [which ended : 'the Cold War'를 콤마(,) 뒤에서 받을 수 있는 관계대명사는 'which'가 유일함 (C) more than : 숫자와 함께 쓰여 '~이상'이라는 의미를 나타낼 수 있음 (D) (into existence) : 동사 'come'과 함께 쓰여 'come into existence'라는 표현을 만들 수 있음
V 중요 어휘 　일반단어	1. formerly [fɔ́:rmərli] 　　　ad. 이전에 2. soviet [sóuvièt] 　　　　　n. 소비에트, 구소련
구문(Phrase)	1. came into existence 　phr 나타나다, 성립되다 2. more than = over 　~이상
기능어(전치사/접속사)	1. during [p] + n 　~동안에 　☞ while [c] s + v. 　~동안에
VI 해석	1991년에 끝났던 냉전의 마지막 수 년 동안에, 소비에트는 붕괴했습니다, 그리고 10개 이상의 이전 소련 국가들이 더 많은 것들은 동유럽과 중앙아시아 주변에 나타났습니다.

40 Frontier people streamed into the Louisiana Purchase in (A) <u>so</u> large numbers (B) <u>between</u> 1803 and 1812 (C) <u>that</u> they (D) <u>near</u> doubled the amount of land inhabited by American settlers.

I 정답	(D)	
II 알아야 할 문법	수식 관계 이해하기(부사는 동사를 수식함)	
III 올바른 문장(묶기)	<u>Frontier people</u> <u>streamed</u> (into the Louisiana Purchase) (in so large numbers) (between 1803 and 1812) [that <u>they</u> nearly <u>doubled</u> the amount (of land) inhabited (by American settlers)].	
IV 답이 되는 이유와 되지 않는 이유	(A) so : 선택지 (C)에 있는 'that'과 어울려 'so ~that' 구문을 만들어 줌 (B) (between : 전치사로 'between A and B' 'A와 B사이에'라는 표현으로 잘 사용되었음 (C) [that : (A)에 있는 'so'와 어울려 'so ~that' 구문을 만들어 줌 (D) near → nearly : 동사 'doubled'를 수식해야 하므로 형용사가 아닌 부사 'nearly(거의)'로 수정해야 함	
V 중요 어휘 일반단어	1. frontier [frʌntíər] 2. double [dʌbl] 3. nearly [níərli]	n. 개척자 v. 두 배가 되다 ad. 거의 (=almost, virtually, practically)
구문(Phrase)	1. **stream into** phr 밀려들어오다 2. **in large numbers** 다량으로	
기능어(전치사/접속사)	1. **so ~[that s+v]** *251p 참조 　• 기능 : ad절 　• 해석 : 너무 ~해서 [s + v] 하다 　• sot that 관련 접속사 예문 3개 모두 암기 할것 2. **between A and B** : A와 B사이에 *226p 참조(상관접속사)	
VI 해석	개척자 사람들은 1803년과 1812년 사이에 Louisiana Purchase에 너무 거대한 양으로 밀려들어와서, 그 결과 그들은 미국 정착민들에 의해 거주 되어지는 땅의 양을 거의 두 배가 되게 했습니다.	

Actual test 2 문장묶기 (1/2)

01. (In the field) (of animal psychology), there are neither absolute nor easy communication methods [since most animals lack an easily comprehensible language system].

02. Midsummer, or the summer solstice, is the longest day (of the year) so it was often seen (as a special day) (by primitive cultures).

03. [If we want a concrete example (of genetic differences)], we simply need (to look) (at the several different strains) (of rice) cultivated (around the world).

04. [While marine shale, fine-grained rock [(in which) embedded organic material has decomposed (under pressure) (for millions) (of years)], is a major source (of petroleum)], it can be found (in other geological environments).

05. Mountains are one (of the most common geographical features) (of volcanically active regions), [although they do also exist (in other areas) [provided they contain the requisite geological andtectonic conditions]].

06. Super-bugs, a particularly strong form (of bacterial pathogen), are so called [because they are resistant (to most known treatments) (such as antibiotics and anti-bacterial ointments)].

07. (In 1928), British bacteriologist Frederick Griffith showed [that, (under certain circumstances), R & S strains (of the pneumococci bacteria) could be converted (into one another)], and set the stage (for the study) (of genetics).

08. Bartering (in Canada) began (in the early days) (of the country), [when there was no currency [(with which) fur trappers, natives and fishermen could conduct commerce (with one another)]].

09. (By producing) certain sounds and motions, porpoises are able (to provide) their pod mates (with the location) (of recently discovered food sources) and other information.

10. [Although atmospheric oxygen and carbon dioxide are not quite as abundant (as nitrogen)], (between them) they perform two (of the most important jobs) (in the atmosphere): allowing respiration and trapping heat (from the sun), respectively.

11. [As far as I can tell], (throughout airline history) both efficiency and safety have been major concerns (of aircraft operators).

12. [By the time the rock-and-roll revolution began], the drums had become an integral part (of most modern music styles).

13. All milk sold (in the U.S.) undergoes pasteurization, a procedure [(in which) milk is pumped (into giant vats) (to be heated and then quickly cooled) (to kill) the microbes present (before bottling)].

14. Non-verbal communication is a form (of language), normally (of a rudimentary form), used (as a method) (of communication) (between people) [who cannot communicate verbally], (such as the deaf).

15. [As soon as President Reagan selected her (for the position) (In 1981)], Arizona judge Sandra Day O'Connor became the first female appointed (to a seat) (on the United States Supreme Court).

16. [As they are a prerequisite (for any ecosystem)], plants are found both (on land) and (in water), but most cannot live (at far northern latitudes) [because they need the sun's light (to give) them energy].

17. [Even though bronze began (to be replaced) around 1,300 BCE (by iron), [which was used (to form) stronger tools and farming implements]], its use was never fully eliminated.

18. One (of the most recognizable burial places) (in the world), the Taj Mahal is considered an eternal symbol (of undying love and devotion) [as it was built (by the grieving Moghul Emperor Shah Jahan) (for his beloved third wife), Mumtaz Mahal].

19. Subcompact cars were developed (at the beginning) (of the 1970s), (during the energy crisis), (to compete) (with larger vehicles) (by providing) greater gas mileage (than the previously popular models), for it was easier and cheaper (to reduce) the size (of the vehicle) [than (to develop) more fuel efficient engines].

20. [Given that they are tropical plants], abundant natural or artificial sunlight is required (for the proper growth) (of orchids), as well as (to ensure) [that the plants produce the best blooms].

Actual test 2 — 문장묶기 (2/2)

21. It was (at least) 4,000 years ago [that inhabitants (of the Indian subcontinent) first established contact (with aboriginal Australians) and gave them tools [that forever changed their culture]].

22. The earliest traces (of atmospheric oxygen) appeared [when cyanobacteria evolved the ability (to break down) CO_2 [when exposed (to sunlight)]], forever altering Earth's atmosphere and allowing the evolution (of a long list) (of higher organisms).

23. Politicians must maintain the support (of a majority) (of their constituents) (to remain) (in office) long-term [whether they are involved (in local or national government)].

24. The "Method" school (of acting) concentrated (on ordinary actors) trying (to reproduce) the thought patterns (of their subject), rendering them fully enwrapped (in the role) (in a way) [that bordered occasionally (on caricature)].

25. (By the end) (of the 1870's), the urban population (of the US) was approximately equal (to the population) [that lived (in rural areas) (of the country)], [which we can see [if we study demographic data (from the period)]].

26. [Because their composition is dependent (upon the conditions) extant (at their formation)], diamonds often contain traces (of other minerals) [that can be important (in determining) their geographical origin].

27. Tropical diseases are those [that usually affect only those persons living (within certain latitudinal limits), [in that they occur only (in places) (with warm, humid climates)]].

28. Historical ecology studies, (on a timely basis), the ways [(in which) historical populations interact (with the ecosystem) (of the region) [where they live]].

29. The Mississippi-Missouri River system and its tributaries, [which flow (to the Gulf) (of Mexico) (from across the Mideast)], form the most important river system (in North America).

30. (Beneath Earth's surface) there lies a dark world inhabited (by animals) [that rarely see the light (of day), [provided they are not forced (to do) so]].

31. Marketers' main objective is (to introduce) consumers (to their products), that is, (to let) them know (about a product) and (convince) them (to buy) it [before they are actually physically introduced (to it)].

32. Metals are minerals [that (in their pure state) are hard, opaque, and exhibit electrical conductivity]; [by the time they are extracted], they can be used (in a variety) (of ways).

33. (Of all the elements) (in Venus' atmosphere), carbon dioxide is known (to be) the most abundant, [as it makes up over 96% (of the gases) present there].

34. (In photography), macro lenses are used (to photograph) objects or organisms [whose sizes require extreme magnification (for viewing)].

35. The small nuts (of the pistachio tree) grow (in clusters) and are protected (by hard shells) [that naturally split apart (with a popping sound) [when the nuts ripen]].

36. The New Deal was a series (of programs) enacted (between 1933-1936) [that set up several social programs]: The Social Security Administration, a system of unemployment insurance, and healthcare grants (for distribution) (by local governments).

37. The sound produced (by the Grande Utopia EM speaker) is (in general) far more clear, powerful, and crisp (than that) (from any other audio source) (on the market today).

38. [As if his famous statue (of David) was not enough (to make) him a famous artist], Renaissance painter Michelangelo Buonarroti was also the premier painter (of the time), receiving commissions (for portraits and murals) (from influential Italian families and even the Pope).

39. (During the last few years) (of the Cold War), [which ended (in 1991)], The Soviet Union broke up and more than 10 formerly soviet countries came (into existence) (around Eastern Europe and Central Asia).

40. Frontier people streamed (into the Louisiana Purchase) (in so large numbers) (between 1803 and 1812) [that they nearly doubled the amount (of land) inhabited (by American settlers)].

Actual test 2 — 묶기 테스트 (1/4)

01. In the field of animal psychology, there are neither absolute nor easy communication methods since most animals lack an easily comprehensible language system.

02. Midsummer, or the summer solstice, is the longest day of the year so it was often seen as a special day by primitive cultures.

03. If we want a concrete example of genetic differences, we simply need to look at the several different strains of rice cultivated around the world.

04. While marine shale, fine-grained rock in which embedded organic material has decomposed under pressure for millions of years, is a major source of petroleum, it can be found in other geological environments.

05. Mountains are one of the most common geographical features of volcanically active regions, although they do also exist in other areas provided they contain the requisite geological and tectonic conditions.

06. Super-bugs, a particularly strong form of bacterial pathogen, are so called because they are resistant to most known treatments such as antibiotics and anti-bacterial ointments.

07. In 1928, British bacteriologist Frederick Griffith showed that, under certain circumstances, R & S strains of the pneumococci bacteria could be converted into one another, and set the stage for the study of genetics.

08. Bartering in Canada began in the early days of the country, when there was no currency with which fur trappers, natives and fishermen could conduct commerce with one another.

09. By producing certain sounds and motions, porpoises are able to provide their pod mates with the location of recently discovered food sources and other information.

10. Although atmospheric oxygen and carbon dioxide are not quite as abundant as nitrogen, between them they perform two of the most important jobs in the atmosphere: allowing respiration and trapping heat from the sun, respectively.

Actual test 2 — 묶기 테스트 (2/4)

11. As far as I can tell, throughout airline history both efficiency and safety have been major concerns of aircraft operators.

12. By the time the rock-and-roll revolution began, the drums had become an integral part of most modern music styles.

13. All milk sold in the U.S. undergoes pasteurization, a procedure in which milk is pumped into giant vats to be heated and then quickly cooled to kill the microbes present before bottling.

14. Non-verbal communication is a form of language, normally of a rudimentary form, used as a method of communication between people who cannot communicate verbally, such as the deaf.

15. As soon as President Reagan selected her for the position in 1981, Arizona judge Sandra Day O'Connor became the first female appointed to a seat on the United States Supreme Court.

16. As they are a prerequisite for any ecosystem, plants are found both on land and in water, but most cannot live at far northern latitudes because they need the sun's light to give them energy.

17. Even though bronze began to be replaced around 1,300 BCE by iron, which was used to form stronger tools and farming implements, its use was never fully eliminated.

18. One of the most recognizable burial places in the world, the Taj Mahal is considered an eternal symbol of undying love and devotion as it was built by the grieving Moghul Emperor Shah Jahan for his beloved third wife, Mumtaz Mahal.

19. Subcompact cars were developed at the beginning of the 1970s, during the energy crisis, to compete with larger vehicles by providing greater gas mileage than the previously popular models, for it was easier and cheaper to reduce the size of the vehicle than to develop more fuel efficient engines.

20. Given that they are tropical plants, abundant natural or artificial sunlight is required for the proper growth of orchids, as well as to ensure that the plants produce the best blooms.

Actual test 2 — 묶기 테스트 (3/4)

21. It was at least 4,000 years ago that inhabitants of the Indian subcontinent first established contact with aboriginal Australians and gave them tools that forever changed their culture.

22. The earliest traces of atmospheric oxygen appeared when cyanobacteria evolved the ability to break down CO_2, when exposed to sunlight, forever altering Earth's atmosphere and allowing the evolution of a long list of higher organisms.

23. Politicians must maintain the support of a majority of their constituents to remain in office long-term whether they are involved in local or national government.

24. The "Method" school of acting concentrated on ordinary actors trying to reproduce the thought patterns of their subject, rendering them fully enwrapped in the role in a way that bordered occasionally on caricature.

25. By the end of the 1870's, the urban population of the US was approximately equal to the population that lived in rural areas of the country, which we can see if we study demographic data from the period.

26. Because their composition is dependent upon the conditions extant at their formation, diamonds often contain traces of other minerals that can be important in determining their geographical origin.

27. Tropical diseases are those that usually affect only those persons living within certain latitudinal limits, in that they occur only in places with warm, humid climates.

28. Historical ecology studies, on a timely basis, the ways in which historical populations interact with the ecosystem of the region where they live.

29. The Mississippi-Missouri River system and its tributaries, which flow to the Gulf of Mexico from across the Mideast, form the most important river system in North America.

30. Beneath Earth's surface there lies a dark world inhabited by animals that rarely see the light of day, provided they are not forced to do so.

Actual test 2 묶기 테스트(4/4)

31. Marketers' main objective is to introduce consumers to their products, that is, to let them know about a product and convince them to buy it before they are actually physically introduced to it.

32. Metals are minerals that in their pure state are hard, opaque, and exhibit electrical conductivity; by the time they are extracted, they can be used in a variety of ways.

33. Of all the elements in Venus' atmosphere, carbon dioxide is known to be the most abundant, as it makes up over 96% of the gases present there.

34. In photography, macro lenses are used to photograph objects or organisms whose sizes require extreme magnification for viewing.

35. The small nuts of the pistachio tree grow in clusters and are protected by hard shells that naturally split apart with a popping sound when the nuts ripen.

36. The New Deal was a series of programs enacted between 1933-1936 that set up several social programs: The Social Security Administration, a system of unemployment insurance, and healthcare grants for distribution by local governments.

37. The sound produced by the Grand Utopia EM speaker is in general far more clear, powerful, and crisp than that from any other audio source on the market today.

38. As if his famous statue of David was not enough to make him a famous artist, Renaissance painter Michelangelo Buonarroti was the premier painter of the time, receiving commissions for portraits and murals from influential Italian families and even the Pope.

39. During the last few years of the Cold War, which ended in 1991, The Soviet Union broke up and more than 10 formerly soviet countries came into existence around Eastern Europe and Central Asia.

40. Frontier people streamed into the Louisiana Purchase in so large numbers between 1803 and 1812 that they nearly doubled the amount of land inhabited by American settlers.

Test 2 | 명사 기능 잡기 (1/2)

01. (In the field) (of animal psychology), there are neither absolute nor easy communication methods [since most animals lack an easily comprehensible language system].

02. Midsummer, or the summer solstice, is the longest day (of the year) so it was often seen (as a special day) (by primitive cultures).

03. [If we want a concrete example (of genetic differences)], we simply need (to look) (at the several different strains) (of rice) cultivated (around the world).

04. [While marine shale, fine-grained rock [(in which) embedded organic material has decomposed (under pressure) (for millions) (of years)], is a major source (of petroleum)], it can be found (in other geological environments).

05. Mountains are one (of the most common geographical features) (of volcanically active regions), [although they do also exist (in other areas) [provided they contain the requisite geological and tectonic conditions]].

06. Super-bugs, a particularly strong form (of bacterial pathogen), are so called [because they are resistant (to most known treatments) (such as antibiotics and anti-bacterial ointments)].

07. (In 1928), British bacteriologist Frederick Griffith showed [that, (under certain circumstances), R & S strains (of the pneumococci bacteria) could be converted (into one another)], and set the stage (for the study) (of genetics).

08. Bartering (in Canada) began (in the early days) (of the country), [when there was no currency [(with which) fur trappers, natives and fishermen could conduct commerce (with one another)]].

09. (By producing) certain sounds and motions, porpoises are able (to provide) their pod mates (with the location) (of recently discovered food sources) and other information.

10. [Although atmospheric oxygen and carbon dioxide are not quite as abundant (as nitrogen)], (between them) they perform two (of the most important jobs) (in the atmosphere): allowing respiration and trapping heat (from the sun), respectively.

11. [As far as I can tell], (throughout airline history) both efficiency and safety have been major concerns (of aircraft operators).

12. [By the time the rock-and-roll revolution began], the drums had become an integral part (of most modern music styles).

13. All milk sold (in the U.S.) undergoes pasteurization, a procedure [(in which) milk is pumped (into giant vats) (to be heated and then quickly cooled) (to kill) the microbes present (before bottling)].

14. Non-verbal communication is a form (of language), normally (of a rudimentary form), used (as a method) (of communication) (between people) [who cannot communicate verbally], (such as the deaf).

15. [As soon as President Reagan selected her (for the position) (In 1981)], Arizona judge Sandra Day O'Connor became the first female appointed (to a seat) (on the United States Supreme Court).

16. [As they are a prerequisite (for any ecosystem)], plants are found both (on land) and (in water), but most cannot live (at far northern latitudes) [because they need the sun's light (to give) them energy].

17. [Even though bronze began (to be replaced) around 1,300 BCE (by iron), [which was used (to form) stronger tools and farming implements]], its use was never fully eliminated.

18. One (of the most recognizable burial places) (in the world), the Taj Mahal is considered an eternal symbol (of undying love and devotion) [as it was built (by the grieving Moghul Emperor Shah Jahan) (for his beloved third wife), Mumtaz Mahal].

19. Subcompact cars were developed (at the beginning) (of the 1970s), (during the energy crisis), (to compete) (with larger vehicles) (by providing) greater gas mileage (than the previously popular models), for it was easier and cheaper (to reduce) the size (of the vehicle) [than (to develop) more fuel efficient engines].

20. [Given that they are tropical plants], abundant natural or artificial sunlight is required (for the proper growth) (of orchids), as well as (to ensure) [that the plants produce the best blooms].

Test 2 | 명사 기능 잡기 (1/2)

USHER

21. It was (at least) 4,000 years ago [that inhabitants (of the Indian subcontinent) first established contact (with aboriginal Australians) and gave them tools [that forever changed their culture]].

22. The earliest traces (of atmospheric oxygen) appeared [when cyanobacteria evolved the ability (to break down) CO_2 [when exposed (to sunlight)]], forever altering Earth's atmosphere and allowing the evolution (of a long list) (of higher organisms).

23. Politicians must maintain the support (of a majority) (of their constituents) (to remain) (in office) long-term [whether they are involved (in local or national government)].

24. The "Method" school (of acting) concentrated (on ordinary actors) trying (to reproduce) the thought patterns (of their subject), rendering them fully enwrapped (in the role) (in a way) [that bordered occasionally (on caricature)].

25. (By the end) (of the 1870's), the urban population (of the US) was approximately equal (to the population) [that lived (in rural areas) (of the country)], [which we can see [if we study demographic data (from the period)]].

26. [Because their composition is dependent (upon the conditions) extant (at their formation)], diamonds often contain traces (of other minerals) [that can be important (in determining) their geographical origin].

27. Tropical diseases are those [that usually affect only those persons living (within certain latitudinal limits), [in that they occur only (in places) (with warm, humid climates)]].

28. Historical ecology studies, (on a timely basis), the ways [(in which) historical populations interact (with the ecosystem) (of the region) [where they live]].

29. The Mississippi-Missouri River system and its tributaries, [which flow (to the Gulf) (of Mexico) (from across the Mideast)], form the most important river system (in North America).

30. (Beneath Earth's surface) there lies a dark world inhabited (by animals) [that rarely see the light (of day), [provided they are not forced (to do) so]].

31. Marketers' main objective is (to introduce) consumers (to their products), that is, (to let) them
    know (about a product) and (convince) them (to buy) it [before they are actually physically
    introduced (to it)].

32. Metals are minerals [that (in their pure state) are hard, opaque, and exhibit electrical
    conductivity]; [by the time they are extracted], they can be used (in a variety) (of ways).

33. (Of all the elements) (in Venus' atmosphere), carbon dioxide is known (to be) the most
    abundant, [as it makes up over 96% (of the gases) present there].

34. (In photography), macro lenses are used (to photograph) objects or organisms [whose sizes
    require extreme magnification (for viewing)].

35. The small nuts (of the pistachio tree) grow (in clusters) and are protected (by hard shells)
    [that naturally split apart (with a popping sound) [when the nuts ripen]].

36. The New Deal was a series (of programs) enacted (between 1933-1936) [that set up several
    social programs]: The Social Security Administration, a system of unemployment insurance,
    and healthcare grants (for distribution) (by local governments).

37. The sound produced (by the Grande Utopia EM speaker) is (in general) far more clear,
    powerful, and crisp (than that) (from any other audio source) (on the market today).

38. [As if his famous statue (of David) was not enough (to make) him a famous artist],
    Renaissance painter Michelangelo Buonarroti was also the premier painter (of the time),
    receiving commissions (for portraits and murals) (from influential Italian families and even the
    Pope).

39. (During the last few years) (of the Cold War), [which ended (in 1991)], The Soviet Union broke
    up and more than 10 formerly soviet countries came (into existence) (around Eastern Europe
    and Central Asia).

40. Frontier people streamed (into the Louisiana Purchase) (in so large numbers) (between 1803
    and 1812) [that they nearly doubled the amount (of land) inhabited (by American settlers)].

Actual Test 2 정답지

번호	정답	출제포인트	번호	정답	출제포인트
1	(A)	상관 접속사 이해하기, 주절 찾기	21	(A)	It is ~that 강조 구문 알기
2	(C)	문장 구조 이해하기	22	(C)	분사의 쓰임 이해하기
3	(A)	형용사의 알맞은 위치	23	(A)	순수 명사와 동명사 구분하기
4	(D)	동격 구조 이해하기	24	(B)	대명사의 격 이해하기
5	(D)	종속 접속절 채우기	25	(C)	어휘의 품사 구별하기
6	(C)	어순 바로 잡기	26	(B)	올바른 전치사의 사용
7	(B)	명사절을 이끄는 접속사 'that' 이해하기	27	(A)	수식 관계 이해하기(부사는 동사를 수식함)
8	(A)	문장의 주어 찾기(주절 채우기)	28	(C)	어순 바로잡기
9	(C)	동사의 목적어 이해하기	29	(D)	정관사 'the'의 사용
10	(B)	형용사의 원급 비교	30	(C)	분사의 쓰임 이해하기
11	(C)	문장 구조 이해 및 수식어구 파악	31	(D)	동사의 태 파악하기
12	(D)	주격 보어 이해하기	32	(A)	명사의 단/복수
13	(C)	문장 구조 이해하기	33	(D)	형용사의 최상급 이해하기
14	(D)	(주격 관계대명사 + be동사)의 생략	34	(A)	어순 바로잡기
15	(C)	동사 문형 알기	35	(C)	올바른 접속사의 사용
16	(B)	어휘의 품사 구별하기	36	(D)	품사 구별
17	(C)	접속사 'what'과 'which'의 차이 구별하기	37	(B)	등위 접속사의 기능(문법적 대등 병치)
18	(C)	관사의 올바른 표기	38	(D)	명사의 단/복수
19	(D)	비교급의 올바른 형태	39	(A)	정관사 'the'의 사용
20	(B)	어휘의 품사 구별하기	40	(D)	수식 관계 이해하기(부사는 동사를 수식함)

USHER in Grammar Contents

1 USHER 백지 (12p-50p)
- day 1 : 문장의 조건 및 종류
- day 2 : 8품사 + 정형동사의 형태와 체크리스트
- day 3 : 비정형 동사 (TO부정사 + 동명사) + 명사의 기능과 체크리스트
- day 4 : 비정형 동사 (분사)
- day 5 : 종속접속사, 절개념 + 전치사

2 USHER 문장 묶기 (52p-54p)
- Comets : 묶기 샘플 지문

3 Actual test (56p-170p)
- Actual Test 1 / Actual Test 2

4 별지 (174p-268p)
- EASY
- HARD
  - [동사]
  - [접속사와 전치사(일반)]
  - [중요 포인트]
  - [접속사와 전치사(개별)]

시험 중 체크 사항 ※습관을 들이는게 중요합니다!

" 강사 선생님들은 학생들이 옆의 세 가지 행동을 하면서 실수를 줄이고, 집중하는지 늘 체크 시켜서 "버릇" 들여 주시기 바랍니다. "

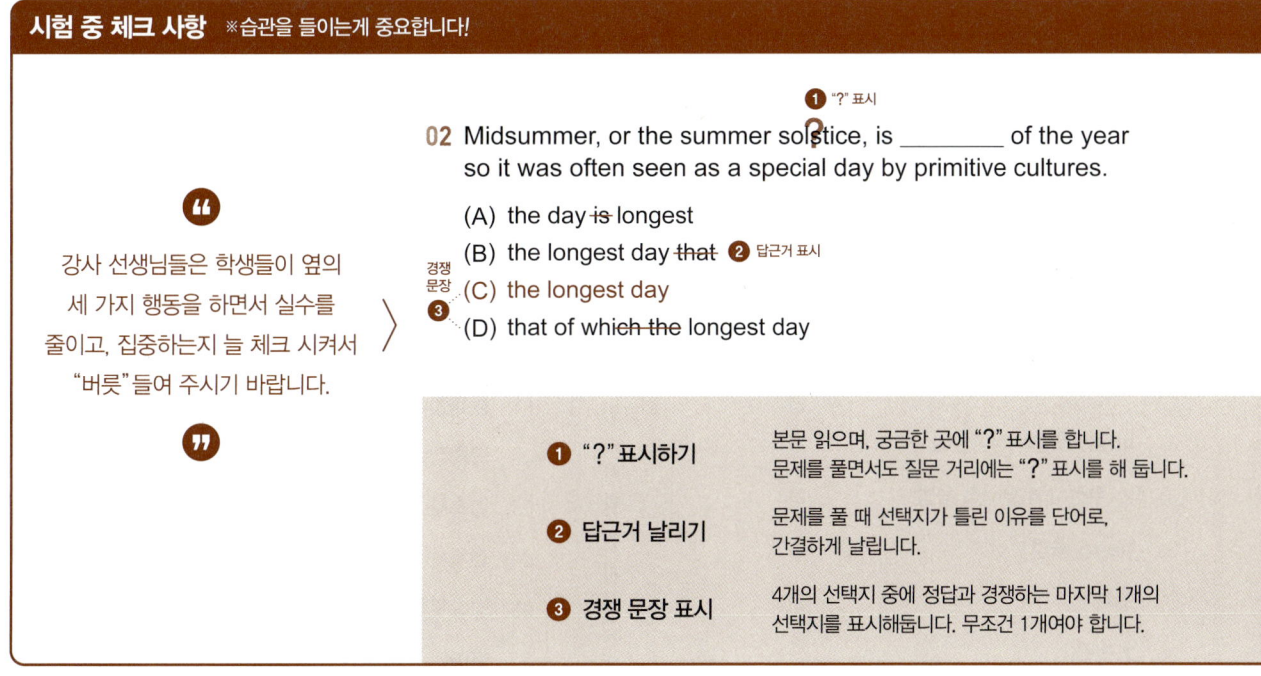

02 Midsummer, or the summer solstice, is _____ of the year so it was often seen as a special day by primitive cultures.

(A) the day ~~is~~ longest
(B) the longest day ~~that~~   ❷ 답근거 표시
(C) the longest day
(D) that of ~~which~~ the longest day

❶ "?" 표시
❸ 경쟁 문장

❶ "?" 표시하기 — 본문 읽으며, 궁금한 곳에 "?" 표시를 합니다. 문제를 풀면서도 질문 거리에는 "?" 표시를 해 둡니다.

❷ 답근거 날리기 — 문제를 풀 때 선택지가 틀린 이유를 단어로, 간결하게 날립니다.

❸ 경쟁 문장 표시 — 4개의 선택지 중에 정답과 경쟁하는 마지막 1개의 선택지를 표시해둡니다. 무조건 1개여야 합니다.

별지 목차 Easy / Hard

Table of contents

Easy

동사
- 01 자동사 vs 타동사 ··· 174
- 02 과거형 동사 ··· 175
- 03 불규칙 동사의 3단 변화 ··· 176
- 04 주어와 동사의 수 일치 ··· 180
- 05 3인칭 단수 현재형 동사 ··· 181
- 06 진행형 동사 ··· 182
- 07 조동사 ··· 183

명사
- 08 인칭 대명사 ··· 187
- 09 명사의 복수형(규칙형) ··· 188
- 10 명사의 복수형(불규칙형) ··· 189
- 11 관사 ··· 190
- 12 어휘학습 ··· 191
  - 12-1 prefix ··· 191
  - 12-2 suffix ··· 194
  - 12-3 root ··· 196
- 13 8품사와 문장 성분 ··· 198
- 14 문장 형식 ··· 199
- 15 영어사전 찾는 방법 ··· 200

Hard

동사
- 01 분사구문 ··· 202
- 02 make ··· 204
- 03 조동사 ··· 206
- 04 비정형동사의 의미상의 주어 ··· 210
- 05 to 부정사의 부사적 용법 ··· 211
- 06 be to 용법 ··· 212
- 07 도치 ··· 213
- 08 가정법 ··· 218

Hard

접속사와 전치사 (일반)
- 01 that의 쓰임 비교 ··· 221
- 02 were & when ··· 222
- 03 관계사 ··· 223
- 04 전치사 + 관계대명사 ··· 224
- 05 of + which(=whose) ··· 225
- 06 상관 접속사 ··· 226
- 07 through vs throughout vs though vs thorough ··· 227
- 08 전치사 in / on / at 비교 ··· 228

중요 포인트
- 01 급 – 형용사 & 부사 ··· 229
- 02 어근이 같으면 품사가 달라도 문형이 같다 ··· 233
- 03 전치사 'to'와 to부정사 'to'를 구별할 것 ··· 234
- 04 ~ly형 형용사 ··· 235
- 05 어순 주의 ··· 236
- 06 쓰임새 많은 enough ··· 237
- 07 near vs nearly vs nearby ··· 238
- 08 like vs unlike vs likely vs unlikely vs likewise vs alike vs likeliness vs likelihood vs likeness ··· 239
- 09 so vs much ··· 240
- 10 관사 the ··· 241
- 11 no vs never vs not vs none ··· 242
- 12 구(8개) & 절(3개) ··· 243
- 13 형용사인지 명사인지 조심해서 볼 것! ··· 244
- 14 that / those ··· 245
- 15 수량 형용사 ··· 246

접속사와 전치사 (개별)
- 01 등위접속사(7개) ··· 248
- 02 종속접속사(53개) ··· 249
- 03 접속사 + 전치사(9개) ··· 254
- 04 전치사(67개) ··· 256
- 05 접속부사(36개) ··· 262
- 06 콤마(,) 세미콜론(;) 콜론(:) ··· 266

해 석 별 지

EASY | HARD

USHER

01 자동사 vs 타동사 EASY

자동사	타동사
• 동사가 주어 스스로의 행동으로 끝나고 다른 대상에 영향을 주지 않는 동사 be동사는 무조건 = '이다', '있다'로 해석한다. be동사는 무조건 = '자동사'다. I am a teacher. 나는 선생님이다. • 목적어가 없으므로 수동태가 없다. *26p 참조	• 주어가 행하는 동작의 영향을 받는 대상(목적어)이 존재하는 동사 • 해석할 때 '~을, ~를'로 해석됨(*아닌 것 몇 개 안됨) I love you. 나는 너를 좋아한다. ex) survive a drought : 가뭄에서 살아남다

❶ **대부분의 동사들은 타동사와 자동사의 역할을 모두 지니고 있다.**
(동사끼리 묶어서 5형식이니 뭐니 외우지 말고 각 **동사가 나올 때마다 사전 찾아가며 꾸준히 봐둔다.** / 반복되므로 얼마 안 걸림)

❷ **자동사만 있는 동사는 무조건 따로 암기한다.** (몇 개 안됨)
  참고 → [consist of, remain, appear, occur]

02 과거형 동사　　　EASY

▍대부분의 동사 ▍

동사의 끝에 –ed만!	start	started
	clean	cleaned
	focus	focused
	help	helped

▍–e로 끝나는 동사 ▍

동사의 끝에 –d만!	live	lived
	like	liked
	move	moved
	love	loved

▍자음 [a,e,i,o,u] 빼고 모두 + y ▍

'y'를 'i'로 고친후 –ed!	study	studied
	try	tried
	carry	carried
	copy	copied

▍모음 [a,e,i,o,u] + y ▍

'y'를 그대로 둔 채 –ed!	play	played
	enjoy	enjoyed
	stay	stayed

▍단모음 + 단자음으로 끝나는 동사 ▍

자음을 한 번 더 쓴 후 –ed!	stop	stopped
	plan	planned
	drop	dropped
	refer	referred

03 불규칙 동사의 3단 변화

EASY

do-did-done에서 동사는 do와 did까지 done은 동사역할을 할 수 없다

	A-A-A 형	
1	cast - cast - cast	던지다
2	recast - recast - recast	재구성하다
3	forecast - forecast - forecast	예측하다
4	overcast - overcast - overcast	어둡게 하다
5	broadcast - broadcast - broadcast	방송하다; 널리 알리다
6	set - set - set	놓다
7	reset - reset - reset	다시 맞추다
8	upset - upset - upset	속상하게 하다
9	offset - offset - offset	상쇄하다
10	read - read - read [i] [e] [e]	읽다
11	reread - reread - reread	다시 읽다
12	spread - spread - spread	퍼지다
13	overread - overread - overread	너무 읽다
14	bet - bet - bet	돈을 걸다; ~이 틀림없다.
15	let - let - let	~하게 하다
16	hit - hit - hit	치다
17	split - split - split	나뉘다, 쪼개다
18	cut - cut - cut	자르다
19	put - put - put	놓다
20	shut - shut - shut	닫다
21	cost - cost - cost	비용이 들다
22	rid - rid - rid	없애다
23	hurt - hurt - hurt	다치게 하다
24	thrust - thrust - thrust	밀다

	A-B-A 형	
25	come - came - come	오다
26	become - became - become	되다
27	overcome - overcame - overcome	극복하다
28	misbecome - misbecame - misbecome	적합하지 않다
29	run - ran - run	달리다
30	rerun - reran - rerun	재방송하다; 다시 실행하다
31	overrun - overran - overrun	급속히 퍼지다

	A-B-B 형	
32	pay - paid - paid	지불하다
33	repay - repaid - repaid	빚을 갚다
34	prepay - prepaid - prepaid	선불하다
35	overpay - overpaid - overpaid	더 많이 지불하다
36	underpay - underpaid - underpaid	충분히 지불하지 않다
37	hear - heard - heard	듣다
38	rehear - reheard - reheard	다시 듣다
39	mishear - misheard - misheard	잘못 듣다
40	overhear - overheard - overheard	엿듣다
41	hold - held - held	지니다
42	behold - beheld - beheld	보다
43	uphold - upheld - upheld	떠받치다; 들어올리다
44	withhold - withheld - withheld	보류하다
45	breed - bred - bred	낳다
46	outbreed - outbred - outbred	교배하다
47	build - built - built	짓다

#	동사 변화	뜻
48	rebuild - rebuilt - rebuilt	재건하다
49	flow - flowed - flowed	흐르다
50	oveflow - oveflowed - oveflowed	넘치다
51	lead - led - led	이끌다
52	mislead - misled - misled	잘못 이끌다; 오해하게 하다
53	make - made - made	만들다
54	remake - remade - remade	다시 만들다
55	sell - sold - sold	팔다
56	resell - resold - resold	다시 팔다
57	sleep - slept - slept	자다
58	oversleep - overslept - overslept	너무 오래 자다
59	spend - spent - spent	소비하다
60	overspend - overspent - overspent	돈을 너무 쓰다
61	tell - told - told	말하다
62	retell - retold - retold	다른 형식으로 말하다
63	understand - understood - understood	이해하다
64	misunderstand - misunderstood - misunderstood	오해하다
65	weep - wept - wept	울다
66	sweep - swept - swept	쓸다; 청소하다
67	work - worked - worked	일하다
68	overwork - overworked - overworked	과로시키다
69	bend - bent - bent	구부리다; 숙이다
70	bereave - bereaved - bereaved	빼앗다
71	bind - bound - bound	묶다
72	unbind - unbound - unbound	풀다; 해방하다
73	bleed - bled - bled	피가 흐르다
74	blend - blended - blended	혼합하다
75	bless - blessed - blessed	은총을 내리다
76	bring - brought - brought	가져오다
77	buy - bought - bought	사다
78	burn - burned/bunt - burned/bunt	타다
79	catch - caught - caught	잡다
80	climb - climbed - climbed	오르다, 등반하다
81	creep - crept - crept	기다
82	crow - crowed - crowed	(수탉이) 울다
83	curse - cursed - cursed	저주하다
84	dare - dared - dared	감히 ~하다
85	deal - dealt - dealt	분배하다; 다루다
86	dig - dug - dug	파다
87	dip - dipped - dipped	살짝 담그다
88	dive - dived - dived	물속에 뛰어들다
89	dream - dreamed - dreamed	꿈꾸다
90	dress - dressed - dressed	입다
91	drop - dropped - dropped	떨어뜨리다
92	dwell - dwelled - dwelled	거주하다
93	feed - fed - fed	먹이다
94	feel - felt - felt	느끼다
95	fight - fought - fought	싸우다
96	find - found - found	발견하다
97	found - founded - founded	설립하다
98	fix - fixed - fixed	고치다
99	flee - fled - fled	달아나다
100	fling - flung - flung	던지다
101	grind - ground - ground	갈다
102	hang - hung - hung	매달다
103	impress - impressed - impressed	감동시키다
104	keep - kept - kept	유지하다
105	kneel - knelt - knelt	무릎을 꿇다
106	lay - laid - laid	놓다(타동사)
107	lean - leaned - leaned	기대다
108	leap - leaped - leaped	껑충 뛰다
109	learn - learned - learned	배우다
110	leave - left - left	떠나다
111	lend - lent - lent	빌려 주다

112	list - listed - listed	목록으로 만들다
113	light - lit - lit	불을 붙이다
114	lose - lost - lost	지다; 잃어버리다
115	mean - meant - meant	의미하다
116	meet - met - met	만나다
117	melt - melted - melted	녹다
118	mix - mixed - mixed	섞다
119	pass - passed - passed	지나다
120	plead - pleaded - pleaded	변호하다; 간청하다
121	quit - quitted - quitted	그만두다
122	raise - raised - raised	일으켜 세우다
123	rend - rent - rent	찢다
124	say - said - said	말하다
125	seek - sought - sought	찾다; 추구하다
126	send - sent - sent	보내다
127	shape - shaped - shaped	형태를 만들다
128	shine - shone - shone	빛나게 하다; 비추다
129	shoot - shot - shot	쏘다
130	sit - sat - sat	앉다
131	slide - slid - slid	미끄러지다
132	smell - smelled - smelled	냄새를 맡다
133	speed - sped - sped	서두르게 하다; 빨리 보내다
134	spell - spelled - spelled	철자를 말하다
135	spill - spilled - spilled	쏟다
136	spin - spun - spun	돌다
137	spit - spat - spat	뱉다
138	spoil - spoiled - spoiled	망쳐놓다; 음식이 상하다
139	stand - stood - stood	서다
140	stay - stayed - stayed	머무르다
141	stick - stuck - stuck	찌르다; 고정하다
142	sting - stung - stung	찌르다; 따끔하게 하다
143	stop - stopped - stopped	멈추다
144	strike - struck - struck	치다
145	swell - swelled - swelled	부풀다
146	swing - swung - swung	흔들리다
147	teach - taught - taught	가르치다
148	think - thought - thought	생각하다
149	toss - tossed - tossed	던지다
150	win - won - won	이기다
151	wrap - wrapped - wrapped	감싸다

A-B-C 형		
152	take - took - taken	가지고 가다
153	retake - retook - retaken	되찾다
154	mistake - mistook - mistaken	오해하다
155	partake - partook - partaken	참가하다
156	overtake - overtook - overtaken	따라잡다; 만회하다
157	do - did - done	하다
158	redo - redid - redone	다시 하다
159	undo - undid - undone	원상태로 돌리다
160	see - saw - seen	보다
161	oversee - oversaw - overseen	내려보다; 감독하다
162	foresee - foresaw - foreseen	예견하다
163	write - wrote - written	쓰다
164	rewrite - rewrote - rewritten	다시 쓰다
165	overwrite - overwrote - overwritten	겹쳐쓰다
166	bid - bade - bidden	~에게 명하다
167	forbid - forbade - forbidden	금하다
168	draw - drew - drawn	그리다
169	withdraw - withdrew - withdrawn	움츠리다; 회수하다
170	get - got - gotten/got	얻다

171	forget - forgot - forgotten/forgot	잊어버리다
172	freeze - froze - frozen	얼다
173	refreeze - refroze - refrozen	다시 얼리다
174	give - gave - given	주다
175	misgive - misgave - misgiven	의심을 일으키다; 염려하게 하다
176	lie - lay - lain	누워있다(자동사)
177	underlie - underlay - underlain	~의 밑에 있다
178	go - went - gone	가다
179	undergo - underwent - undergone	겪다; 당하다
180	blow - blew - blown	불다
181	overblow - overblew - overblown	부풀리다
182	grow - grew - grown	자라다
183	outgrow - outgrew - outgrown	~에 들어가지 못할 정도로 커지다
184	ride - rode - ridden	타다
185	override - overrode - overridden	무효로 하다
186	speak - spoke - spoken	말하다
187	bespeak - bespoke - bespoken	예약하다
188	throw - threw - thrown	던지다
189	overthrow - overthrew - overthrown	뒤집어 엎다
190	wake - woke - woken	깨우다
191	awake - awoke - awoken	깨우다
192	arise - arose - arisen	발생하다
193	be(am/are/is) - was / were - been	~이다; 있다
194	bear - bore - born	낳다
195	begin - began - begun	시작하다
196	bite - bit - bitten	물다
197	break - broke - broken	깨뜨리다
198	choose - chose - chosen	선택하다
199	drink - drank - drunk	마시다
200	drive - drove - driven	운전하다
201	eat - ate - eaten	먹다
202	fall - fell - fallen	떨어지다
203	fly - flew - flown	날다
204	hide - hid - hidden	숨기다
205	know - knew - known	알다
206	prove - proved - proven	증명하다
207	ring - rang - rung	(종을)울리다
208	rise - rose - risen	오르다
209	shake - shook - shaken	흔들다
210	show - showed - shown	보여주다
211	shrink - shrank - shrunk	줄어들다
212	sing - sang - sung	노래하다
213	sink - sank - sunk	가라앉다
214	steal - stole - stolen	훔치다
215	stink - stank - stunk	냄새가 나다
216	strive - strove - striven	분투하다
217	swear - swore - sworn	맹세하다
218	swim - swam - swum	수영하다
219	tear - tore - torn	찢다
220	thrive - throve - thriven	번창하다
221	wear - wore - worn	입다
222	weave - wove - woven	(직물 따위를) 짜다, 엮다

04 주어와 동사의 수 일치

EASY

주어	동사	example
단수 (명사 -s X)	단수 (동사 -s)	**I** am / like / have **you** are / like / have **He** is / like**s** / has **She** is / like**s** / has **It** is / like**s** / has **Someone** is / like**s** / has **The woman** is / like**s** / has
복수 (명사 -s)	단수 (동사 -s X)	(1인칭 복수) **We** are / like / have (2인칭 복수) **You** are / like / have (3인칭 복수) **They** are / like / have **People** are / like / have **Women** are / like / have

★to부정사/동명사/명사절/학문명	단수 (동사 -s)	· [What worries me] is the poor quality of my work.
		  내가 걱정하는 것은 내 작품의 낮은 질이다.
		· Seeing is believing. 보는 것이 믿는 것이다.
		· To see is to believe. 보는 것이 믿는 것이다.
		· Politics is the process of making decisions.
		  정치학은 결정을 내리는 과정이다

★ there 구문 *272p 참조	· 동사 뒤에 있는 '주어'가 결정 즉, is인지 are 쓰는지는 뒤에 명사(주어) 수에 맞춘다. · 해석할 때, "있다"로 해석한다	There is <u>a friend</u>. 한 친구가 있다. There are <u>friends</u>. 친구들이 있다.

| tip |

주어	동사
S(x)	S(o)
S(o)	S(x)

주어에 -s가 없으면, 동사에 -s가 붙고,
1. a doctor(x) recognize**s**
2. a doctor has

주어에 -s가 붙으면, 동사에 -s가 붙지 않는다!
1. doctors recognize
2. doctors have

05 3인칭 단수 현재형 동사

EASY

대부분의 동사

동사의 끝에 –s만!	hit	hits
	hurt	hurts
	let	lets
	put	puts
	read	reads
	set	sets

–s, –ss, –sh, –o, –x, –ch

동사의 끝에 –es!	focus	focuses
	pass	passes
	wash	washes
	go	goes
	fix	fixes
	catch	catches

자음 + y

'y'를 'i'로 고친후 –es!	study	studies
	try	tries
	fly	flies
	carry	carries
	copy	copies

모음 + y

'y'를 그대로 둔 채 –s만!	play	plays
	enjoy	enjoys
	buy	buys

have(복수) – has(단수)

06 진행형 동사 (be + ing)

EASY

대부분의 동사

동사의 끝에 –ing만!	start	start**ing**
	sleep	sleep**ing**
	walk	walk**ing**
	fall	fall**ing**

–e로 끝나는 동사

'e'를 없앤 후 동사의 끝에 –ing!	live	liv**ing**
	move	mov**ing**
	come	com**ing**
	write	writ**ing**

–ie로 끝나는 동사

'ie'를 없앤 후 'y'로 고친 후 –ing!	die	dy**ing**
	lie	ly**ing**
	tie	ty**ing**
	vie	vy**ing**

모음 + y

'y'를 그대로 둔 채 –ing만!	play	play**ing**
	enjoy	enjoy**ing**
	stay	stay**ing**
	study	study**ing**

단모음 + 단자음으로 끝나는 동사

자음을 한 번 더 쓴 후 –ing!	sit	sit**ting**
	plan	plan**ning**
	run	run**ning**
	stop	stop**ping**
	shop	shop**ping**

07 조동사(auxiliary verb) (1/4)   EASY

❙ 조동사란? ❙

보조적 기능을 하는 동사로서 뒤에 오는 동사에 보조적으로 의미를 추가하는 동사, (보)조동사이기 때문에 혼자 쓰일 수 없음!

❙ 조동사의 특징 ❙

*She leaves.

① 조동사 + 동사원형   ☞ She will leave. / She can leave.

② 조동사 부정문 : 조동사 + not + 동사원형   ☞ She will not leave. / She cannot leave.

③ 조동사 의문문 : 조동사 + 주어 + 동사원형~?   ☞ Will she leave- / Can she leave-

④ 조동사는 연이어 쓰이지 않는다.   ☞ She will can leave. (x)
(단, 기능조동사와 함께는 가능! She would have done it.)

⑤ 조동사는 현재시제에 주어가 3인칭 단수가 나와도 's'나 'es'를 쓰지 않는다.   ☞ She cans go to the party. (x)

추가적으로 조동사 **be, do, have**를 기억하자!

She <u>is given</u>. (She <u>is giving</u>~)
She <u>doesn't live</u> in the house.
She <u>has lived</u> in the house.
*since*의 뜻

밑줄 모두가 동사 1개 역할!

⑥ 부정으로 바꿀 때는...
(1) 일반동사 앞에 do not을 쓴다.
(2) be동사와 첫 번째 조동사 뒤에 not을 붙인다.

동사 형태 7가지	동사 부정형태	예시 (밑줄 전체가 동사)
Do	Do **not** do	I <u>do **not** care</u>.
Be done	Be **not** done	it <u>is **not** completed</u>.
Have done	Have **not** done	He <u>has **not** done</u> this.
Have been done	Have **not** been done	The work <u>has **not** been done</u>.
Be doing	Be **not** doing	She <u>is **not** doing</u> well.
Have been doing	Have **not** been doing	Your posts <u>have **not** been doing</u> well recently.
Be being done	Be **not** be doing	These windows <u>are **not** being used</u>.

07 조동사(auxiliary verb) (2/4)   EASY

조동사의 의미

현재	부정	과거	과거 부정
can	**cannot**	**could**	**could not**
~할 수 있다	~할 수 없다	~할 수 있었다	~할 수 없었다
will	**will not**	**would**	**would not**
~할 것이다	~하지 않을 것이다	~했을 것이다	~하지 않았을 것이다
must	**must not**		
~해야만 한다	~해서는 안 된다		
may	**may not**	**might**	**might not**
~해도 된다	~하면 안 된다	~일지도 모른다	~아닐지도 모른다
shall	**shall not**	**should**	**should not**
~해야 한다	~하면 안 된다	~해야 한다	~하면 안 된다

07 조동사(auxiliary verb) (3/4)　　　EASY

I 예문 I

can
- I **can study** right now, but I don't want to.
  ☞ 지금 공부할 수 있지만, 하고 싶지 않다.
- I **cannot study** right now because my favorite TV show is on.
  ☞ 내가 제일 좋아하는 방송을 하고 있기 때문에 지금 공부할 수 없다.

could
- I thought I **could finish** my project after I took a nap.
  ☞ 낮잠을 자고 나서 프로젝트를 끝낼 수 있다고 생각했다.
- I **could not finish** my project after taking a nap.
  ☞ 낮잠을 자고 나서 프로젝트를 끝낼 수 없었다.

will
- I **will stop** putting off my homework until the last minute.
  ☞ 마지막까지 숙제를 미루는 것을 그만할 것이다.
- I **will not get** started on my homework until I satisfy my hunger.
  ☞ 배고픔이 없어질 때까지 숙제를 시작하지 않을 것이다.

would
- I **would do** anything to make up for missing class.
  ☞ 결석한 수업을 만회하기 위해 무엇이든지 할 것이다.
- I **would not like** to take this class again.
  ☞ 다시 이 수업을 듣고 싶지 않다.

must
- I **must get** a good night's sleep before the final exam.
  ☞ 기말고사 전에 숙면을 취해야 한다.
- It **must not be** true that the quiz is difficult if he got an A.
  ☞ 그가 A를 받았다면 퀴즈가 어렵다는 것은 틀림없이 사실이 아닐 것이다.

07 조동사(auxiliary verb) (4/4)   EASY

| 예문 |

may

You **may look** at your notes while you take the quiz.
☞ 퀴즈 보는 동안 필기한 노트를 **봐도 된다**.

The new substitute **may not remember** to give us a pop quiz.
☞ 새로운 대리 선생님은 우리에게 쪽지시험을 주는 것을 **기억 못 할지도 모른다**.

might

I **might pass** the exam if I pull an all-nighter tonight.
☞ 오늘 밤샌다면 시험을 **통과할지도 모른다**.

I **might not be** able to make up my test today.
☞ 오늘 재시험을 보지 **못할지도 모른다**.

shall

I **shall stop** procrastinating and do the reading assignment.
☞ 미루는 것을 **그만하고** 과제 독서를 해야 한다.

I **shall not look** at my phone until I finish reading at least a chapter of this book.
☞ 이 책의 제 1장이라도 끝날 때까지 핸드폰을 **보면 안 된다**.

should

You **should be** thankful that you don't have to take the test.
☞ 그 시험을 보지 않는 것에 대해 감사해야 **한다**.

We **should not waste** so much time arguing over the title of the presentation.
☞ 우리는 프레젠테이션의 제목을 두고 논쟁하느라 시간을 **낭비하면 안 된다**.

08 인칭대명사　　EASY

품사 / 인칭	격	명사 주격	형용사 소유격	명사 목적격	명사 소유대명사
단수	1	**I** (나는)	**my** (나의)	**me** (나를, 나에게)	**mine** (나의 것)
단수	2	**you** (너는)	**your** (너의)	**you** (너를, 너에게)	**yours** (너의 것)
단수	3	**he** (그는)	**his** (그의)	**him** (그를, 그에게)	**his** (그의 것)
단수	3	**she** (그녀는)	**her** (그녀의)	**her** (그녀를, 그녀에게)	**hers** (그녀의 것)
단수	3	**it** (그것은)	**its** (그것의)	**it** (그것을, 그것에게)	
복수	1	**we** (우리는)	**our** (우리의)	**us** (우리를, 우리에게)	**ours** (우리의 것)
복수	2	**you** (너희들은)	**your** (너희들의)	**you** (너희들을, 너희들에게)	**yours** (너희들의 것)
복수	3	**they** (그들은)	**their** (그들의)	**them** (그들을, 그들에게)	**theirs** (그들의 것)

09 명사의 복수형(규칙형)   EASY

대부분의 명사

명사의 끝에 –s만!	girl	**girls**
	friend	**friends**
	store	**stores**
	fact	**facts**

–o, –x, –s, –ss, –sh, –ch로 끝나는 명사

명사의 끝에 –es!	box	**boxes**
	glass	**glasses**
	dish	**dishes**
	church	**churches**

☞ 예외 – *pianos, photos, videos, radios, audios*

자음 + y

'y'를 'i'로 고친후 –es!	baby	**babyies**
	lady	**ladies**
	party	**parties**
	story	**stories**

모음 + y

'y'를 그대로 둔 채 –s만!	key	**keys**
	day	**days**
	boy	**boys**
	monkey	**monkeys**

단모음 + 단자음으로 끝나는 동사

-f, -fe를 'v'로 고친후 –es!	wife	**wives**
	leaf	**leaves**
	knife	**knives**

☞ 예외 – *roofs, chiefs, reefs*

10 명사의 복수형(불규칙형) EASY

❚ 단수형과 복수형이 같은 경우 ❚

단수형	복수형
deer	**deer**
sheep	**sheep**
salmon	**salmon**
series	**series**
trout	**trout**
swine	**swine**
fish	**fish**
species	**species**
means	**means**
percent	**percent**

숫자 + percent / high[low] percentage
*percents (x)

❚ 단수형과 복수형이 다른 경우 ❚

단수형	복수형
mouse	**mice**
child	**children**
foot	**feet**
person	**people**
tooth	**teeth**
goose	**geese**
man	**men**
woman	**women**
stimulus	**stimuli**
ox	**oxen**
datum	**data**
phenomenon	**phenomena**
bacterium	**bacteria**

11. 관사(article) *241p 참고

EASY

관사는 한국어에 없는 개념입니다.(한국어에서 관사는 형용사)
또한, 관사를 모른다고 해서 내용이 크게 뒤틀어지지는 않습니다.
셀 수 있는 명사와 셀 수 없는 명사를 모두 외운다는 것은 현실적으로 불가능 하므로 관사는
가장 마지막으로 외우는 것이 좋습니다.(토플 100점, 토익 950점을 맞는데 전혀 지장이 없습니다.)
아래에 나와 있는 기초적인 내용만 조심하면 됩니다.

① A methods(x)

② a hour(x) / an hour(o)
  ☞ 자음으로 시작 → 명사 앞 a / 모음으로 시작 → 명사 앞 an
    ★모두 발음을 기준 (a university / an umbrella)

③ 대표적인 불가산 명사
  ☞ advice / information / money / news / furniture / mail / luggage(baggage) / equipment / evidence

④ 단복수 형태가 같은 것 *별지 Easy – 9번 참조

⑤ one of the *중요포인트 – 241p 참조

a(an)	the
단수	단수
	복수
	불가산 명사

a/an	1. 특별히 정해지지 않은 막연한 '하나' 2. 하나의 (=one) 3. ~마다 (=per)	1. Do you have **a** camera? 2. Please wait for **a** minute or two. 3. He drinks coke once **an** hour.
the	1. 이미 언급했거나 알고 있는 특정한 것 2. 세상에 유일한 것 3. 기타 관용 표현	1. He bought a bag. **The** bag is red. 2. **the** Sun, **the** Moon, **the** Earth 3. **the** best, **the** first, **the** same, **the** rest, one of **the** people
무관사	1. 식사, 운동 경기, 학과목, 언어 2. by + 교통, 통신 수단 3. 본래의 목적	1. have breakfast [breakfast / lunch / dinner], play baseball, study English 2. Please wait for a minute or two. 3. He drinks coke once an hour.

12 어휘학습 1 (1/2)   EASY

어휘학습1 – prefix

다음에 나오는 prefix, suffix, root는 알아두면 좋으나, 처음에 단어를 외우는 사람들은 한 단어를 외우기 위해서 3개를 외워야 하는 어이없는 상황을 맞이할 수도 있다.   ex) dis advantage ous = 불리한
　　　　　　　　　　　　　　　　　　　　　　　　　　　　　　　　　　　　반대 ＋ 장점 ＋ 스러운

하지만 장기적으로는 알아두면 처음 보는 단어도 뜻을 추측할 수 있으므로 큰 도움이 되니 보고 싶으면 봐둔다

meaning	prefix	example
negative (부정)	un-	**un**even(평평하지 않은, 울퉁 불퉁한)　**un**precedented (전례가 없는)
	mis-	**mis**fortune (불행)　**mis**fit (부적합)
	in(ig-, il-, im-, ir-)	**in**correct(부정확한)　**ig**noble (비천한)　**il**legal (불법의) **im**moral(부도덕한)　**im**polited (무례한)　**ir**rational(불합리한)
	dis-	**dis**comfort(불쾌)　**dis**honest (정직하지 않은)
	non-	**non**sense(무의미한 말)　**non**age (미성년)　**non**descript (막연한)
	n-	**n**ever(결코 ~않다)　**n**or (…도 또한 ~않다)
against (반대)	contra-	**contra**dict (반박하다)　**contra**vene (위반하다)
	counter-	**counter**act (거역하다)　**counter**attack (역습하다)　**counter**feit (모조의)
	anti(ant-)	**anti**dote (해독제)　**anti**pathy (반감)　**ant**agonist (반대자)
	with-	**with**hold (보류하다)　**with**stand (저항하다)
away, from (분리)	ab-, a-	**ab**normal(이상한)　**ab**use (악용하다)　**a**theism (무신론)　**a**vert (비키다)
	de-	**de**cline (거절하다)　**de**form (불구로 하다)　**de**legation (대표단)　**de**liver (배달하다) **de**nounce (비난하다)　**de**sert (돌보지 않다)　**de**tach (분리하다)　**de**viate (벗어나다) **de**throne(왕위에서 물러나게 하다)　**de**tract (손상시키다)
	dis-, di-	**dis**cord (불화)　**dis**join (분리시키다)　**dis**perse (흩뜨리다)　**dis**sert (논하다) **dis**criminate (구별하다)　**dis**pel (쫓아버리다)　**di**vorce (이혼하다)
	se-	**se**clude (격리시키다)　**se**parate (분리하다)　**se**ver (절단하다)
before, forward (앞, 전진)	ante-	**ante**cedent (선행사)　**ante**chamber (대기실)　**ante**rior (전방의)
	anti-	**anti**cipate (예기하다)　**anti**que (고대의)
	pre-	**pre**cedent (전례)　**pre**cede (선행하다)　**pre**dict (예언하다) **pre**liminary (예비적인)　**pre**position (전치사)　**pre**vious (앞의)
	pro-	**pro**ceed (진행하다)　**pro**ject (~을 내던지다)　**pro**gress (예언하다) **pro**long (연장하다)　**pro**pel (추진하다)
after, backward (뒤, 후퇴)	post-	**post**erity (자손)　**post**humous (사후의)　**post**pone (연기하다)　**post**war (전후의)
	retro-	**retro**cede (돌려주다)　**retro**grade (후퇴하다)　**retro**gress (뒤로 돌아가다) **retro**spect (회고하다)

12 어휘학습 1 (2/2)

어휘학습1 – prefix

meaning	prefix	example
over, beyond (위, 넘음)	super-	**superficial** (피상의)　**superhuman** (초인간의)　**superintend** (감독하다)　**superlative** (최고의)　**supervise** (감독하다)
	sur-	**surface** (표면)　**surmount** (이겨내다)　**surpass** (~보다 낫다)　**surplus** (나머지의)
	extra-	**extrajudicial** (재판 외의)　**extraordinary** (이상한, 비범한)　**extravagant** (엄청난, 낭비가 심한)
	ultra-	**ultramodern** (초현대적인)　**ultraviolet** (자외선의)
down, under (아래)	sub-	**subduce** (~을 제거하다)　**submarine** (잠수함)　**subordinate** (종속된)
	sup-	**supplant** (대신 들어 앉다)　**supplement** (보충하다)　**support** (지탱하다)　**suppress** (가라 앉히다)
	subter-	**subterfuge** (핑계)　**subterranean** (지하의)
	de-	**decay** (썩다)　**degrade** (타락하다)　**depreciate** (값이 떨어지다)　**depression** (저하)　**descend** (내리다)
in, within (가운데)	in- (im-, ir, il-)	**include** (포함하다)　**income** (수입)　**insert** (끼워넣다)　**inspection** (시찰)　**involve** (포함하다)　**immerse** (잠그다)　**irrigate** (물을 대다)　**illuminate** (조명하다)
	en- (em-)	**envelope** (봉투)　**endanger** (위태롭게 하다)　**embrace** (껴안다)
	inter-	**intercourse** (교제)　**international** (국제의)　**intercept** (도중에 빼앗다)　**interlocutor** (대화자)　**intervene** (사이에 들다)　**interval** (간격)
	intro-	**introduce** (소개하다)　**introspect** (내성하다)
	enter-	**enterprise** (기업)　**entertain** (대접하다)
out, without (밖)	ex(ec-, es-)	**excursion** (소풍, 유람여행)　**exhibit** (전시하다)　**exile** (유배, 추방)　**explain** (설명하다)　**expand** (확장하다)　**expel** (내쫓다)　**eccentric** (괴짜인)　**eclipse** (일식, 월식)　**escheat** (몰수하다)
	exo-	**exotic** (외국식의)　**exoteric** (통속적인, 대중적인)　**exorbitant** (과도한, 지나친)
around (주위)	circum-	**circumstance** (환경)　**circumference** (순회, 원주)
	circu-	**circuit** (주변)　**circulate** (순환하다)
	peri-	**period** (기간, 종지부)　**periscope** (잠망경)　**peripheral** (주변적인, 지엽적인)
reversal (역)	dis-	**disarm** (무장 해제하다)　**dismiss** (해고하다)
	de-	**decamp** (진영을 거두고 물러나다)　**decentralize** (분권화하다)
all, through (전부)	omni-	**omnipotence** (전능)　**omnibus** (합승버스)　**omnivore** (잡식 동물)　**omnipresent** (어디에나 있는)
	pan-	**panorama** (전경)　**pandemic** ((병의) 전국적 유행)　**panacea** (만병통치약)

어휘학습1 - prefix

meaning	prefix	example
with (합동)	com- (con-, co-, col- cor-, cog-, coun)	compassion (동정) companion (동료, 친구) consist (구성하다) consort (교제하다) copartnership (협동조합) collect (모으다) collaborate (공동으로 일하다) correlation (상호관계) cognate (같은 어원의)
	syn- (sym-, sy-)	synonym (동의어) synthesis (종합) sympathy (동정심) symphony (교향곡) system (계통)
good (좋음)	bene-	benefactor (은인) benevolence (박애) benefit (이익)
	beni-	benign (친절한, 온화한) benison (축복)
half (반)	semi-	semicircle (반원) semi-express (준급행) semifinal (준결승) semiannual (반 년마다)
	hemi-	hemisphere (반구)
one (하나)	uni-	uniform (제복) unify (통일하다) unit (단위)
	mono-	monotone (단조로움) monopoly (독점) monologue (독백)
many (다수)	multi-	multitude (다수) multiply (늘리다, 곱하다)
	poly-	polygon (다각형) polysyllable (다음절어) polygamy (일부다처제)
same, equal (동일)	homo-	homonym (동음이의어) homogeneous (동질의)
	equi-	equivalent (동등한) equilibrium (균형, 평정)
two (둘)	bi-	bicycle (자전거) binoculars (쌍안경)
	di-	diphthong (이중모음)
	twi-	twice (두 번) twin (쌍둥이)
three (셋)	tri-	triangle (삼각형) tricycle (삼륜차)
	tre-	treble (삼중의)

12 어휘학습 2

어휘학습2 - suffix

1. 명사형[noun] 접미사

meaning	suffix	example	
행위자	-ant, -ent	assist (돕다) – assistant (보조자)	oppose (반대하다) – opponent (반대자)
	-ar, -er, -or	beg (구걸하다) – beggar (거지) command (명령하다) – commander (사령관)	conquer (정복하다) – conqueror (정복자)
	-ist	art (예술) – artist (예술가)	socialism (사회주의) – socialist (사회주의자)
	-ive	capture (사로잡다) – captive (포로)	relate (관계시키다) – relative (친척)
추상명사	-ion, -tion, -ation, -ition	confuse (당황하게 하다) – confusion (당황) introduce (소개하다) – introduction (소개)	examine (시험하다) – examination (시험) define (정의하다) – definition (정의)
	-ment	move (움직이다) – movement (운동)	judge (판단하다) – judgment (판단)
	-al	arrive (도착하다) – arrival (도착)	propose (제안하다) – proposal (제안)
	-ure	depart (출발하다) – departure (출발)	fail (실패하다) – failure (실패)
	-ness	kind (친절한) – kindness (친절)	conscious (의식이 있는) – consciousness (의식)
	-(e)ty, -ity	safe (안전한) – safety (안전)	possible (가능한) – possibility (가능성)
	-ance, -ence, -ency	enter (들어가다) – entrance (입장) diligent (근면하다) – diligence (근면)	efficient (능률적인) – efficiency (능률)
	-y, -(e)ry	discover (발견하다) – discovery (발견)	rob (강탈하다) – robbery (강도질)
학문, 기술	-ic(s)	economy (경제) – economics (경제학)	political (정치의) – politics (정치학)
주의	-ism	social (사회적인) – socialism (사회주의)	real (사실의) – realism (사실주의)
집합명사	-age	bag (자루) – baggage (수하물)	pack (꾸러미) – package (소포)
	-(e)ry	machine (기계) – machinery (기계류)	scene (장면) – scenery (풍경)
지위, 자격, 성질, 기능	-ship	citizen (시민) – citizenship (시민권) leader (지도자) – leadership (지도력)	friend (친구) – friendship (우정)

2. 동사형[verb] 접미사

meaning	suffix	example	
~되게 만들다, 하다	-ate	origin (기원) – origate (유래하다)	captive (포로) – captivate (마음을 사로잡다)
	-en	weak (약한) – weaken (약하게 하다)	length (길이) – lengthen (길게 하다)
	-(i)fy	just (정당한) – justify (정당화하다)	class (등급) – classify (분류하다)
	-ize	civil (문명의) – civilize (문명화하다)	apology (사과) – apologize (사과하다)

어휘학습2 – suffix

3. 형용사형[adjective] 접미사

meaning	suffix	example	
~할 수 있는	-able	imagine(상상하다) – imaginable(상상할 수 있는)	rely (믿다) – reliable (믿을 수 있는)
~하는 경향이 있는, ~적인	-ive	imagine(상상하다) – imaginative(상상력이 풍부한)	act (행동하다) – active (활동적인)
~로 가득 찬	-ful	care (주의) – careful (주의 깊은)	hope (희망) – hopeful (희망에 차 있는)
~이 없는	-less	care (주의) – careless (부주의한)	end (끝) – endless (끝없는)
~한 성질을 가진	-(i)ous	industry (근면) – industrious (근면한)	danger (위험) – dangerous (위험한)
	-ate, -ite	consider (고려하다) – considerate (이해심 많은)	fortune (행운) – fortunate (운이 좋은)
	-ic	patriot (애국자) – patriotic (애국적인)	base (기초) – basic (기초의)
	-(i)al, -ual	center (중심) – central (중심의)	habit (습관) – habitual (습관적인)
	-ant, -ent	ignore (무시하다) – ignorant (무지한)	depend (의지하다) – dependent (의지하는)
	-ar(y), -ory	moment (순간) – momentary (순간적인)	satisfy(만족시키다) – satisfactory(만족스러운)
	-(i)an	suburb (교외) – suburban (교외의)	Christ (그리스도) – Christian (기독교의)
	-ish	child (아이) – childish (유치한)	fool (바보) – foolish (어리석은)
	-ly	friend (친구) – friendly (친근한)	month (달) – monthly (매달의)
	-y	health (건강) – healthy (건강한)	luck (행운) – lucky (행운의)

4. 부사형[adverb] 접미사

meaning	suffix	example	
~하게	-ly	hearty (진심의) – heartily (진심으로)	earnest (진지한) – earnestly (진지하게)
방향	-ward(s)	home(집) – homeward(s)(집을 향하여)	up (위로) – upward(s) (위쪽으로)
방향, 방법	-way(s), -wise	all (모든) – always (항상)	other (다른) – otherwise (달리)

12 어휘학습 3

어휘학습3 – root

meaning	root	example
throw	cast	forecast broadcast cast
	ject	project reject subject inject
go	cede(ceed, cess)	precede proceed exceed access incessant
heart	cord, cour, card	accord concord discord cordial courage cardiology
tell	dic(t)	dictate predict contradict dedicate
lead	duc(t)	introduce induce reduce produce seduce conduct educate
make, do	fac(fec, fic)	defect effect factory faculty manufacture fiction
carry	fer	refer prefer infer ferry confer transfer
	port	transport portable export support report
write, draw	graph(gram)	photograph graphic autobiography telegraph telegram
	script(ibe)	describe subscribe inscribe prescribe
word	log	logical zoology biology psychology
hand	manu	manual manuscript manage manipulation
send	mit	permit submit transmit admit emit
move	mov(mot, mob)	promote automobile remote motive
new	nov	novel novelty novice innovate renovate
foot	ped	expedition pedestrian pedal impede
drive	pel(peal, pul)	compel expel appeal impulse
hang	pend	depend suspend
place, put	pos(pon)	deposit suppose expose impose opponent
first	prim(prin)	prime primary primitive principle
seek, ask	quir(quer, quest)	request require inquire acquire conquer
break	rupt	bankrupt corrupt interrupt erupt
climb	scend(scal)	descend ascend escalate
cut	sect(seg)	section segment insect bisect
join	ser(t)	insert desert exert series

어휘학습3 – root

meaning	root	example
keep	serv(e)	preserve conserve reserve
loosen	solve	solve dissolve resolve
wise	soph	philosophy sophisticated sophomore
look	spec(t)	spectacle respect prospect suspect
breathe	spir	spirit expire aspire inspire
stand	sta(sist, ist)	assist consist resist persist exist constant instant establish
hold	tend	attend pretend intensive tend
turn	vert(vers, vors)	advertise convert diverse divorce
live	viv(e)	survive revival vivid vital

* 꼭 사전을 찾으며 단어를 외우시기 바랍니다.
 200p 참조(영어 사전 찾는 법)

13 8품사와 문장 성분

EASY

8품사

1. 부사(Adverb)
2. 형용사(Adjective)
3. 명사(Noun)
4. 대명사(Pronoun)
5. 동사(Verb)
6. 전치사(Preposition)
7. 접속사(Conjuction)
8. 감탄사(Interjection)

문장 성분

1. 주어(Subject)
2. 동사(Verb)
3. 목적어(Object)
4. 보어(Complement)
5. 수식어(Modifier)

14 문장 형식

EASY

동사 문형은 따로 모아서 외우게 되면 재미가 없고, 암기 사항이기 때문에 외우기 싫어지므로
아래 내용과 더불어 같이 본다면 흥미롭게 처리할 수 있습니다.

❶ 문법 문제를 풀면서,
❷ 스터디 때 재미를 늘리고,
❸ 독해를 하면서,

1문형	1) S + V + (M) →S는 V하다 2) S + V + A →S는 A에 V하다	• 주어와 동사만으로 의미 전달이 충분하여, 보어(C)나 목적어(O)가 필요하지 않음. • 부사, (부사 역할의)전명구 등이 수식어구 (M)로 쓰일 수 있음. • 일부 동사는 부사적 어구(A)가 꼭 있어야 완전한 문장을 이룸. ☞ She stayed in bed. Kate lives in Australia. • There + be/remain + 주어 ☞ There are many flowers along the river.
2문형	1) S + V + C →S는 C이다	• 보어가 명사면 '주어 = 보어', 형용사면 '주어의 상태나 성질 = 보어' • 명사구(절)와 형용사구(절)가 보어자리에 올 수 있음. ☞ (부사는 보어 자리에 올 수 없음) • 상태 (be동사, keep, remain, stay, lie, stand) • 변화 (become, get, grow, turn, run, go, come, fall) • 외견 (seem, appear) • 감각 (feel, look, smell, taste, sound)
3문형	1) S + V + O →S는 O를 V하다 2) S + V + O + A →S는 O를 A에 V하다	• 목적어에는 명사 (대명사, to부정사, 동명사, 명사절)이 올 수 있음. • 일부 동사는 부사적 어구 (A)가 꼭 있어야 완전한 문장을 이룸. ☞ You can put the dish on the table. • 자동사로 착각할 수 있는 타동사 암기
4문형	1) S + V + IO + DO →S는 IO에게 DO를 V하여주다	• 간접목적어 뒤에 직접목적어가 오는 어순은 중요하며, 어순을 바꾸려면 전치사가 필요함. − give, offer, send, tell grant, bring, show, pass, lend, write, teach, hand 　(=S V DO to IO) − make, build, get, buy, find, choose, cook (=S V DO for IO) − ask (=S V DO of IO)
5문형	1) S + V + O + OC →S는 O가 C라고 V하다	• 목적격 보어가 명사면 목적어=보어, 형용사/-ing/p.p 면 목적어의 상태나 성질=보어 • 목적격 보어가 비정형동사라면 목적어의 동작, 상태 = 보어 − S + V + O + 동사원형 / -ing(능동) / p.p(수동) 　☞ 지각동사: see, look at, listen, hear, notice, observe − S + V + O + 동사원형(능동) / p.p(수동) 　☞ 사역동사: have, make, let [주의] help 목적보어자리에 동사원형 / to부정사 둘 다 가능 − S + V + O + to V (능동) / p.p (수동) 　☞ ask, cause, tell, require, request, allow, permit, want, expect, encourage, 　　enable, persuade, urge, advise, prepare, remind등

15 영어사전 찾는 방법   EASY

종이사전 사용시 장점

어셔어학원에선, 타 학원들과는 달리 모든 학생들이 수업시간(RC/LC/SP/WR)에 컴퓨터를 활용하여 수업을 진행하고 있습니다. 간단한 단어 시험과 문법 시험뿐 아니라, 모의시험도 종이가 아닌 자체 프로그램을 활용하여 시험을 치르며, 결과가 자동 채점되어 성적이 입력됩니다. 이 데이터를 바탕으로 학생들을 상담합니다.

그럼에도 불구하고 사전만큼은 인터넷 및 전자사전의 사용을 지양하고, 종이 사전(에센스 영한사전)을 사용하고 있습니다. 그 이유는 바로 종이 사전을 이용해 직접 찾는 게 학생들의 영어 성적 향상에 큰 도움을 주기 때문입니다.

품사의 중요성

다수의 학생들이 Can(~할 수 있다)과 유사한 뜻의 단어를 물어본다면 'able to do'를 답합니다.
하지만, able은 품사가 형용사이기에 '할 수 있다' 가 아닌, '할 수 있는'으로 해석해야 해야 합니다.
문장을 쓰라고 한다면, 'I able to speak English.'라고 적는 학생들이 있습니다.
able은 형용사이므로 반드시 'am'이라는 동사를 써야 함에도 말입니다. (17p 참조)

▌종이 사전 찾는 순서 ▌ 단어 암기를 위해 사전을 찾는 경우, 주의해야 할 점!

STEP 1 모든 품사 찾기
(면적이 넓으면 주요 품사입니다.)

STEP 2 주요 품사 확인

STEP 3 사전을 찾게 만든 문장 속에서 쓰임새를 찾아, 본인이 봐야 하는 **품사와 뜻**에만 **밑줄**을 긋습니다.
(밑줄이 많은 경우, 나중에 다시 확인할 때 부담스러울 수 있습니다.)

STEP 4 예문찾기 능동 수동 바꿔보기
· 사전을 찾게 만든 문장 속 쓰임새와 같은 구조의 예문을 찾으세요. 뜻이 같다고 같은 문장이 아닙니다. 동사는 매우 주의해야 합니다.
· 내가 잘 쓸것 같은 문장만 적을 것
· 사전의 해석은 의역이므로 반드시 "직접" 해석해 볼 것

STEP 5 예문 옮겨 적기

※ 동사를 예문으로 들어보겠습니다.

1. (Try) + (ing)
2. (ing) 하는 것을 시도하다 → 뜻을 암기할 때에도 주의해야 합니다.
3. He (tried) (writing) → 꼭! 예문으로 확인해둬야 합니다.
4. 그는 (글쓰기 하는 것을 시도했다) → 예문만 적지말고, 한글 뜻도 꼭 달아주셔야 합니다.(기억 안날 수 있음)

STEP 6 · 하루 종일 틈만 나면, 사전을 찾기
(언어를 공부하는 학생이 사전 찾는 것을 귀찮아한다면 실력이 늘지 않습니다.)

· 딱 두 달간 페이퍼 사전을 보면서 문법을 익히고 영영 사전으로 넘어가야 합니다.

· 사전을 찾는 속도가 붙으면, 타이핑해서 찾는 속도보다 더 빨라집니다.
(사전을 찾을 때는 알파벳 순서를 기억하면서 찾으면 더 빠르고, 스펠링 체크를 한번 더 해두면 암기에 도움이 됩니다.)

해 석 별 지

EASY | **HARD**

USHER 01 분사 구문을 알면...(기능 : a/ad)

분사란? | 형용사나 부사의 역할을 하는 비정형동사

분사를 잘 이해하면 다음이 쉽게 이해될 것이고 빈도도 높으니 반드시 익혀두자!

1
1. Contractor, *developing* properties near the city's central park, are not allowed to build more than four stories high.
2. Young people, *addicted* to video games, are often unable to develop meaningful relationships with their peers.
3. Frankie Donnelly, *sick* of his morning commute, found an apartment much closer to his office.
4. Stacey, *a student* of mine, has been late to class every day recently.
5. Bodies, *in motion* at a constant velocity, will remain in motion in a straight line unless an outside force acts upon them.

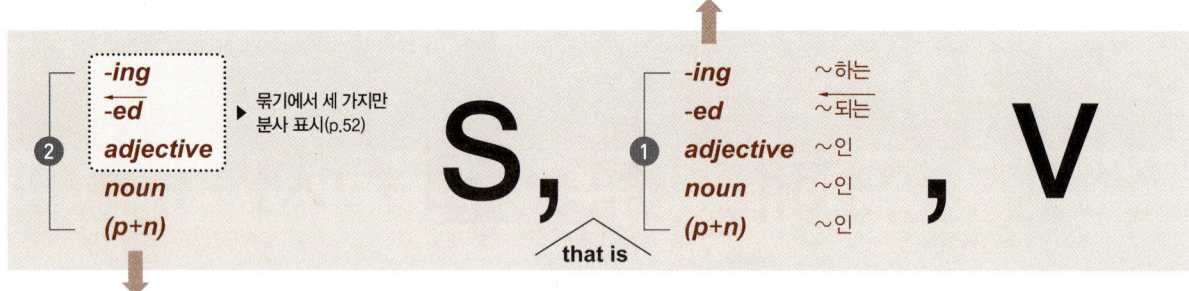

2
1. *Developing* properties near the city's central park, contractors are not allowed to build more than four stories high.
2. *Addicted* to video games, young people are often unable to develop meaningful relationships with their peers.
3. *Sick* of his morning commute, Frankie Donnelly found an apartment much closer to his office.
4. *A student* of mine, Stacey has been late to class every day recently.
5. *In motion* at a constant velocity, bodies will remain in motion in a straight line unless an outside force acts upon them.

3
1. *When developing* in the womb, embryos undergo a series of physical and chemical changes.
2. *When addicted* to a substance, the body becomes dependent upon the substance in order to function and can experience violent withdrawal symptoms if it is withheld.
3. *When sick* or tired, it is advisable to refrain from exercise and unnecessary strenuous activity.
4. *When a student*, Stacey was always late to class.
5. *When in motion* or at rest, bodies will remain in their current state without outside influences.

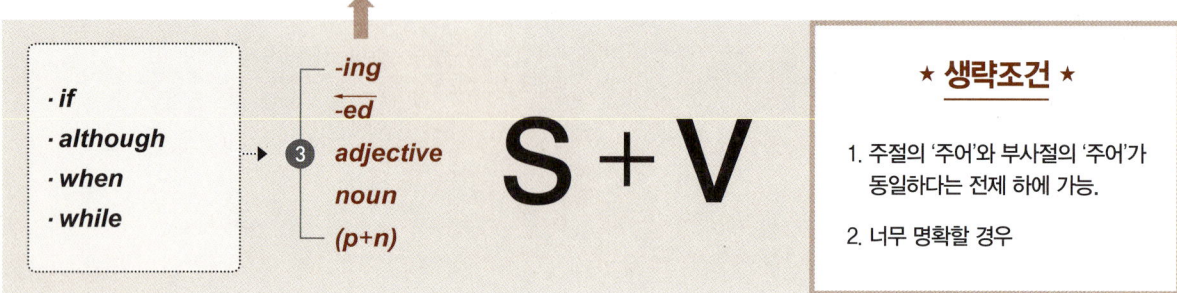

★ 생략조건 ★
1. 주절의 '주어'와 부사절의 '주어'가 동일하다는 전제 하에 가능.
2. 너무 명확할 경우

[동사] HARD

❸ 추가설명

분사는 '절 → 구'로 바꾸는 것이다. 자세히 설명하면,

부사절의 '접속사'와 '주어'를 생략하고 남아 있는 '동사'를 '분사' 형태로 만든 것이다.
분사는 동사에서 파생되었음을 거듭 강조한다.
동사가 분사가 되었으니 '절'에서 동사가 없는 '구'로 바뀌게 된 것이다.

때로는 분사 앞에 '부사절 접속사'를 남겨두기도 한다. 분사 구문의 의미를 명확히 하기 위함이다.
☞ When seeing me (When he saw me), he called out.

때로는 분사구문의 의미상의 주어를 표시하기도 한다. 이 경우 주절의 주어와 동일하지 않을 경우이다.

분사구문의 '의미상의 주어'와 '분사'와의 관계를 따져서, **능동이면 'ing'를, 수동이면 '-ed'를** 붙인다.

Because I have no money, I can't buy a car.
<u>Having</u> no money, I can't buy a car.

If an employee is given a clear goal, an employee will work more diligently and happily.
<u>Given</u> a clear goal, an employee will work more diligently and happily.

분사구문 Participle construction의 종류

현재분사	1. 때: **Seeing** (=saw) his owner, the dog squealed in delight. 2. 이유: **Having** (=had) missed the last bus, the man walked home. 3. 조건: **Turning** (=turn) to the left, you'll see the Eiffel Tower. 4. 양보: **Admitting** (=admit) there were some inaccuracies, the man denied that he'd lied on his resume. 5. 부대 상황: **Looking** (= looked) at the map, the exaplorer began to get his bearings.
과거분사	1. 때: **Compared** (= compared) with his brother, he is not so intelligent. 2. 이유: **Written** (= written) in easy English, the book is helpful for beginners. 3. 조건: **Given** (= given) a clear goal, an employee will work more diligently and happily. 4. 양보: **Invited** (= invited) to the party, he didn't come. 5. 부대 상황: **Displayed at the window** (= While they were displayed), the new clothes seemedout of fashion.

02 make 문형 관련

① make + O + O.C
② O.C → n, a, do, done 가능
③ ly (부사) - x
④ 자리를 바꿀 수 있다 [make + O.C + O] = 목적어가 명사로 길 때
⑤ 가목적어(it) + O.C + [to-v / that 절]

동사 'make'가 가질 수 있는 여러 가지 형태의 문장 구조를 살펴보자.

① **make** + **O** (목적어) + **O.C** (목적보어) → 문형암기
☞ The catastrophic accident has made the car unusable.
비극적인 사고는 차를 고장나게 만들었다.

② 목적보어 자리에 가능한 건 → **n, a, do, done!**

· **n**
☞ All students agreed and made him the class president.
모든 학생들은 동의하고 그를 학년 회장으로 만들었다.

· **a**
☞ The sound effect made the movie more dramatic.
음향 효과는 영화를 더 극적으로 만들었다.

· **do**
☞ I made her clean her room.
그녀가 방을 청소하도록 만들었다.

> **make, have, let, help + O + do** (동사원형)
> - She makes me *do* it.
> - I will have him *clean* the room.
> - Let me *know* her phone number.
> - He helped you (to) *do* the work.

· **done**
☞ Make yourself understood if you are against my plan for the weekend.
네가 나의 주말 계획에 반대한다면 너의 의사를 (나에게) 이해되어지도록 만들어라.

③ **-ly** (부사) - X

· **visible - visibly (x)**

목적보어 자리에 조심해야 할 것은 우리 말 해석이 마치 '부사(~하게)'처럼 되기 때문에 부사를 쓰기 쉽지만 절대 목적보어 자리에는 부사가 올 수 없다!

☞ He made himself more visible among the crowd by waving his hands. (O)
그는 그의 손을 흔들어서 관중 속에서 자신이 더 잘 보이도록 만들었다.

He **made himself** more **visibly** among the crowd by waving his hands. (X)

④ **make** + O.C(목적보어) + O(목적어) **자리를 바꿀 수 있다.** (목적어가 명사로 길 때!)

☞ In art, the tendency of gouache colors to lighten on drying makes a wide range of pastel-like effects possible.

= In art, the tendency of gouache colors to lighten on drying makes possible a wide range of pastel-like effects.

미술에서, 마른 직후 색조가 밝아지는 과슈 색조의 성향은 다양한 파스텔풍의 효과를 가능하게 만든다.

⑤ 가목적어 'it' 사용 (to 부정사나 that절 일 때!)

• **make** + **it**(가목적어) + 목적보어 + **to do**(진목적어)

☞ The car's safety systems make it impossible (to watch) television while driving.
차의 안전 시스템은 운전하는 동안 TV를 시청하는 것을 불가능하게 만든다.

• **make** + **it**(가목적어) + 목적보어 + **[that s+ v]**(진목적어)

☞ New radiocarbon dating techniques make it impossible [that Monet was the painter of the piece in question].
새로운 방사성 탄소 연대 측정법 모네가 그 작품의 화가였다는 사실을 의심하는 것을 불가능하게 만들었다.

같은 문형을 동사 'find'도 취할 수 있다.

① The critics have found the movie disappointing. ☞ 비평가들은 그 영화가 실망스럽다는 것을 찾아낸다.

② n → She found me a job. ☞ 그녀는 나에게 일자리를 찾아주었다.
   a → The students found the exam difficult. ☞ 학생들은 시험이 어렵다는 것을 찾아냈다.
   do → I found her cross the street. ☞ 난 그녀가 길을 건너는 걸 찾았다.
   done → I found my wallet gone long after concert ended.
   ☞ 콘서트가 끝난 오랜 시간 뒤 나의 지갑이 없어진 것을 찾아냈다.

③ The jury found him innocent by reason of insanity. (o) ☞ 배심원은 그를 정신 이상 이유로 무죄를 찾아냈다.
   The jury found him innocently by reason of insanity. (x)

④ The wallet was found missing both cash and credit cards.
   The wallet was found both cash and credit cards missing.
   ☞ 지갑은 현금과 카드 둘 다 없어진 채로 발견되었다.

⑤ The driver found it easier to drive a stick-shift than an automatic.
   ☞ 운전자는 수동 변속기가 자동 변속기보다 운전하기 편하다는 것을 찾아냈다.

---

⑥ 가주어 'it' 사용 (to 부정사나 that절이 주어로 길 때)

It was easier and cheaper to reduce the size of the vehicle than to develop more fuel efficient engines

03 조동사(auxiliary verb) – 추측 (1/2)

USHER

> **다 이해 못 해도 이것만 이해하자!**
>
> 조동사는 각각 여러 뜻으로 쓰일 수 있지만, 기본적으로 **추측**의 의미를 모두 다 지니고 있다. 조동사에 따라 확신의 정도만 다를 뿐이다.
>
> **might < may < could < can < should < would < will < must**

might	Deciding what to have for dinner **might be** the hardest decision ever. 저녁에 무엇을 먹을지 정하는 것은 제일 힘든 결정일지도 모른다. (30%)
may	It **may take** a while for us to agree on what we should eat. 우리가 무엇을 먹어야 할지 동의하는데 시간이 걸릴지도 모른다. (40%)
could	Pizza **could be** a good choice for feeding a large group. 피자는 큰 그룹이 먹기에 좋은 선택일지도 모른다. (50%)
can	It **can't be** true that she ate all the pizza by herself. 그녀가 혼자 피자를 다 먹었다는 것은 사실일 리가 없다. (60%)
should	I **should be** able to order pizza online. 틀림없이 온라인으로 피자를 주문할 수 있을 것이다. (70%)
would	It **would be** great if we had more options for delivery in this neighborhood. 동네에 배달되는 곳의 선택권이 많았다면 좋았을 것이다. (80%)
will	That knocking on the door **will be** the pizza delivery guy. 문을 두드리는 것은 틀림없이 피자 배달원일 것이다. (90%)
must	The pizza **must be** cold by the next morning. 피자는 틀림없이 내일 아침까지 식을 것이다. (100%)

■ 해석별지_EASY(*184p 참고)에서 봤던 조동사들 기억해 봅시다.

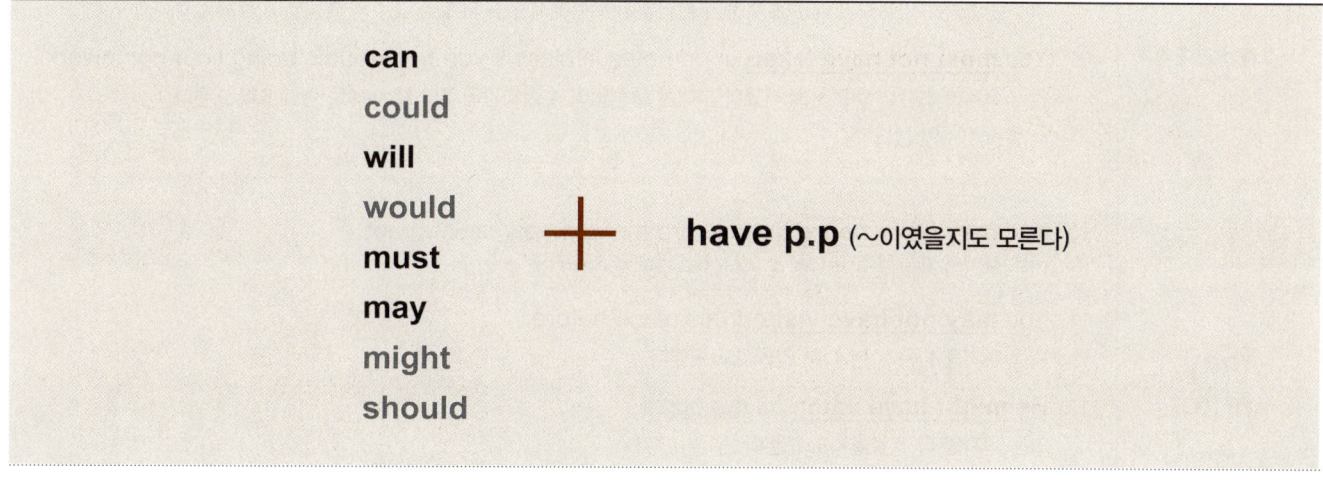

"어떤 **조동사**가 오든지 **have p.p**를 붙이는 순간 **추측**!"
조동사 뒤 **have p.p**는 "~이였을지도 모른다"로 해석하자.

can **could**	01. You <u>cannot have understood</u> the man's mumbling. 너는 그의 중얼거림을 이해할 수 없었을지도 지도 모른다. ☞ 이해했을 리 없다. 02. The receptionist <u>could have told</u> you that I was going to be late. 접수 담당자는 내가 늦을 것이라는 것을 너에게 알려줄 수 있었을지도 모른다. 03. He <u>could not have done</u> all the chores by himself. 그는 모든 심부름을 스스로 할 수 없었을지도 모른다. ☞ 혼자 했을 리 없다.
will **would**	04. I <u>will have finished</u> getting ready by the time you get here. 네가 여기 도착할 때까지 준비를 다하게 될지도 모른다. 05. She <u>will not have eaten</u> before she arrives, so we should prepare lunch for her. 그녀는 도착하기 전에 아무것도 먹지 않았을지도 모른다. 그래서 우리는 그녀를 위해 점심을 준비해야 한다. 06. If the delivery hadn't arrived soon, we <u>would have needed</u> to cancel the order. 배달이 금방 도착하지 않았더라면, 우리는 주문을 취소할 필요가 있었을지도 모른다. 07. She <u>would not have survived</u> if her friend had not gone for help. 그녀의 친구가 도움을 요청하러 가지 않았다면 그녀는 살아남지 못했을지도 모른다.

03 조동사(auxiliary verb) – 추측 (2/2)

must

08. The storm **must have come** from the north because it brought frigid winds.
    차가운 바람을 가져왔기 때문에 폭풍은 틀림없이 북쪽에서 왔을지 모른다. ☞ 틀림없이 왔을 것이다.

09. You **must not have taken** good notes in class if you had trouble doing your homework.
    만약 숙제를 하는데 어려움을 겪었다면 너는 틀림없이 수업시간에 필기를 제대로 안했을지 모른다.
    ☞ 틀림없이 안 했다.

may / might

10. You **may have heard** that we are hiring a new accountant.
    너는 우리가 새로운 회계사를 구인한다는 것을 들었을지도 모른다.

11. You **may not have visited** this place before.
    너는 여기를 방문해 본 적이 없을지도 모른다.

12. He **might have eaten** all the pizza.
    그는 피자를 다 먹었을지도 모른다.

13. He **might not have done** the same if he had known the consequences of his action.
    만약 그가 그의 행동에 대한 결과를 알았다면 똑같이 하지 않았을지도 모른다.

should

14. According to our simulations, the design for the new bridge **should have worked**.
    우리의 시뮬레이션에 따르면 새로운 다리의 디자인은 성공했어야 한다. ☞ 성공하지 못했다. (후회)

15. We **should not have spent** so much time working on the project.
    우리는 그 프로젝트에 많은 시간을 쓰면 안됐을지도 모른다. ☞ 시간을 너무 많이 썼다. (후회)

이해가 완료 되었으면, 다음으로 넘어가자.

▌과거 사실에 대한 추측

01. **may [might] have p.p** (*should have p.p와 반드시 구분할 것) : ~였을지도 모른다. (과거 사실에 대한 약한 추측)
    ☞ you **may have heard** that we are hiring a new accountant.

02. **must have p.p** : ~이었음에 틀림이 없다. (과거 사실에 대한 강한 추측)
    ☞ The storm **must have come** from the north because it brought frigid winds.

03. **cannot have p.p** : ~이었을 리가 없다. (과거 사실에 대한 부정적인 추측)
    ☞ You **cannot have understood** the man's mumbling.

04. **could have p.p** : ~할 수 있었다. (과거 사실에 대한 아쉬움이나 가능성)
    ☞ The receptionist **could have told** you that I was going to be late.

05. **would have p.p** : ~이었을 것이다.
    ☞ If the delivery **hadn't arrived** soon, we would have needed to cancel the order.

과거 사실에 대한 후회

01. **should + have + p.p = to have + p.p** : ~을 해야만 했었는데 (하지 못했다) – (과거의 유감이나 후회)
    ☞ According to our simulations, the design for the new bridge should have worked.

02. **shouldn't have p.p** : ~하지 말았어야 했는데 (했다.)
    ☞ We shouldn't have spent so much time working on the project.

03. **need not have p.p** : ~할 필요가 없었는데 (했다.)
    ☞ We needn't have bought so much inventory for the Grand Opening Sale.

would와 could	
※ would는 will(미래)의 과거형	※ could는 can(가능, 능력)의 과거형
1. 과거시점에서 미래 표현 : will의 과거 ☞ Millicent said that she would meet with her guidance counselor before deciding on a new school.	1. 과거시점에의 능력 : can의 과거 ☞ Jim thought that he could finish writing his presentation before the seminar.
2. 정중한 부탁을 나타낼 때 : will보다 정중한 부탁 ☞ Would you please take your seat?	2. 공손한 부탁 : can보다 정중한 부탁 ☞ Could you pick me up on your way to the office?
3. 관용적 표현 – would like to + 동사원형– : ~하고 싶다 ☞ I would (I'd) like to visit your hometown with you someday.	

04 비정형동사의 의미상의 주어   HARD

to부정사	목적어	I want to go. ① 내가 원하고 ② 내가 간다. 해석 : 나는 가고 싶다.	I want you to go. (내가 가는 것이 아님) ① 내가 원하고 ② 네가 간다. 해석 : 나는 네가 가길 원한다.
	for	I want something to read. ① 내가 원하고 ② 내가 읽는다. 해석 : 나는 읽을 뭔가를 원한다.	I want something for you to read. (내가 읽는 것이 아님) ① 내가 원하고 ② 네가 읽는다. 해석 : 나는 네가 읽을 뭔가를 원한다.
	of	It is kind of you to do so.	해석 : 네가 그렇게 하는 건 친절하다.
동명사	소유격	Goerge's visiting surprises us.	해석 : 조지의 방문은 우리를 놀라게 했다.
분사	주격	Bacteria reproduce by cell division, each of the daughter cells beginning as a distinctive organism. 해석 : 박테리아는 세포분열을 통해서 생식한다. 그리고 별개의 개체로서 시작한다.	

- 주어면 주어고, 아니면 아닐 테지 '의미상의 주어'라는 것이 무엇일까?
  ☞ 앞선 설명에서 정형 동사와 비정형 동사의 공통점을 말했던 적이 있다.
     바로 '동사 성질'이다.

- 동사는 반드시 그 '동작'을 행하는 주체가 있을것이다.
  ☞ 위 예문에서 알 수 있듯이, 의미상의 주어가 있느냐 없느냐에 따라 각각의 비정형 동사들을 행하는 주체가 달라진다는 것을 알 수 있다.
    – 의미상의 주어를 나타내 주지 않을 경우 문장의 주어가 자동적으로 비정형 동사의 행위자가 되지만 그렇지 않을 경우 주어와 의미상의 주어는 별개의 주체로 존재하는 것을 알 수 있다.

05 to부정사의 부사적 용법 HARD

목적 I need to go to the post office to mail a job application.
☞ 난 입사 지원서를 부치기 위해 우체국을 가야한다.

결과 Lily has grown up to be a confident young woman.
☞ 릴리는 자신감 있는 젊은 여성으로 자랐다.

이유/판단 You must be personally affected by the disease to talk so passionately about finding a cure.
☞ 네가 그렇게 격렬하게 치료책을 찾는 걸 보니 너는 병에 걸린 게 분명하다.

원인 Kenneth's parents were delighted to learn that he would be returning home for the holidays.
☞ 케네스의 부모님은 그가 방학 때 집에 돌아올 거라는 걸 알고 기뻤다.

조건/가정 To tell the truth, I was never a fan of Wagner's operas.
☞ 사실대로 말하자면, 나는 Wagner의 오페라를 단 한 번도 좋아한 적 없었다.

06 be to 용법 — HARD

(옛날 영어에서 조동사로 분화되기 전에 쓰이던 방법이다. 오늘날은 각 쓰임새에 따르는 조동사와 함께 쓰이므로 참고해서 본다.)

예정
We are to go to the concert by 7. → **will**
☞ 우리는 7시까지 콘서트에 갈 예정이다.

의무
You are to speak only in English in this room. → **must**
☞ 너는 이 방에서 오직 영어로 말해야 한다.

가능
His new car was nowhere to be found. → **can**
☞ 그의 새로운 차는 어디에서도 볼 수 없었다.

운명
He was to become an international star. → **destined to do** (과거동사 사용)
☞ 그는 세계적인 스타가 될 운명이었다.

필요
If you are to lose your weight, you need to cut down on late-night snacking. → **must** (if...be to)
☞ 만약 네가 몸무게를 줄여야 한다면, 너는 야식을 줄여야 한다.

07 도치 (1/2) —— HARD

도치는 가장 흔한 경우는 의문문 형태이지만, 평서문에서의 도치는 강조 목적!

가장 쉬운 도치의 예는 의문문!

I can → Can I?
S V   V S

I am → Am I?
S V   V S

I can → Can I?
S V   V S

→ 주어와 동사의 위치가 바뀌는 점을 기억하자!

 8번까지 문장 암기

01. Among the most famous of the school's graduates were the sitting president, several governors and a handful of high-level business executives.

01. The sitting president, several governors and a handful of high-level business executives were among the most famous of the school's graduates. (바꾸기 전)

= Among the most famous of the school's graduates were the sitting president, several governors and a handful of high-level business executives. (바뀐 후)

☞ 현직 대통령, 여러 주지사들, 그리고 소수의 높은 위치의 기업 임원들은 가장 유명한 학교 졸업생들 중 하나였다.

02. Had it not been for her secretary's reminder, the woman would have missed the meeting.

02. If it had not been for her secretary's reminder, the woman would have missed the meeting. (바꾸기 전)

= Had it not been for her secretary's reminder, the woman would have missed the meeting. (바뀐 후)

☞ 그녀의 비서의 알림이 없었다면, 여자는 회의를 놓쳤을 것이다.

03. Never before has there been such a feeling of determination in the company's staff before.

03. There has never been such a feeling of determination in the company's staff before. (바꾸기 전)

= Never before has there been such a feeling of determination in the company's staff before. (바뀐 후)

☞ 회사 직원들의 이런 확고함은 이전엔 전혀 없었다.

07 도치 (2/2)   HARD

04. Not until the next morning did she realize that her brakes were on the verge of failing.

04. She did not realize that her brakes were on the verge of failing until the next morning. (바꾸기 전)

   = Not until the next morning did she realize that her brakes were on the verge of failing. (바뀐 후)

   ☞ 그녀는 그녀의 브레이크가 고장 나기 일보직전이란 것을 그 다음날까지 알지 못했다.

05. Not until he received his assignment did the intern fully grasp the importance of his new job.

05. The intern did not fully grasp the importance of his new job until he received his assignment. (바꾸기 전)

   = Not until he received his assignment did the intern fully grasp the importance of his new job. (바뀐 후)

   ☞ 인턴은 그의 작업을 받을 때까지 그의 새로운 일의 중요성을 완전히 파악하지 못했다.

06. Only by interacting with other cultures can you truly learn about them.

06. You can truly learn about other cultures only by interacting with them. (바꾸기 전)

   = Only by interacting with other cultures can you truly learn about them. (바뀐 후)

   ☞ 오직 문화들과 교류함으로써 다른 문화를 진정으로 배울 수 있다.

07. Only if your purchase is defective do you have the right to return it for a refund.

07. You have the right to return it for a refund only if your purchase is defective. (바꾸기 전)

   = Only if your purchase is defective do you have the right to return it for a refund. (바뀐 후)

   ☞ 구입한 것에 결함이 있을 경우에만 그것을 환불로 반환할 권리가 있다.

08. So green was the grass in the field that it resembled a photoshopped picture.

08. The grass in the field was so green that it resembled a photoshopped picture. (바꾸기 전)

   = So green was the grass in the field that it resembled a photoshopped picture. (바뀐 후)

   ☞ 들판의 풀은 너무 파래서 포토샵 된 사진과 유사했다.

[참고] 도치 세부 사항 1	[해석지] 도치 세부 사항 1
1. 부사구가 문두에 오는 도치 ☞ 장소·운동의 방향을 나타내는 부사구가 문두에 오면 주어-동사의 위치가 바뀐다. 도치하지 않은 문장도 틀린 것은 아니다. · Under a tree was lying one of the biggest men I had ever seen. · Directly in front of me stood a great castle.	**1. 부사구가 문두에 오는 도치** One of the biggest men I had ever seen was lying under a tree. = Under a tree was lying one of the biggest men I had ever seen. 내가 본 사람들 중 제일 큰 남자는 나무 밑에 누워있었다. A great castle stood directly in front of me. = Directly in front of me stood a great castle. 거대한 성은 바로 내 앞에 세워져 있었다.
2. 조건절의 도치 ☞ if를 생략한 후 주어-동사를 도치시킨다. · Were she alive today, she would definitely be an excellent filmmaker. (= If she were alive today, ~) · Had it not been for his help, I couldn't have passed the exam. (= If it had not been for his help, ~)	**2. 조건절의 도치** If she were alive today, she would definitely be an excellent filmmaker. = Were she alive today, she would definitely be an excellent filmmaker. 그녀가 오늘날 살아있다면, 그녀는 분명히 훌륭한 영화 감독이 되었을 것이다. If it had not been for his help, I couldn't have passed the exam. = Had it not been for his help, I couldn't have passed the exam. 그의 도움이 없었다면, 나는 시험을 통과하지 못했을 것이다.
3. 부정어가 문두에 오는 도치 (*seldom, hardly, scarcely, rarely, barely) · Not a single word did he say. · Hardly had I arrived when trouble started.	**3. 부정어가 문두에 오는 도치** He did not say a single word. = Not a single word did he say. 그는 어떠한 말도 하지 않았다. I had hardly arrived when trouble started. = Hardly had I arrived when trouble started. 문제가 시작 되었을 때 난 거의 도착하지 못했다.
4-5. not until A B : A하고 나서야 비로소 B하다 (=A할때까지는 B하지 않다.) (*until은 전치사와 접속사의 품사를 모두 지니고 있다.) · Not until they're seven or eight do some children catch on to reading lessons. = It is not until they're seven or eight that some children catch on to reading lessons. = Some children don't catch on to reading lessons until they're seven or eight.	**4-5. not until A B : A하고 나서야 비로소 B하다** Not until they're seven or eight do some children catch on to reading lessons. 몇 명 아이들은 7-8살이 될 때까지 리딩 수업을 따라가지 못한다. = It is not until they're seven or eight that some children catch on to reading lessons. = Some children don't catch on to reading lessons until they're seven or eight.

USHER

[참고] 도치 세부 사항 1	[해석지] 도치 세부 사항 1
6-7. 부사 only가 포함된 표현이 문두에 오는 도치 (*only 뒤에도 전치사, 접속사 둘 다 올 수 있다.) 6번 문장 - 전치사, 7번 문장 - 접속사 · Only with great difficulty can the giraffe bend down to graze on the ground.	**6-7. 부사 only가 포함된 표현이 문두에 오는 도치** (*only 뒤에도 전치사, 접속사 둘 다 올 수 있다.) The giraffe can bend down to graze on the ground only with great difficulty. = Only with great difficulty can the giraffe bend down to graze on the ground. 기린은 오직 힘들게만 몸을 아래로 굽혀서 땅의 풀을 뜯어 먹을 수 있다.
8. So + 형용사 도치(*so~ that 구문) ☞ 너무 ~해서 ~하다 · So ridiculous did she look that everybody burst out laughing.	**8. So + 형용사 도치** She looked so ridiculous that everybody burst out laughing. = So ridiculous did she look that everybody burst out laughing. 그녀는 너무 우스꽝스러워 보여서 모두가 폭소했다.

[참고] 도치 세부 사항 2

접속사 as/than - 별지 230p 참고

[참고] 도치 세부 사항 3	[해석지] 도치 세부 사항 3
1. 「so [nor, neither]+V+S」의 도치 ☞ I had a mustache and so did he. ☞ "I'm tired, I will go to bed." - "So will I." ☞ "I don't like opera." - "Neither do I."	**1. 「so [nor, neither]+V+S」의 도치** ☞ I had a mustache and so did he. 나는 콧수염이 있고 그 또한 그랬다. ☞ "I'm tired, I will go to bed." - "So will I." "나는 피곤하다. 자러 갈 것이다." - "나도 그럴 것이다." ☞ "I don't like opera." - "Neither do I." "나는 오페라를 좋아하지 않는다." - "나도 그렇지 않다." (좋아하지 않는다.)
2. 「there+V+S」의 도치: 수일치에 유의한다. ☞ There is nothing impossible for a person of unyielding determination. cf. 단, 주어가 대명사인 경우에는 도치되지 않는다. There you are!	**2. 「there+V+S」의 도치: 수일치에 유의한다.** ☞ There is nothing impossible for a person of unyielding determination. = Nothing is impossible for a person of unyielding determination. 불굴의 의지를 가진 사람에서 불가능한 것은 없다.

[참고] 도치 세부 사항 4 – 보어, 목적어 도치	[해석지] 도치 세부 사항 4 – 보어, 목적어 도치
1. 보어 도치 :「보어+be동사+S」 형태로 도치 · 분사 ☞ Untouched during the renovation was the home's kitchen. ☞ Writing in complete sentences is the goal of the exercise. · 형용사 ☞ Basic to most creation myths is an all-powerful deity. ☞ Even more important to debating is being able to understand both sides of the argument.	**1. 보어 도치 :「보어+be동사+S」 형태로 도치** · 분사 ☞ Untouched during the renovation was the home's kitchen. = The home's kitchen was untouched during the renovation. 집의 주방은 수리 때 손 대지 않았다. ☞ Writing in complete sentences is the goal of the exercise. = The goal of the exercise is writing in complete sentences. 훈련의 목표는 완전한 문장을 쓰는 것이다. · 형용사 ☞ Basic to most creation myths is an all-powerful deity. = An all-powerful deity is basic to most creation myths. 전능한 신의 거의 모든 창조 신화의 근본이다. ☞ Even more important to debating is being able to understand both sides of the argument. = Being able to understand both sides of the argument is even more important to debating. 양쪽 주장을 이해할 수 있는 것은 토론 자체보다 더 중요하다.

[참고] 도치 세부 사항 5	[해석지] 도치 세부 사항 5
1. not only A but (also) B : A뿐만 아니라 B도 ☞ We not only lost our money, but we were nearly killed. = Not only did we lose our money, but we were nearly killed. **2.「no sooner+had+S+p.p+than…」: ~하자마자 …하다.** ☞ I had no sooner arrived than trouble started. = No sooner had I arrived than trouble started.	**1. not only A but (also) B : A뿐만 아니라 B도** ☞ Not only did we lose our money, but we were nearly killed. = We not only lost our money, but we were nearly killed. 우리는 돈을 잃었을 뿐만 아니라, 거의 죽을 뻔 했다. **2.「no sooner+had+S+p.p+than…」: ~하자마자 …하다.** ☞ No sooner had I arrived than trouble started. = I had no sooner arrived than trouble started. 내가 도착하자마자 문제가 시작되었다.

08 가정법 (1/2) [관심 꺼도 좋아!]

가정법의 핵심 → If 붙이는 것 외에도 동사형태가 중요!
바로 조동사와 시제표현

가정법은 실제 상황과 반대 혹은 실현 가능성이 희박하거나 전혀 없는 상황을 가정한다. 따라서 사실을 말하는 직설법과는 다른 동사의 형태를 취한다.

1. 가정법과 직설법(조건문)의 차이

- 시제를 다르게 사용하여 구분
- 가정법인지 아닌지는 동사의 형태로 판단

> **직설법** ☞ If they <u>have</u> spare time, the janitors always <u>clean</u> the awards in the company's lobby.
> (단순 조건으로 쓰인 if : 화자의 심리적 태도 반영 X)
> - The janitors always clean the awards in the company's lobby when they have spare time.
>
> **가정법** ☞ If you <u>had</u> more time, you <u>could clean</u> out your desk.
> (사실과 반대로 가정하는 if : 화자의 심리적 태도 반영 O)
> - The janitors always clean the awards in the company's lobby when they have spare time.

2. 가정법 과거와 가정법 과거완료

- 가정법은 과거와 과거완료 뿐이다.
- 가정법 과거와 과거완료를 구분하는 것은 바로 **시점**! 바로 **시제(tense) 일치**!
- 주절의 조건절의 시점과 달라질 경우 시제가 혼합된 '**혼합 가정법**'이 나타나기도 함.

가정법 과거	1) If + 주어 + 동사의 과거형~, 주어 + 조동사 과거형 + 동사원형 : 만약 ~라면 ~일텐데 동사의 과거형이 쓰이지만, 과거의 일을 말하는 것이 아니라 현재의 사실과 반대로 가정하는 것이다. 또한 현재나 미래에 실현 가능성이 희박한 일을 가정하거나 상상하는 데 쓰이기도 한다. ☞ If I <u>had</u> a bit of help, I <u>could finish</u> the presentation by tomorrow. 　If I <u>were</u> on holiday, I <u>would go</u> to visit my family. 2) If + 주어 + should/were to + 동사원형, 주어 + 조동사 과거형 + 동사원형 가능성이 희박하거나, 가능성이 전혀 없는 미래의 일에 대해 '혹시라도 ~한다면 ~일 텐데'라고 가정하는 것이다. ☞ What <u>would</u> you <u>do</u> if your plans for tonight <u>were cancelled</u>. 　If we <u>should end up</u> in the same place again, we <u>would be very surprised</u>.
가정법 과거완료	If + 주어 + had p.p.~, 주어 + 조동사 과거형 + have + p.p. 만약 (그때) ~했다면 …했을 텐데(안 했다), …할 수 있었는데(못했다) 즉, 과거의 사실을 반대로 가정하는 것이다. ☞ What <u>would</u> you have done if you <u>had won</u> the grand prize in the raffle- 　If you <u>had had</u> more time to haggle, you <u>could have bought</u> a better camera for the same price.
혼합 가정법	If절(가정법 과거완료 : If + 주어 + had p.p.), 주절(가정법 과거 : 주어 + 조동사 과거형 + 동사원형) (과거에) 만약 ~했더라면, (지금) …할 텐데. 과거 사실이 현재에 미치는 영향을 표현할 때 사용한다. ☞ If you <u>hadn't seen</u> me sitting here alone, I <u>would be</u> very lonely right now. 　If we <u>had taken</u> a flight, we <u>would</u> be on the beach by now.

3. If 가정법의 도치 (if의 생략)

if 가정법 구문에서 접속사 if 가 생략되면 if 절의 조동사 또는 be동사가 주어 앞으로 나온다.
특히 if 절의 (조)동사가 were, should, had일 때, if 의 생략이 잘 일어난다.

☞ <u>Were</u> I to come into a large sum of money, I would donate half of it to charity.
= <u>If</u> I <u>were</u> to come into a large sum of money, I would donate half of it to charity.

☞ <u>Should</u> the cat's temperature <u>get</u> higher, rush him to the vet.
= <u>If</u> the cat's temperature <u>should get</u> higher, rush him to the vet.

☞ <u>Had</u> I <u>followed</u> the instructions, tearing the desk apart and reassembling it would not have been necessary.
= <u>If</u> I <u>had followed</u> the instructions, tearing the desk apart and reassembling it would not have been necessary.

※ 잘 안쓰는 표현 → If i knew = Did i knew (x)

4. I wish, as if 가정법

I wish	가정법 과거	I wish + 주어 + (조)동사과거형 : (현재) ~하면 좋을 텐데 현재 이루기 힘든 일, 즉 주절과 같은 시점에서 이루어지지 않는 소망 ☞ I <u>wish</u> I <u>could live</u> on the beach. 　I <u>wish</u> I <u>were</u> taller.
	가정법 과거완료	I wish + 주어 + had p.p. / 조동사 have + p.p. : (그때) ~했다면 좋았을 텐데 과거에 이루지 못한 일, 즉 주절보다 더 이른 시점에서 이루어지지 않은 소망 ☞ I <u>wish</u> I <u>could have studied</u> more before the exam. 　I <u>wish</u> I <u>had been given</u> more time.
as if	직설법	It <u>looks as if</u> it is going to be another quiet night in Tulsa. ☞ 먹구름을 보고서 한 합리적인 추측으로 직설법에 해당.
	가정법 과거	as if + 주어 + 동사의 과거형 : 주절과 같은 시점을 나타냄. 1) 주절이 현재 : (현재) 마치 ~였던 것처럼 …한다. 　☞ You <u>act as if</u> you <u>were personally affected</u> by the tragedy. 2) 주절이 과거 : (그때) 마치 ~였던 것처럼 …했다. 　☞ You <u>acted as if</u> you <u>were personally affected</u> by the tragedy.
	가정법 과거완료	as if + 주어 + had p.p. : 주절보다 이른 시점을 나타냄. 1) 주절이 현재 : (현재) 마치 ~였던 것처럼 (지금) …한다. 　☞ You <u>act as if</u> you <u>had been personally affected</u> by the tragedy. 2) 주절이 과거 : (그전에) 마치 ~였었던 것처럼 (그때) …했다. 　☞ You <u>acted as if</u> you <u>had been personally affected</u> by the tragedy

08 가정법 (2/2) [관심 꺼도 좋아!] HARD

5. 숨어 있는 (if절 대용어구)

(1) with~

☞ With enough time to save, I could have bought a new car.
　With enough time to save, I could buy a new car.

(2) without~ = but for~ : 없다면, 없었더라면

☞ Without the generous donations we receive, we could not continue our charity work.
= But for [If it were not for, Were it not for] the generous donations we receive, ~.

☞ Without the help of specially trained dogs, it would have been nearly impossible to track down the suspects.
= But for [If it had not been for, Had it not been for] the help of specially trained dogs, ~.

(3) Otherwise~ : 만약 그렇지 않다면, 그렇지 않았더라면

☞ We don't have any money; <u>otherwise</u>, we would go to the concert with you.
　　　= If we had any momey

☞ She clearly studied very hard; <u>otherwise</u>, she would not have succeeded on the test.
　　　= If she had studied very hard

(4) suppose [Supposing] / provided [providing] : ~라면

☞ Suppose [Supposing] our car broke down on a remote highway, how would we get back to the city?
= If our car broke down on~

01 that의 쓰임 비교 [접속사와 전치사] HARD

사용빈도가 높은(제일 중요한) 것들부터 정리하자!

that	명사절	격이 없음	I believe [that he is honest].
	형용사절	주격	The woman [that is watering the plant] is my mom.
		목적격	The woman [that I helped yesterday] is my mom.
	부사절	–	I am sorry [that I am late]. =because

정리가 완료 되었으면, 다음으로 넘어가자

that	명사절	격이 없음	I believe [that he is honest].
		S	It is unbelievable [that she married him]. (가주어)
		S.C	The important thing is [that he didn't pass the test].
		동격	The fact [that he didn't pass the test] is surprising.
	형용사절	주격	The woman [that is watering the plant] is my mom.
		목적격	The woman [that I helped yesterday] is my mom.
	부사절	격이 없음	That is the house [that I was born]. (관계부사)
		so that	Medicine bottles usually include safety caps [so that they cannot be opened by children].
		–	I am sorry [that I am late]. =because
		now that	[Now that the weather is turning warmer], more people are visiting the seashore.
		in that	Mark was unlucky [in that he was selected for jury duty for the third time in one year].
		but that	Allison knew nothing about her birth, [but that she was born in Dallas].
		except that	I have no problem helping you with the project [except that I don't really know anything about the subject].

★ **얘네들은 조심하자!**

명사절 전치사 뒤에 명사절 'that'은 사용될 수 없다. 단, in that / except은 전체가 접속사구로서 가능.

형용사절 콤마 (,) 뒤에 that을 사용할 수 없다.

02 where & when 집중   HARD

	기능	예문
where	[n]절	I don't know **[where I will be next Friday]**. 다음주에 내가 어디에 있을 지 모르겠다.
	[a]절	This is the place **[where he comes from]**. 이 곳은 그의 고향이다.
	[a]절	This is the house **[where I grew up]**. 이 곳은 내가 자란 집이다.
	[ad]절	**[Where people were concerned]**, the cat had little interest. 사람들이 관심이 있었던 곳에 고양이는 큰 흥미가 없었다.

	기능	예문
when	[n]절	I don't know **[when the new store will open]**. 언제 새로운 상점이 열지는 모르겠다.
	[a]절	There was a time **[when voting regulations were meant to keep the elite in power]**. 선거 규정이 상류층들에게 계속 권력을 유지하도록 했었던 시기가 있었다.
	[ad]절	I loved the museums I visited **[when I was visiting Europe]**. 나는 유럽을 방문했을 때 갔었던 박물관이 너무 좋았다.

03 관계사절 : [관계대명사 & 관계부사 & 관계형용사] HARD

무조건 형용사절! (관계대명사를 이해하면서 볼 것!)

선행사	관계대명사 *격이 있다	
	주격	목적격
사람	who	whom(who)
동물, 사물	which	which
사람, 동물, 사물	that	that

선행사	관계부사 *격이 없다	
시간 (the time)	when	생략 또는 that으로 대체 가능
장소 (the place)	where	
이유 (the reason)	why	
방법 (the way)	how의 뜻이지만 사용하지 않음	

선행사	관계형용사 *격이 있다
사람	whose
동물, 사물	whose(=of which), which

[참고]	관계부사 : [전치사 + 관계대명사]로 바꿔 쓸 수 있다.

- Let me know the time <u>when</u> [(=at which) she will arrive here.]
- That's the house <u>where</u> [(=in which) I was born.]
- There is no reason <u>why</u> [(=for which) it should be so expensive.]

USHER 04 전치사 + 관계대명사   HARD

문장A
1. This is the house. 2. I bought the house.
   (the house = the house)
                              which
   This is the house. + I bought ~~the house~~.
3. This is the house [which I bought].

이것이 내가 구입한 집이다. - 맞는 문장

문장B
1. This is the house. 2. I lived the house. (틀린문장)
                                        which
   This is the house. + I lived in the house. (맞는문장)
3. This is the house [which I lived in].
4. This is the house [(in which) I lived].
5. This is the house [(where) I lived].

이것이 내가 살던 집이다.

Which가 가리키는 것은, 두 문장 모두 'the house (which = the house)'.

그렇다면 차이는? 바로 관계사절 속의 동사 bought와 lived!

- **I bought the house.** (나는 그 집을 구입했다) → 맞는 문장
- **I lived the house.** (나는 그 집을 살았다) → 틀린 문장
- **I lived in the house.** (나는 그 집에 살았다) → 맞는 문장

동사 live는 house를 바로 목적어로 취할 수 없고 반드시 전치사 in이 필요하다.
(in 없이는 의미가 달라진다. "집을 살았다", "집에서 살았다")
                           (X)   (O)
the house = which 따라서, I lived in which. 또는 'in which I lived'가 올바른 문장!

[example sentence]

- One thing that makes education possible and life more pleasant for the blind is the development of a system [(with which) they are able to read].
  └→ (= with a system)

- Can you see the table [(on which) the books are?]
  └→ (= on the table)

- Let's discuss the accident [(for which) they are responsible].
  └→ (= responsible for the accident)

- A website is now the primary means [(by which) many businesses promote their products and communicate with their customers].
  └→ (= by the primary means)

- There are many books in our school library, [two (of which) I'm quite interested in].
  └→ (= two of many books)

05   of + which (=whose)   HARD

1. The room is spacious. + 2. The **room's door** is closed.
3. = The room [**whose** door is closed] is spacious.
   ↳ (=**the room's**) 소유격과 중복 사용 안됨
4. = The room [(**of which**) the door is closed] is spacious.
5. = The room [the door (**of which**) is closed] is spacious.

※ 세 가지는 같은 이야기를 하는 것이지만, **세 번째 문장이 특히 어렵게 느껴질 수 있으므로 주의**하세요!

USHER 06 상관접속사 (중요한 것 FANBOYS!) — HARD

(1) both A and B	(1) A 와 B 둘 다
(2) either A or B	(2) A 또는 B
(3) neither A nor B	(3) A도 B도 아니다
(4) not A but B	(4) A가 아니라 B
(5) not only A but also B (=B as well as A)	(5) A뿐만 아니라 B도

(1) both A and B
Most psychologists believe that **both** nature **and** nurture have strong impacts on human psychological development. ☞ 대부분 심리학자들은 천성과 교육이 인간 심리학의 발전에 대단한 영향을 가진다고 믿는다.

(2) either A or B
The family will go on vacation in **either** June **or** July. ☞ 가족들은 6월이나 7월에 휴가를 갈 것이다.

(3) neither A nor B
The union leader stated that they would accept **neither** a salary reduction **nor** an increase in work hours.
☞ 노동조합 간부는 월급 삭감과 근무 시간 증대 둘 다에 허락하지 않았다.

(4) not A but B
We moved to Chicago **not** for the increased job opportunities, **but** for the access to cultural activities.
☞ 우리가 시카고에 간 이유는 취업 기회 증가 때문이 아니라 문화 활동의 접근 때문이었다.

(5) not only A but also B (=B as well as A)
Solar technology is **not only** sustainable, **but also** cleaner than other fuel sources.
☞ 태양력 기술은 지속 가능할 뿐만 아니라 다른 연료 자원보다 깨끗하다.

> **cf.** 1. **not only (=just, simply, merely) A but also B.**
> My room is not only clean, but also well-decorated. (O) ☞ 나의 방은 깨끗할 뿐만 아니라, 잘 꾸며져 있다.
>
> 2. **not only (=just simply, merely) A, but B.**
> My room is not only clean, but well-decorated. (O) ☞ 나의 방은 깨끗할 뿐만 아니라, 잘 꾸며져 있다.
>
> 3. **not only (=just simply, merely) A, also B.**
> My room is not only clean, also well-decorated. (O) ☞ 나의 방은 깨끗할 뿐만 아니라, 잘 꾸며져 있다.
>
> 4. **not only (=just simply, merely) A, B.**
> My room is not only clean, well-decorated. (O) ☞ 나의 방은 깨끗할 뿐만 아니라, 잘 꾸며져 있다.

▍상관접속사의 수 일치

(1) either A or B (A 또는 B 둘 중 하나), **neither A nor B** (A 또는 B 둘 중 어느 쪽도 아닌)
☞ A 와 B 사이에 의미 차이가 없으므로, 동사에 가까운 쪽(B)에 일치
Either John Shelton **or** Eugenia Banks will be named the company's new CEO.
Neither Max **nor** Sarah knew about their surprise anniversary party.

(2) not A but B (A 가 아니라 B), **not only A but (also) B = B as well as A** (A뿐만 아니라 B도)
☞ A 와 B 중 강조되는 부분(B)에 일치
Homophones have **not only** different spellings **but also** different meanings.

(3) both A and B
☞ 항상 복수 취급
Both Walter **and** Alistair signed up for the upcoming accounting seminar.

07 through vs throughout vs though vs thorough — HARD

품사	단어	뜻	예문
전치사 [p]	through	~을 통해 [관통하여]	The bird flew into the room **through** the open window, but was unable to find its way out again. 새는 열려진 창문을 통해 방에 들어왔지만, 다시 나가는 길을 찾을 수 없었다.
	throughout	~도처에; ~동안 내내	Fire regulations state that evacuation maps should be posted **throughout** the building. 소방 규정은 대피지도가 건물 전체에 게시되어야 한다고 명시한다.
접속사 [c]	though	비록 ~일지라도	**Though** she is most well known for her short stories in the American Gothic genre, Flannery O'Connor also wrote two full-length novels. Flannery O'Connor은 고딕 장르에서 짧은 이야기로 유명했지만, 그녀는 두 편의 장편 소설을 썼다.
형용사 [a]	thorough	철저한, 빈틈 없는	Neil Armstrong's autobiography includes a **thorough** retelling of experience becoming the first person to walk on the moon. Neil Armstrong's의 자서전의 그가 최초로 달에 착륙하기까지의 철저한 경험을 담고 있다.

08 전치사 in / on / at 비교 — HARD

	시간		장소
in	월, 년 앞 in March, in April in 1989, in 2014	**in**	국가 앞 in the Unite States
on	요일, 날짜 앞 on Monday, on Sunday on March 21st		–
at	정확한 시간 앞 at 11:30 at three o'clock		–

*in→on→at 순으로 범위가 점점 작아진다.

 다 알면

	시간		장소
in	**월, 년, 특정 기간, 계절 앞** in March, in April in 1989, in 2014 in the summer, in the winter ~후에 in a few days 며칠후에	**in**	**국가** 비교적 넓은 공간, 어떤 공간의 내부 in a city in a box in the United States in a bag
on	**요일, 날짜, 주, 특정일 앞** on Monday, on Sunday on March 21st on Independence day on weekend	**on**	[village] 표면 위, 일직선상의 지점 앞 on the floor on a wall on the envelope
at	**정확한 시간**, 점의 개념 앞 at 11:30 at three o'clock at sunset	**at**	[pinpoint] 비교적 좁은 장소, 한 지점, 특정한 목적이 있는 곳 앞 at the party at the airport at home at the traffic light

절대 안 까먹는 암기법!

in, on, at = 인터넷

"인터넷" 외우고 시간/장소 개념 잡자!

01 급 – 형용사 & 부사 하고만 관련 있음 (1/3) [중요 포인트] HARD

as와 than은 사전에서 20번 씩 찾을 것! 접속사는 제일 어려우니까!

원급	as ~as (=the same (명사) as)	as ~[as she] or as ~(as her)	원급 비교의 'as'와 비교급 비교의 'than'은 '[p] 전치사와 [c] 접속사'의 품사를 모두 지니고 있기 때문에 목적격 명사 하나만 데리고 나올 수도 있으며, 문장을 데리고 나올 수도 있음을 알아야 한다.
비교급	more [-er] ~than	[than she] or (than her)	
최상급	the most [-est]		

접속사와 전치사의 품사를 모두 지닌 as/than

[주의사항]
아래 문장들의 의미 차이에 주의하자(다음 페이지 참고)

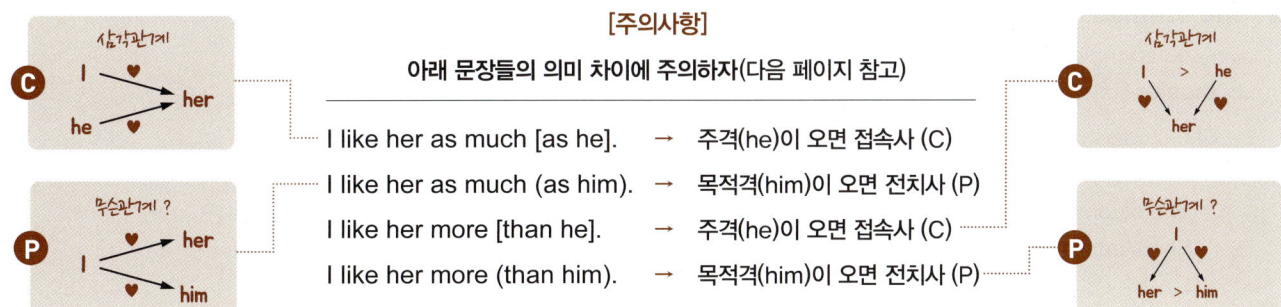

I like her as much [as he]. → 주격(he)이 오면 접속사 (C)
I like her as much (as him). → 목적격(him)이 오면 전치사 (P)
I like her more [than he]. → 주격(he)이 오면 접속사 (C)
I like her more (than him). → 목적격(him)이 오면 전치사 (P)

[특이사항]
접속사로 사용 될 경우 = 1) 생략, 2) 대동사, 3) 도치

접속사 as	접속사 than
1. The piercing cries of Rhinoceros hornbill characterize the Southeast Asian rainforest. 2. The unmistakable calls of the gibbons characterize the Southeast Asian rainforest.	1. The young of the ground-nesting warblers produce begging cheeps of high frequencies. 2. Their tree-nesting relatives produce begging cheeps of high frequencies.

1단계 합치기: 두 문장을 as를 사용하여 하나의 문장으로 만든다.
The piercing cries of Rhinoceros hornbill characterize the Southeast Asian rainforest [as the unmistakable calls of the gibbons characterize the Southeast Asian rainforest].

2단계 생략: 중복된 대상을 생략한다.
The piercing cries of Rhinoceros hornbill characterize the Southeast Asian rainforest [as the unmistakable calls of the gibbons characterize].

3단계 대동사: 중복된 동사를 do 또는 does로 바꾼다.(수 일치 주의!)
The piercing cries of Rhinoceros hornbill characterize the Southeast Asian rainforest [as the unmistakable calls of the gibbons do].

4단계 도치: 주어, 동사의 위치를 바꾼다.
The piercing cries of Rhinoceros hornbill characterize the Southeast Asian rainforest [as do the unmistakable calls of the gibbons].

1단계 합치기: 두 문장을 as를 사용하여 하나의 문장으로 만든다.
The young of the ground-nesting warblers produce begging cheeps of higher frequencies [than their tree-nesting relatives produce begging cheeps of high frequencies].

2단계 생략: 중복된 대상을 생략한다.
The young of the ground-nesting warblers produce begging cheeps of higher frequencies [than their treenesting relatives produce].

3단계 대동사: 중복된 동사를 do 또는 does로 바꾼다.(수 일치 주의!)
The young of the ground-nesting warblers produce begging cheeps of higher frequencies [than their treenesting relatives do].

4단계 도치: 주어, 동사의 위치를 바꾼다.
The young of the ground-nesting warblers produce begging cheeps of higher frequencies [than do their treenesting relatives].

01 급 – 형용사 & 부사 하고만 관련 있음 (2/3)

1. She studies as hard as he.

☞ 'he'는 주격! 전치사 뒤에는 대명사의 목적격(him)이 와야 하지만 주격이 왔다는 것은 'as'가 전치사가 아닌 '접속사'로 사용 되었다는 뜻!

She studies as hard [as he studies].
→ She studies as hard [as he does]. (대동사 사용)
→ She studies as hard [as does he]. (도치)
→ She studies as hard [as he]. (생략)

2. She studies harder than he.

☞ 'he'는 주격! 전치사 뒤에는 대명사의 목적격(him)이 와야 하지만 주격이 왔다는 것은 'than'이 전치사가 아닌 '접속사'로 사용 되었다는 뜻!

She studies harder than he studies.
→ She studies harder [than he does]. (대동사 사용)
→ She studies harder [than does he]. (도치)
→ She studies harder [than he]. (생략)

▌ as ~ as가 나와서 헷갈릴 경우 as ~ as를 가리고 볼 것!

This is as **easy** as a piece of cake. → This is **as** easy **as** piece of cake.

▌ 배수표현 (배수의 위치 중요)

☞ This book is 3 times **as** big (**as** your book).
☞ This book is 3 times bigger (**than** your book).

▌ as와 than은 관계대명사 주의할 것! 연결사 참고*

☞ as 관계대명사
- 주격 : He prefers Classical music, [**as** is often the case with his generation].
  그의 세대처럼 그는 클래식 음악을 선호한다.
- 목적격 : She was nervous [**as** I could tell from her shaking voice].
  떨리는 목소리에서 알 수 있었듯이 그녀는 불안해했다.

☞ than 관계대명사
- 주격 : Do not take more vitamins [**than** are recommended].
  권장된 양 이상으로 비타민을 섭취하지 마라.
- 목적격 : He spends more money [**than** he saves].
  그는 그가 돈을 모은 것 보다 더 소비한다.

비교급 및 최상급 규칙 변화

규칙	형용사/부사	비교급	최상급
1음절 : -er, -est (-e로 끝나는 단어 : -r, -st)	smart	smarter	smartest
	young	younger	youngest
	wise	wiser	wisest
'단모음 + 단자음' 자음 한 번 더 쓰고 (-er, -est)	big	bigger	biggest
	sad	sadder	saddest
	hot	hotter	hottest
'자음 + y' 'y'를 'i'로 고친 후 (-er, -est)	pretty	prettier	prettiest
	happy	happier	happiest
3음절 이상 -ful, -ous, 분사 앞에 more, most	careful	more careful	most careful
	famous	more famous	most famous
	surprising	more surprising	most surprising

재미있는 비교 구문

☞ The new sports car is **not as sleek as** the previous model. → 새로운 스포츠카는 이 전 모델만큼 잘 빠지지 않았다.
  = The previous model was **sleeker than** the new sports car. → 이 전 모델은 새로운 스포츠카 보다 잘 빠졌다.

☞ Nothing in cosmology is **more fascinating than** the Big Bang. → 우주론에서 빅뱅보다 더 매력적인 것은 없다.
  = The Big Bang is **more fascinating than** anything else in cosmology. → 빅뱅은 우주론의 그 어떤 것보다 매력적이다.
  = The Big Bang is **the most fascinating** thing in cosmology. → 빅뱅은 우주학에서 가장 매력적인 것이다.

☞ No member of the track team is **as fast as** Sebastian. → 육상팀에서 세바스챤 만큼 빠른 멤버는 없다.
  = No member of the track team is **faster than** Sebastian. → 육상팀에서 세바스챤 보다 빠른 멤버는 없다.
  = Sebastian is **faster than** any other member of the track team. → 세바스챤은 육상팀의 그 어떤 멤버들 보다 빠르다.
  = Sebastian is **the fastest** member of the track team. → 세바스챤은 육상팀의 가장 빠른 멤버이다.

☞ The board found that relocating the office was **the easier of the two options** for expanding.
  → 이사회는 확장 공사의 두 가지 옵션 중 사무실을 옮기는 게 더 쉽다고 봤다.

☞ **The more** I learn about the city, **the less** I want to live there. → 그 도시에 대해 더 알수록 나는 그곳에 더 살고 싶지 않아진다.

급 강조

☞ 원급 강조 : almost / nearly / just / quite

☞ 비교급 강조 : much / (by) far / even / still / a lot

☞ 최상급 강조 : much / by far

01 급 – 형용사 & 부사 하고만 관련 있음 (3/3) [중요 포인트] HARD

불규칙 변화

good	better	best
well	better	best
bad	worse	worst
ill	worse	worst
many	more	most
much	more	most
little	less	least
old	older	oldest
far	father	farthest
far	further	furthest
late	later	latest
late	latter	last

older (나이) / elder (순서)
later (시간) / latter (순서)
*the former (전자) / the latter (후자)
farther (거리) / further (정도)
latest (최근, 최신) / last (마지막)

02 어근이 같으면 품사가 달라도 문형이 같다. (동사 위주로 암기) HARD

› 단어 분석 때, 실질적 의미를 갖는 중심 부분
› 문법 틀 잡은 후 제일 중요

전치사

어근이 같으면 품사가 바뀌어도 구문이 동일하다.

동사 [v]	형용사 [a]	명사 [n]
depend on	dependent on	dependence on
base A on B	-	basis on
differ from	different from	difference from
concentrate on	-	concentration on
dedicate A to B	-	dedication to
respond to	-	response to
-	able to do	ability to do

03 전치사 'to'와 to부정사 'to'를 구별할 것

HARD

I to부정사 I

to부정사를 외울 때 to do까지 기억한다!

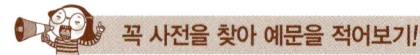 꼭 사전을 찾아 예문을 적어보기!

명사	형용사	동사 (또는 동사와 같이 사용시)
Ability to do to do 하는 능력	**Able** to do to do 할 수 있는	**Be** able to do to do 할 수 있다
Attempt to do to do 하는 시도	-	**Attempt** to do to do 하는 것을 시도하다
Desire to do to do 하는 열망	-	**Desire** to do to do 하는 것을 열망하다
Failure to do to do 하는 실패	-	**Fail** to do to do 하는 것을 실패하다
Need to do to do 하는 필요	-	**Need** to do to do 하는 것을 필요하다
Willingness to do to do 하려는 의지	**willing** to do 기꺼이 to do 하려고 하는	**Be** Willing to do 기꺼이 to do 하려고 하다

I 전치사 to I 주의!

to 부정사와 구별해서 알아두어야 한다.

[v] **be opposed to -ing / N**	-ing 하는 것에 **반대하다**
[v] **object to -ing / N**	-ing 하는 것에 **반대하다**
[v] **lead to N**	N을 **야기하다**
[v] **look forward to -ing / N**	-ing 하는 것에 **기대하다**
[v] **be used to -ing / N**	-ing 하는 것에 **익숙하다**
[v] **reply / respond to -ing / N**	-ing 하는 것에 **답하다**

04 -ly형 형용사   HARD

기본적인 원칙	
a(형용사) + ly = ad(부사)	n(명사) or v(형용사) + ly = a(형용사)
definite + ly = **definitely** (분명하게, 확실히) apparent + ly = **apparently** (보아하니) important + ly = **importantly** (중요하게)	friend + ly = **friendly** (친절한) cost + ly = **costly** (많은 돈이 드는, 대가가 큰) lone + ly = **lonely** (외로운) live + ly = **lively** (활기 넘치는, 활발한) dead + ly = **deadly** (치명적인) like / unlike + ly = **likely / unlikely** (그럴듯한 / 믿기 힘든) love + ly = **lovely** (사랑스러운) hour / day / week /month / year + ly = **hourly / daily / weekly / monthly / yearly** (매시간의 / 나날의 / 매주의)

early	a	*The project is still (in the **early** stages.)*
	ad	*We arrived **early** (in the morning.)*

05 어순 주의   HARD

① 소가죽(O) vs 가죽소(X) = **cow leather** (O) vs **leather cow** (X)
   ex) habitat selectrion (O) vs selectrion habitat (X)

② 명사 + 명사 = 앞 명사 단수(-s X) → 동물 서식지 : **animal habitats** (O) animals habitats (X)
   → 예외) **savings** accounts

③ 단위 명사 뒤 형용사 → **9 years** <u>old</u> / **3 meters** <u>thick</u>

   deep / depth (X)   →   (in depth) (O)
   wide / width (X)   →   (in width) (O)
   high / height (X)   →   (in height) (O)
   long / length (X)   →   (in length) (O)

④ 부사위치 (be 동사, 조동사 뒤 / 일반 동사 앞)

   (1) is **not** → She is not honest.   그녀는 정직하지 않다.
   (2) can**not** → She cannot solve the problem.   그녀는 문제를 해결할 수 없다.
   (3) do **not** know → They do not know the fact.   그들은 그 사실을 알지 못한다.

⑤ 배수 표현 위치 (*230p 참고)

   (1) 첫 번째 as 앞

   Peter received **two times** <u>as</u> much candy as I did last Halloween.
   피터는 지난 할로윈 때보다 두 배 많은 사탕을 받았다.

   (2) more 앞

   The final cost of the renovation was **two times** <u>more</u> than the estimate.
   수리비는 견적보다 두 배 많다.

   (3) 명사 앞

   The radio station's new tower was **three times** <u>the height</u> (**of** the previous one).
   새로운 라디오 타워는 예전 것보다 세 배 높다.

   (4) that of 앞

   The cost to repair an imported car is almost **twice** <u>that</u> (**of** a domestic car).
   수입차의 수리 비용은 국산차의 두 배이다.

06 쓰임새 많은 enough — HARD

품사 : a / ad

- a : 명사 수식
- ad : 형용사, 다른 부사 수식 (*반드시 후치 수식만 가능!)

(1) enough 부사나 형용사를 꾸미면 – 부사
(2) 명사를 꾸미면 – 형용사
　*enough는 명사의 앞, 뒤 수식이 모두 가능한 형용사!

a
Unfortunately, I didn't pack enough clothes for my vacation.
My mother said she had enough problems and that we couldn't get a dog.
The cafeteria prepared food enough (to feed) a small army.

ad
The car was not big enough (to carry) the whole family.
Margaret was old enough (to take) the subway by herself.
Participants should arrive early enough (to complete) their registration forms.
His diet was nutritious enough [that he did not have to take any supplements].

07 near vs nearly vs nearby — HARD

품사	단어	뜻	예문
전치사 [p]	near	~에 가까운	Many children who are born (near Christmas) feel their birthdays are overshadowed by the holiday.
형용사 [a]	near	가까운	We will be relocating to a larger location in the near future.
부사 [ad]	nearly	거의 = almost vartually practically	I've been studying Mandarin for nearly two years now.
형용사 [a]	nearby	인근의, 가까운	The plan to open a nightclub in the area drew the ire of nearby residents.
부사 [ad]	nearby	인근에, 가까운 곳에	I arrived early and parked nearby so it would be easier to leave after the concert.

08 like vs unlike vs likely vs unlikely vs likewise vs alike vs likeliness vs likelihood vs likeness

HARD

품사	단어	뜻	예문
전치사 [p]	like	~와 비슷한, ~처럼	Everyone thought that Mildred looked just (**like** her mother).
동사 [v]	like	좋아하다	You have to pay taxes, whether you **like** it or not.
접속사 [c]	like	~처럼 [대로] (*라이팅에서는 like 대신 as 쓸 것!)	Very few singers can hit the notes in Ella Fitzgerald's songs [**like** she did].
전치사 [p]	unlike	~와 다른, ~와는 달리	(**Unlike** my mother), I am a bad cook.
형용사 [a]	unlike	서로 다른	The two sisters are **unlike** in their tastes in music.
형용사 [a]	likely	그럴듯한	Due to his tremendous sales record, Frank is the most **likely** candidate for the "Salesperson of the Year" award.
	likely to do	~할 것 같은 [것으로 예상되는]	Due to unexpected demand for the tickets, they are **likely to sell out** within 10 minutes of going on sale.
형용사 [a]	unlikely	믿기 힘든	The hotels were built in the most **unlikely** places.
	unlikely to do	~할 것 같지 않은	He procrastinated so much [that he is **unlikely to finish** his project on time.
부사 [ad]	likewise	똑같이, 비슷하게	The company president donated 5% of his salary to charity and encouraged his employees to do **likewise**.
형용사 [a]	alike	(아주)비슷한 (*명사 앞에는 안 씀)	Many people think my best friend and I are related because we look **alike**.
명사 [n]	likeliness	(어떤 일이 일어날) 가능성	Doctors advise their patients that vegetable-based diets reduce the **likeliness** of developing high cholesterol.
명사 [n]	likelihood	(어떤 일이 일어날) 가능성	Proper diet and exercise reduce the **likelihood** of suffering from coronary disease.
명사 [n]	likeness	유사성, 닮음	The **likeness** between the twins made them difficult to tell apart.

-li-가 들어가면 가능성!

09 so vs such   HARD

so : 부사	
so 형용사 / 부사	Don't look so angry.
so 형용사 / 부사 + 관사 a + 단수명사	It is so beautiful a bag.
(cf) so many pretty girls / so much good cheese	

▶ 품사적인 차이를 이해하고 접근하자!

such : 형용사	
such + a 단수 / 복수 명사	You are such a nice girl.

10 관사 the (190p 참고)   HARD

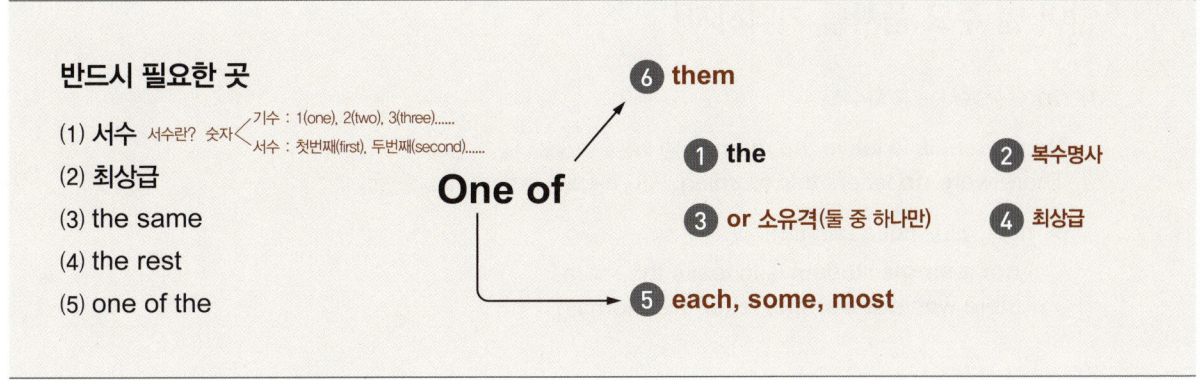

반드시 필요한 곳
(1) 서수   서수란? 숫자 — 기수 : 1(one), 2(two), 3(three)......
                        서수 : 첫번째(first), 두번째(second)......
(2) 최상급
(3) the same
(4) the rest
(5) one of the

One of →
- ❶ the   ❷ 복수명사
- ❸ or 소유격 (둘 중 하나만)   ❹ 최상급
- ❺ each, some, most
- ❻ them

❶ one of 'the'를 반드시 사용

❷ 'the' 대신 '소유격'을 사용할 수 있다. (중복사용 X)
   one of <u>the</u> village elders (O)   one of <u>your</u> village elders (O)
   그 마을의 연장자 중 한 명   너의 마을의 연장자 중 한 명

❸ one of the + '복수명사'
   one of the most popular <u>sports</u> / one of the working <u>children</u> / one of the largest <u>cities</u>
   가장 유명한 스포츠 들 중 하나   일하는 아이들 중 하나   가장 큰 도시들 중 하나

❹ one of the best : 복수명사 대신에 **최상급**을 사용할 수 있다.

❺ one (대신 each / some / most 등 사용 가능) of the 복수명사

❻ one of them
   *대명사가 올 경우 관사(및 소유격)는 사용하지 않는다.

11 no vs never vs not vs none — HARD

단어 별 주요 품사를 기억하자!

1) no : 형용사 – 명사수식

No student is to leave the room. 어떤 학생도 교실을 나갈 수 없다.
There were **no** letters this morning. 오늘 아침에는 편지가 한 통도 없었다.

※ no의 강조는 not a (single)!
- **not a single** student is to leave the room.
- there was **not a single** letter this morning.

2) never : 부사

You **never** help me. 넌 결코 나를 도와주는 법이 없어
He has **never** been abroad. 그는 한 번도 외국에 나가 본 적이 없다.

3) not : 부사

She did **not** / did**n't** see him. 그녀는 그를 보지(만나지) 않았다.
It's **not** easy being a parent. 부모 노릇은 쉬운 일이 아니다.

4) none : 대명사

None of these pens work. 이 펜들이 하나도 안 나온다.
We have three sons but **none** of them live nearby. 우리는 아들이 셋인데 그 중 한 명도 가까이 살지 않는다.

12. 구(8개) & 절(3개) (40p 참고) HARD

구(Phrase)	절(Clause)
(1) 명사구 (Noun Phrase) Many people consider it a minor sin to tell a lie. 많은 사람들은 거짓말을 하는 것이 사소한 죄라고 여긴다.	**(1) 명사절 (Noun Clause)** If you are going to negotiate a new contract, you need to use non-confrontational ways to prove [that you are right about the appropriate compensation]. 만약 네가 새로운 계약을 협상하려 한다면, 너는 적절한 보상에 대해서 확실하다는 것을 입증할 논쟁의 여지가 없는 방법을 사용할 필요가 있다.
(2) 형용사구 (Adjective Phrase) He is in perfect family. 그는 완벽한 가족에 속해있다.	
(3) 부사구 (Adverbial Phrase) Since your leaving England we have been unable to find anyone to replace you in our social group. 네가 England를 떠난 후 부터 우리는 우리 조직에서 너를 대신할만한 사람을 찾을 수 없었다.	**(2) 형용사절 (Adjective Clause)** A luxury resort replaced the fishing village [where my father used to fish]. 우리 아빠가 낚시 하곤 했던 어촌에 고급스러운 리조트가 들어왔다.
(4) 동사구 (Verbal Phrase) The officers pledged to pull over any drivers using mobile phones. 경찰은 휴대폰을 사용하는 운전자들은 차를 세우게 하겠다고 맹세했다.	**(3) 부사절 (Adverbial Clause)** The couple's babysitter was already sleeping [when they came home from the concert]. 그 부부의 보모는 그들이 콘서트에서 돌아왔을 때 이미 잠들어 있었다.
(5) 접속사구 (Conjunctional Phrase) You are excused for you absence as long as you turn in your doctor's note. 의사의 진단서를 제출하는 한 너의 결석이 면제될 것이다.	
(6) 전치사구 (Prepositional Phrase) Instead of going abroad, we decided to stay home and explore our local area during the summer vacation. 여름 방학에 해외로 가는 대신에, 우리는 집에 머무르면서 우리가 사는 지역을 답사하기로 결정했다.	**구와 절의 공통점과 차이점** **공통점**: 두개 이상의 단어로 이루어져 있다. **차이점**: 구 – 주어와 동사가 존재하지 않음 절 – 주어와 동사가 존재함
(7) 대명사구 (Pronominal Phrase) The couple decided to save money and not give each other gifts for their anniversary. 부부는 돈을 저축하기로 결정했고, 기념일에 서로에게 선물을 주지 않기로 결정했다.	
(8) 감탄사구 (Interjection Phrase) Good Heavens! I can't believe it is so late! 맙소사! 이렇게 늦는 건 믿을 수가 없다.	

13 형용사인지 명사인지 조심해서 볼 것! HARD

1) 대명사구

one another : (셋 이상) 서로서로
each other : (둘) 서로서로

2) 수량 명사 (p.246 수량 형용사 참조)

아래에 나와 있는 어휘들은 단독으로 명사로 사용될 수 있으며 주어로 사용 되었을 경우 동사와의 수 일치에 주의해야 한다.

several many (a) few both	복수동사	each much (a) little one	단수동사	more most all any none (n)either some you	단수/복수동사

3) one, another, the other

- 두 개를 표현할 때 사용 one, another (*LC때 중요한 키워드)
- 세 개 있을 때 하나, 다른 하나, 마지막 하나를 표현 the other

4) some, others

- 두 불특정 다수를 표현
- Some like baseball, others like soccer.
  다른 운동을 좋아하는 사람들도 많겠지만 그 중 두 그룹만 뽑아서 표현한 경우

14. that / those　　HARD

 that은 접속사 (p.45) 〉 대명사 〉 형용사 순서로 가장 중요~!

| 대명사 |

■ **that / those** 는 앞에 나온 명사를 대신하여 사용!

　1) 앞에 나온 명사의 반복을 피할 때 사용

　　＊단수와 복수는 내용을 판단하여 선택적으로 사용

　　cf. The constitution of New Hampshire, the second oldest among **those of** the fifty states, was adopted in 1784.

　　☞ 'those'는 앞에 나온 명사 'constitution'을 가리키지만 복수 형태로 사용되었다. 이유는 내용에서 'those'가 가리키는 것은 'fifty states(50개 주)'에 대한 것이기 때문이다.

　2) **that / those** 뒤에는 반드시 수식어(전치사구, 관계사절, 분사)가 나옴

　3) The software you are attempting to install is older than **that** [you already have].
　　Cabletown's cable and internet packages are a much better deal (than **those**) (=cable and packages) (of its competitors).

■ **Those** 는 '~한 사람들' 이란 의미로 사용!

　☞ **Those** interested in being considered for the position should apply before Friday.
　　(they 혹은 them을 쓸 수 없음)

| 형용사 |

■ **this / that** 과 **these / those**는 명사 앞에서 지시 형용사로 는 '이-', '저-'의 의미로 사용!

　☞ **Those** flowers were delivered this morning.

> She was dressed like **that** of a lady but her actions were **those** of a child.
> ☞ 그녀는 숙녀(의 그것)처럼 입었지만 그녀의 행동들은 어린 아이(의 것이)였다.

15 수량형용사 — HARD

단수 명사	복수 명사	단수/복수 명사
much (많은)	many(많은) = numerous	a lot of (많은)
little (거의 없는)	few (거의 없는)	lots of (많은)
a little (조금 있는)	a few (조금 있는)	All (모두)
another (다른)	other (다른) *any other 단수명사	any (조금 있는)
any other (또 다른)	a number of 복수명사 are (많은) *the number of 복수명사 is (~의 수)	no (=not any)
every (모두)	a collection of (모음의) a group of (그룹의)	some (조금 있는)
a great deal of (다량의)	one of the 복수명사 (~중의 하나)	your (소유격)
each (각각의)	several (몇몇의)	most (대부분의)
one (하나의)	both (두 개의)	a handful of (소수의)
this / that (이/저)	these / those (이것들, 저것들)	plenty of (많은)
-	various (다양한) *a variety of (다양한)	-
-		-

해 석 별 지

EASY | **HARD**

접속사와 전치사 (개별)

1. 등위접속사 (7개)

2. 종속접속사 (53개)

3. 접속사 + 전치사 (9개)

4. 전치사 (67개)

5. 접속부사 (36개)

6. Punctuation 콤마(,) 세미콜론(;) 콜론(:) (3개)

01 등위접속사 (FANBOYS) – 7개

접속사와 전치사(개별)

종류	예문	의미
01 for = because 63p, 89p, 91p, 96p, 121p, 136p	I rarely cook at home, for it's much cheaper to go out to eat. ☞ 나는 집에서 요리를 잘 하지 않는다. 왜냐하면 외식이 더 저렴하기 때문이다.	왜냐하면
02 and	The presenter finished her speech and then she asked if there were any questions. ☞ 강연자는 연설을 끝마쳤다. 그리고 질문이 있는지 물었다.	그리고
	He always cares for others and I like that part of him. ☞ 그는 항상 남을 챙긴다. 그래서 난 그의 그 부분이 좋다.	그래서
03 nor = and not	The CEO will not be in the office today, nor will he be here next week. ☞ CEO는 오늘 사무실을 비울 것이다. 그리고 다음 주에도 여기에 없을 예정이다.	그리고 ~도 아니다
04 but	My package eventually arrived, but it took more than twice as long as expected. ☞ 내 소포는 결국 도착은 했다. 그러나 예상했던 것보다 2배 이상 걸렸다.	그러나
05 or	You must practice your presentation or you will be ill-prepared for it. ☞ 너는 프레젠테이션을 연습해야만 한다. 그렇지 않으면 그에 대한 준비가 되어 있지 않을 것이다.	혹은; 그렇지 않으면
06 yet = but 77p	Leonardo da Vinci is famous as a painter, yet he was far more accomplished in other fields. ☞ Leonardo da Vinci는 화가로써 유명하다. 그러나 그는 다른 분야에서 훨씬 더 성공했었다.	그러나
07 so 119p	Jacob could not find shoes in his size, so he had to order them from a specialty store. ☞ jacob은 그에게 맞는 사이즈의 신발을 찾을 수 없었다. 그래서 맞춤 상점에서 주문해야만 했다.	그래서

02 종속접속사 - 53개

접속사와 전치사(개별)

의미	기능	뜻	예문
01 although 67p, 78p	ad절	비록 ~이지만	[Although he knew the neighborhood was safe], John still felt uneasy about being alone at night. 비록 동네가 안전하다는 것을 알았지만, john은 그래도 밤에 혼자 다니는 것을 불안해 했다.
02 as far as 128p	ad절	~하는 한	[As far as I can tell], the painting is an authentic Renoir. 내가 확신하는 한에서는, 이 그림은 진짜 르누아르 것이야.
03 as if 155p	ad절	마치 ~인 것처럼	He ate the burger [as if it was going to be his last meal for days ahead]. 그는 마치 며칠 동안 밥을 굶은 것처럼 버거를 먹었다.
04 as long as 86p	ad절	~하는 한	The scholarship will be renewed [as long as the student maintains a B-average]. 학생이 B평균을 유지하는 한 장학금이 연장될 것이다.
05 as soon as 132p	ad절	~하자마자	The package will be delivered [as soon as your payment is received]. 너의 지불이 확인되자마자 너의 소포가 배송될 것이다.
06 as though	ad절	마치 ~인 것처럼 = as if	He talked about his dog [as though it was a person]. 그는 마치 그의 강아지가 사람인 것처럼 얘기했다.
07 at the time 91p	ad절	~했을 때 (접속사적으로 쓰일 때)	Ann was only 19 (at the time) [she was appointed as head of the department]. Ann이 부사장으로 임명 되었을 때 그녀는 고작 19살 이었다.
08 by the time	ad절	~까지 ~할즈음에 (접속사적으로 쓰일 때)	The party was almost over (by the time) [I arrived]. 내가 도착했을 때쯤엔 파티는 거의 끝났다.
09 because 123p, 143p	ad절	~때문에	The meeting had to be postponed, [because many participants were delayed by the weather]. 날씨 때문에 많은 참석자들이 지체되어서 회의가 미뤄져야 했다.
10 but that	ad절	~하지 않는다면 = unless	Gilbert would have taken the new job, [but that he was afraid of change]. Gilbert가 변화를 두려워하지 않았다면 그는 새 일을 받았을 것이다.
11 even if	ad절	~할지라도 = although	Talking over a problem with a good friend is always comforting [even if it doesn't solve anything]. 아무것도 해결하지 못할지라도 좋은 친구와 얘기하는 것은 항상 위로가 된다.
12 even though 134p	ad절	비록 ~이지만	[Even though he is the youngest executive in the company], Peter has the most experience. 비록 그는 회사에서 제일 어린 간부이지만, Peter는 가장 경험이 많다.
13 every time	ad절	~할 때마다 (접속사적으로 쓰일 때)	Every time [I go to the store], I find new, interesting items. 가게에 갈때마다 새롭고, 흥미로운 물건을 발견한다.

USHER

의미	기능	뜻	예문
⑭ except that	ad절	~이라는 것 이외는	Jay knows nothing about his new assistant [except that his name is Daniel]. Jay는 그의 보조의 이름이 Daniel이란 것 이외에는 보조에 대해 아무것도 모른다.
⑮ how 74p, 97p	n절	어떻게	I can't figure out [how the magician performed the illusion]. 나는 마술사가 어떻게 환상을 불러일으키는지 알아낼 수 없다.
	n절	얼마나	I know [how much she loves me]. 나는 그녀가 얼마나 나를 사랑하는지 안다.
	ad절	~한 대로	You can decorate your room [how you want]. 네가 원하는 대로 방을 꾸며도 된다.
⑯ however = no matter how	ad절	아무리 ~할지라도	[However carefully the archaeologists removed the artifacts from the sea], they still crumbled when exposed to air. 고고학자들이 아무리 조심스럽게 바다에서 유물을 제거했을지라도 공기에 노출되었을 때 유물은 바스라지고 말았다.
⑰ if 79p, 120p, 142p	n절	~인지 아닌지	He couldn't decide [if he wanted to laugh or cry]. 그는 웃어야 할지 울어야 할지 결정할 수 없었다.
	ad절	만약~라면	The backup generator will start-up automatically [if the electrical supply is interrupted]. 만약 전기 공급이 방해되면 예비 발전기가 자동으로 가동될 것이다.
	ad절	~할지라도	Her paintings are beautiful, [if a little too abstract]. 그녀의 그림은 아름답다, 약간 추상적이긴 할지라도
⑱ in case (that)	ad절	~할 경우에 대비해	My mother told me to take an umbrella [in case it rains]. 엄마는 비 올 경우를 대비해 나보고 우산을 가져가라고 하셨다.
⑲ in order that	ad절	~하기 위해서	We departed at 6:30am [in order that we could complete the trip during the day]. 우리는 대낮에 여행을 끝마치기 위해서 새벽 6:30에 출발하였다.
⑳ in that 144p	ad절	~라는 점에서	Despite having great wealth, Sarah considered herself poor [in that she had no true friends]. 엄청난 재산을 갖고 있음에도 불구하고, Sarah는 진정한 친구가 없다는 점에서 자신이 가난하다고 생각했다.
㉑ in the event that	ad절	만약 ~할 경우에는	[In the event that you have to work past 9], you will be paid overtime rates. 만약 네가 일하는데 9시를 넘길 경우에는, 넌 연장 수당을 받을 것이다.
㉒ no matter how = however	ad절	어떻게든지	[No matter how you look at it], the new car model is disappointing. 어떻게 보든지, 그 새로운 차는 실망스럽다.
㉓ no matter what = whatever	ad절	뭐든지	[No matter what happens next], I will still be here for you. 다음에 무슨 일이 일어나든지, 난 계속 널 위해 있을 것이다.
㉔ no matter when = whenever	ad절	언제든지	[No matter when you leave], you will probably get stuck in traffic. 네가 언제 떠나든지, 교통체증에 걸릴 것이다.
㉕ no matter where = wherever	ad절	어디든지	[No matter where you go on vacation], safety should be the most important thing on your mind. 휴가를 어디로 가든지, 안전은 항상 명심해야 할 제일 중요한 것이다.

의미	기능	뜻	예문		
㉖ no matter who	ad절	누구든지	[No matter who you become friends with], you should resist peer pressure. 누구와 친구가 되든지 동요집단의 압박을 저항해야 한다.		
㉗ no sooner than	ad절	~하자마자 = as soon as	No sooner had she turned on the TV [than the electricity went out]. 그녀가 TV를 켜자마자 전기가 나갔다.		
㉘ now that = because	ad절	~하기 때문에	[Now that I have lost weight], I can find more clothes in my size. 살을 뺐기 때문에 내 사이즈에 맞는 옷을 더 찾을 수 있다.		
㉙ once 84p	ad절	일단 ~하면	You'll love your new job [once you get settled in]. 정착만 하면 넌 새 일을 정말 좋아할거야.		
㉚ provided(that) = if 122p, 147p	ad절	만약 ~라면	The company will reimburse your travel costs, [provided (that) you turn in your receipts]. 만약 당신이 영수증을 낸다면 회사는 당신에게 여행 경비를 변상해 줄 것이다.		
㉛ providing(that) = if 95p	ad절	만약 ~라면	You can use my computer, [providing you can finish your work before I get back]. 만약 내가 돌아올 때까지 너의 일을 끝낼 수 있다면 넌 내 컴퓨터를 쓸 수 있다.		
㉜ so that	ad절	~하기 위해서 = in order to do	I have finished my homework by 10 [so that I could watch the TV show]. 나는 그 TV프로그램을 보기 위해 숙제를 10시까지 끝냈다.		
㉝ so~ that 157p	ad절	너무 ~해서 ~하다(240p 참고)	The speaker was so interesting [that no one noticed when he spoke for nearly twice as long as planned]. 연설가는 너무 흥미로워서 예정된 시간의 두배로 연설했을 때 아무도 알아채지 못했다.		
㉞ , so that~		그래서 (결과)	She got a high fever, [so that she stayed in bed all day]. 그녀는 열이 높았다. 그래서 하루 종일 푹 쉬었다.		
㉟ that 62p, 88p, 90p, 95p, 98p	n절	~하다는 것	I think [that he can be trusted]. 나는 그가 신뢰할 수 있다고 생각했다.		
	a절	~하는	주격	The man [that is standing in the corner] is my teacher. 모퉁이에 서있는 남자는 우리 선생님이다.	
		~하는	목적격	The boy [that you met earlier] is my brother. 네가 더 일찍 만났던 남자 아이가 내 동생이다.	
	ad절	~때문에 = because	I'm sorry [that I'm late]. 늦었기 때문에 미안하다.		
㊱ though 81p	ad절	비록 ~일지라도	I will arrive next Tuesday, [though I don't know the exact time yet]. 정확한 시간은 아직 모를지라도, 다음주 화요일에 도착할 것이다.		
㊲ unless 82p	ad절	~하지 않는 한 = if not	You won't be excused for your absence [unless you have a doctor's note]. 의사의 진단서가 있지 않는 한 결석처리가 될 것이다.		

의미	기능	뜻		예문
㊳ **what** 70p	n절	무엇	주격	The boundaries separated [**what** would become British Columbia and Upper Canada]. 그 경계선은 British Columbia와 Upper Canada가 된 것을 나누었다.
			목적격	I do [**what** I should do]. 나는 내가 해야만 하는 것을 한다.
		무슨, 어떤	소유격	I don't know [**what** kind of food she likes]. 나는 그녀가 무슨 종류의 음식을 좋아하는지 모른다.
㊴ **whatever**	ad절	무엇이든지		[**Whatever** Chloe wears], she always looks fashionable. Chloe가 무엇을 입든지 그녀는 항상 멋있어 보인다.
	n절			Since it's your birthday, you can buy [**whatever** you like]. 너의 생일이기 때문에 너가 좋아하는 무엇이든지 사도 된다.
㊵ **when** 68p, 72p, 94p, 125p, 139p, 152p	n절	언제		I want to know [**when** he left]. 나는 그가 언제 떠났는지를 알고 싶다.
	a절	~하는(시간)		I know the time [**when** Jerry went]. 나는 Jerry가 간 시간을 알고 있다.
	ad절	~할 때		The Titanic was touted as the world's safest ship [**when** it was launched in 1911]. 타이타닉호는 1911년에 잠수 되었을 때, 세상에서 가장 안전한 배라고 칭송되었었다.
㊶ **whenever**	ad절	~할 때마다		[**Whenever** Claire visits the orphanage], she brings treats for the children. Claire은 고아원에 방문할때마다, 아이들을 위한 간식을 가져온다.
㊷ **where** 65p, 69p, 83p, 99p, 145p	n절	~한 곳		I know [**where** she lives]. 나는 그녀가 사는 곳을 알고 있다.
	a절	~한 (장소)		I lived in the house [**where** I was born]. 나는 내가 태어난 집에 살고 있다.
	ad절	~하는 곳에		I have buried the treasure [**where** no one will be able to find it]. 아무도 못 찾을 곳에 보물을 묻어놓았다.
㊸ **whereby**	a절	(그것에 의하여) ~하는 by which		He came up with a new method of grading group projects [**whereby** each member is evaluated separately]. 그는 각각 그룹 조원을 따로 평가하는 새로운 그룹 과제 평가 방법을 찾아냈다.
㊹ **whereas** 64p	ad절	반면에		[**Whereas** the project seems beneficial], we simply cannot afford it. 프로젝트는 유익한 반면에 우리는 그저 참여할 여력이 없다.
㊺ **wherever**	ad절	어디든지		This new application helps you find nearby stores [**wherever** you may be]. 이 새로운 어플리케이션은 네가 어디든지 근처에 있는 가게를 찾게 끔 도와준다.

의미	기능	뜻		예문
㊻ whether 80p, 140p	n절	~인지, 아닌지를		We couldn't decide [whether we should order Chinese food or pizza]. 우리는 중국 음식을 시킬지 피자를 시킬지 결정할 수 없었다.
	ad절	~이든지 간에		Many voters complain about their representatives, [whether they voted for the person or not]. 많은 투표자들은 그 대표에게 투표를 했든 안했든 자신들의 대표들에 대해 불평했다.
㊼ which 60p, 79p, 94p, 142p	a절	~하는	주격	She grabbed the book [which was lying on the nightstand]. 그녀는 탁자 위에 올려져 있던 책을 잡았다.
	a절	~하는	목적격	Next week I will take part in the Labor Day Marathon, [which I have been training for since January]. 다음주에 내가 1월부터 준비해왔던 근로자의 날 마라톤에 참여하기로 했다.
	a절	어떤	소유격	We spent two days in the cave, [(during which time) we could eat nothing]. 우리는 동굴 속에서 이틀을 보냈는데, 그 동안 아무것도 못 먹었다.
	n절	어떤, 어떤 것		Adopt [which idea you like]. 네가 좋아하는 아이디어를 채택해라.
㊽ whichever	n절	어느 쪽이든		You can have [whichever one you wish to have]. 너가 가지길 원하는 어느 쪽이든 가질 수 있다.
	ad절	어느 쪽이든		[Whichever road you take], you will not get there on time. 어느 쪽 도로를 타고 가던지 제시간에 거길 도착하지 못할 것이다.
㊾ while (whilst) 75p, 76p, 87p, 121p	ad절	반면에		[While she often takes breaks from her work], Jessica gets more done than any other employee. Jessica는 자주 일을 쉬는 반면에 다른 직원들보다 더 많은 일을 해낸다.
		~동안에		[While I waited for a taxi], my mother called and asked where I was. 내가 택시를 기다리는 동안, 우리 엄마는 나에게 전화해서 어디인지를 물었다.
㊿ who 131p	n절	누가		My mother didn't know [who she was]. 우리 엄마는 그녀가 누구인지 몰랐었다.
	a절	~한 사람	주격	The lady [who walked by the car] is my mom. 차 옆을 걸어간 여자는 우리 엄마이다.
	a절	~한 (사람)	목적격	I'll introduce you to my friend Michael, [who I think I told you about previously]. 내가 전에 말했던 내 친구 Michael에게 너를 소개해줄게.
㊶ whoever	ad절	누구든지		A reward will be paid to [whoever returns the family's dog]. 그 가족의 개를 돌려주는 누구에게든지 현상금이 지불될 것이다.
㊷ whose	a절	~의	소유격	She lives next door to the man [whose car was stolen last night]. 그녀는 어제 밤에 그의 차가 도난 당한 남자 옆집에 산다.
㊸ why 87p	n절	이유인 것		The teacher asked [why we hadn't turned in our assignment]. 선생님은 왜 우리가 과제를 내지 않았는지 물어봤다.
	a절	~한 이유		He said that bad timing was the reason [why he could attend the party]. 그는 안 좋은 시기가 그가 파티에 참여할 수 있던 이유라고 말했다.

03 접속사 + 전치사 - 9개

접속사와 전치사(개별)

종류	품사	기능	뜻	예문
01 as 133p, 135p, 150p	C	ad절	~할수록	[As we grow older], our senses become dulled. 우리가 늙어갈수록 우리의 감각들은 무뎌진다.
		ad절	~이듯이	[As we all know], our company will be relocating next month. 우리가 모두 알듯이, 우리 회사는 다음 달에 이사를 간다.
		ad절	~때문에 = because	She didn't know where to go for dinner [as she just moved into the neighborhood]. 그녀는 동네에 막 이사 왔기 때문에 저녁을 먹으러 어디로 가야 할지 몰랐다.
		ad절	~만큼	The play was not as exciting [as I had hoped]. 연극은 내가 희망한 것만큼 신나지 않았다.
		ad절	~처럼	[As I have mentioned before] we will have a quiz next Monday. 내가 이전에 말했던 것처럼 다음 주 월요일에 퀴즈를 볼 것이다.
		–	~할 때, 하면서 = when [c]	It started raining [as we got off the bus]. 우리가 버스에서 내릴 때 비가 오기 시작했다.
		–	~이지만 = altough [c]	[Exhausted as she was], my mother cooked me food after she came home from work. 피곤했지만, 우리 엄마는 일에서 돌아왔을 때 나에게 음식을 요리해주었다.
		a절	관계대명사 주격	He prefers classical music, [as is often the case with his generation]. 그의 세대처럼 그는 클래식 음악을 선호한다.
		a절	관계대명사 목적격	She was nervous, [as I could tell from her shaking voice]. 그녀의 떨리는 목소리로부터 알 수 있었듯이 그녀는 불안해 했다.
	P	–	~로서	This is the first time I've gone to an amusement park (as an adult). 어른으로서 놀이공원에 간 것은 이것이 처음이다.
		–	~처럼	Everyone must dress up (as cartoon characters) for the party. 파티를 위해 모두가 만화 캐릭터처럼 옷을 입어야 한다.
02 after 89p, 93p	C	ad절	~ 후에	The defendant screamed happily [after the judge announced the non-guilty verdict]. 피고는 판사가 무죄 판결을 내린 후 행복의 비명을 질렀다.
	P	–		Please do not call me (after 9 p.m). 오후 9시 이후에는 저에게 전화하지 말아주세요.
03 before 130p, 148p	C	ad절	~ 전에	Don't forget to say goodbye [before you go]. 가기전에 작별인사 하는 것을 잊지 마세요.
	P	–		We stopped at the snack bar (before the movie). 우리는 영화전에 구내 매점에 들렀다.

종류	품사	기능	뜻	예문
04 but 63p, 89p, 91p, 96p	C	등위	그러나	I'm sorry, **but** I have to leave before 12. 미안하지만 12시 전에 떠나야 한다.
	P	–	~외에 = expect	Everyone was enjoying the family reunion (**but** him). 그 이외엔 모두가 가족모임을 즐기고 있었다.
05 for 63p, 89p, 91p, 96p, 121p, 136p	C	등위	~때문에 = because	I work out every day, **for** it's the best way to stay healthy. 건강을 유지할 수 있는 최고의 방법이기때문에, 나는 매일 운동을 한다.
	P	–	(이유) ~때문에	The boy was rewarded (**for** saving) the girl's life. 그 소년은 그 소녀의 목숨을 구했기때문에 상을 받았다.
	P	–	(기간) ~동안에	The storm continued (**for** three days). 폭풍이 3일간 계속되었다.
	P	–	(목적) ~위해서	Are you learning English (**for** pleasure) or (**for** your work)? 영어를 재미때문에 배우세요, 아니면 일때문에 배우세요?
06 given (that) 137p	C	ad절	~을 고려해 봤을 때	It seems likely that it will rain tomorrow [**given that** the monsoon season just began]. 장마철이 막 시작됐다는 점을 고려해 봤을 때 내일 비가 올 것으로 보인다.
	P	–		Many people are unable to afford the restaurant, (**given** the high cost) of its menu items. 메뉴의 비싼 가격을 고려해 봤을 때 많은 사람들은 그 레스토랑을 갈 수 없다.
07 since 69p, 77p, 82p, 118p	C	ad절	~한 이래로	It's been 10 years [**since** I first went to Mexico]. 내가 처음으로 멕시코에 간 이래로 10년이 지났다
	C	ad절	~때문에 = because	We should have lunch tomorrow, [**since** we both will be downtown]. 우리 둘 다 시내에 있으니까 내일 점심 먹자.
	P	–	~한 이래로 ~부터	I've been waiting for you to call (**since** yesterday). 어제부터 네가 전화하기를 기다리고 있었어.
08 than 66p, 76p, 84p, 154p	C	a절	~보다	주격: Do not take more vitamins [**than** are recommended]. 권장된 양 이상으로 비타민을 섭취하지 마라.
	C	a절	~보다	목적격: He spends more money [**than** he saves]. 그는 그가 돈을 모은 것 보다 더 소비한다.
	C	ad절	~보다	You are older [**than** I am]. 당신은 나보다 나이가 많습니다.
	P	–		I prefer to play tennis with players who are better (**than** me). 나는 나보다 잘하는 선수와 테니스를 하는 것을 선호한다.
09 until	C	–	~할 때까지	The project is on hold [**until** we can find a qualified project manager]. 그 프로젝트는 적임의 프로젝트 관리자를 찾을 때까지 보류한다.
	P	–		I don't think that my flight will depart (**until** 10:30). 10시 30분까지 이륙할 것 같지 않다.

04 전치사 – 67개

접속사와 전치사(개별)

단어	예문	의미
01 about	The salesperson continued talking (**about** the new product). 판매원은 새로운 제품에 대하여 계속 얘기했다.	~에 대하여
02 above	The ceiling (**above** us) is so old that it is about to collapse. 우리 위에 있는 천장은 너무 오래되어서 무너지기 직전이다.	~위에
03 according to	(**According to** most scientists), human activity is negatively impacting the environment. 대부분 과학자들에 따르면 인간의 활동은 환경에 부정적인 영향을 끼치고 있다.	~을 따라서
04 across	He reached for napkins (**across** the dining table). 그는 식탁을 가로질러 냅킨을 향해 뻗었다.	~를 가로질러
05 after	He came back with dozens of roses (**after** a while). 잠시 후에 그는 많은 장미들과 함께 다시 돌아왔다.	~이후에, 다음에
06 against	The police officer told the suspect to stand (**against** the wall). 경찰관은 용의자에게 벽을 마주보고 서있으라고 했다.	~에 기대어
	In order to protect yourself (**against** UV rays), you should put on sunblock 30 minutes before you go outside. 자외선에 맞서서 보호하기 위해서, 외출하기 30분 전에 자외선 차단제를 발라야 한다.	~에 맞서서
07 ahead of	He slammed on the brakes because the car (**ahead of** him) stopped suddenly. 그의 앞에 있던 차가 갑자기 멈춰서 그는 브레이크를 꽉 밟았다.	~앞에
08 along	We walked slowly (**along** the shore). 우리는 바닷길을 따라 느리게 걸었다.	~따라가는
09 among	I was (**among** the last passengers) to leave the plane. 나는 비행기에서 마지막으로 내린 승객들 중에 있었다.	~사이에
10 around	The players gathered (**around** the coach) right after the game. 시험이 끝난 직후 선수들은 코치 주위에 모였다.	~주위에
11 as of	700,000 units of the new computer have been sold (**as of** last week). 저번 주 현재 70만 대의 컴퓨터가 팔렸다.	현재
12 as to	I am still confused (**as to** [how to solve this problem]). 이 문제를 해결하는 것에 관해 난 아직도 헷갈린다.	~에 관해

단어	예문	의미
⑬ at	They arrived late (**at** the airport). 그들은 공항에 늦게 도착했다.	(좁은 장소) ~에
	This new magazine aimed (**at** teenagers) is also available online. 청소년을 겨냥한 이 새로운 잡지는 온라인에서도 구입이 가능하다.	~을 겨냥해서
⑭ atop	The woman placed the book (**atop** the bookshelf) to hide it from her son. 여자는 아들로부터 책을 숨기기 위해 책을 책장 맨 위에 두었다.	맨 위에
⑮ because of	The concert was cancelled (**because of** the storm). 폭풍 때문에 콘서트가 취소 되었다.	~때문에
⑯ behind	He leaned down and spoke to the woman (**behind** the wheel). 그는 고개를 숙여서 운전대 뒤에 있는 여자에게 말했다.	~의 뒤에
⑰ below	Do not write anything (**below** this line). 이 선 아래로는 아무것도 쓰지 마라.	~아래에
⑱ beneath	The boy placed his new toy (**beneath** his pillow) to hide it from his brother. 그의 형으로부터 숨기기 위해 아이는 그의 새로운 장난감을 베개 바로 밑에 두었다.	~바로 밑에 있는
⑲ beside	She stumbled over a book before turning on the lamp (**beside** her bed). 그녀는 침대 옆에 있는 램프를 켜기 전에 그녀의 책에 걸려 넘어졌다.	~옆에
⑳ besides	What other activities do you enjoy doing (**besides** swimming)? 수영외에 어떤 활동을 하는것을 좋아 하나요?	~외에
㉑ between	The trash can was in the alley (**between** the buildings). 쓰레기통은 빌딩 사이의 골목에 있었다.	~사이에
㉒ beyond	He had never gone (**beyond** the fence) surrounding the farm. 그는 농장을 둘러싸는 울타리 너머로 가본 적이 한 번도 없다.	~너머에
	The beauty of this place is (**beyond** my ability) to express it in words. 그 장소의 아름다움을 말로 표현하는 것은 내 능력을 넘어선다.	(기준, 한계) ~을 넘어선
㉓ by	The telephone is (**by** the window). 전화는 창가에 있다.	(공간) ~옆에
	I will contact you (**by** letter). 편지로 연락 드리겠습니다.	(방법, 수단) ~로
	The work should be done (**by** friday). 금요일까지 일이 끝나야 한다.	~까지
㉔ by reason of	The defendant was found not guilty (**by reason of** insanity). 피고는 정신 이상의 이유로 유죄가 아닌 걸로 판결됐다.	~을 이유로

단어	예문	의미
㉕ despite	The lakes remained full (**despite** the drought). 가뭄에도 불구하고 호수는 가득 찬 채로 남아 있었다.	~에도 불구하고
㉖ down	The cat dug its claws into the wood and climbed (**down** the tree). 고양이는 발톱을 나무에 찍고 나무 아래로 기어 내려왔다.	~의 아래로
㉗ due to	The expansion was possible (**due to** the company's increased sales). 확장은 회사의 매출이 올랐기 때문에 가능한 것이었다.	~때문에
㉘ during	Those who work late night shift usually sleep (**during** the day). 야간 근무하는 사람들은 주로 낮동안에 잔다.	~동안에
㉙ except for	(**Except for** the increased rainfall) of the summer, tropical seasons are much the same. 여름에 증가된 강우량을 제외하고는 열대 지방의 계절은 대부분 똑같다.	~을 제외하고
㉚ excluding	30 members attended to meeting (**excluding** myself). 나를 제외하고 30명의 일원이 미팅에 참석하였다.	~을 제외하고
㉛ for	The boy was rewarded (**for** saving) the girl's life. 그 소년은 그 소녀의 목숨을 구했기 때문에 상을 받았다.	(이유) ~때문에
	The storm continued (**for** three days). 폭풍이 3일동안 계속되었다.	(기간) ~동안에
	Are you learning English (**for** pleasure) or (**for** your work)? 영어를 재미를 위해서 배우세요 아니면 일을 위해서 배우세요?	(목적) ~위해서
㉜ from	A severe storm was approaching (**from** the east). 동쪽에서부터 몇 차례의 폭풍이 다가오고 있었다.	~로부터
㉝ in	I locked my car keys (**in** my car). 차 키를 차 안에 두고 나왔다.	(공간) ~안에
	This new system will ensure an increase (**in** productivity). 이 새로운 시스템은 생산성이라는 점에서 증가를 보장할 것이다.	~라는 점에서
㉞ in addition to	A small number of toiletries could be ordered from room service (**in addition to** the expected food and drinks). 룸서비스에 예정된 음식과 음료뿐만 아니라 작은 수의 세면도구를 주문할 수 있다.	~뿐만 아니라
㉟ in case of *cf.* in case that (250p 참조)	The hotel implemented an emergency evacuation plan (**in case of** fire). 호텔은 불에 대비하여 긴급 피난 계획을 시행했다.	~에 대비하여
㊱ including	Please enter your contact information on the form, (**including** your phone number and address). 당신의 전화번호와 주소를 포함한 연락처를 기입해주세요.	~을 포함하여
㊲ in terms of	The Netherlands is ranked 1st (**in terms of** the overall well-being) of children. 네덜란드는 전체적인 아동 복지에 관하여 1위로 평가 받았다.	~에 관하여

단어	예문	의미
⓷⓼ in the event of *cf.* in the event that (250p 참조)	(**In the event of** delays) caused by the airline, it will reimburse passengers for their ticket cost. 항공사로 인해 지연이 있을 경우에는 승객들에게 티켓 값을 변상해 줄 것이다.	~할 경우에
⓷⓽ into	We walked (**into** the office) at the same time. 우리는 같은 시간에 사무실안으로 들어갔다.	(공간) ~안으로
⓸⓪ like	My mother wished I were more (**like** my brother). 나의 어머니께서는 내가 오빠를 더 닮기를 바라셨다.	~와 같은
⓸⓵ next to	Jim found his keys on the ground (**next to** his car). Jim은 차 옆에 땅에서 그의 키를 찾았다.	~ 옆에
⓸⓶ of	There will be a short intermission at the end (**of** the second act). 두 번째 막의 마지막에 짧은 중간 휴식 시간이 있을 것이다.	~의
	I got my brother a toy (**of** wood) for his birthday. 그의 생일선물로 동생에게 나무로 만들어진 장난감을 주었다.	~로 만들어진
⓸⓷ Off	Finishing her homework at the last minute, she almost forgot to get (**off** the bus). 마지막 순간까지 숙제를 끝내던 그녀는 버스에서 내리는 걸 잊을 뻔 했다.	~떨어져서
⓸⓸ Off the coast	Whales have been dying (**off the coast**) of Alaska but nobody knows why. 고래들이 Alaska 해안에서 죽어가고 있지만 아무도 이유를 모른다.	해안에서
⓸⓹ on	There are several pieces of mail (**on** the desk). 편지 몇 장이 책상 위에 있다.	~위에
	She gave a long lecture (**on** healthy eating habit). 그녀는 건강한 식습관에 관하여 긴 연설을 했다.	~에 관하여
⓸⓺ on account of	(**On account of** the impending storm), this weekend's company picnic has been cancelled. 임박한 폭풍 때문에 이번 주말의 친구들과의 소풍은 취소됐다.	~ 때문에
⓸⓻ onto	The maintenance man climbed (**onto** the roof). 정비공이 지붕 위로 올라갔다.	~위로
⓸⓼ out of	1) **Out**의 뜻 Never let these children (**out of** your sight). 이 아이들로부터 눈을 떼어서는 안 된다.	~의 범위 밖에, ~이 미치지 않는 곳에
	2) **Of**의 뜻 One (**out of** ten) 열개 중 하나 (십분의 일)	~에서, ~중에서
	3) **From**의 뜻 A few miles (**out of** Seoul) 서울에서 밖으로 몇 마일 떨어져	~의 밖으로, ~의 안에서 밖으로
⓸⓽ over	She glanced at the clock (**over** the poster). 그녀는 포스터 위에 있는 시계를 쳐다보았다.	~위에
	You have to drive (**over** the bridge) to get to her house. 그녀의 집에 가려면 그 다리를 넘어 가야 한다.	~을 넘어
	I traveled around Europe (**over** the winter break). 겨울 방학 동안 유럽을 여행했다.	~동안

USHER

단어	예문	의미
(50) owing to	(**Owing to** his need) for a wheelchair, FDR rarely took full body photographs. 프랭클린 루즈벨트 대통령은 휠체어가 필요하다는 점 때문에 전신 사진을 거의 찍지 않았다.	~ 때문에
(51) prior to	(**Prior to** the Industrial Revolution), most British citizens lived agriculturallybased rural lives. 산업혁명 전에는 대부분 영국 시민들은 농업 기반의 시골 삶을 살았다.	~ 이전에
(52) regarding	The speaker passionately gave a speech (**regarding** environmental problems). 연설자는 환경 문제에 관하여 열정적으로 연설을 했다.	~에 관하여
(53) regardless of	The president promised to enact health care legislation (**regardless of** the opposition). 대통령은 반대와 상관없이 건강 관리 법률을 제정하기로 공약했다.	~와는 상관없이
(54) thanks to	(**Thanks to** advanced technology), it has become easier to communicate with people around the world. 발달된 기술 덕분에 세계 곳곳에 있는 사람들과 연락하는 것이 수월해졌다.	~덕분에
(55) through	All participants that make it (**through** the maze) will receive a certificate of completion. 미로를 통과하는 모든 참여자들은 수료증을 받을 것이다.	~을 통해
(56) throughout	The American financial crisis had repercussions (**throughout** the world). 미국의 금융위기는 전 세계를 통틀어 영향을 미쳤다.	~를 통틀어, 전반에 걸쳐서
(57) to	A majority of students go (**to** school) by bus. 대부분의 학생들은 버스로 학교에 간다.	(방향) ~(에)로
	It's still about half an hour (**to** departure). 출발까지는 아직 30분가량 남아 있다.	(시간, 기한의 끝) ~까지
(58) toward(s)	Everyone stopped and looked (**toward** the man) screaming. 소리 지르고 있는 남자를 향하여 모두가 멈춰서 쳐다봤다.	~쪽으로, ~을 향하여
	The students started to get distracted (**toward** to end) of the class. 학생들은 수업이 끝날 즈음에 산만해지기 시작했다.	(시간적, 수량적) 가까이, 즈음에
(59) under	She tucked her blanket (**under** her mattress). 그녀는 그녀의 담요를 매트리스 아래로 집어넣었다.	~아래에
	Children (**under** 10) are not allowed to ride the rollercoaster. 10살 미만의 아이들은 그 롤러코스터를 탈 수 없다.	(수량, 나이) ~미만의
	(**Under** great pressure), the speaker continued his speech. 큰 압박감의 영향을 받은, 발표자는 연설을 계속하였다.	~의 영향을 받는
(60) Under condition	The insurance policy covers accidental damage only (**under** certain **conditions**). 상해보험은 특정한 조건 아래 피해를 보상한다.	~한 조건 아래

단어	예문	의미
㉑ Under construction	Most of the mall's restaurants were closed while the food court was (under construction). 푸드코트가 공사되는 동안, 백화점의 대부분 음식점들은 문을 닫았다.	공사 중인
㉒ underneath	This jacket is loose enough for you to wear a sweater (underneath it). 이 재킷은 밑에 스웨터를 입기에 충분히 낙낙하다.	~의 밑에
㉓ unlike	(Unlike my mother), I am a bad cook. 우리 엄마와 달리 나는 요리를 잘하지 못한다.	~와 달리
㉔ up	Looking for a restroom, he ran (up the stairs). 화장실을 찾던 그는 계단 위로 뛰어갔다.	~위로
㉕ upon	Your final grade will depend (upon your participation). 네 최종 성적은 너의 참여도에 달려있다.	~에(~따라)
㉖ with	Several employees went to dinner (with their boss). 몇몇의 직원들은 그들의 상사와 함께 저녁을 먹으러 갔다. He was hospitalized (with two broken arms) after the accident. 그는 교통사고 이후 부러진 팔과 함께 입원했다.	~와 함께
㉗ within	All products can be returned (within thirty days) of their purchase. 모든 제품은 구입한지 30일 이내에 환불이 가능하다.	~이내에

05 접속부사 – 36개

접속사와 전치사(개별)

접속부사란? | 부사의 범주에 들어가며 문장과 문장을 이어주지 못한다. (부사니깐~!)

단어	예문	의미
01 accordingly	Unseasonably cold weather disrupted the summer growing season, **Accordingly**, the annual harvest was much lower than in other years. 비이상적으로 추운 날씨는 여름 성장시기에 지장을 주었다. 그러므로 연간 수확은 다른 년도보다 훨씬 낮았다.	그러므로
02 afterwards	The injured swimmer decided to continue the race, **Afterwards**, he regretted that decision. 부상당한 수영 선수는 경기를 계속 진행하기로 결정했다. 그 이후에 그는 그 결정을 후회했다.	그 이후에
03 as a matter of fact	I will be out of the country for a month; **as a matter of fact**, I may be gone a little longer than that. 한달 동안 외국에 있을 것이다. 사실은, 그 기간보다 더 오래 있을 수도 있다.	사실은
04 as a result	He was caught cheating on the final exam; **as a result**, he received an F. 그는 기말고사에 부정행위 하는 것을 걸렸다. 결과로써, 그는 F를 받았다.	결과로써
05 besides	The concert is too expensive, **Besides**, we'd have to get up at 4 A.M. to drive there. 그 콘서트는 너무 비싸다. 게다가 거기로 운전하고 가기 위해 새벽 4시에 일어나야 할 것이다.	게다가
06 consequently	Ms. Jones began taking cooking class and **consequently** learned that she has quite a talent for it. Mrs. Jones는 요리수업을 듣기 시작했고 결과적으로 그녀가 요리에 소질이 있다는 것을 배웠다.	결과적으로
07 equally	Not all of those who break the law are arrested; **equally**, not all of those arrested have broken the law. 법은 어긴 모든 이들이 체포되지는 않는다. 똑같이, 체포된 모든 이들이 법을 어기진 않았다.	똑같이
08 even so	The flight will not depart until 8 o'clock; **even so**, all passengers should be at the gate no later than 7:30. 그 항공편은 8시 정각까지 출발하지 않을 것이다. 그렇기는 하지만 모든 승객들은 늦어도 7시 30분까지 게이트에 와있어야 한다.	그렇기는 하지만
09 finally	Sarah worked out for 3 hours every day. **Finally**, after 8 months of hard work, she lost 10kg. Sarah는 매일 3시간 동안 운동을 했다. 마침내, 8개월의 노고 후, 그녀는 10킬로를 뺐다.	마침내
10 for example	There are various home remedies to help you with insomnia. **For example**, drinking a cup of warm milk before going to bed will help you get a good night's sleep. 불면증에 도움이 될 여러 가정 치료법들이 있다. 예를 들면, 잠들기 전에 따뜻한 우유 한 컵을 마시는 것은 숙면을 취할 수 있도록 도움을 줄 것이다.	예를 들면

단어	예문	의미
⑪ for instance	What should I do, **for instance**, if I learn that my students are cheating. 예를들어 내 학생들이 부정 행위를 한다는 것을 알게되면 어떻게 해야 하나요?	예를 들어
⑫ furthermore	The company agreed to stop dumping chemicals in the river, **Furthermore**, it pledged to cover the entire cost of restoring the waterway. 회사는 화학물질을 강에 버리는 것을 멈추기로 했다. 게다가, 수로를 회복하는 비용을 전부 내기로 약속 했다.	더욱이, 게다가
⑬ hence	The school's budget was slashed; **hence**, it was unable to purchase new textbooks. 학교의 예산은 줄었다; 그러므로 새로운 교과서를 살 수 없었다.	그러므로
⑭ however	The train conductor attempted to avoid the collision; **however**, he was unable to. 기차차장은 충돌을 피하려고 시도했다; 그러나 그는 할 수 없었다.	그러나
⑮ i.e.	Service charges are not included in the bill in most restaurants, **i.e.** you have to tip the servers separately for their service. 대부분의 레스토랑 계산서에는 서비스료가 포함되어 있지 않다. 즉, 웨이터에게 따로 팁을 지불해야 한다.	즉
⑯ in addition = additionally	Those attending the sales seminar should notify their supervisor by the end of the week. **In addition**, they should let their clients know that they will be out of town. 영업 세미나에 참석하는 사람들은 상사에게 이번 주말까지 알려줘야 한다. 게다가, 그들은 그들의 고객에게 출장중일 것이라는 것을 알려줘야 한다.	게다가
⑰ in comparison	The city's downtown area was always busy and full of life on weeknights. **In comparison**, the suburbs almost seemed deserted. 도시의 시내는 항상 바쁘고, 불빛이 환했다. 비교해보면, 그 오래된 동네는 거의 인적이 끊긴 것처럼 보였다.	비교해보면
⑱ in conclusion	**In conclusion**, the detective determined that the man was the most likely suspect in the burglary. 결과적으로, 형사는 그가 절도죄에 제일 유력한 용의자라는 것을 밝혀냈다.	결과적으로
⑲ in contrast	Stacey often put her projects off until the very last minute. **In contrast**, her brother always finished his days before the due date. Stacey는 보통 마지막까지 프로젝트를 미룬다. 그에 반해서, 그녀의 동생은 항상 몇 일 이전에 미리 다 끝낸다.	그에 반해서
⑳ in effect	The melting of glaciers due to global warming severely impacts the entire world. **In effect**, it causes a dangerous increase in sea levels worldwide. 지구온난화는 세상에 심각한 영향을 끼친다. 사실상, 전세계적으로 위험한 수치의 해수면 상승을 초래한다.	사실상

USHER

단어	예문	의미
㉑ indeed	She cried with joy when her boyfriend proposed to her. **Indeed**, it was the best day of her life. 그녀의 남자친구가 프러포즈 했을 때 그녀는 기쁨에 소리를 질렀다. 정말로, 그녀의 인생의 최고의 날이었다.	정말로
㉒ in fact	I've been in Asia for a long time; **in fact**, I haven't been anywhere else in 15 years. 나는 아시아에서 오랜 시간동안 있었다; 사실은, 15년동안 다른 곳을 가보지 못했다.	사실은
㉓ instead	The teacher decided to no longer give make-up tests to her students. **Instead**, she decided to give extra-credit assignments. 선생님은 학생들을 위한 재시험을 더 이상 제공하지 않기로 결정했다. 대신 추가 점수를 얻을 수 있는 과제를 주기로 결정했다.	대신
㉔ just as	The author refused to give interviews about her work, **just as** she had for the last 40 years. 작가는 그녀의 작품에 대한 인터뷰를 거부했다. 꼭 그녀가 지난 40년 동안 그래왔던 것처럼.	꼭 ~처럼
㉕ likewise	Placing sugar on the tongue activates specific taste buds. **Likewise**, placing lemon juice on the tongue activates others. 혀에 설탕을 놓는 것은 특정한 미뢰를 활성화 시킨다. 똑같이, 레몬즙을 혀에 놓는 것은 다른 것들을 활성화 시킨다.	똑같이
㉖ meanwhile	Mark was preparing for his vacation to Burma, Joseph, **meanwhile**, was looking for a summer job. Mark가 버마로 휴가를 준비하고 있었다. 그러는 동안에 Joseph은 여름 아르바이트를 찾고 있었다.	그 동안에
㉗ moreover	Jacob was happy that his new hair color looked natural; **moreover**, he thought it made him look much younger. Jacob은 그의 새로운 머리 색이 자연스러워보여서 행복했다; 더욱이, 그를 더 젊어보이게 한다고 생각했다.	더욱이
㉘ nevertheless	Many critics criticized the movie. **Nevertheless**, I enjoyed it. 많은 비평가들이 그 영화를 비판했다. 그럼에도 불구하고 난 재밌게 봤다.	그럼에도 불구하고
㉙ nonetheless	Margaret had extensive experience in the hospitality industry; **nonetheless**, she had difficulty finding a new job. Magaret은 서비스업에서 많은 경험이 있었다; 그럼에도 불구하고 그녀는 새로운 일을 찾는데 어려움을 겼었다.	그럼에도 불구하고
㉚ otherwise	The soccer team must win all of its remaining games; **otherwise**, it will be eliminated from the tournament. 축구팀은 남은 경기를 모두 이겨야 한다; 그렇지 않으면 토너먼트에서 탈락할 것이다.	그렇지 않으면
㉛ rather	The chef said he could not prepare the daily lunch special without meat. **Rather**, he would offer a similar dish for vegetarian customers. 주방장은 고기 없이 점심 특선을 만들 수 없다고 했다. 오히려, 그는 채식주의자 손님들을 위해 비슷한 음식을 제의했다.	오히려

단어	예문	의미
㉜ similarly	The solar panels installed on the home harness the sun's energy to create electricity. **Similarly**, they can be used to power electric cars. 집에 설치된 태양 전자판은 전기를 만들기 위해 태양 에너지를 이용한다. 비슷하게, 그것들은 전기 자동차들을 작동시키기 위해 사용된다.	비슷하게
㉝ that is	It is important that you adhere to cinema etiquette, **that is**, you need to turn off your mobile phone during the movie. 영화관 에티켓을 지키는 것은 중요하다. 즉, 영화 상영시간 동안은 휴대폰을 꺼야 한다.	즉,
㉞ then	This TV vastly outperforms all of its competitors; but **then** it costs nearly four times as much. 이 TV는 모든 경쟁 제품을 능가한다; 하지만 그때 그것을 4배 이상으로 돈이 든다.	그때, 그리고 난 후
㉟ therefore	Our first flight was cancelled. We will, **therefore**, miss our connection in Dallas. 우리의 첫 번째 항공편은 취소되었었다. 우리는, 그러므로, 달라스에 있는 연결 편을 놓쳤다.	그러므로
㊱ thus	We will be working in the city for three months. **Thus**, it is more convenient for us to rent an apartment than it is to stay in a hotel. 우리는 도시에서 3개월 동안 일 할 것이다. 그러므로, 아파트를 임대하는 것이 호텔에서 머무는 것보다 더 편리하다.	그러므로

06 콤마 (,) 세미콜론 (;) 콜론 (:) – 3개

I 01 콤마 (,) I

```
(X)                          (O)
1) S, V           ─────→    S, ,V  (주어 동사 사이에는 콤마 한개로 이을 수 없다)
2) S+V, V         ─────→    S+V, and V  (동새 갯수는 접속사 갯수보다 1개 많다)
                            [동사의 개수(3개) – 1 = 접속사 개수]
3) S+V, V, V      ─────→    S+V, V, and V  (주어가 같을 시 주어 생략이 가능하다)
4) S+V, S+V       ─────→    S+V, and S+V  (주어 동사 두 개는 콤마로 이을 수 없다)
```

1	S, V (X) → S, ,V (O)

- Contractors, are not allowed to build more than four stories high. (X)
- Contractors, **developing properties near the city's central park**, are not allowed to build more than four stories high. (O)

2	S+V, V (X) → S+V, and V (O)

- The teacher **pointed** to the sentence in the book, **explained** the meaning. (X)
- The teacher **pointed** to the sentence in the book, **and explained** the meaning. (O)

[동사의 개수(3개) – 1 = 접속사 개수]

☞ Bartering in Canada **began** in the early days of the country, [when there **was** no currency [(with **which**)] fur trappers, natives and fishermen **could conduct** commerce with one another)]. (O)

[동사의 개수(3개) – 1 = 접속사 개수(2개 when/which)]

3	S, V, V, V (X) → S, V, V and V (O)

- Photography **disseminates** the information, **records** visible world, **extends** the human knowledge. (X)
- Photography **disseminates** the information, **records** visible world, **and extends** the human knowledge. (O)

4	S+V, S+V (X) → S+V, and S+V (O)

- He **stopped** in the middle of his speech, the audience **started** staring at him. (X)
- He **stopped** in the middle of his speech, **and** the audience **started** staring at him. (O)

접속사와 전치사(개별)

콤마 Check List (, , and = 병치(나열))

1) **품사**

   They are important for respiratory, **nutritionally** health. (X)
   → They are important for respiratory, **nutritional** health. (O)

2) **사람 vs 사물**

   Nutrients, dieticians, and pharmacist often debate whether the colorful peel surrounding many fruit and vegetables is actually high in the vitamins and minerals. (X) *Nutrients n.영양
   → **Nutritionists**, dieticians and pharmacist often debate whether the colorful peel surrounding many fruit and vegetables is actually high in the vitamins and minerals. (O) *Nutritionists n. 영양학자

3) **ing / to do 는 끼리끼리**

   John likes reading, listening, and to **hike**. (X)
   → John likes reading, listening, and **hiking**. (O)

   (to) do
   * 처음에 등장하는 to 부정사를 제외하고 그 다음부터는 'to'를 생략할 수 있다.
   They have learned **to get** acquainted with other people, **(to) help** one another, and **having** a sense of responsibility in the community. (X)
   → They have learned **to get** acquainted with other people, **(to) help** one another, and **(to) have** a sense of responsibility in the community. (O)

4) **a, a n / a and a n / a a n 셋 다 문제 없다.**

   ☞ a, a n (O) = 형용사, 형용사 명사
      ex) adorable, furry kitten : 사랑스러운, 털이 많은 고양이
   ☞ a and a n (O) = 형용사 and 형용사 명사
      ex) adorable and furry kitten : 사랑스럽고 털이 많은 고양이
   ☞ a a n (O) = 형용사 형용사 명사
      ex) adorable furry kitten : 사랑스러운 털이 많은 고양이

02 세미콜론 (;)

서로 연관성 있는 두 문장을 이어줄 때 사용한다.

S + V ; S + V   무슨 뜻일까?
   ☞ I have gained so much weight ; I decided to work out every day.
   ☞ 세미콜론은 **However, Moreover, That is, Because, Therefore** 등등 여러 의미를 가질 수 있다. (제일 많이 쓰이는 5개만 기억하자!)

06 콤마 (,) 세미콜론 (;) 콜론 (:) – 3개

접속사와 전치사(개별)

| However | 하지만 |

I have gained so much weight; I will not work out every day.
몸무게가 너무 많이 늘었다; 매일 운동을 하지 않을 것이다.

| Moreover | 게다가 |

I have gained so much weight; some of my clothes do not fit me anymore.
몸무게가 너무 많이 늘었다; 내 옷 몇 벌은 더 이상 맞지 않는다.

| That is | 즉 = i.e. |

I have gained so much weight; I have gained 10kg in two weeks.
몸무게가 너무 많이 늘었다; 2주 동안 10킬로가 늘었다.

| Because | 왜냐하면 |

I have gained so much weight; I've eaten too much chocolate.
몸무게가 너무 많이 늘었다; 초콜릿을 너무 많이 먹었기 때문이다.

| Therefore | 그러므로 |

I have gained so much weight; I decided to work out every day.
몸무게가 너무 많이 늘었다; 난 매일 운동하기로 결정했다.

03 콜론 (:)

주로 예시나 리스트를 나열할 때 사용된다.

1) I want to visit these cities during my trip to Italy : Rome, Venice Florence, and Milan.
   ☞ 이탈리아 여행 중에 이 도시들을 방문하고 싶다 : 로마, 베니스 플로렌스, 그리고 밀라노.

2) You only have two options : stay in Rome, or travel to Florence.
   ☞ 너한테는 두 가지의 선택만 있다 : 로마에 머무르거나, 플로렌스로 여행가라.

3) She wrote down her favorite line from Anton Chezhov's play :
   If we're to begin living in the present, we must first of all redeem our past.
   ☞ 그녀는 안톱 체홉의 연극 중 그녀가 제일 좋아하는 대사를 적었다 :
      새로운 오늘을 시작하기 위해서는 먼저 과거부터 청산해야 한다.

*콜론 뒤에 S + V(주절)도 가능하지만 쓰이는 빈도는 낮다!

해 석 별 지

01 해석 Rules

USHER 해석 Rules
12가지 규칙

| 규칙 1 | 동사가 나오기 전까지는 문장이 아무리 길게 진행되었어도, **주어는 은, 는, 이, 가**(주격조사! 영어 아님!)로 잡고 기다릴 것!

| 규칙 2 | 문장 속에서 '**~이다**'로 끝나는 것은, **주절 동사 한 번**만 나온다.
  1. , +ing 참고
  2. **To부정사 결과의 의미** 예외, 주의

| 규칙 3 | 종속 접속사가 나오면, **종속 접속사와 접속절 동사의 뜻을 합칠 것.**
  (절처리) 종속 접속사를 기억할 것!

| 규칙 4 | 동사와 분사도 구별 못하는 경우는 있으면 안 됨(**분사 처리**).
  *절처리, 분사 처리는 필수. 방법은 묶기
  ※어셔인그래머 26p 참고

| 규칙 5 | 동사 체크 리스트에서, **시제, 태, 상은 해석에 주의**하고, 스피킹 라이팅 때도 표현할 것!

| 규칙 6 | **해석은 앞에서부터** 치고 나가야 한다.
  잘 되지 않는다면, 당분간 해결책은 되감기 – 되감기가 자연스러워 지면, 한 번에!

| 규칙 7 | **직역이 이상**하다고 **의역을 하면 안 된다.**

| 규칙 8 | 해석한 뒤, 계속 **이해 했는지를 스스로** 물어보며 **확인할 것!**(comprehension)

| 규칙 9 | 짧게 하라고할 땐, 짧게!(완초2반까지) 길게 하라고 할 땐(인터반 이상) 길게!
  – 처음엔 해석 단위가 짧은게 정상, 나중에 길어지게. (정확도 먼저, 속도 나중)

| 규칙 10 | 전치사 뒤, 타동사 뒤, **명사가 너무 길면, 마지막 명사**를 먼저 볼 것!

| 규칙 11 | 부사는 부정을 나타내는 단어(not, never, seldom, rarely등)가 아니면 처음엔 너무 신경 쓰지 않아도 된다.

| 규칙 12 | 정확도 확보 한 후, 속도

이상의 문제들을 해결하기 위해, 어셔인 그래머에서 (부제: 영어 문법, 니가 안되고 배겨?) 편에서 40문장의 문제를 통해 해석까지 연습을 마쳤거나 이 정도를 해결할 만큼의 수준은 되어야 합니다.

※ 교재 보는 방법

| example |

A situation[1] [(in which[2]) an economic market is dominated[3] (by a single seller) (of a product[4])] is known[5] (as a monopoly[6]).

1 **상황은**。
2 **상황은**, 이 상황 내에서。
3 **상황은**, 이 상황 내에서 경제시장이 지배되어지는 상황은。 ⟵ ① 각 번호가 표시 된 부분까지 해석이 되어있고
4 **상황은**, 이 상황 내에서, 경제시장이 하나의 상품이 하나의 판매자에 의해 경제시장이 지배되어지는 상황은。
5 **상황은**, 이 상황 내에서, 경제시장이 하나의 상품이 하나의 판매자에 의해 경제시장이 지배되어지는 상황은, **알려진다**。
6 **상황은**, 이 상황 내에서, 경제시장이 하나의 상품이 하나의 판매자에 의해 경제시장이 지배되어지는 상황은, 알려진다, 독점으로써。

최종 : 경제 시장이 하나의 상품이 하나의 판매자에 의해 지배되어 지는 **상황은** 독점으로써 **알려진다**.

② 새롭게 추가 된 해석에 밑줄이 표시되어 있습니다.
③ 주절, 주어, 동사만 볼드 처리가 되어 있습니다.

Temperatures surveys show[1] [[2] El Nino occurs[3] approximately every 6 years][4], meaning[5] [that[6] a major shift occurs[7] (in surface temperatures)[8] (in the eastern Pacific Ocean)][9].

1 **온도 조사는 보여줍니다**. ⟵ + 생략된 종속 접속사는 생략 되어있음을 별도 과정으로 설명해 두었습니다.
2 **온도 조사는** that절을 **보여줍니다**.
3 **온도 조사는** 엘니뇨가 발생한다는 것을 **보여줍니다**.
4 **온도 조사는** 엘니뇨가 대략 매 6년마다 발생한다는 것을 **보여줍니다**.
5 **온도 조사는** 엘니뇨가 대략 매 6년마다 발생한다는 것을 **보여줍니다**, 그리고 **의미합니다**.
6 **온도 조사는** 엘니뇨가 대략 매 6년마다 발생한다는 것을 **보여줍니다**, 그리고 의미합니다. that절을 의미합니다.
7 **온도 조사는** 엘니뇨가 대략 매 6년마다 발생한다는 것을 **보여줍니다**, 그리고 의미합니다. 주요한 변화가 발생한다는 것을 의미합니다.
8 **온도 조사는** 엘니뇨가 대략 매 6년마다 발생한다는 것을 **보여줍니다**, 그리고 의미합니다. 주요한 변화가 표면 온도에서 발생한다는 것을 의미합니다.
9 **온도 조사는** 엘니뇨가 대략 매 6년마다 발생한다는 것을 **보여줍니다**, 그리고 의미합니다. 주요한 변화가 동태평양의 표면 온도에서 발생한다는 것을 **의미합니다**.

최종 : 온도 조사는 엘니뇨가 대략 매 6년마다 발생한다는 것을 **보여줍니다**, 그리고 동태평양의 표면온도에서 주요한 변화가 발생한다는 것을 **의미합니다**.

해석 연습이 잘 되어 있는지, 또는 문법 부분을 건너 뛰고 독해로 바로 들어온 학생들의 실력을 확인하기 위해 문법 80문장을 다시 적어봅니다. 즉시 해석이 가능 해야 합니다. (이미 다 배웠거나, 이미 다 아는 내용 이어야 합니다.)

02 There is / are

There is / are

아주 단순한 동사 be동사 하나지만, There ~ 만 나오면 '거기'로 해석을 하는데

여기선, "뒤에 나오는 명사가 있다". (동사 형태에 따른 뜻을 더해서) 로 해석하면 된다.

이때 중요한 것은, 동사의 수인데,

Is vs are

Was vs were

Has vs have 등의 수는 "뒤에 나오는 명사"에 맞춘다.

1. There is / are~ : ~이 있다.

2. There was/ were~ : ~ 이 있었다.

3. There has been / There have been : ~ 이 있어 왔다.

4. There had been~ : ~이 있어 왔었다.

5. There will be : ~이 있을 것이다.

6. There might have been~ : ~ 이 있을지도 모른다.

7. There lived~ : ~ 가 살았었다.

03 be+of / among

I Be of, be among : ~에 속하다 I

1. It is <u>of great importance</u>. = It is greatly important

직역하면, 이것은 매우 중요함에 속한다로 해석되는데,

이런경우, 백지에서 배운대로

1차어(명사)를 2차어(형용사)로,

2차어(형용사)를 3차어(부사)로 바꾸면 된다.

2. That is <u>among the things</u> we must do.

그것은 우리가 해야 하는 일들에 속합니다. (=그것은 우리가 해야 할 일입니다)

설명은 같습니다.

3. Of~ , S+ V~ / Among~ , S+ V~

둘다, " ~ 중에 주어는 v하다" . 로 해석 하면 됩니다

<u>Of</u> all the art-related reference and research <u>libraries</u> in North America, that of the <u>Metropolitan</u> Museum of a Art in New Your City <u>is among</u> the largest and most complete.

위문장을 간단히 해석하면,

<u>Of</u> <u>libraries</u>, <u>that is among</u> the largest and most complete.

도서관들 중에서, 그것은, 가장 크고 완벽한 도서관에 속한다. 로 뼈대를 잡고,

<u>(문장은 단순하게 봐야합니다)</u>

다음과 같이 나머지 내용을 붙이면 됩니다.

모든 북미에 있는 아트 관련 조사연구 도서관들 중에서, 뉴욕에의 메트로폴리턴의 도서관은 가장 완벽하고 큰 도서관에 속한다

04 품사 구별에 관하여(most로 예시)

[By the time the rock-and-roll revolution began], the drums had become an integral part (of most modern music styles). * 129p 참조

위 문장을 해석 해보시기 바랍니다.

록엔롤 음악혁명이 시작할때즈음, 드럼은 중요한 부분이 되었다.

가장 현대적인 음악 스타일의? vs **대부분의** 현대적인 음악 스타일의?

여기서는 most의 품사를 구별 해야합니다.

전자로 해석하면, 형용사 modern을 꾸미는, 부사로 쓰인것이고,

후자로 해석하면, 명사 styles를 꾸미는 형용사로 쓰인것입니다.

(of most modern music styles)   (of most modern music styles)

정답은?

후자입니다.

그럼, 해석 기준은?

The 가 붙으면 최상급의 뉘앙스로 해석하면 거의 맞습니다.

문제는 부사로도, 형용사로도 뜻이 같을 수 있다는 점입니다.

This troubles me **the most**. 이게 가장 문제다. (부사로 사용)

The most beautiful sights은 가장 아름다운 풍경. (형용사로 사용)

그렇다면 the가 없다면? 다음질문을 보겠습니다.

most people은 최상의 사람들? 대부분의 사람들? 맞는 것은?

후자가 맞습니다.

In most cases, 가장 많은 경우? 대부분의 경우?

역시 후자입니다.

The가 없다면, 대부분으로 해석하면 대체로 맞습니다

*for the most part는, "대개, 대부분" 의 뜻 입니다.

이런거에 열 받지 말고, 그냥, 위의 룰부터 적용 바랍니다.

백지테스트 족보
- 반드시 컴퓨터 시험 병행 (백지테스트)

*시험 준비 방법
1. 2명이상 짝을 찾는다.
2. 한명은 문제를 내고, 다른 사람은 책을 보지 않고 답을 한다.
3. 문제를 낸 사람은 틀린것을 불러준다.
4. **문제를 낸 사람은 반드시 틀린 문제에 대한 번호를 모두 적어둔다.**
5. 서로 테스트가 끝나면 각자 적어둔 것을 상대방에게 전달 해준다.
(6.시험을 왠만하면 한번에 통과한다^^)

번호	질문	답변
	1일차	
1.	단어부터 시작	단어 8개, 구 8개, 절 3개, 문장(문법), 문단(리딩), 글(라이팅)
1.1.	단어와 구 차이?	개수 차이, 구는 단어 2개 이상
1.1.1.	부사 vs. 부사구	부사 very 부사구 very quickly
1.1.2.	동사 vs. 동사구	동사 pull 동사구 pull over
1.1.3.	전치사 vs. 전치사구	전치사 on 전치사구 on top of (=in addition to)
1.1.4.	접속사 vs. 접속사구	접속사 although 접속사구 even though
1.2.	구와 절 차이?	주어, 동사의 유무, 절에는 주어, 동사가 있다.
1.3.	절과 문장 차이?	절마커의 유무, 문장에는 절마커가 없다.
1.4.	절마커란?	종속 접속사
1.5.	절과 문장 공통점?	주어, 동사
1.6.	절의 종류 3가지?	명사절, 형용사절, 부사절
2.	문장 시작	
2.1.	문장 요건 3가지?	1. 주어, 2. 동사, 3. 절마커가 없어야 한다.
2.1.1.	절마커란?	종속 접속사
2.1.2	절마커	because, if, that, 등등
2.2.	문장의 종류?	단문(simple): S+V 중문(compound): S+V 등위 S+V 복문(complex): S+V 종속 S+V (절마커 포함) 혼합문(compound + complex): S+V 등위 S+V 종속 S+V
2.2.1.	중문과 복문 차이?	접속사 종류 차이
2.2.2.	접속사 종류 차이?	등위, 종속
2.2.3.	등위접속사 종류 시작	FANBOYS For=because, And, Nor=and not, But, Or, Yet=but, So
	2일차	
3.	품사 시작	* 반드시 순서대로 다음을 말할것 : 명사(1차어), 형용사(2차어), 부사(3차어), 대명사, 동사, 전치사+명사, 접속사, 감탄사
3.1.	전치사 뒤에 무엇이 온다?	명사
3.2.	종속 접속사 뒤에 무엇이 온다?	주어, 동사
3.3.	등위 접속사는 무엇 연결?	단어, 구, 절, 문장 모두 연결 가능
3.4.	형용사 기능?	명사 수식
3.4.1.	형용사가 형용사 꾸밀 수 있는가?	없다.
3.4.2.	형용사가 부사 꾸밀 수 있는가?	없다.

번호	질문	답변
3.5.	부사 기능?	명사 빼고 다 수식
3.5.1.	부사는 부사를?	수식 ○
3.5.2.	부사는 형용사를?	수식 ○
3.5.3.	부사는 동사를?	수식 ○
3.5.4.	부사는 명사를?	수식 ×
3.6.	전치사 뒤에는 뭐가 온다?	명사
3.6.1.	그 명사를 뭐라 부르나?	전치사의 목적어
3.6.2.	전치사+명사 역할은?	형용사 역할, 부사 역할
3.7.	접속사 종류?	등위, 종속
4.	동사 시작	정형동사, 비정형동사
4.1.	동사 나누는 기준?	동사의 역할
4.2.	정형동사 비정형동사 차이, 공통?	차이는 동사 역할, 공통은 동사 성질
4.3.	둘 중에서 동사 역할 하는 것은?	정형동사
4.4.	동사의 역할은?	1. 주어 뒤에서 주어의 행위를 설명 2. 문장 요건 '1. 주어 2. 동사 3. 절마크가 없어야 한다'에서 2번 동사 역할을 할수있는것.
4.5.	동사의 성질은?	부사의 수식을 받음, 동사 문형을 취함 (동사 문형이란? 타동사 뒤 목적어, be동사 뒤 주격 보어)
4.6.	To부정사를 수식하는 품사?	부사
4.7.	동명사를 수식하는 품사?	부사
4.8.	분사를 수식하는 품사?	부사
5.	동사 형태 시작	do, be done, have done, have been done, be doing, have been doing
5.1.	정형동사와 비정형동사를 구별하는 방법/기준?	형태
5.2.	동사 형태 랜덤 질문(숫자 영어)	
5.3.	동사 뜻 질문	하다, 당하다, 해오다, 당해오다, 하는 중이다, 해오는 중이다
5.4.	동사 태 질문	능동, 수동, 능동, 수동, 능동, 능동
5.5.	동사 do 현재-과거-과거 분사?	Do – did – done
5.5.1.	정형 동사는 어디까지?	did까지
5.5.2.	done은 왜 동사가 안되나?	done은 조동사 없이 동사역할 하지 못함. (정형동사 2번 조동사 be가 없거나, 정형동사 3번 조동사 have가 없거나, 정형동사 4번 조동사 have been 없기 때문에)
5.5.3.	be done, have done은 done을 포함하고 있는데 어떻게 동사가 되나?	앞에 be, have가 조동사이기 때문에
5.6.	be done에서 be는 자동사 be?	아님(조동사 be)
5.6.1.	자동사 로서 be, 흔히 be 동사는 해석 어떻게 하나?	~이다
5.6.2.	예문?	I am a boy
5.6.3.	동사 2번형태?	be done
5.6.4.	동사 2번에서 be는 ~이다 의 뜻이죠?	아니오. 동사 2번은 통째로 당하다
5.6.5.	동사 5번 형태?	be doing
5.6.6.	동사 5번에서 be는 ~이다의 뜻이죠?	아니오. 5번은 하는 중이다의 뜻이다.

번호	질문	답변
5.6.7.	왜?	be는 조동사이기 때문에(doing 혼자서는 동사 역할 ✕)
5.6.8.	자동사와 조동사 부정문 예시를 각각 말하시오.	A1: 자동사 부정 be not 예) I am not a girl. A2: 조동사 부정 be not done 예) He is not known.
5.6.9.	해석하면?	나는 여자가아니다. 그는 알려져 있지 않다.
5.7.	have done의 have는 가지다라는 뜻의 타동사 have?	아님
5.7.1.	왜?	have는 조동사(done 혼자서는 동사 역할 ✕)
5.7.2.	부정문으로 바꾸려면?	A1: 타동사 부정 do not have A2: 조동사 부정 have not done
5.7.3.	해석하면?	1. 가지고 있지 않다 2. 해오지 않다
5.7.4.	I have it 부정문으로 바꾸면?	I don't have it.
5.7.5.	왜 not이 have 앞에 오나?	조동사는 not이 뒤로 일반동사는 not이 앞으로 위치.
5.8.	have been done, have been doing에서 왜 be가 아니고 been인 이유?	have done과 같이 조동사 have 뒤에는 be동사의 과거분사 been이 와야 함
5.9.	동사 체크리스트?	시제, 수, 태, 인칭, 법, 상
5.10.	각 각 설명	시제(과거, 현재, 미래) 수(주어 동사 수 일치) 태(능동&수동, 수동태 뒤에는 목적어 없음) 인칭(She is are ✕, am ✕) 법(가정법, 도치) 상(have는 since의 의미를 가진다.) have는 타동사 '가지다'라는 뜻 ✕
5.11.	태는 종류 몇개?	2개
5.12.	능동, 수동 차이 설명?	1. '하다' 능동, '당하다' 수동. 2. 목적어를 취하면 능동, 취하지 않으면 수동.

3일차		
6.	비정형동사 시작	to 부정사, 동명사, 분사
6.1.	비정형동사 나누는 기준?	기능
6.2.	기능 각각 몇개씩?	To 부정사 3개 동명사 1개 분사 2개
6.3.	각 각 기능?	to 부정사(명사, 형용사, 부사), 동명사(명사), 분사(형용사, 부사)
6.4.	to부정사 용법 및 예문?	명사(To see is to believe.) 형용사(I have a friend to help me.) 부사(He is too busy to trim his hair, I am rich enough to buy a car, Her hair is so long as to touch the floor.)
6.4.1.	해석?	명사(보는 것이 믿는 것이다.), 형용사(나는 나를 도와줄 친구가 있다.), 부사(그는 너무 바빠서 머리를 자를 수 없다. 나는 차를 살만큼 충분히 부유하다, 그녀의 머리카락은 너무 길어서 바닥에 닿는다.)
6.4.2.	to see가 왜 명사?	주어 자리라서

번호	질문	답변
6.4.3.	to believe가 왜 명사?	be동사 뒤 주격 보어
6.4.4.	to help가 왜 형용사?	friend 수식
6.4.5.	friend 품사?	명사
6.4.6.	friend 기능?	have 타동사 뒤 목적어
6.4.7.	뒤에 me는 무엇인가?	help 타동사 뒤 목적어
6.4.8.	to trim이 왜 부사로 사용?	too busy 수식
6.4.9.	too는 품사?	부사
6.4.10.	too는 누굴 꾸미나?	busy
6.4.11.	busy 품사? 기능?	품사 형용사, 기능 be동사 뒤 주격 보어
6.4.12.	hair 품사? 기능?	품사 명사, 기능 trim 타동사 뒤 목적어
6.4.13.	to buy가 왜 부사?	rich enough 수식
6.4.14.	enough 품사?	부사
6.4.15.	enough 누구 꾸미나?	rich
6.4.16.	rich 품사? 기능?	품사 형용사, 기능 be동사 뒤 주격 보어
6.4.17.	a car 품사? 기능?	품사 명사, 기능 buy 타동사 뒤 목적어
6.4.18.	to touch 가 왜 부사?	so long 수식
6.4.19.	so 품사?	부사
6.4.20.	so 누구 꾸미나?	long
6.4.21.	long 품사? 기능?	품사 형용사, 기능 be동사 뒤 주격 보어
6.4.22.	the floor 품사? 기능?	품사 명사, 기능 touch 타동사 뒤 목적어
6.5.	동명사 기능?	명사
6.6.	동명사의 개념?	명사 기능을하고, 동사 성질을 가지고 있는것
6.7.	동명사 예문?	by studying English
6.7.1.	해석?	영어를 공부함으로써
6.7.2.	studying 기능?	동명사
6.7.2.	동명사란?	명사 기능, 동사 성질 다 지님
6.7.3.	왜 명사 성질 있나?	by 전치사 뒤 목적어
6.7.4.	왜 동사 성질 있나?	English가 타동사 study 뒤 목적어
6.7.5.	동사가 왜 안되나?	비정형동사로서 정형동사 안됨
6.7.6.	English 기능?	명사로서 타동사 study 뒤 목적어
6.7.7.	타동사의 목적어를 취하는 건 누구 성질?	동사
6.7.8.	by sleeping boy에서 sleeping은 동명사죠?	아님
6.7.9.	왜 아닌가?	boy 명사 수식
6.7.10.	품사는?	형용사
7.	명사, 형용사, 부사의 품사간 수식 예문 시작	너무 예쁜 엄마
7.1.	1차어 2차어 3차어 설명 시작?	1차어 명사, 2차어 형용사, 3차어 부사
7.2.	형용사 기능?	명사 수식
7.3.	형용사가 형용사 꾸밀 수 있는가?	없다
7.4.	부사는 형용사를 꾸밀 수 있는가?	있다
7.5.	부사는 부사를 꾸밀 수 있는가?	있다

번호	질문	답변
7.6.	부사는 명사를 꾸밀 수 있는가?	없다
8.	형용사 부사가 형태를 달리하는 기준?	1개
8.1	뭐?	급
8.2.	급 시작	1. 원급 as~as 2. 비교급 -er(more) than 3. 최상급 -est(most)
8.3.	앞에 있는 as 품사는?	부사
8.4.	more 품사?	부사
8.5.	as~ as 사이에 뭐가 옴?	형용사, 부사
8.6.	more~ than 사이에 뭐가 옴?	형용사, 부사
8.7.	뒤에 있는 as/than 품사는?	1. 전치사 2. 접속사
8.7.1.	"~ than I" 로 끝나면 than 품사는?	접속사
8.7.2.	왜?	I 가 주격 명사라서, 뒤에 동사가 생략된 것임을 알 수 있다. (=접속사 뒤에는 S+V 따라오는데 주격 명사 I 사용, I 뒤에는 생략 되어서)
8.8.	as 와 than이 접속사일 때 일어날 수 있는 것 3가지?	생략, 대동사, 도치
8.9.	as(원급) 예문 시작	She studies hard. He studies hard. She studies as hard as he studies. She studies as hard as he does (대동사). She studies as hard as does he (도치-강조). She studies as hard as he (생략).
8.10.	해석?	그녀는 그가 열심히 공부하는만큼 열심히 공부한다.
8.11.	than(비교급) 예문	She studies hard. He studies hard. She studies harder than he studies. She studies harder than he does (대동사). She studies harder than does he (도치-강조). She studies harder than he (생략).
8.12.	해석?	그녀는 그가 열심히 공부하는 것보다 더 열심히 공부한다.
8.13.	배수표현 시작	This book is 3 times as big as your book. This book is 3 times bigger than your book.
8.14.	해석?	내 책은 너의 책보다 3배만큼 크다. 내 책은 너의 책보다 3배 더 크다.
9.	명사 역할 시작	1. 주어 2. 타동사 뒤 목적어 3. 전치사 뒤 목적어 4. 주격 보어 5. 목적격 보어 6. 동격
9.1.	예문	1번, 4번 예문 I am a boy. 2번, 5번 예문 I called him a genius. 3번 예문 by me 6번 예문 아이유, 가수.
9.2.	a boy 품사? 기능?	품사 명사, 기능 주격 보어
9.3.	a genius 품사? 기능?	품사 명사, 기능 목적격 보어
9.4.	him 품사? 기능?	품사 명사, 기능 call 타동사 뒤 목적어
9.4.1.	call 하나?	call A B
9.4.2.	Call 둘?	A를 B라고 부르다

번호	질문	답변
9.4.3.	A와 B의 문장 성분?	A는 목적어, B는 목적격 보어
9.5.	명사 역할 전치사 뒤 목적어 예문에서 by I가 아닌 by me인 이유?	전치사 by 뒤 목적어 자리에는 목적격인 me가 와야 함
9.6.	명사 Check List 시작	수(주어 동사 수 일치), 성(여성, 남성), 격(주격, 소유격, 목적격)
9.7.	주격 품사?	명사
9.8.	소유격 품사?	형용사
9.9.	목적격 품사?	명사

4일차

번호	질문	답변
10.1.	동명사 -ing와 분사 -ing차이는 어떻게 구별?	기능 차이보고, 동명사는 명사 기능, 분사 -ing는 형용사, 부사 기능
10.2.	분사에서 -ing와 -ed 차이점은?	태
10.2.1.	태 종류?	능동, 수동
10.2.2.	-ing는 뭘 줄인 것?	절 안에 있는 동사를 줄인 것
10.2.3.	어떤 형태?	5번 be doing (능동)
10.2.4.	awarded은 뭘 줄인 것?	is awarded
10.2.5.	어떤 형태?	2번 be done (수동)
10.3.	분사 정의?	절을 구로 줄인 것
10.4.	다른 말로?	주어 동사가 있는 "절"에서, 주어 동사가 없는 "구"로 줄여서, 동사가 사라지는 것이 분사이다
10.5.	해당되는 영어의 특징?	길면 뒤로 보내고, 길면 줄인다
10.6.	분사 >형용사 기능 > -ing 예문 시작	The woman is my mom. The woman is watering the plant. The woman who is watering the plant is my mom. The woman watering the plant is my mom.
10.7.	해석?	그 여자는 나의 엄마다. 그 여자는 식물에 물을 주고 있다. 식물에 물을 주고 있는 여자는 나의 엄마다
10.8.	세번째 예문, who 절의 동사는?	is watering
10.8.1.	세번째 예문에서 who의 품사는?	접속사
10.8.2.	접속사 중에서?	종속
10.8.3.	세번째 예문은 문장 종류 중에 무엇인가?	복문(complex)
10.8.4.	왜?	종속 접속사가 있음
10.8.5.	who절 전체의 기능은?	주격 형용사절
10.8.6.	왜?	The woman 명사 수식
10.8.7.	the plant 품사? 기능?	품사는 명사, 기능은 water 타동사 뒤 목적어
10.9.	watering 역할?	분사 중에, 형용사 역할
10.9.1.	왜 형용사?	명사 the woman을 수식하므로
10.10.	예문 네번째의 watering은 왜 동명사가 될 수 없는가?	동명사의 기능은 명사, 예문에서 watering은 woman(명사) 수식하는 형용사 기능

번호	질문	답변
10.10.1.	The woman품사?	명사
10.10.2.	명사를 수식하는 것은?	형용사
10.10.3.	my mom 품사? 기능?	품사는 명사, 기능은 be동사 뒤 주격 보어
10.11.	분사 > 형용사 기능 > -ed 예문 시작	The woman is my mom. The woman is awarded the prize. The woman who is awarded the prize is my mom. The woman awarded the prize is my mom.
10.11.1.	해석?	그 여자는 나의 엄마다. 그 여자는 상을 수여받았다. 상을 수여받은 여자는 나의 엄마다.
10.11.2.	세번째 예문, who 절의 동사는?	is awarded
10.11.3.	세번째 예문에서 who의 품사는?	접속사
10.11.4.	접속사 중에서?	종속
10.11.5.	세번째 예문은 문장 종류 중에 무엇인가?	복문(complex)
10.11.6.	왜?	종속 접속사가 있음
10.11.7.	who절 전체의 기능은?	주격 형용사절
10.11.8.	왜?	The woman(명사) 수식
10.11.9.	예문 네번째의 동사는?	is
10.11.10.	awarded는 왜 동사 될 수 없는가?	뒤에 주절 동사 is가 나와서 (대답 안 나올 경우, 4번째 문장 다시 말한다.)
10.11.11.	awarded 역할?	분사중, 형용사
10.11.12.	왜?	명사 the woman을 수식하므로
10.11.13.	문장 내 동사 두 개일 수 있지 않나?	동사가 2개면 접속사가 1개 있어야 함
10.11.14.	접속사 개수는 동사 개수보다?	1개 적다
10.11.15.	동사 개수는 접속사 개수보다?	1개 많다
10.11.16.	awarded의 태는?	수동태
10.11.17.	수동태의 특징은?	뒤에 목적어를 취하지 않는다.
10.11.18.	그런데 왜 뒤에 prize라는 목적어가 나오나?	award는 수여동사(목적어 2개)
10.11.19.	Award 문형?	Award A B : A에게 B를 수여하다.
10.11.20.	the prize는 A인가? B인가?	the prize B
10.11.21.	그렇다면 A는?	the woman
10.12.	분사 > 부사 기능 > -ing 예문 시작	Because I have no money, I can't buy a car. Having no money, I can't buy a car.
10.12.1.	해석?	나는 돈이 없기 때문에 차를 살 수 없다.
10.12.2.	Having 이 왜 동명사면 안 되는가?	동명사는 명사 기능, having은 부사 기능
10.12.3.	왜 부사적 용법인가?	주절 전체를 수식
10.12.4.	첫번째 예문 because 절의 동사는?	have
10.12.5.	Because는 접속사 중에서?	종속
10.12.6.	첫 번째 예문 문장 종류는?	복문(complex)
10.12.7.	왜?	종속 접속사가 있음
10.12.8.	Because 절 전체의 기능은?	부사절
10.12.9.	두번째 예문에서 having의 기능은? 왜?	부사, 주절 전체를 수식

번호	질문	답변
10.13.	분사> 부사> ed 예문	If an employee is given a clear goal, an employee will work more diligently and happily. Given a clear goal, an employee will work more diligently and happily.
10.13.1.	첫번째 예문, if 절의 동사는?	is given
10.13.2.	If는 접속사 중에서?	종속
10.13.3.	첫번째 예문 문장 종류는?	복문(complex)
10.13.4.	왜?	종속 접속사가 있음
10.13.5.	If절 전체의 기능은?	부사
10.13.6.	두번째 예문에서 given의 기능은?	부사
10.13.7.	왜 given은 부사인가?	if가 이끌었던 부사절의 축약 문장 전체를 수식하는 부사, if 부사절에서 부사구로 줄여도 품사는 변하지 않음
10.13.8.	두번째 예문에서 given은 왜 동사 될 수 없는가?	뒤에 주절 동사 will work가 나옴(give-gave-given에서 given은 동사가 될 수 없다.)
10.13.9.	문장 내 동사 두 개일 수 있잖나?	동사가 2개면 접속사가 있어야 함
10.13.10.	접속사 개수는 동사 개수보다?	1개 적다
10.13.11.	동사 개수는 접속사 개수보다?	1개 많다
10.13.12.	given의 태는?	수동태
10.13.13.	수동태의 특징은?	뒤에 목적어를 취하지 않음
10.13.14.	그런데 왜 뒤에 goal 라는 목적어가 나오나?	give가 수여동사(목적어 2개)
10.13.15.	Give 문형?	Give A B : A에게 B를 주다
10.13.16.	이 문장에서 A는 뭐고, B는 뭐지?	A는 간접목적어, B는 직접목적어
10.13.17.	a clear goal은 A인가? B인가?	a clear goal B
10.13.18.	그렇다면 A는?	An employee

5일차

번호	질문	답변
11.	접속사 시작	등위, 종속
11.1.	등위 접속사 종류	FANBOYS (For=Because, And, Nor=And not, But, Or, Yet=But, So)
11.2.	종속 접속사로 시작하는 절 종류?	명사절, 형용사절, 부사절
11.3.	종속접속사 역할?	명사절, 형용사절, 부사절을 이끈다.
11.4.	등위 접속사 개념?	서로 대등한 것 연결, 단어, 구, 절, 문장 모두 연결
11.5.	종속 접속사 개념?	종속절 이끄는 접속사
11.6.	명사절, 형용사절, 부사절 가능한 가장 대표적인 종속 접속사는?	that
11.7.	that 예문 시작	that절 3개 명사절, 형용사절, 부사절 명사절 I believe that he is honest. 형용사절 주격 The women that is watering the plant is my mom. 형용사절 목적격 The women that I helped yesterday is my mom. 부사절 I am sorry that I am late.

번호	질문	답변
11.8.	what 명사절 시작	I believe what you said.
11.9.	해석	나는 그가 정직하다고 믿는다. 물을 주고 있는 여자는 나의 엄마다. 내가 어제 도와줬던 여자는 나의 엄마다. 늦어서 죄송하니다. 나는 네가 말했던 것을 믿는다.
11.10.	명사절 that 뒤에 빠진게?	없다
11.11.	격이?	없다
11.12.	생략은?	가능
11.13.	that절(that he is honest)이 전체문장(I believe that he is honest)에서 하는 기능?	believe 타동사 뒤 목적어
11.14.	형용사절 첫번째 예문?	형용사절 주격 The women that is watering the plant is my mom.
11.15.	해석?	물을 주고 있는 여자는 나의 엄마다.
11.16.	that 뒤에 빠진게?	있다
11.17.	뭐가?	주어
11.18.	격이?	주격
11.19.	생략은?	불가능
11.20.	이때 that절(that he is honest)이 전체문장(I believe that he is honest)에서 하는 기능?	주격 형용사절
11.21.	the plant 문장에서 품사? 기능?	품사는 명사, 기능은 water 타동사 뒤 목적어
11.22.	that 단어 하나가 that절 내에서의 기능?	종속 접속사 + 주어
11.23	형용사절 두번째 예문?	형용사절 목적격 The women that I helped yesterday is my mom.
11.24.	해석?	내가 어제 도와줬던 여자는 나의 엄마다.
11.25.	that 뒤에 빠진게?	있다
11.26.	뭐가?	목적어
11.27.	격이?	목적격
11.28.	생략은?	가능
11.29.	이때 that절(that I helped yesterday)이 전체문장(I believe that he is honest)에서 하는 기능?	목적격 형용사절
11.30.	that 단어 하나가 that절 내에서의 기능?	종속 접속사 + 목적어
11.31.	that은 누구의 목적어?	타동사 help의 목적어
11.32.	부사절 예문?	부사절 I am sorry that I am late.
11.33.	해석?	늦어서 죄송합니다.
11.34.	that의 뜻은?	because
11.35.	that 뒤에 빠진 게?	없다
11.36.	격이?	없다
11.37.	생략은?	가능
11.38.	what절 시작	I believe what you said.
11.39.	해석	나는 네가 말했던 것을 믿는다.
11.40.	what 뒤에 빠진게?	있다
11.41.	격이?	있다

번호	질문	답변
11.42.	생략은?	불가능
11.43.	절 "내에서" what 기능?	타동사 said 목적어
11.44.	"what절 전체"가 문장에서의 기능?	타동사 believes 목적어
11.45.	that 명사절 vs what 명사절 (공통점 vs 차이점)	공통점: 둘 다 명사절 차이점: that 명사절은 격이 없고 what 명사절은 격이 있다.
11.46.	that 형용사절 vs what 명사절 (공통점 vs 차이점)	공통점: 둘 다 격이 있다 차이점: that은 형용사절, what은 명사절, that 형용사절은 앞에 선행사(the woman)가 있고 what 명사절은 앞에 선행사가 없다.
12.	어셔 룰 - 앞에서 막히면 절대 뒤로 가지 않는다!	

승반테스트 족보
백지 40문장

*시험 준비 방법
1. 2명이상 짝을 찾는다.
2. 한명은 문제를 내고, 다른 사람은 책을 보지 않고 답을 한다.
3. 문제를 낸 사람은 틀린것을 불러준다.
4. **문제를 낸 사람은 반드시 틀린 문제에 대한 번호를 모두 적어둔다.**
5. 서로 테스트가 끝나면 각자 적어둔 것을 상대방에게 전달 해준다.
(6. 시험을 왠만하면 한번에 통과한다^^)
7. 음영은 백지 관련 복습내용입니다. 누적 활용 하는 부분이므로, 반드시 반복 체크 바랍니다.

번호	질문	답변
1.	The diaphragm, _____ a major role in human respiration, also acts as an anatomical landmark to separate the abdomen from the chest, sometimes called the thorax.	
1.1.	1번의 정답으로 온 것은?	형용사절 B번
1.2.	답근거	A) is playing is vs. acts 동사 충돌 B) which plays which가 접속사 역할, 주어 동사 수 일치 C) when it played played vs. acts 시제가 불일치 D) that play 주어(diaphragm) 동사(play) 수 불일치
A	정형동사 형태 시작	do, be done, have done, have been done, be doing, have been doing 백지관련 복습내용
A.1.	is playing 몇번?	5번 be doing 하는 중이다 능동
A.2.	문장내의 동사 개수와 접속사 개수 사이의 관계는?	동사개수 -1 = 접속사 개수
A.3.	동사 갯수는 접속사 갯수보다? 접속사 갯수는 동사 갯수보다?	1개 많다 1개 적다
A.4.	문제는?	문장에 동사가 2개인데 접속사가 없어서 A번 답 불가
B	which 품사는?	접속사
B.1.	무슨 접속사?	종속 접속사
B.2.	무슨 기능 하는 종속절?	주격형용사절
	that의 형용사절과 which절은 기능과 특징이 같다	
B.3.	주격 형용사절 특징은?	빠진게 있다, 격이 있다, 생략 불가능
B.4	동사 갯수는 접속사 갯수보다? 접속사 갯수는 동사 갯수보다?	1개 많다 1개 적다
B.5	문제는?	접속사 있고, which절 동사의 수일치, 시제 일치되기에 정답
C	when절 몇개?	명사절, 형용사절, 부사절 3개
C.1.	when절 시작	When절 3개 명사절, 형용사절, 부사절. 명사절 I don't know when she will begin next time. 형용사절 The day when we arrived was a holiday. 부사절 When it rains, she usually stays inside.
C.2.	보기에서는 무슨절?	형용사절
C.3.	보기에서 틀린 이유?	when절의 동사인 played가 주절 동사인 acts와 시제가 불일치하다.
D	that절 몇개?	3개: 명사절, 형용사절, 부사절

번호	질문	답변
D.1.	that절 예문 시작	명사절: I belive that he is honest. 형용사절: The woman that is watering the plant is my mom. 부사절: I am sorry that I am late.
D.2.	본문의 that절은 무슨절?	주격 형용사절
D.3.	어째서?	that절의 주어가 없어서
D.4.	that 주격 형용사절의 특징은?	빠진게 있다, 격이 있다, 생략이 불가능하다
1.3.	명사, , 사이에 올 수 있는 것?	동격인 명사, 형용사절, 분사
1.4.	play?	**하나?** play a role in **둘?** ~라는 점에서 역할을 하다
1.5.	act ?	**하나?** act as **둘?** ~로서 역할을 하다
1.6.	separate?	**하나?** separate A from B **둘?** A를 B로부터 분리하다
1.7.	to separate 기능?	형용사
1.8.	본문에서 누가 A이고 누가 B인가?	abdomen, chest
1.9.	to는 여기서 전치사인가 to 부정사인가?	to 부정사이다. to 뒤에 정형동사가 나왔다
1.10.	to가 전치사라면?	뒤에 명사가 나온다
1.11.	to 부정사 기능 몇가지?	명사, 형용사, 부사 3가지
1.12.	to 부정사 예문 시작	명사: To see is to believe. 형용사: I have a friend to help me. 부사: He is too busy to trim his hair. 　　　I am rich enough to buy a car. 　　　Her hair is so long as to touch the floor.
1.13.	본문에서는 무슨 기능?	형용사 기능
1.14.	어째서?	선행사인 명사 landmark를 꾸며준다
1.15.	to 부정사는 정형동사인가 비정형동사인가?	비정형 동사다
1.16.	비정형동사는 무엇을 가지고 있나?	동사의 성질
1.17.	동사의 성질 시작	
1.18.	동사의 성질 가운데 무엇을 볼 수 있나?	타동사 separate가 목적어를 가져온다
1.19.	목적어가 누구?	the abdomen
1.20.	called는 동사?	아니다
1.21.	어째서?	동사라면 문장 내에 접속사가 하나 더 추가되었어야 하지만 없다
1.22.	그럼 무엇인가?	분사
1.23.	분사 기능 몇개?	형용사, 부사 2개
1.24.	분사 종류 몇개?	현재분사 ing 능동, 과거분사 ed 수동
1.25.	분사 예문 시작	형용사 ing The woman is my mom. The woman is watering the plant. The woman who is watering the plant is my mom. The woman watering the plant is my mom. 형용사 ed The woman is my mom. The woman is awarded the prize. The woman who is award the prize is my mom. The woman award the prize is my mom.

번호	질문	답변
		부사 ing Because I have no money, I can't buy a car. Having no money, I can't buy a car. 부사 ed If an employee is given a clear goal, an employee will work more diligently and happily.
1.26.	call?	하나? call A B 둘? A를 B라고 부르다
1.27	누가 A이고 누가 B인가?	chest, thorax
1.28	called 역할?	분사로써 형용사 기능
1.29.	called가 수식하는 것은?	the chest
1.30.	the thorax의 역할?	목적격 보어
1.31.	접속사 when?	when 3개, 명사절, 형용사절, 부사절 1) 명사절 I don't know when she will begin next time. 2) 형용사절 The day when we arrived was a holiday. 3) 부사절 When it rains, she usually stays inside.
1.32.	해석	인간의 호흡에서 중요한 역할을 하는 횡격막은 때때로 흉부라 불리는 가슴으로부터 복부를 분리시키는 해부학적 지표로서 또한 역할을 합니다.
2.	_____ we rely on a constant supply of food, humans have developed a variety of methods of preserving perishable food products to help us get through the winter.	
2.1.	빈칸에 들어와야 하는 것은?	접속사
2.2.	어째서?	문장내에 동사가 rely, have developed 2개
2.3.	동사 갯수는 접속사 갯수보다? 접속사 갯수는 동사 갯수보다?	1개 많다 1개 적다
2.4.	답근거	(A) Because 접속사 자리 (B) As a consequence As가 접속사인 경우, 명사 충돌 (C) All told 접속사가 없음 (D) Since then Since가 접속사인 경우, 명사 충돌
A	because 품사? because 예문?	접속사 because 1개, 부사절 1) 부사절 Because I have no money, I can't buy a car.
A.1.	because 무슨 접속사?	종속 접속사
A.2.	등위 접속사 시작	FANBOYS (For=Because, And, Nor=And not, But, Or, Yet=But, So)
B	As의 품사는?	전치사 또는 접속사
B.1.	전치사라면?	빈칸에 접속사가 필요한데 전치사이기에 오답
B.2.	접속사라면?	명사 a consequence와 we 명사 충돌
C	All told 에 접속사가 있는가?	없다. 주어 동사만 있다
D	Since의 품사는?	전치사 또는 접속사
D.1	전치사라면?	빈칸에 접속사가 필요한데 전치사이기에 오답
D.2	접속사라면?	명사 then 과 we 가 명사 충돌
2.5.	전치사 since 뜻은?	~이래로

번호	질문	답변
2.6.	접속사 since?	Since 1개 부사절, 뜻 2개 이래로, 때문에 부사절 1) 이래로 He has worked since he left school. 2) 때문에 He must have shut the door since he was the last one to leave. 그가 마지막으로 떠났기 때문에, 그가 문을 닫았음에 틀림이 없다. *must have shut ~했음에 틀림없다.
2.7.	rely?	**하나?** rely on **둘?** ~에 의존하다
2.8.	정형동사 형태 시작	do, be done, have done, have been done, be doing, have been doing
2.9.	have developed 몇번?	3번 have done 해오다 능동
2.10.	variety?	**하나?** a variety of **둘?** 다양한
2.11.	a variety of 뒤에 단수명사 또는 복수명사?	복수명사가 온다
2.12.	동의어는?	various
2.13.	preserving 동명사? 분사?	동명사
2.14.	어째서?	명사 성질: 전치사 of의 목적어 동사 성질: 타동사 preserve 뒤에 목적어 perishable food products
2.15.	명사 역할 시작	1. 주어 2. 타동사 뒤 목적어 3. 전치사 뒤 목적어 4. 주격 보어 5. 목적격 보어 6. 동격
2.16.	help?	**하나?** help 목적어 do, help 목적어 to do **둘?** 목적어가 do하는 것을 돕다, 목적어가 to do 하는 것을 돕다.
2.17.	to 부정사가 목적어를 가져올 수 있나?	있다
2.18.	어째서?	비정형동사라 동사의 성질을 가지고 있다
2.19.	동사의 성질 시작	부사의 수식을 받음, 동사 문형을 취함 (동사 문형이란? 타동사 뒤 목적어, be동사 뒤 주격 보어)
2.20.	그중에 어떤 것이 적용 되었나?	타동사 뒤에는 목적어
2.21.	help는 타동사인가?	그렇다
2.22.	어째서?	~을/를 돕다
2.23.	to help의 목적어는?	us
2.24.	us는 무슨격?	목적격
2.25.	어째서?	목적어 자리에는 대명사의 목적격이 쓰여야 한다
2.26.	get through 뜻?	이겨내다
2.27.	through? throughout? though? thorough?	전치사, ~를 통해 전치사, 기간 앞은 ~동안 내내, 장소 앞은 ~도처에 접속사, ~임에도 불구하고 형용사, 철저한
2.28.	해석	우리는 음식의 지속적인 공급에 의존하기 때문에 인간들은 우리가 겨울을 나는 것을 돕기 위해 썩기 쉬운 음식들을 보존하는 것의 다양한 방법들을 개발해왔습니다.
3.	In 1953, _____ agreed upon a ceasefire and created a demilitarized zone that effectively divided the Korean peninsula into two separate countries.	
3.1.	빈칸에 들어가야 할 것은?	주절의 주어

번호	질문	답변
3.2.	왜 주절의 주어인가?	종속절 that절이 있고, 동사 agreed와 created가 있지만 그 둘의 주어가 부재해서
3.3.	답 근거	A) when the United Nations Command and North Korean government 접속사 when 때문에 주절이 사라짐 B) the United Nations Command and North Korean government which주절에 동사가 존재하지 않음 C) with the United Nations Command and North Korean government 전치사(with) + 명사는 주어 역할을 하지 못함 D) the United Nations Command and the North Korean government 명사로서 문장의 주어 역할 가능
A	정답인가?	아니다
A.1.	어째서?	종속접속사 when이 이끄는 종속절이기에 주절의 주어가 될 수 없다
B	정답인가?	아니다
B.1.	어째서?	종속접속사 which가 이끄는 종속절로 주절의 동사 agreed와 created 가 편입되어 주절의 동사가 없어지게된다
C	정답인가?	아니다
C.1.	어째서?	전치사 with + 명사라 주어 역할이 불가능 하다.
C.2.	전치사+명사의 역할은?	형용사 또는 부사
D	정답인가?	그렇다
D.1.	어째서?	명사구이다
3.4.	3번의 정답은?	주절의 주어
3.5.	in? on? at?	년/월/국가 요일/날짜/특정한 날 정확한 시간/장소
3.6.	In 품사는?	전치사
3.7.	전치사 In의 목적어는?	1953
3.8.	전치사 in/on/at 뒤에는?	명사
3.9.	그 명사의 기능은?	전치사의 목적어
3.10.	명사 역할 시작	1. 주어 2. 타동사 뒤 목적어 3. 전치사 뒤 목적어 4. 주격 보어 5. 목적격 보어 6. 동격
3.11.	agree?	**하나?** agree with 상대 on/upon 주제 **둘?** 상대와 주제에 대해 동의하다 * agree with A on/upon B : A와 B에 대해 동의하다.
3.12.	that 품사는?	접속사
3.13.	무슨 접속사?	종속 접속사
3.14.	that절 몇개?	명사절, 형용사절, 부사절
3.15.	that절 시작	명사절: I believe that he is honest. 주격 형용사절: The woman that is watering the plant is my mom. 목적격 형용사절: The woman that I helped yesterday is my mom. 부사절: I'm sorry that I'm late.
3.16.	본문 that절은 무슨절?	주격 형용사절
3.17.	주격 형용사절의 특징?	빠지는게 있다, 격이 있다, 생략이 불가능하다
3.18.	that절이 꾸며주는 대상은?	a demilitarized zone

번호	질문	답변
3.19.	divide?	**하나?** divide A into B **둘?** A를 B로 나누다
3.20.	separate 품사?	형용사
3.21.	해석	1953년에 UN과 북한 정부는 휴전에 동의했습니다, 그리고 한반도를 두개의 분리된 국가로 효과적으로 나누는 비무장지대를 만들었습니다.
4.	Prized for thousands of years for their delicate beauty and medicinal values, orchids are probably the world's _____ plants.	
4.1.	빈 칸에 들어와야 할 것은?	최상급 어순
4.2.	답 근거	A) expensive ornamental most — 최상급 어순 × B) ornamental expensive most — 최상급 어순 × C) most expensive ornamental — 최상급 어순 the most 형용사 명사 D) ornamental most expensive — 최상급 어순 ×
4.2.1.	A, B, D가 안되는 이유는?	최상급의 어순이 아니어서
4.2.2.	최상급의 어순	the ~est + 명사 the most + 형용사 + 명사
4.3.	prize?	**하나?** prize A for B **둘?** A를 B 때문에 높이 평가하다
4.4.	prized는 동사인가?	아니다
4.5.	그러면?	분사
4.6.	분사 종류 몇개?	5개 (-ing ~하는 명사, -ed ~되는 명사, 형용사인 명사, 명사인 명사, 전명인 명사 ing, ed, 형용사, 명사, 전명)
4.7.	분사 기능 시작	형용사, 부사 기능
4.8.	분사가 어떻게 쓰인 건가?	분사의 형용사 기능, 과거분사 ed 쓰임
4.9.	명사 누구 수식?	orchids
4.10.	정관사 the 5개?	서수, 최상급, the same, the rest, one of the 복수명사
4.11.	분사 5개?	-ing ~하는 명사, -ed ~되는 명사, 형용사인 명사, 명사인 명사, 전명인 명사
4.12.	prized 뒤에 있는 for 품사?	전치사 뜻 3개, 위하여, 동안에, 때문에 / 접속사 때문에
4.13.	언제 '~동안'으로 해석되나?	전치사의 목적어로 시간 관련 명사 나올 경우
4.14.	years 뒤에 있는 for 품사? 뜻?	전치사; ~때문에
4.15.	prize A for B 의 'for B'는 앞의 for인가 뒤의 for인가?	뒤의 for
4.16.	해석	그들의 섬세한 아름다움과 의학적 가치들 때문에 수 천년 동안 높이 칭송된 난은 아마도 세계에서 가장 비싼 장식의 식물일 것입니다.
5.	By area, Alaska is the largest American state, _____ it ranks forty-seventh in population, whereas Rhode Island is the smallest, but ranks forty-third in population.	
5.1.	빈 칸에 들어가야 할 것은?	접속사
5.2.	어째서?	문장에서 동사의 개수가 4개라 접속사가 3개 필요한데 2개만 현재 있음
5.3.	동사 갯수는 접속사 갯수보다?	1개 많다
5.4.	접속사 갯수는 동사 갯수보다?	1개 적다
5.5.	답 근거	A) or — 접속사 역할은 가능하지만 문맥상 적절하지 않음 B) despite — 접속사의 기능이 없는 전치사 C) that — 명사절 혹은 부사절 이끄는 접속사로 쓰여 문맥상 적절하지 않음 D) but — 문장과 문장을 연결해주는 등위 접속사

번호	질문	답변
A	or 접속사 맞나?	맞다
A.1.	정답인가?	의미상 부적절해 오답
B	despite 접속사 맞나?	전치사
B.1.	despite 예문 시작	He is very strong despite his age.
C	that 접속사 맞나?	맞다
C.1.	정답인가?	that절이 명사절일 때 American state와 명사 충돌 that절이 형용사절일 때 that절에 격이 없어서 정답이 될 수 없음 that절이 부사절일 때 문맥상 적절하지 않음
D	but 접속사 맞나?	맞다
D.1.	정답인가?	의미상 정답
5.6.	By 품사는?	전치사
5.7.	By 뜻은?	by 뒤에 시간이 오면 '~즈음에, ~까지' by 뒤에 근거가 오면 '~에 의해' by 뒤에 수단/방법이 오면 '~로'
5.8.	전치사 뒤에는?	명사
5.9.	그 명사의 기능은?	전치사의 목적어
5.10.	명사 역할 시작	1. 주어 2. 타동사 뒤 목적어 3. 전치사 뒤 목적어 4. 주격 보어 5. 목적격 보어 6. 동격
5.11.	본문에 있는 By 뜻은?	~에 의하면
5.12.	the 시리즈	서수, 최상급, the same, the rest, one of the 복수명사
5.13.	one of the 복수명사?	1.the 대신 소유격 둘중하나만 2.one of the 복수명사, 3. 복수명사 대신 최상급, 4.one 대신 each/some/most, 5.one of them/us/you
5.14.	in population?	인구라는 점에서
5.15.	whereas 품사?	접속사
5.16.	무슨 접속사?	종속 접속사
5.17.	접속사 whereas?	whereas 1개 부사절, 뜻 반면에 1) 부사절 Some students like mathematics, whereas others do not.
5.18.	전치사 despite?	He is very strong despite his age.
5.19.	해석 (whereas절 해석 주의)* 학생들 묶기 닫히는 위치 보면, 해석 틀린지 파악 가능	로드아일랜드는 가장 작지만, 인구라는 점에서 43위를 차지하는 반면에 알래스카는 가장 큰 미국의 주입니다, 그러나 이것은 인구라는 점에서 47위를 차지합니다.
6.	Most fruit and vegetables _____ in greenhouses in areas where the winter temperatures prevent them from growing naturally.	
6.1.	빈 칸에 들어가야 할 것은?	주절의 동사
6.2.	어째서?	종속절 where절이 갖춰져 있는데, 주절의 동사가 없음
6.3.	동사의 역할을 하는 것은?	정형동사
6.4.	정형동사 형태 시작	do, be done, have done, have been done, be doing, have been doing
6.5.	답 근거	A) grown 　　　정형동사 형태 아님 B) are grown 　주어와 수 일치와 더불어 수동태로 적절함 C) had grown 　prevent와 시제 불일치 D) growing 　　정형동사 형태 아님
A	grown은 정형동사인가?	아니다

번호	질문	답변
A.1.	정답인가?	아니다
A.2.	어째서?	grown은 done형태이기 때문에 정형동사에 속해있지 않아서 비정형동사.
B	are grown 정형동사인가?	그렇다
B.1.	몇번?	2번 be done 당하다 수동
B.2.	정답인가?	그렇다
B.3.	어째서?	수동태 뒤에 목적어가 없다
B.4.	are grown은 자동사인가 타동사인가?	타동사
B.5.	어째서?	자동사는 수동태로 쓰일 수 없다
B.6.	타동사 grow의 뜻은?	재배하다
C	had grown은 정형동사인가?	그렇다
C.1.	몇번?	3번 have done 해오다 능동
C.2.	정답인가?	아니다
C.3.	어째서?	주절과 종속절 동사 시제가 불일치
D	growing정형동사인가?	아니다
D.1.	정답인가?	아니다
6.6.	Most 품사? 뜻?	형용사, 대부분의
6.7.	명사를 꾸며주는 것은?	형용사
6.8.	형용사를 꾸며주는 것은?	부사
6.9.	부사를 꾸며주는 것은?	부사
6.10.	부사가 못 꾸미는 것은?	명사
6.11.	형용사 Most가 꾸미는 것은?	명사 fruit and vegetables
6.12.	grow 동사 종류?	자동사/타동사
6.13.	grow 자동사/ 타동사일 때 뜻?	자동사 → 자라다, 타동사 → 키우다/재배하다
6.14.	are grown은 자동사인가 타동사인가? 이유는?	타동사, 자동사는 수동태 불가능
6.15.	growing은 자동사인가 타동사인가? 이유는?	자동사, 목적어를 가지지 않음.
6.16.	where 품사는?	접속사
6.17.	무슨 접속사?	종속 접속사
6.18	where절 동사는?	prevent
6.19.	접속사 where?	where 3개, 명사절, 형용사절, 부사절 1) 명사절 I wonder where he lives. 2) 형용사절 This is the house where she was born. 3) 부사절 Stop, where the road branches off.
6.20.	where절 무슨 절?	형용사절
6.21.	where절이 꾸며주는 것은?	명사 areas
6.22.	prevent?	**하나?** prevent 목 from -ing **둘?** 목적어가 -ing하는 것을 막다
6.23.	from 품사는?	전치사
6.24.	전치사 뒤에는?	명사

번호	질문	답변
6.25.	그 명사의 기능은?	전치사의 목적어
6.26.	명사 역할 시작	1. 주어 2. 타동사 뒤 목적어 3. 전치사 뒤 목적어 4. 주격 보어 5. 목적격 보어 6. 동격
6.27.	전치사 from의 목적어는?	growing
6.28.	growing 품사는?	동명사
6.29.	본문에서 growing의 뜻은?	자라다
6.30.	어째서?	목적어가 없어서 자동사 성질을 갖고 있는 동명사이기 때문에
6.31.	자동사 grow 뜻은?	자라다
6.32.	타동사 grow 뜻은?	재배하다, 경작하다
6.33.	naturally에서 ly가 빠지면 안되는 이유?	동명사 growing은 동사 성질이있어서, 부사의 수식을 받아야 하므로, ly가 빠지면 안된다.
6.34.	해석	대부분의 과일과 야채들은 겨울 온도가 그들이 자라는 것으로부터 막는 지역들의 온실에서 경작되어 집니다.
7.	Elephant brains are larger _____ of any other land animal; they have been found to weigh 4.5 to 5.5 kg (10-12 lbs.).	
7.1.	빈 칸에 들어와야 하는 것은?	비교급 than과 비교대상
7.2.	비교급 예문 시작	She studies hard. He studies hard. She studies harder than he studies. She studies harder than he does (대동사). She studies harder than does he (도치-강조). She studies harder than he (생략).
7.3.	어떻게 판단?	전치사면 뒤에 목적어 접속사면 뒤에 주어동사
7.4.	비교대상이 than 보다 뒤에? 앞에?	뒤에 나와야 한다.
7.5.	답 근거	A) than those 비교급 than 뒤에 비교대상이 적절하게 왔음 B) of them 비교급 than ✕ C) those than than뒤에 비교대상이 없음 D) then 비교급 than ✕
A	than 품사는?	전치사
A.1.	어째서?	those 가 대명사
A.2.	that/those 예문 시작	His dress is that of a gentleman, but his manners are those of a clown.
A.3.	예문에서 that/those는 무엇을 대신하는지?	that → dress / those → manners
B	정답인가?	아니다
B.1.	어째서?	than 뒤에 비교대상이 없다
C	those than이 정답인가?	아니다
C.1.	어째서?	than 뒤에 비교대상이 없다
D	then이 정답인가?	아니다
D.1.	어째서?	than이 아니다
7.6.	any other 품사?	수량 형용사
7.7.	any other 뒤에?	단수명사

번호	질문	답변
7.8.	세미콜론(;) 5가지?	However(하지만) Moreover(게다가) That is(즉) Because(왜냐하면) Therefore(그러므로)
7.9.	여기서 세미콜론(;) 무슨 뜻으로 쓰였는가?	That is (즉)
7.10.	find?	하나? find O to do 둘? O가 to do 하는 것을 알아내다.
7.11.	정형동사 형태 시작	do, be done, have done, have been done, be doing, have been doing
7.12.	본문에서 have been found는 몇번?	4번 have been done 당해오다 수동
7.13.	해석	코끼리의 뇌는 어느 다른 육지동물들의 그것들 보다 더 큽니다; 그들은 4.5에서 5.5kg로 무게가 나가는 것으로 발견 되어져 왔습니다.
8.	Although precipitation occurs throughout the year in most places, in East Asia and a few other locations affected by monsoons, _____ of the annual precipitation occurs as a result of changes in the seasonal wind patterns.	
8.1.	빈 칸에 들어와야 하는 것은?	주절의 주어
8.2.	명사 역할 시작	1. 주어 2. 타동사 뒤 목적어 3. 전치사 뒤 목적어 4. 주격 보어 5. 목적격 보어 6. 동격
8.3.	답 근거	A) and most : 주절 주어는 접속사로 시작 안됨. B) most : 정답, 주어자리에 대명사 C) Where most : 주절이 사라짐 D) it is most : 접속사 필요함, 동사충돌
A	and most 정답인가?	아니다
A.1.	어째서?	주절 주어는 접속사로 시작 안됨.
B	most 정답인가?	그렇다
B.1.	어째서?	대명사여서
B.2.	most 뜻?	대부분
C	where most 정답인가?	아니다
C.1.	어째서?	where 가 이끄는 종속절이라 주절이 없어진다
C.2.	where 품사는?	접속사
C.3.	무슨 접속사?	종속 접속사
C.4.	where절 몇개? 무슨절?	명사절, 형용사절, 부사절 3개
C.5.	where절 예문 시작	I wonder where he lives. This is the house where she was born. Stop, where the road branches off.
D	it is most 정답인가?	아니다
D.1.	어째서?	동사 is와 occurs의 동사충돌
8.4.	Although 품사?	접속사
8.5.	무슨 접속사?	종속 접속사
8.6.	접속사 although?	although 1개, 부사절 뜻 비록-일지라도 1) 부사절 Although he is rich, he is not happy.
8.7.	TH시리즈	
8.8.	throughout?	전치사, 기간 앞은 ~동안 내내, 장소 앞은 ~도처에
8.9.	through?	전치사, ~를 통해
8.10.	though?	접속사, ~임에도 불구하고

번호	질문	답변
8.11.	thorough?	형용사, 철저한
8.12.	a few 뒤에?	복수명사
8.13.	other 뒤에?	복수명사
8.14.	affected는 동사인가?	아니다
8.15.	어째서?	동사라면 목적어가 나와야 하는 타동사인데, 목적어가 없다
8.16.	그럼 분사는 무엇인가?	비정형동사 분사 입니다.
8.17.	본문에서 affected 분사가 어떻게 쓰인 건가?	분사의 형용사 기능, 과거분사 ed 쓰임
8.18.	명사 누구 수식?	locations
8.19.	분사 5개?	-ing ~하는 명사, -ed ~되는 명사, 형용사인 명사, 명사인 명사, 전명인 명사
8.20.	result?	**하나?** as a result of **둘?** -의 결과로서
8.21.	as a result of 에서 of의 품사는?	전치사
8.22.	전치사 뒤에는?	명사
8.23.	그 명사의 기능은?	전치사의 목적어
8.24.	명사 기능 시작	1. 주어 2. 타동사 뒤 목적어 3. 전치사 뒤 목적어 4. 주격 보어 5. 목적격 보어 6. 동격
8.25.	change?	**하나?** change in **둘?** -라는 점에서의 변화 (동의어 shift in)
8.26.	해석	비록 강수량이 대부분의 장소에서 일년에 걸쳐서 발생할지라도, 장마에 의해 영향받은 동아시아와 몇몇 다른 지역들에서, 연간 강수량의 대부분은 계절풍 패턴이라는 점에서 변화의 결과로서 발생합니다.
9.	_____ to learn more about the origin of the Earth, scientists study fossilized animal remains to determine when the species existed and other aspects of their lifecycles.	
9.1.	빈 칸에 들어와야 하는 것은?	문장에서 주절 1개, 종속절 1개 문제없이 갖춰져 있기에 또다른 종속절이 나올 필요는 없다. 주어 동사가 있는 절이 아니기에 접속사는 들어오면 안된다. 동사가 들어올 경우는 접속사를 같이 가져와야 한다.
9.2.	답 근거	A) Because attempting Because절의 동사 × B) Do they attempt 의문문 어순 C) There is attempting 접속사 필요함, 동사 충돌 **D) In attempting**
A	because attempting 정답인가?	아니다
A.1.	어째서?	because는 종속접속사기에 뒤에 주어 동사 나와야 하는데 그렇지 않다
B	Do they attempt 정답인가?	아니다
B.1.	어째서?	의문문 형태인데, 물음표 없는 평서문이다.
C	There is attempting 정답인가?	아니다
C.1.	어째서?	정형동사 is attempting 이 나왔기에, 접속사 개수가 하나 더 늘어야 하지만, 접속사가 없기에 동사 충돌
C.2.	동사 갯수는 접속사 갯수보다?	1개 많다
C.3.	접속사 갯수는 동사 갯수보다?	1개 적다
D	in attempting 정답인가?	맞다
D.1.	어째서?	전치사+명사로 이루어진 구이다
D.2.	전치사 뒤에는?	명사
D.3.	그 명사의 기능은?	전치사의 목적어

번호	질문	답변
D.4.	명사 기능 시작	1. 주어 2. 타동사 뒤 목적어 3. 전치사 뒤 목적어 4. 주격 보어 5. 목적격 보어 6. 동격
9.3.	In -ing ?	-함에 있어서
9.4.	attempt?	하나? attempt to do /-ing 둘? to do/-ing 하는 것을 시도하다.
9.5.	to learn의 기능?	N (타동사 attempt의 목적어)
9.6.	to learn은 동사인가?	아니오. 비정형동사 to부정사 입니다.
9.7.	to 부정사 기능 몇개?	명사, 형용사, 부사 기능 총 3개
9.8.	to부정사 예문 시작	명사(To see is to believe.) 형용사(I have a friend to help me.) 부사(He is too busy to trim his hair, I am rich enough to buy a car, Her hair is so long as to touch the floor.)
9.9.	동명사도 목적어를 가지고 올 수 있나?	있다
9.10.	어째서?	비정형동사라 동사의 성질을 가진다
9.11.	동사의 성질 시작	부사의 수식을 받음, 동사 문형을 취함 (동사 문형이란? 타동사 뒤 목적어, be동사 뒤 주격 보어)
9.12.	more 품사?	대명사 (타동사 learn의 목적어)
9.13.	역할은?	to learn 의 목적어
9.14.	to부정사가 목적어를 가져올 수 있나	있다
9.15.	어째서?	비정형동사라 동사의 성질을 가진다
9.16.	동사의 성질 시작	1. 부사의 수식을 받는다 2. 동사의 문형을 취한다 (타동사 뒤 목적어, be동사 뒤 주격보어)
9.17.	remains 품사?	명사
9.18.	뜻?	잔여물, 잔해
9.19.	to 부정사 기능 몇개?	명사, 형용사, 부사 기능 총 3개
9.20.	to부정사 예문 시작	명사 (To see is to believe.) 형용사 (I have a friend to help me.) 부사 (He is too busy to trim his hair, 　　I am rich enough to buy a car, 　　Her hair is so long as to touch the floor.)
9.21.	본문에서 to determine의 부사적 용법은?	목적
9.22.	to determine은 무슨 기능?	to부정사 부사 기능
9.23.	해석은?	알아내기 위해
9.24.	to부정사 부사적용법? (신규 교육 동영상에 없음.)	1.목적(-하기위해서) : He went to see his friend. 2.결과(그결과-하다) : The boy grew up to be a fine youth. 3.이유/판단(-하다니) : He must be crazy to talk like that. 4.원인(-해서) : I rejoiced to hear of your recovery. 5.조건/가정(-라면) : To tell the truth, the prospect isn't bright.
9.25.	when 품사는?	접속사
9.26.	무슨 접속사?	종속 접속사

번호	질문	답변
9.27.	접속사 when?	when 3개, 명사절, 형용사절, 부사절 1) 명사절 I don't know when she will begin next time. 2) 형용사절 The day when we arrived was a holiday. 3) 부사절 When it rains, she usually stays inside.
9.28.	여기서 when 무슨 절?	명사절 (타동사 determine의 목적어)
9.29.	to부정사가 목적어를 가져올 수 있나	있다
9.30.	어째서?	비정형동사라 동사의 성질을 가진다
9.31.	동사의 성질 시작	1. 부사의 수식을 받는다 2. 동사의 문형을 취한다 (타동사 뒤 목적어, be동사 뒤 주격보어)
9.32.	other 품사?	수량 형용사
9.33.	뒤에 단수명사 복수명사?	복수명사
9.34.	해석	지구의 기원에 대해서 더 배우는 것을 시도한다는 점에서 과학자들은 언제 그 종들이 존재했는지를 그리고 그들의 생활주기의 다른 측면들을 결정하기 위해 화석화된 동물의 잔여물을 연구합니다.
10.	_____ where the conservative movement seems to have gained the most ground since the last election, partly because of the region's inhabitants' displeasure with the current administration.	
10.1.	빈 칸에 들어와야 하는 것은?	주절
10.2.	어째서?	종속절 where 절이 온전히 있으나, 주절이 없다
10.3.	답 근거	A) is the South — 의문문 어순 B) The South as — 주절 동사 없음. C) It is the South — 주절의 주어 동사 다 있음 D) The South being — 주절 동사 없음.
A	Is the South 정답인가?	아니다
A.1.	어째서?	의문문 형태인데, 본문은 평서문이다
B	The South as 정답인가?	아니다
B.1.	어째서?	정형동사 없다
C	It is the South 정답인가?	맞다
C.1.	어째서?	주어 동사 갖추고 있다
D	The South being 정답인가?	아니다
D.1.	어째서?	정형동사 없다
D.2.	where 품사는?	접속사
D.3.	무슨 접속사?	종속 접속사
10.4.	접속사 where?	where 3개, 명사절, 형용사절, 부사절 1) 명사절 I wonder where he lives. 2) 형용사절 This is the house where she was born. 3) 부사절 Stop, where the road branches off.
10.5.	본문의 where절은 무슨절?	형용사절
10.6.	어째서?	선행사인 장소 명사 the South 꾸며준다
10.7.	seem?	**하나?** seem to do　　　**둘?** to do 하는 것처럼 보이다.
10.8.	to have gained에서 to부정사 내에 have가 있으면?	한 시제 빨리 해석한다. 즉, seem to lie: 거짓말 하고 있는것 처럼 보인다. seem to have lied: 거짓말 해왔던것 처럼 보인다.

번호	질문	답변
10.9.	본문의 to have gained의 to 는 전치사인가 to부정사인가?	to 부정사
10.10.	어째서?	to 뒤에 정형동사 나와야 to 부정사이다
10.11.	정형동사 형태 시작	do, be done, have done, have been done, be doing, have been doing
10.12.	have gained 몇번?	3번 have done 해오다 능동
10.13.	most 품사?	형용사
10.14.	어째서?	명사 ground 수식
10.15.	뜻은?	가장 많은
10.16.	most 뒤에?	단/복수 명사
10.17.	명사를 꾸며주는 것은?	형용사
10.18.	형용사를 꾸며주는 것은?	부사
10.19.	부사를 꾸며주는 것은?	부사
10.20.	부사가 못 꾸미는 것은?	명사
10.21.	because of / because 품사?	because of- 전치사 because- 접속사
10.22.	partly에서 'ly'가 빠지면?	안된다
10.23.	왜?	(p+n)은 a와 ad 역할을 하는데, a, ad를 수식할 수 있는 건 부사이기 때문입니다.
10.24.	because of 예문	We changed our plans because of her late arrival.
10.25.	because 접속사 예문	because i have no money, i can't buy a car.
10.26.	전치사 뒤에는?	명사
10.27.	그 명사의 기능은?	전치사의 목적어
10.28.	명사 기능 시작	1. 주어 2. 타동사 뒤 목적어 3. 전치사 뒤 목적어 4. 주격 보어 5. 목적격 보어 6. 동격
10.29.	since 품사는?	전치사 또는 접속사
10.30.	since가 접속사면?	since 1개, 부사절 뜻 2개 1) 부사절 -이래로 : He has worked since he left school. 　　　　-때문에 : He must have shut the door since he was the last one to leave.
10.31.	본문의 since 품사는?	전치사
10.32.	전치사일때 since 뜻은?	~이래로
10.33.	어째서?	전치사 뒤에는 명사, 접속사 뒤에는 주어 동사
10.34.	전치사 뒤에는?	명사
10.35.	그 명사의 기능은?	전치사의 목적어
10.36.	명사 역할 시작	1. 주어 2. 타동사 뒤 목적어 3. 전치사 뒤 목적어 4. 주격 보어 5. 목적격 보어 6. 동격
10.37.	해석	이것은 보수적인 움직임이 부분적으로 현 정부에 대한 지역주민의 불만 때문에 지난 선거 이래로 가장 많은 지지를 얻어왔던 것처럼 보이는 남쪽입니다.
11.	_____ as purple is really a composite color made up of both the red and blue wavelengths of the light spectrum.	
11.1.	빈 칸에 와야 할 것은?	주절의 주어
11.2.	어째서?	주절의 동사 is의 주어가 없다

번호	질문	답변
11.3.	명사 기능 시작	1. 주어 2. 타동사 뒤 목적어 3. 전치사 뒤 목적어 4. 주격 보어 5. 목적격 보어 6. 동격
11.4.	답 근거	1) To which we are referring 형용사절이라서 안됨. (설명은 A.1~11참고) 2) What do we refer to 의문문 어순 3) That we referred to 형용사절, 선행사 없음. A)와 설명 같음 4) What we refer to 명사절(what은 선행사 이미 포함하고 있다.)
A	(A)가 정답인가?	아니다
A.1.	밑줄 친 곳에 들어 갈 건?	주어
A.2.	주어자리는?	명사
A.3.	refer 하나? / 둘?	refer to A as B / A를 B라고 언급하다
A.4.	refer to 뒤에 빠진게?	있다
A.5.	뭐가?	목적어
A.6.	격이?	있다.
A.7.	무슨격?	목적격.
A.8.	문항 A)의 to which에서 which는?	refer to A as B에서 A자리.
A.9.	무슨절?	형용사절.
A.10.	형용사절은 주어자리 올수?	없다.
A.11.	그래서?	답이 안된다.
B	(B)가 정답인가?	아니다
B.1.	어째서?	의문문 형태
C	(C)가 정답인가?	아니다
C.1.	어째서?	that절에 빠진게 있어서 형용사절인데 선행가 없다. that절의 동사랑 주절의 동사 시제가 불일치하다
D	(D)가 정답인가?	그렇다
D.1.	어째서?	what절은 명사절이고 주어 역할 가능하다
D.2.	refer 문형 하나?	refer to A as B
D.3.	둘?	A를 B라고 언급하다
11.5.	make?	**하나?** make up A of B **둘?** A를 B로 구성하다/차지하다
11.6.	본문의 made up은 동사인가?	아니다. 분사이다
11.7.	어째서?	made up 앞의 명사 composite color를 수식하는 형용사기능을 하는 분사이다.
11.8.	분사 형용사 ed 예문 시작	The woman is my mom. The woman is awarded the prize. The woman who is awarded the prize is my mom. The woman awarded the prize is my mom.
11.9.	분사 5개?	-ing ~하는 명사, -ed ~되는 명사, 형용사인 명사, 명사인 명사, 전명인 명사
11.10.	상관접속사? (신규 교육 동영상에 없음.)	1. both A and B A와 B 둘 다 2. Either A or B A또는 B 3. Neither A nor B A도 B도 아니다. 4. Not A but B A가 아니라 B 5. Not only A but (also) B A뿐만 아니라 B도 (=B as well as A A뿐만 아니라B도 -수 일치는 B에)
11.11.	상관접속사 에서 both 의 품사는?	부사

번호	질문	답변
11.12.	해석	우리가 보라색이라 언급하는 무엇은 빛스펙트럼의 빨강과 파랑 파장 둘 다로 구성된 실제 혼합 색입니다.
12.	Despite being only 23 at the time, Alice Guy-Blache made history with La Fee aux Choux since it was _____ to be produced by a female director.	
12.1.	빈 칸에 들어 와야 할 것은?	be 동사 뒤에 주격 보어
12.2.	주격보어 자리에 올 수 있는 것은?	명사, 형용사, done
12.3.	명사 기능 시작	1. 주어 2. 타동사 뒤 목적어 3. 전치사 뒤 목적어 4. 주격 보어 5. 목적격 보어 6. 동격
12.4.	답 근거	A) first narrative film　　　서수 앞 관사 the × B) whose first narrative film　whose절의 동사 ×, 선행사 × C) a narrative film that first　that절의 동사 × D) the first narrative film refer to A as B에서 A가 앞으로 나온 것인데, that절 형용사절 중 격이 있는 것, 즉 '빠진 것이 있는 것'은 '형용사절'인데, 밑줄 친 곳에 필요한 건 '주어' 역할 할 수 있는 빠진 것 없는, 즉 격이 없는 '명사절'이 필요하므로, 답이 안 됨.
A	(A) 정답인가?	아니다
A.1.	어째서?	서수 앞에는 관사 the 필요하다 전치사+관계대명사절은 형용사절이고 격이 없는 특징. 선행사가 없어서 주어역할 못함
A.2.	the 시리즈	1. 서수 2. 최상급 3. the same 4. the rest 5. one of the 복수명사
A.3.	one of the 복수명사?	1.the 대신 소유격 둘중하나만 2.one of the 복수명사, 3. 복수명사 대신 최상급, 4.one 대신 each/some/most, 5.one of them/us/you
B	(B) 정답인가?	아니다
B.1.	어째서?	whose절은 형용사절이기에 선행사가 필요하다
B.2.	whose절 몇개?	형용사절 1개
B.3.	예문 시작	There lived a boy, whose name was john.
C	(C) 정답인가?	아니다
C.1.	어째서?	that절로 인해 종속절이 하나 더 늘어나게 되는데 that절의 동사가 없다
D	(D) 정답인가?	그렇다
D.1.	어째서?	be 동사 뒤에 주격보어로 명사구 the first narriative film이 알맞게 쓰였다.
12.5.	관사 the 5개?	1. 서수 2. 최상급 3. the same 4. the rest 5. one of the 복수N
12.6.	despite?	전치사, -임에도 불구하고 He is very strong despite his age.
12.7.	전치사 despite의 목적어는?	동명사 being
12.8.	명사 기능 시작	1. 주어 2. 타동사 뒤 목적어 3. 전치사 뒤 목적어 4. 주격 보어 5. 목적격 보어 6. 동격
12.9.	time?	at the time 그때 그 당시
12.10.	since의 품사는?	전치사 또는 접속사
12.11.	여기서는 무슨 품사?	접속사
12.12.	뜻은?	이래로/ 때문에

번호	질문	답변
12.13.	어째서?	since 뒤에 주어동사 있기 때문에
12.14.	since가 전치사일때 뜻은?	이래로
12.15.	since가 언제 전치사?	since 뒤에 명사가 오면
12.16.	접속사 since?	Since 1개 부사절, 뜻 2개 이래로, 때문에 부사절 1) 이래로 He has worked since he left school. 2) 때문에 He must have shut the door since he was the last one to leave. must have shut → 주의: 그가 문을 닫았음에 틀림이 없다 (닫아야 한다 아님!)
12.17.	해석	그것이 여성 감독에 의해 제작 되어진 첫 번째 서사 영화였기 때문에 그 당시 오직 23살임에도 불구하고 앨리스는 La Fee aux Choux와 함께 역사를 만들었습니다.
13.	When the location of the Earth relative to the Sun changes, the seasons and _____ with them intensify.	
13.1.	빈 칸에 들어가야 할 것은?	등위접속사 and 앞에 명사가 있기에 and 뒤에도 명사가 들어와야
13.2.	답 근거	A) the weather patterns that go B) as go the weather pattern — 접속사 중복, as절의 S가 없음. C) which the weather patterns to go — which절의 V가 없음. D) the weather patterns is going — 동사충돌(is going/intensify), 접속사 ×
A	(A) 정답인가?	그렇다
B	(B) 정답인가?	아니다
B.1.	어째서?	(B)번은 접속사 as 뒤에 주어가 없다
C	(C) 정답인가?	아니다
C.1.	어째서?	(C)번은 형용사절 which절의 선행사가 없다, which절의 동사가 없다
D	(D) 정답인가?	아니다
D.1.	어째서?	is going과 intensify 동사 충돌
13.3.	when의 품사는?	종속접속사
13.4.	접속사 when?	when 3개, 명사절, 형용사절, 부사절 1) 명사절 I don't know when she will begin next time. 2) 형용사절 The day when we arrived was a holiday. 3) 부사절 When it rains, she usually stays inside.
13.5.	본문에서 when절 무슨 절?	부사절 (-할 때)
13.6.	relative?	하나? relative to 둘? -와 상대적인
13.7.	relative의 품사는?	형용사
13.8.	relative의 역할은?	분사, 형용사 기능
13.9.	relative는 어떤것을 수식?	the earth
13.10.	분사 5개?	-ing ~하는 명사, -ed ~되는 명사, 형용사인 명사, 명사인 명사, 전명인 명사
13.11.	본문에서 change의 품사?	동사
13.12.	자동사, 타동사?	자동사
13.13.	자동사 특징?	자동사는 목적어를 가지고 있지 않다
13.14.	intensify 품사?	동사 (자동사)

번호	질문	답변
13.15.	해석	태양과 상대적인 지구의 위치가 변할 때 계절과 그들과 함께 가는 날씨 패턴은 강화합니다.
14.	In addition to many individual rights, the separation of church and state, which ensures both organizations do not interfere with one another, was _____ the United States' Bill of Rights.	
14.1.	빈칸에 들어가야 할 것은?	앞의 be동사 was와 적절하게 엮이는 것. 뒤에 목적어가 없음에 주목
14.2.	답 근거	A) included it — 수동태 뒤에 목적어 올 수 없다. B) which included — which절의 선행사 ×, included의 목적어 × C) and included — 보어 ×, included의 목적어 × D) included — 수동태형태로 뒤에 목적어 없이 적절함.
A	(A) 정답인가?	아니다
A.1.	어째서?	be done형태 수동태가 되는데 뒤에 목적어 it이 나온다
B	(B) 정답인가?	아니다
B.1.	어째서?	which 뒤에 주어가 빠져서 주격 형용사절이고 형용사절 앞에 선행사가 없다.
C	(C) 정답인가?	아니다
C.1.	어째서?	등위접속사 and의 연결대상 부적절. included의 목적어가 없다
D	(D) 정답인가?	정답
D.1.	어째서?	was included라는 be done 형태 수동태이며, 목적어 없다
D.2.	수동태의 특징?	수동태 뒤에 목적어가 없어야 한다
14.3.	in addition 품사? 뜻?	부사, 게다가
14.4.	in addition to 품사? 뜻?	전치사, -뿐만 아니라
14.5.	which 품사?	종속접속사
14.6.	which절 무슨절?	주격 형용사절
14.7.	접속사 which 생략 가능?	불가능
14.8.	ensure?	하나? ensure that 둘? that절을 보장하다.
14.9.	ensure that 에서 that절 무슨 절?	명사절
14.10.	역할은?	ensure 타동사 뒤에 목적어
14.11.	본문에서 ensure 뒤에 that 이 안보이는데?	that 명사절은 that 생략 가능
14.12.	본문에서 both의 품사?	형용사
14.13.	왜 형용사?	organizations 명사를 수식
14.14.	interfere?	하나? interfere with 둘? -에 간섭하다.
14.15.	one another ?	서로서로 / 동의어 each other
14.16.	해석	많은 개개인의 권리뿐만 아니라 두 기관이 서로서로 간섭하지 않는다는 것을 보장하는 교회와 국가의 분리는 미국 권리장전에 포함되어졌습니다.
15.	A rather new area in the field of chemistry is _____ how carbon fibers can form strong cylindrical molecules called nanotubes.	
15.1.	빈 칸에 들어갈 것은?	be 동사 is 뒤에 주격 보어가 나올수 있는 것
15.2.	답 근거	A) that of explaining B) to have explaining : to 정형동사 형태 아님. C) the explaining : the 뒤에 -ing 형태는 명사(=동사 성격 없어짐) 　　동사 성격이 필요한 자리인데 명사 확정 짓는 the가 와서 안됨. D) explaining that : that, how 접속사 2개인데 동사는 1개라서
A	(A) 정답인가?	정답

번호	질문	답변
A.1.	어째서?	대명사 that이 주격보어 역할
B	(B) 정답인가?	아니다
B.1.	어째서?	to 부정사는 to 뒤에 정형동사 형태가 나와야함
C	(C) 정답인가?	아니다
C.1.	어째서?	관사 the 뒤에는 일반명사가 오며, 동명사가 올 경우 동사의 성질이 사라지게 된다. 그래서 목적어를 가져올 수 없게됨
D	(D) 정답인가?	아니다
D.1.	어째서?	that과 how 간의 접속사 충돌
15.3.	rather 품사? 뜻?	**품사** 부사; **뜻** 다소
15.4.	field?	**하나?** in the field of **둘?** -의 분야에서
15.5.	that 품사?	대명사
15.6.	대명사 왜 쓰는지?	앞에 말한 명사의 반복을 피하기 위해
15.7.	that/those 예문?	His dress is that of a gentleman, but his manners are those of a clown
15.8.	예문에서 that/those는 무엇을 대신하는지?	that → dress / those → manners
15.9.	본문에서 that이 가르키는 것은?	area
15.10.	접속사 how?	how 2개, 명사절, 부사절 1) 명사절 뜻 2개 -얼마나 : I wonder how old he is. -어떻게 : That is how it happened. 2) 부사절 어떻게든 : Do it how you can.
15.11.	본문에선 무슨 절?	명사절, explaining의 목적어 역할
15.12.	how 뜻은?	어떻게
15.13.	explaining의 역할?	동명사
15.14.	어째서?	동사 성질 (explaining의 목적어 how 명사절) 명사 성질 (of 전치사 뒤에 목적어 explaining)
15.15.	call?	**하나?** call A B **둘?** A를 B라고 부르다.
15.16.	본문에서 called는 동사?	분사
15.17.	분사의 무슨 기능?	형용사기능
15.18.	분사 5개?	-ing ~하는 명사, -ed ~되는 명사, 형용사인 명사, 명사인 명사, 전명인 명사
15.19.	called 가 꾸미는것은?	molecules
15.20.	본문에서 누가 A, 누가 B?	A: molecules B: nanotubes
15.21.	해석	화학의 분야에서 다소 새로운 영역은 어떻게 탄소섬유가 나노 튜브라 불리는 강한 원형 분자들을 형성할 수 있는지를 설명하는 것의 그것입니다.
16.	While the gopher tortoise, a large land-based turtle, (A) <u>digs</u> a series of burrows to use (B) <u>as a network of shelters</u> (C) <u>to protect</u> it from predation, other animal species accomplish the same thing (D) <u>to using</u> preexisting burrows.	
16.1.	답 근거	(D) to using → by using 사용함으로써 (문맥상)
16.2.	While 품사?	종속 접속사

번호	질문	답변
16.3.	접속사 While?	While 1개 부사절 뜻 2개 동안에, 반면에 부사절 (동안에) We slept while they watched. 부사절 (반면에) While I admit that it is difficult, I do not think it impossible.
16.4.	본문에서 while 절에 주어, 동사?	주어: the gopher tortoise 동사: digs
16.5.	turtle 기능?	동격인 명사
16.6.	누구랑 누가 동격?	turtoise와 turtle
16.7.	a series of 뜻은?	일련의 ~N
16.8.	뒤에 단수명사? 복수명사?	복수명사
16.9.	to use는 to부정사의 무슨 기능?	부사
16.10.	해석은?	~하기 위해 (목적)
16.11.	to부정사 부사적용법? (신규 교육 동영상에 없음.)	1. 목적(-하기위해서) : He went to see his friend. 2. 결과(그결과-하다) : The boy grew up to be a fine youth. 3. 이유/판단(-하다니) : He must be crazy to talk like that. 4. 원인(-해서) : I rejoiced to hear of your recovery. 5. 조건/가정(-라면) : To tell the truth, the prospect isn't bright.
16.12.	use?	**하나?** use A as B **둘?** A를 B로 사용하다.
16.13.	to protect는 to부정사의 무슨 기능?	부사
16.14.	해석은?	~하기 위해 (목적)
16.15.	to부정사 부사적용법? (신규 교육 동영상에 없음.)	1. 목적(-하기위해서) : He went to see his friend. 2. 결과(그결과-하다) : The boy grew up to be a fine youth. 3. 이유/판단(-하다니) : He must be crazy to talk like that. 4. 원인(-해서) : I rejoiced to hear of your recovery. 5. 조건/가정(-라면) : To tell the truth, the prospect isn't bright.
16.16.	protect?	**하나?** protect A from B **둘?** A를 B로부터 보호하다.
16.17.	other 품사는?	수량 형용사
16.18.	other 뒤에는 단수명사? 복수명사	복수명사
16.19.	관사 the 5개?	서수, 최상급, the same, the rest, one of the 복수명사
16.20.	one of the 복수명사 시작	1. the 대신 소유격 둘중하나만 2. one of the 복수명사, 3. 복수명사 대신 최상급, 4. one 대신 each/some/most, 5. one of them/us/you
16.21.	preexisting 품사? 뜻?	형용사 / 이미 존재하는
16.22.	해석	거대한 육지 거북이인 Gopher tortoise 는 그것을 포식자로부터 보호하기 위한 거주지의 네트워크로서 사용하기 위해 여러 개의 땅굴을 파는 반면에 다른 동물 종들은 이미 존재하는 굴들을 사용함으로써 같은 것을 성취합니다.
17.	During the 1950s, (A) <u>many</u> doctors recognized that the (B) <u>body</u> could only be as healthy as the brain and began (C) <u>to conducting</u> psychological experiments on a (D) <u>large scale</u>, making the study of the human brain more important than it had been in the past.	
17.1.	답 근거	(C) to conducting → to conduct : 동사 begin의 목적어로 to부정사/ing가 위치해야한다.
17.2.	many의 품사?	수량형용사
17.3.	many 뒤에는 단수명사? 복수명사?	복수명사
17.4.	recognize 문형 하나?	recognize that

번호	질문	답변
17.5.	둘?	that절을 인식하다, 깨닫다
17.6.	recognize that의 that 절은 무슨 절?	명사절
17.7.	역할은?	타동사 recognize의 목적어 역할
17.8.	that절의 명사절 생략?	가능
17.9.	앞의 as 품사?	부사
17.10.	어째서?	원급 as~as에서 형용사와 부사가 중간에 들어오기에 형용사, 부사 둘다 꾸며줄수 있는 부사 as 가 필요
17.11.	healthy 품사?	형용사
17.12.	역할은?	be 동사의 주격보어
17.13.	뒤의 as 품사는?	전치사 또는 접속사
17.14.	본문의 as는?	접속사
17.15.	as가 접속사 일 때 일어날 수 있는 3가지?	생략, 대동사, 도치/강조
17.16.	as 접속사 뒤에 무엇이 와야 하나?	주어 동사 나와야함
17.17.	본문에는 동사가 없는데?	동사 could be 가 생략됨
17.18.	begin?	**하나?** begin to do / -ing **둘?** to do / -ing하는 것을 시작하다.
17.19.	conduct?	**하나?** conduct an experiment **둘?** 실험을 시행하다
17.20.	대규모로?	On a large scale
17.21.	소규모로?	On a small scale
17.22.	규모로?	On a scale
17.23.	making 동사인가?	비정형동사인 분사
17.24.	make?	**하나?** make 목 목.보 **둘?** 목적어를 목적격보어하게 만들다.
17.25.	목적격보어 자리에 올 수 있는 것?	명사, 형용사, do, done
17.26.	목적격보어 자리에 못 오는 것?	부사
17.27.	본문에서 make 문형의 목적어는 무엇?	the study
17.28.	본문에서 make 문형의 목적격 보어는 무엇?	important
17.29.	than의 품사는?	전치사 또는 접속사
17.30.	본문의 than은?	접속사
17.31.	어째서?	뒤에 주어 동사 나와있는 절
17.32.	than it had been 다음에 생략된 것?	important
17.33.	해석	1950년대 동안에 많은 의사들은 몸이 오직 뇌만큼 건강해질 수 있었다는 것을 인지했습니다, 그리고 대규모로 심리학적 실험들을 시행하는 것을 시작했습니다, 그리고 그것이 과거에 더 중요했던 것보다 연구를 더 중요하게 만들었습니다.
18.	American politics has been (A) controlled by two (B) political parties (C) since the (D) administer of the first president, yet the two parties have occasionally changed.	
18.1.	답 근거	(D) administer → administration 전치사 뒤에 명사가 위치해야 하므로
18.2.	politics 뜻은?	정치, 정치학
18.3.	단수취급? 복수취급?	단수취급
18.4.	어째서?	학문명은 단수 취급한다
18.5.	단수동사 오는 경우?	1) to부정사 2) 동명사 3) 명사절 4) 학문명
18.6.	본문에서 since의 품사?	전치사

번호	질문	답변
18.7.	전치사일때 뜻?	~이래로
18.8.	접속사 since?	since 1개, 부사절, 뜻 2개 이래로, 때문에 1) 이래로 He has worked since he left school. 2) 때문에 He must have shut the door since he was the last one to leave.
18.9.	administer 품사? 뜻?	동사 / 관리하다
18.10.	administration 품사? 뜻?	명사 / 정부, 정권
18.11.	관사 the 5개?	1. 서수 2. 최상급 3. the same 4. the rest 5. one of the 복수N
18.12.	yet 품사? 뜻?	등위 접속사 / but
18.13.	have occasionally changed 동사형태 몇번?	3번 have done 해오다 능동태
18.14.	occasionally 품사? 뜻?	부사, 가끔
18.15.	동사 기준 부사의 위치는?	be동사 조동사의 뒤, 일반동사의 앞
18.16.	해석	미국 정치는 첫 번째 대통령 정권 이래로 두 정당에 의해서 통제 되어져 왔습니다, 그러나 두 정당은 때때로 바뀌어 왔습니다.
19.	Although ethics (A) have traditionally (B) been viewed as a subcategory of human psychology, its importance in business and politics (C) links it with (D) many other fields of study.	
19.1.	답 근거	(A) have → has 학문명은 단수
19.2.	본문에서 ethics 뒤에 있는 have를 무엇으로 바꿔?	주어(ethics)가 단수기에 has로 변경
19.3.	have traditionally been viewed 동사형태 몇번?	4번 have been done 당해오다 수동태
19.4.	traditionally 품사? 뜻?	부사, 전통적으로
19.5.	동사 기준 부사의 위치는?	be동사 조동사의 뒤, 일반동사의 앞
19.6.	접속사 although?	although 1개 부사절, 뜻 비록 ~일지라도 1) 부사절 Although he is rich, he is not happy.
19.7.	ethics 품사? 뜻?	명사, 윤리/윤리학
19.8.	단수취급? 복수취급?	단수취급
19.9.	어째서?	학문명은 단수 취급한다
19.10.	단수동사 오는 경우?	1) to부정사 2) 동명사 3) 명사절 4) 학문명
19.11.	view?	**하나?** view A as B **둘?** A를 B로 간주하다
19.12.	view와 동의어?	see, regard, think of, consider
19.13.	in business and politics 뜻?	사업과 정치라는 점에서
19.14.	link?	**하나?** link A with B **둘?** A를 B와 연결짓다
19.15.	it이 가리키는 것?	ethics
19.16.	many 수량형용사 뒤에?	복수명사
19.17.	other 수량형용사 뒤에?	복수명사
19.18.	해석	비록 윤리학이 전통적으로 인간 심리학의 하위분류로서 간주되어져 왔을지라도, 사업과 정치라는 점에서 그것의 중요성은 그것을 많은 다른 연구의 분야들과 연결합니다.
20.	Initially (A) introduced in classical Greece, the yo-yo, which is (B) usually used as a toy that exploits (C) angular momentum to perform tricks, (D) consists two interconnected disks on a string and can be used as a weapon if it is wielded by an expert.	
20.	Initially에서 ly 빠지면?	안된다. 분사는 a,ad 기능이므로 부사만 수식 가능

USHER

번호	질문	답변
20.1.	답 근거	(D) consists → consists of (동사 consist는 무조건 자동사 뒤에 목적어가 오면 안되기 때문에 전치사 'of'와 함께 다녀야 함)
20.2.	initially 에서 ly가 빠지면?	안된다. introduced는 분사> 형용사 기능 이므로, 비정형동사는 동사 성질이 있으므로, 부사만 수식 가능
20.3.	introduced는 동사인가?	아니다
20.4.	그렇다면?	주절의 주어를 꾸며주는 분사 (문장 맨 앞에 있는 분사는 주절의 주어를 꾸며준다.)
20.5.	분사의 무슨기능?	형용사기능
20.6.	태는?	수동태
20.7.	수동태의 특징?	수동태 뒤에 목적어 없음
20.8.	분사 종류 5가지?	1) -ing 2) -ed 3) 형용사 4) 명사 5) 전명
20.9.	introduce?	하나? introduce A in B 둘? A를 B에 도입하다
20.10.	introduced 역할	분사 > a > 주어 yoyo 수식
20.11.	본문에서 누가 A이고 누가 B?	A: the yoyo B: classical Greece
20.12.	which절은 무슨절?	주격 형용사절
20.13.	누구를 꾸며주나?	the yo-yo
20.14.	which절의 정형동사 형태 몇번?	2번 be done 당하다 수동
20.15.	use?	하나? use A as B 둘? A를 B로 사용하다
20.16.	본문에서 usually 뒤에 있는 use의 구문에서 누가 A고 누가 B?	A: which의 선행사 the yo-yo B: a toy
20.17.	that절 무슨절?	주격 형용사절
20.18.	주격형용사절의 접속사는 생략이 가능?	불가능
20.19.	that절이 꾸며주는 대상은?	a toy
20.20.	to perform은 to부정사의 무슨 기능?	부사
20.21.	to부정사 부사적용법? (신규 교육 동영상에 없음.)	1. 목적(-하기위해서) : He went to see his friend. 2. 결과(그결과-하다) : The boy grew up to be a fine youth. 3. 이유/판단(-하다니) : He must be crazy to talk like that. 4. 원인(-해서) : I rejoiced to hear of your recovery. 5. 조건/가정(-라면) : To tell the truth, the prospect isn't bright.
20.22.	여기서는 무엇으로 해석?	목적: ~하기 위해
20.23.	consist?	하나? A consist of B 둘? A는 B로 구성되다
20.24.	누가 A고 누가 B?	A: the yo-yo B: two interconnected disks
20.25.	can be used 정형동사 형태 몇번?	2번 be done 당하다 수동태
20.26.	can be used의 주어는?	the yo-yo
20.27.	수동태 특징은?	뒤에 목적어가 없다
20.28.	use?	하나? use A as B 둘? A를 B로 사용하다
20.29.	본문에서 can be 뒤에 있는 use의 구문에서 누가 A고 누가 B?	A: the yo-yo B: weapon
20.30.	빈도부사 위치?	be동사/조동사 뒤, 일반동사 앞
20.31.	if 품사?	종속접속사

번호	질문	답변
20.32.	접속사 if?	If 2개 명사절, 부사절 뜻 2개 명사절, ~인지 아닌지, I wonder if he is at home. 부사절, 1. 만약 ~라면, If you are tired, you should have a rest. 2. Although, If he is poor, he is a good chap.
20.33.	본문에선 무슨절? 뜻?	부사절 / 만약 ~라면
20.34.	if절의 정형동사 형태 몇번?	2번 be done 당하다 수동태
20.35.	해석	초기에 고대 그리스에 도입되어진 주로 트릭을 시행하기 위해 각 운동량을 이용하는 장난감으로서 사용되어진 요요는 줄 위에 두 개의 연결된 디스크로 구성됩니다, 그리고 만약 그것이 전문가에 의해 휘둘려진다면 무기로서 사용될 수 있습니다.
21.	Nutritionists and dieticians often debate whether the colorful peel (A) surrounding (B) many fruits and vegetables is actually high in the vitamins and minerals that (C) are important for respiratory and (D) nutritionally health.	
21.1.	답 근거	(D) nutritionally → nutritional (부사 nutritrionally는 직접 명사 health를 수식 ×, 형용사 nutrional로 바꿔야 함)
21.2.	동사 개수는?	접속사 개수보다 하나 많다
21.3.	접속사 개수는?	동사 개수보다 하나 많다
21.4.	21번 문장에서 동사는?	3개 debate, is, are
21.5.	접속사는?	whether, that
21.6.	debate 는 동사인가 명사인가?	동사
21.7.	왜 동사인가?	주어 Nutritionists and dieticians 의 동사이기에
21.8.	debate는 타동사인가 자동사인가?	타동사
21.9.	어째서?	목적어로 whether 명사절을 가져오기에
21.10.	본문의 surrounding은?	현재분사> ing > 형용사기능
21.11.	whether의 품사?	종속 접속사
21.12.	접속사 whether?	whether 2개, 명사절, 부사절 명사절, ~인지 아닌지, He asked whether I liked it. 부사절, ~이든지 아니든지, Whether you like it or not, you must do it.
21.13.	여기서 whether절은 무슨 절?	타동사 debate의 목적어로 명사절
21.14.	whether절의 주어와 동사는?	주어: the colorful peel 동사: is
21.15.	surrounding은 동사인가?	아니다
21.16.	동사가 아니라면?	비정형동사, 그 중 분사
21.17.	분사의 형태는 몇가지?	2가지
21.18.	무엇?	현재분사 ing 능동, 과거분사 ed 수동
21.19.	분사의 기능은?	형용사, 부사
21.20.	본문의 surrounding은?	현재분사> ing > 형용사기능
21.21.	분사의 형용사 기능은 뭐 하나?	앞의 선행사인 명사를 꾸며준다
21.22.	분사> 형용사> ing예문 시작	The woman is my mom. The woman is watering the plant. The woman who is watering the plant is my mom. The woman watering the plant is my mom.
21.23.	surrounding은 동사의 성질을 가지고 있나?	있다
21.24.	그러면 타동사의 경우 목적어를 가져올 수 있나?	있다

번호	질문	답변
21.25.	타동사 뒤에는?	목적어
21.26.	be동사, 자동사 뒤에는?	주격보어
21.27.	그래서 surrounding 뒤에 있는 목적어는?	many fruits and vegetables
21.28.	many fruits and vegetables는 그래서 is의 주어가 될 수 있나?	없다. 이미 분사 surrounding의 목적어로 쓰이고 있다. is의 주어는 the colorful peel
21.29.	high?	**하나?** high in **둘?** ~가 풍부한
21.30.	역할은?	be 동사 is 뒤에 주격 보어
21.31.	high in의 동의어?	rich in
21.32.	that 품사는?	접속사
21.33.	무슨 접속사?	종속 접속사
21.34.	that 절 몇개 있나?	명사절, 형용사절, 부사절 총 3개
21.35.	예문시작	명사절 I believe that he is honest. 형용사절 [주격] The woman that is watering the plant is my mom. 　　　　　[목적격] The woman that I helped yesterday is my mom. 부사절 I'm sorry that I'm late.
21.36.	본문의 that절은 무슨절인가?	주격 형용사절
21.37.	that절의 동사는?	are
21.38.	어째서?	that 뒤에, 주어가 빠져있다 → 주격이다 → that절이 격이 있으면 형용사절이다
21.39.	주격 형용사절은 무슨 역할을 하나?	앞의 선행사인 명사 vitamins and minerals를 꾸며준다
21.40.	주격 형용사절의 that은 생략이 가능한가?	불가능
21.41.	important?	**하나?** important for **둘?** ~에 중요한
21.42.	for 품사는?	전치사
21.43.	전치사 뒤에는?	명사
21.44.	전치사 for 뒤에 형용사인 respiratory가 나오는데?	형용사인 respiratory and nutritional이 명사 health를 꾸며준다
21.45.	따라서 전치사 for의 목적어는 누구?	health
21.46.	명사를 꾸미는건?	형용사
21.47.	형용사를 꾸미는건?	부사
21.48.	부사를 꾸미는건?	부사
21.49.	콤마 (병치) 체크리스트?	1) 품사, 품사 2) 사람, 사람 / 사물, 사물 3) ing, ing / to do, to do 4) a, a n / a and a n / a a n *267p 참조
21.50.	해석	영양학자들과 영양사들은 종종 많은 과일과 야채들을 둘러싸는 화려한 껍질이 호흡과 영양학적 건강에 중요한 비타민과 미네랄이 풍부한지 아닌지를 다룹니다.
22.	The shift in the American population to (A) crowded urban areas from the (B) relatively sparsely populated countryside during the late 19th century (C) were seen as (D) a result of families seeking financial stability, though there were many other reasons.	
22.1.	답 근거	(C) were → was (문장의 주어는 The shift이므로 동사는 단수 동사가 되어야 수 일치가 이루어짐)
22.2.	shift 품사?	명사

번호	질문	답변
22.3.	shift?	**하나?** shift in, ~라는 점에서의 변화
22.4.	from?	**from A to B : A에서 B까지**
22.5.	동의어?	change in
22.6.	전치사 in 뒤에 무엇 필요?	목적어 역할을 하는 명사
22.7.	in의 목적어 누구?	the American population
22.8.	이 문장에서 절 개수 몇개?	주절1개, 종속절1개
22.9.	본문에서 population 뒤에 있는 to는 to 부정사인가? to 전치사인가?	to 전치사
22.10.	어째서?	to 전치사 뒤에 명사 urban areas
22.11.	crowded 품사? 뜻?	형용사, 붐비는
22.12.	relatively, sparsely, populated 각각의 품사는?	부사, 부사, 형용사
22.13.	명사를 꾸미는건?	형용사
22.14.	형용사를 꾸미는건?	부사
22.15.	부사를 꾸미는건?	부사
22.16.	부사가 못 꾸미는건?	명사
22.17.	부사 relatively가 부사 sparsely를 꾸미는거 가능?	가능
22.18.	부사 sparsely가 형용사 populated를 꾸미는거 가능?	가능
22.19.	during 품사? 뜻?	전치사 / ~동안에
22.20.	전치사 뒤에는?	명사
22.21.	그 명사의 역할은?	전치사의 목적어
22.22.	정형동사 형태 시작	do, be done, have done, have been done, be doing, have been doing
22.23.	were seen은 정형동사 몇번?	2번
22.24.	뜻?	당하다
22.25.	태?	수동
22.26.	수동태의 특징은?	뒤에 목적어가 없다
22.27.	실제로 목적어가 없나?	없다.
22.28.	as a result 가 목적어 아닌가?	전치사 as + 명사 이기에 전명은 형용사 부사로써 기능 (명사 기능 목적어 안됨)
22.29.	목적어가 될 수 있는 품사는?	오직 명사
22.30.	result?	**하나?** as a result of **둘?** ~의 결과로써
22.31.	as a result of families 는 그러면 무슨뜻?	가족들의 결과로써
22.32.	seeking은 정형동사인가?	아니다
22.33.	비정형동사와 정형동사의 공통점 / 차이점?	동사 성질 / 동사 역할
22.34.	비정형동사인가?	맞다
22.35.	비정형동사 중에 형태가 ing니까, 동명사죠?	아니다, 분사다
22.36.	동명사가 아닌 이유는?	동명사는 명사기능, 분사는 형용사/부사 기능
22.37.	본문의 seeking은?	앞의 명사 families 를 꾸며준다

번호	질문	답변
22.38.	명사를 꾸미는건?	형용사
22.39.	분사> 형용사> ing예문 시작	The woman is my mom. The woman is awarded the prize. The woman who is awarded the prize is my mom. The woman awarded the prize is my mom.
22.40.	seeking은 동사의 성질을 가지고 있나?	있다
22.41.	그러면 타동사의 경우 목적어를 가져올 수 있나?	있다
22.42.	그래서 가져오는 목적어는?	financial stability
22.43.	분사 종류 5가지?	1) ing 2) ed 3) 형용사 4) 명사 5) 전명
22.44.	though 품사?	종속 접속사
22.45.	접속사 though?	though 1개, 부사절, 비록-일지라도 Though I live near the sea, I am not a good swimmer.
22.46.	though 절의 주어 동사?	주어: other reasons 동사: were
22.47.	어째서?	동사인 were가 복수동사이고, there is/are 문장은 ~가 있다 로 해석되기에, be 동사 뒤에 있는 명사가 주어역할이다
22.48.	해석	19세기 말 동안 상대적으로 드물게 인구가 밀집된 시골로부터 붐비는 도시지역으로의 미국 인구라는 점에서의 변화는 비록 많은 다른 이유들이 있었을지라도 재정적 안정성을 찾는 가정들의 결과로서 간주 되어졌습니다.
23.	Since personal freedom is the cornerstone of the Constitution, its fourth amendment (A) restricts the government's (B) ability (C) to search and seize a (D) personal and their property unless it has obtained a lawful warrant to do so.	
23.1.	답 근거	(D) personal → person (등위접속사 and는 문법적으로 대등한 것을 연결해야 하므로 명사 person으로 바꿔야 함)
23.2.	Since 품사?	전치사 또는 접속사
23.3.	여기서는 무슨 품사?	접속사
23.4.	어떻게 판단?	전치사라면 뒤에 명사, 접속사라면 뒤에 주어 동사
23.5.	동사 갯수는 접속사 갯수보다?	1개 많다
23.6.	접속사 갯수는 동사 갯수보다?	1개 적다
23.7.	문장에서 동사는 누구누구?	is, restricts, has obtained
23.8.	이문장에서 절개수 총 몇개?	주절1개, 종속절 2개
23.9.	전치사 since?	~이래로
23.10.	접속사 since?	since 1개, 부사절 뜻 2개 1) 부사절 -이래로 : He has worked since he left school. -때문에 : He must have shut the door since he was the last one to leave.
23.11.	본문에선 since 접속사 뜻?	때문에
23.12.	the cornerstone 품사는?	명사
23.13.	명사 역할 시작	1. 주어 2. 타동사 뒤 목적어 3. 전치사 뒤 목적어 4. 주격 보어 5. 목적격 보어 6. 동격
23.14.	여기선 어떤 역할?	be 동사 뒤 주격 보어
23.15.	restrict 품사는?	동사

번호	질문	답변
23.16.	타동사인가 자동사인가?	타동사
23.17.	어째서?	~을/를 제한하다 라는 뜻이고, 목적어를 가져오고 있다
23.18.	목적어가 누구인가?	ability
23.19.	목적어 자리에 올 수 있는 품사는?	오직 명사
23.20.	ability?	**하나?** ability to do **둘?** to do 할 수 있는 능력
23.21.	to는 여기서 전치사인가 to 부정사인가?	to 부정사이다. to 뒤에 정형동사가 나왔다.
23.22.	to가 전치사라면?	뒤에 명사가 나온다
23.23.	to 부정사는 정형동사인가 비정형동사인가?	비정형 동사다
23.24.	비정형동사는 무엇을 가지고있나?	동사의 성질
23.25.	동사의 성질 시작	부사의 수식을 받음, 동사 문형을 취함 (동사 문형이란? 타동사 뒤 목적어, be동사 뒤 주격 보어)
23.26.	to search and seize의 동사의 성질	타동사 search and seize의 목적어 personality and their property
23.27.	unless 품사?	종속 접속사
23.28.	접속사 unless?	unless 1개, 부사절, ~하지 않으면 부사절 I'll be there at six unless the train is late.
23.29.	정형동사 형태 시작	
23.30.	has obtained 몇번? 뜻? 태?	3번, 해오다, 능동
23.31.	obtain은 타동사? 자동사?	타동사
23.32.	has obtained 해석?	얻어 오다
23.33.	타동사의 뒤에는?	목적어 필요
23.34.	be동사, 자동사 뒤에는?	주격보어 필요
23.35.	목적어 누구인가?	a lawful warrant
23.36.	warrant 뒤에 있는 to do는 전치사인가 to 부정사인가?	to 부정사
23.37.	어째서?	to 뒤에 정형동사 나오기에
23.38.	전치사라면?	to 뒤에 명사가 나온다
23.39.	그 전치사 뒤에 있는 명사의 역할은?	전치사의 목적어
23.40.	to do의 do는?	대동사(=to search and seize)
23.41.	so 역할?	대동사 do의 목적어 대용
23.42.	해석	개인의 자유가 헌법의 기초이기 때문에 만약 그것이 찾고 확보하는 합법적인 영장을 얻어오지 않는다면 그것의 네 번째 개정안은 사람과 그들의 사유재산을 찾고 압류하는 정부의 능력을 제한합니다.
24.	National pride, (A) <u>exciting</u> game play, and international (B) <u>rivalry</u> (C) <u>both</u> contribute (D) <u>to</u> interest in the World Cup around the world, except for the United States, where soccer is not closely followed.	
24.1.	답 근거	(C) both → All 앞에 나온 3가지를 지칭해야 하므로 (both는 2가지를 지칭하는 부사)
24.2.	all 품사?	부사; contribute 동사 수식
24.3.	contribute?	**하나?** contribute to **둘?** -에 기여하다.
24.4.	contribute 뒤에 있는 to는 전치사인가 to 부정사 인가?	전치사
24.5.	어째서?	interest 가 명사이기 때문에

번호	질문	답변
24.6.	병치 체크리스트?	1) 품사, 품사 2)사람,사람 / 사물, 사물 3) ing, ing / to do, to do
24.7.	interest ?	**하나?** interest in **둘?** -라는 점에서의 흥미
24.8.	in 품사?	전치사
24.9.	전치사 뒤에는?	명사
24.10.	except for?	전치사, -를 제외하고
24.11.	전치사 뒤에는?	명사
24.12.	그 명사의 역할은?	전치사의 목적어
24.13.	그 명사는?	the U.S.
24.14.	where 품사는?	접속사
24.15.	무슨 접속사?	종속 접속사
24.16.	where절 동사는?	is followed
24.17.	정형동사 형태 시작	do, be done, have done, have been done, be doing, have been doing
24.18.	이것은 정형동사 형태 어떤 거?	2번 be done, 당하다, 수동태
24.19.	접속사 where?	where 3개, 명사절, 형용사절, 부사절 1) 명사절 I wonder where he lives. 2) 형용사절 This is the house where she was born. 3) 부사절 Stop, where the road branches off.
24.20.	where절 여기서는 무슨기능?	형용사절
24.21.	형용사절이 하는 역할은?	앞의 선행사인 장소 명사 꾸며준다
24.22.	장소 명사 누구?	the United States
24.23.	N 시리즈	no 형용사 not 부사 never 부사 none 대명사
24.24.	해석	애국심, 흥미로운 경기, 국제적인 경쟁은 모두 축구가 인기가 없는 미국을 제외한 전 세계에 걸쳐서 월드컵의 흥미에 기여합니다.
25.	Once the death of Martin Luther King, Jr. was announced, many people realized that although (A) <u>has there</u> been many other civil rights leaders, (B) <u>none exemplify</u> the struggle to change society (C) <u>more dramatically</u> than (D) <u>he</u>.	
25.1.	답 근거	(A) has there → there have 주어+동사 일반적인 어순으로 와야하고, many other civil rights leaders복수에 수일치 시켜줘야 하므로 have로 바뀌어야한다.
25.2.	Once절 동사?	was announced
25.3.	정형동사 몇번?	2번 be done 당하다 수동
25.4.	정형동사 시작	do, be done, have done, have been done, be doing, have been doing
25.5.	Once 품사?	접속사
25.6.	무슨 접속사?	종속 접속사
25.7.	접속사 once?	once 1개, 부사절, 일단-하면 [Once you start,] you must finish it.
25.8.	realize?	**하나?** realize that **둘?** that절을 깨닫다.
25.9.	접속사 that?	명사절 I believe that he is honest. 형용사절 주격 The woman that is watering the plant is my mom. 목적격 The woman that I helped yesterday is my mom. 부사절 I'm sorry that I'm late.
25.10.	이 that절은 무슨절?	명사절

번호	질문	답변
25.11.	어째서?	타동사 realized의 목적어 역할
25.12.	that 절 동사?	exemplify
25.13.	exemplify는 자동사? 타동사?	타동사
25.14.	어째서?	목적어 the struggle을 가져온다
25.15.	struggle?	**하나?** struggle to do **둘?** to do하는 투쟁
25.16.	본문에서 to change는 to 부정사? 전치사?	to 부정사
25.17.	although 품사?	접속사
25.18.	무슨 접속사?	종속 접속사
25.19.	접속사 although?	although 1개 부사절, 비록 -일지라도 Although he is rich, he is not happy.
25.20.	although절 동사?	have been
25.21.	정형동사 몇번?	3번 have done 해오다
25.22.	many other 품사는?	형용사
25.23.	뒤에 단수명사? 복수명사?	복수 명사
25.24.	N시리즈	no 형용사 not 부사 never 부사 none 대명사
25.25.	more dramatically 무슨 급?	비교급
25.26.	비교급 예문 시작	She studies hard. He studies hard. She studies harder than he studies. She studies harder than he does (대동사). She studies harder than does he (도치-강조). She studies harder than he (생략).
25.27.	more 품사?	부사
25.28.	어째서?	부사 dramatically 수식
25.29.	dramatically 품사?	부사
25.30.	than 품사?	접속사 -뒤에 주격 명사가 온 것을 보고 동사가 생략되었음을 알 수 있기 때문에
25.31.	전치사라면?	뒤에 명사 나온다
25.32.	그 명사의 역할은?	전치사의 목적어
25.33.	than절 동사?	exemplify 생략되어 있음
25.34.	해석	일단 마틴 루터 킹의 죽음이 알려지자 많은 사람들은 비록 많은 다른 시민권리 리더들이 있어 왔을지라도, 아무도 사회를 그보다 더 극적으로 변화시키려는 투쟁의 예가 될 수 없다는 것을 깨달았습니다.
26.	The company (A) <u>that became</u> Lorillard Tobacco Company, one of (B) <u>the oldest</u> public companies (C) <u>at</u> the United States, (D) <u>was founded</u> in Colonial New York City in 1760.	
26.1.	답 근거	(C) at → in 국가명 앞에 전치사 in이 위치해야 적절하므로
26.2.	주절의 동사는?	was founded
26.3.	정형동사 형태 시작	do, be done, have done, have been done, be doing, have been doing
26.4.	was founded는 몇번?	2번 당하다 수동
26.5.	company 뒤에 있는 that 절의 역할?	주격 형용사절
26.6.	that절의 동사?	became

번호	질문	답변
26.7.	became 은 자동사? 타동사?	자동사
26.8.	자동사 뒤에는?	주격보어
26.9.	주격보어로 쓰이는 품사는?	명사, 형용사
26.10.	본문에서 주격보어는?	Lorillard Tobacco Company
26.11.	명사, __, 사이에 올 수 있는 것?	동격인 명사, 형용사절, 분사
26.12.	one 기능?	동격
26.13.	누구와 누구가 동격?	Lorillard Tobacco Company와 one
26.14.	명사 역할 시작?	1. 주어 2. 타동사 뒤 목적어 3. 전치사 뒤 목적어 4. 주격 보어 5. 목적격 보어 6. 동격
26.15.	형용사와 부사를 나누는 기준?	급
26.16.	급 몇개?	원급, 비교급, 최상급
26.17.	최상급 형태 시작	the most 형용사 명사 또는 the -est 명사
26.18.	여기선 뭐가 쓰였나?	the est 명사
26.19.	어쩔땐 the most, 어쩔땐 the est 인가?	단어가 3음절 이상일 경우 the most, 3음절 미만인 경우 the -est
26.20.	정관사 the 5개?	서수, 최상급, the same, the rest, one of the 복수명사
26.21.	In 뒤에?	년 / 월 / 국가
26.22.	on 뒤에?	요일 / 날짜 / 특정한 날
26.23.	at 뒤에?	정확한 시간
26.24.	at 품사는?	전치사
26.25.	전치사 뒤에는?	명사
26.26.	해석	미국에서 가장 오래된 공기업들 중 하나인 LTC가 된 그 회사는 1760년에 뉴욕에서 설립되어졌습니다.
27.	As long as there was no major catastrophe during the previous term, (A) voters tend to base their votes on the (B) experience of the sitting president, making (C) an mid-term election a (D) partial validation or denouncement of the president.	
27.1.	답 근거	(C) an → a 다음 단어의 발음이 모음으로 시작할 경우 관사 an이 위치해야 하므로
27.2.	as long as 품사는?	접속사
27.3.	무슨 접속사?	종속 접속사
27.4.	접속사 as long as?	as long as 1개, 부사절, -하는 한 The scholarship will be renewed [as long as the student maintains a B-average.]
27.5.	as long as 주어 동사?	주어: major catastrophe 동사: was
27.6.	N시리즈	no 형용사 not 부사 never 부사 none 대명사
27.7.	during 품사?	전치사
27.8.	뜻은?	~하는 동안
27.9.	전치사 뒤에는?	명사
27.10.	그 명사의 역할은?	전치사의 목적어
27.11.	명사 역할 시작	1. 주어 2. 타동사 뒤 목적어 3. 전치사 뒤 목적어 4. 주격 보어 5. 목적격 보어 6. 동격

번호	질문	답변
27.12.	during 의 목적어는?	the previous term
27.13.	tend?	**하나?** tend to do **둘?** to do하는 경향이 있다.
27.14.	base ?	**하나?** base A on B **둘?** A를 B에 근거하다.
27.15.	본문에서 to base는 목적어를 가져올 수 있나?	가져온다
27.16.	어째서?	비정형 동사라 동사의 성질을 가지고 있다
27.17.	동사의 성질 시작	부사의 수식을 받음, 동사 문형을 취함 (동사 문형이란? 타동사 뒤 목적어, be동사 뒤 주격 보어)
27.18.	본문에서 , making의 역할은?	분사
27.19.	분사의 종류는 몇가지?	2가지
27.20.	무엇?	현재분사 ing 능동, 과거분사 ed 수동
27.21.	분사의 기능은?	형용사, 부사
27.22.	동명사 아닌가?	아니다
27.23.	동명사와 분사의 차이는?	동명사는 명사로, 분사는 형용사/부사로 기능
27.24.	make?	**하나?** make O O.C **둘?** O를 O.C하게 만들다.
27.25.	O.C자리에 가능한 품사?	N, a, do, done
27.26.	O.C자리에 부사?	불가능
27.27.	본문에서 make 의 목적어는?	a midterm eleciton
27.28.	목적격 보어는?	a partial validation or denouncement
27.29.	목적격 보어에 올 수 있는 것은?	명사, 형용사, do, done
27.30.	해석	전임기간 동안 주요한 재앙이 없는 한 투표자들은 그들의 표를 현존하는 대통령의 경험에 기반하는 경향이 있습니다. 그리고 부분적인 유효 혹은 대통령의 비난으로 중간선거를 만듭니다.
28.	While paleontologists study the (A) <u>remains</u> of fossilized life forms and paleobotanists (B) <u>concern</u> with the study of ancient plants (C) <u>in</u> their (D) <u>previous</u> forms, why they are different fields of study is often confusing to young learners.	
28.1.	답 근거	(B) concern → are concerned 사람을 주체로 쓸 때, 수동태로 사용하며 전치사with와 함께 쓰인다.
28.2.	while 품사는?	접속사
28.3.	무슨 접속사?	종속 접속사
28.4.	접속사 while?	While 1개, 부사절, 뜻 2개 -동안에/반면에 부사절 ~동안에 : We slept [while they watched.] ~반면에 : [While I admit (that) it is difficult] I don't think it impossible.
28.5.	while절의 동사는?	study, are concerned with
28.6.	remains 품사?	명사
28.7.	뜻?	잔해, 유해, 잔여물
28.8.	remains의 역할은?	타동사 study의 목적어
28.9.	concern?	**하나?** A be concerned with B **둘?** A가 B에 관련되다.
28.10.	form?	**하나?** in the form of **둘?** -의 형태로
28.11.	접속사 why?	Why 2개, 명사절/형용사절, 명사절 : I can't explain [why it's so.] 형용사절 : The reasons [why they help us] are various.

번호	질문	답변
28.12.	본문에서는 무슨절?	명사절
28.13.	역할은?	주절의 주어
28.14.	주절의 동사는?	is
28.15.	어째서?	명사절은 단수 취급한다
28.16.	단수 동사를 취하는 주어는?	1. to부정사 2. 동명사 3. 명사절 4. 학문명
28.17.	confusing 품사?	형용사
28.18.	정형동사 5번 be doing 아닌가?	아니다
28.19.	어째서?	confuse가 동사라면 ~을/를 혼란시키다 라는 타동사여서 목적어를 가져올텐데, 목적어가 없다
28.20.	그러면 confusing의 역할은?	be 동사 뒤에 주격보어
28.21.	주격보어에 올 수 있는 품사는?	명사, 형용사
28.22.	to 품사 무엇 있는가?	전치사, 접속사
28.23.	여기서는 무엇인가?	전치사
28.24.	전치사 뒤에는?	명사
28.25.	그 명사의 역할은?	전치사의 목적어
28.26.	왜 전치사인가?	목적어 young learners 가 있어서
28.27.	to 부정사라면?	to 뒤에 정형동사가 나온다
28.28.	해석	고생물학자들은 화석화된 생명체의 잔여물을 연구하고 고식물학자들은 그들의 이전 형태로 고대 식물의 연구에 관여되는 반면에 왜 그들이 다른 연구의 분야인지는 종종 어린 학습자들에게 혼란스럽습니다.
29.	(A) Most geological changes are (B) generated by wind and water (C) current that agitate the environment and cause the (D) surfaces of geological features to erode or build up.	
29.1.	답 근거	(C) current → currents (명사 current는 가산명사, 동사 agitate가 복수동사인 것을 고려하면 복수형이 적절하다)
29.2.	most 품사? 뜻?	형용사, 대부분의
29.3.	most 품사는 뭐가 있나?	부사, 형용사, 대명사
29.4.	여기선 무엇인가?	형용사
29.5.	뜻은?	대부분의
29.6.	명사를 꾸미는건?	형용사
29.7.	형용사를 꾸미는건?	부사
29.8.	부사를 꾸미는건?	부사
29.9.	그러면 여기서는 most가 누구를 꾸미나?	명사 changes
29.10.	주절 동사 누구?	are generated?
29.11.	정형동사 형태 시작	do, be done, have done, have been done, be doing, have been doing
29.12.	are generated는 몇번?	2번 당하다 수동
29.13.	수동태 특징은?	뒤에 목적어가 없다
29.14.	콤마 체크리스트?	1. 품사, 품사 2. 사람, 사람 / 사물, 사물 3. ing, ing / to do, to do (병치)
29.15.	that 품사?	종속 접속사

번호	질문	답변
29.16.	that?	명사절 I believe that he is honest. 형용사절 주격 The woman that is watering the plant is my mom. 목적격 The woman that I helped yesterday is my mom. 부사절 I'm sorry that I'm late.
29.17.	본문에서 that절 무슨절?	주격 형용사절
29.18.	cause?	**하나?** cause 목 to do　　**둘?** 목적어가 to do하는 것을 야기시키다
29.19.	해석	대부분의 지질학적 변화들은 환경을 뒤흔들고 지질학적 특징의 표면이 침식하거나 퇴적하는 것을 일으키는 바람과 물의 흐름에 의해 생성되어 집니다.
30.	(A) Some fish species, like the clownfish, are capable of (B) switching genders for (C) certain periods after (D) the die of the dominant members of the society.	
30.1.	답 근거	(D) the die → the death (die는 동사, 따라서 관사 the 뒤에 사용될 수 있는 명사 death로 바꿔야 한다)
30.2.	some 품사는?	형용사
30.3.	뒤에 단수명사? 복수명사?	셀 수 있는 명사의 경우 복수명사, 셀 수 없는 명사의 경우 단수명사
30.4.	like 품사는?	전치사
30.5.	뜻은?	~와 같이, ~와 같은
30.6.	전치사 뒤에는?	명사
30.7.	그 명사의 역할은?	전치사의 목적어
30.8.	capable 품사?	형용사
30.9.	capable?	**하나?** be capable of -ing　　**둘?** -ing하는 것이 가능하다
30.10.	switching 품사는?	동명사
30.11.	동명사 특징은?	동사와 명사의 성질을 가지고, 명사로써 기능을 한다
30.12.	동명사 예문 시작	by studying English
30.13.	동명사 ing랑 분사 ing의 차이점은?	동명사는 명사, 분사는 형용사/부사
30.14.	for 품사?	전치사
30.15.	전치사 뒤에는?	명사
30.16.	그 명사의 역할은?	전치사의 목적어
30.17.	본문에서 누가 목적어?	certain periods
30.18.	전치사 for 뜻?	~동안, ~때문에, ~위해
30.19.	after 품사?	전치사
30.20.	after 예문?	1개 부사절 I'll go with you, after I finish my work.
30.21.	어째서?	뒤에 명사가 오기에
30.22.	그 명사의 역할은?	전치사의 목적어
30.23.	of 품사는?	전치사
30.24.	전치사 뒤에는?	명사
30.25.	그 명사의 역할은?	전치사의 목적어
30.26.	of의 목적어는?	the dominant members
30.27.	해석	흰동가리와 같은 몇몇 물고기 종들은 사회의 지배적인 멤버의 죽음 이후에 특정 기간 동안 성을 바꾸는 것이 가능합니다.

번호	질문	답변
31.	Temperatures surveys (A) <u>show</u> El Nino occurs (B) <u>approximate</u> every 6 years, meaning that a (C) <u>major</u> shift (D) <u>occurs</u> in surface temperatures in the eastern Pacific Ocean.	
31.1.	답 근거	(B) approximate → approximately (주로 수치 앞 사용, '대략'이라는 의미로 사용될 경우 부사 approximately가 적절하다)
31.2.	show 품사?	동사
31.3.	자동사? 타동사?	타동사
31.4.	어째서?	~을/를 보여주다 이기에 목적어가 필요
31.5.	목적어가 될 수 있느 품사는?	오직 명사
31.6.	명사 기능 시작	1. 주어 2. 타동사 뒤 목적어 3. 전치사 뒤 목적어 4. 주격 보어 5. 목적격 보어 6. 동격
31.7.	명사절도 목적어가 될 수 있나?	있다
31.8.	show 뒤에 생략된 것?	that
31.9.	that절 몇개?	명사절, 형용사절, 부사절 3개
31.10.	that절 예문 시작	명사절 I believe that he is honest. 형용사절 주격 The woman that is watering the plant is my mom. 목적격 The woman that I helped yesterday is my mom. 부사절 I'm sorry that I'm late.
31.11.	that 명사절의 특징은?	빠진게 없다, 격이 없다, 생략이 가능하다
31.12.	본문에서 접속사 that은?	show 뒤에 생략되어 있다
31.13.	본문 that절은 무슨절?	명사절
31.14.	역할은?	타동사 show의 목적어
31.15.	occurs 품사는?	동사
31.16.	자동사? 타동사	자동사
31.17.	approximately 품사는?	부사
31.18.	부사 approximately가 형용사 꾸며줄 수 있나?	있다
31.19.	every 품사는?	형용사
31.20.	명사를 꾸미는건?	형용사
31.21.	형용사를 꾸미는건?	부사
31.22.	부사를 꾸미는건?	부사
31.23.	meaning 품사는?	분사
31.24.	동명사 아닌가?	아니다
31.25.	어째서?	동명사는 명사기능, 분사는 형용사, 부사기능
31.26.	명사 기능으로 쓰인다 볼수 있나?	없다. 따라서 분사
31.27.	meaning은 그래서 정형동사인가?	아니다 비정형동사이다
31.28.	비정형동사는 무엇을 가지고 있나?	동사의 성질
31.29.	동사의 성질 시작	
31.30.	mean은 타동사인가?	타동사이다. 을/를 의미하다 라고 해석되기에
31.31.	타동사 뒤에는?	목적어
31.32.	따라서 분사 meaning 목적어를 가져올 수 있다?	있다

번호	질문	답변
31.33.	어째서?	동사의 성질 때문에
31.34.	meaning that에서 that절 무슨 절?	명사절
31.35.	that?	명사절 I believe that he is honest. 형용사절 주격 The woman that is watering the plant is my mom. 목적격 The woman that I helped yesterday is my mom. 부사절 I'm sorry that I'm late.
31.36.	that 명사절의 특징은?	빠진게 없다, 격이 없다, 생략이 가능하다
31.37.	본문 that절은 무슨절?	명사절
31.38.	역할은?	타동사 mean의 목적어
31.39.	해석	온도 조사는 엘니뇨가 대략 매 6년마다 발생한다는 것을 보여줍니다, 그리고 동태평양의 표면 온도에서 주요한 변화가 발생한다는 것을 의미합니다.
32.	The novels (A) <u>of</u> Charles Dickens, a nineteenth-century British author, (B) <u>reflect</u> a concern (C) <u>on</u> the rapid (D) <u>industrialization</u> that was occurring in London at the time.	
32.1.	답 근거	(C) on → for (concern이 명사로 쓰일 경우 전치사 for 또는 about과 함께 쓰인다)
32.2.	명사, __ , 사이에 올 수 있는 것?	동격인 명사, 형용사절, 분사
32.3.	그중에서 뭐가 쓰였나?	동격인 명사
32.4.	누구와 누구가 동격?	Charles Dickens와 author
32.5.	명사 역할 시작	1. 주어 2. 타동사 뒤 목적어 3. 전치사 뒤 목적어 4. 주격 보어 5. 목적격 보어 6. 동격
32.6.	relfect 품사는?	주절의 동사
32.7.	자동사? 타동사?	타동사
32.8.	어째서?	~을/를 반영한다 이기에 목적어가 필요하다
32.9.	reflect의 목적어는?	a concern
32.10.	concern의 품사?	명사
32.11.	concern?	**하나?** concern about/for **둘?** ~에 대한 걱정
32.12.	a nineteenth century British author 역할?	동격
32.13.	that?	명사절 I believe that he is honest. 형용사절 주격 The woman that is watering the plant is my mom. 목적격 The woman that I helped yesterday is my mom. 부사절 I'm sorry that I'm late.
32.14.	that절 무슨 절?	주격 형용사절
32.15.	that의 주격 형용사절 특징은?	that 뒤에 빠진게 있다, 격이 있다(주격), 생략이 불가능
32.16.	역할은?	타동사 show의 목적어
32.17.	at the time 뜻?	그때 그 당시
32.18.	해석	19세기 영국 작가인 찰스 디킨스의 소설들은 그 당시 런던에서 발생 중이었던 빠른 산업화에 대한 걱정을 반영합니다.
33.	Seismic waves generated (A) <u>by</u> earthquakes (B) <u>or large</u> seismic shifts under the ocean (C) <u>can be recorded</u> hundreds or thousands (D) <u>of kilometer</u> from their epicenter and can spawn massive waves known as tsunamis.	
33.1.	답 근거	(D) of kilometer → of kilometers (단위명사에는 단/복수가 표현되어야 함, hundreds or thousands로 인해 복수명사 kilometers)

번호	질문	답변
33.2.	정형동사 형태 시작	do, be done, have done, have been done, be doing, have been doing
33.3.	generated는 동사인가?	아니다
33.4.	어째서?	동사라면 목적어가 있어야 한다.
33.5.	generated의 품사는?	분사
33.6.	분사 기능?	형용사, 부사
33.7.	분사 형태?	ing 능동, ed 수동
33.8.	여기선 무엇인가?	형용사 기능 하는 ed 수동
33.9.	누구를 꾸며주는가?	앞의 선행사 Seismic waves
33.10.	분사의 수동태는 목적어를 가져오나?	아니다
33.11.	by 품사는?	전치사
33.12.	전치사 뒤에는?	명사
33.13.	그 명사의 기능은?	전치사의 목적어
33.14.	명사 역할 시작	1. 주어 2. 타동사 뒤 목적어 3. 전치사 뒤 목적어 4. 주격 보어 5. 목적격 보어 6. 동격
33.15.	전치사 by의 목적어는?	earthquakes or large seismic shifts
33.16.	can be recorded 몇번?	2번 be done 당하다 수동태
33.17.	정형동사 시작	do, be done, have done, have been done, be doing, have been doing
33.18.	수동태 특징	수동태 뒤에 목적어 없어야 된다.
33.19.	can spawn의 주어는?	Seismic waves
33.20.	known은 동사인가?	아니다
33.21.	known은?	분사
33.22.	무슨 분사?	과거분사 ed 수동태
33.23.	know?	**하나?** know A as B **둘?** A를 B로 알다
33.24.	본문에서 A와 B는 누구?	A: massive waves B: tsunamis
33.25.	분사 known 기능?	형용사 기능
33.26.	누구를 수식하나?	선행사인 명사 massive waves
33.27.	해석	바다 아래 지진 혹은 거대한 지각변동에 의해 생성된 지진파는 진앙으로부터 수백, 수천 킬로미터에서 기록되어 질 수 있습니다, 그리고 쓰나미라 알려진 거대한 파도를 만들 수 있습니다.
34.	(A) <u>After</u> America became independent from the UK, the (B) <u>more fertile</u> soils of the Midwest region (C) <u>drew steadily</u> farmers and settlers (D) <u>into</u> the region and greatly expanded the new country's territory.	
34.1.	답 근거	(C) drew steadily → steadily drew (부사는 일반적으로 수식하고자 하는 동사 앞에서 수식)
34.2.	after 품사는?	접속사
34.3.	무슨 접속사?	종속 접속사
34.4.	접속사 after?	1개, 부사절, I'll go with you after I finish my work.
34.5.	become은 자동사인가 타동사인가?	자동사
34.6.	자동사 뒤에 나올 수 있는 것은?	주격보어
34.7.	주격보어에 올 수 있는 것은?	명사, 형용사, done
34.8.	본문에서는 주격보어로 무엇이 나왔는가?	형용사 independent

번호	질문	답변
34.9.	more 품사는?	부사
34.10.	무슨 급?	비교급
34.11.	비교급 예문 시작	She studies hard. He studies hard. She studies harder than he studies. She studies harder than he does (대동사). She studies harder than does he (도치-강조). She studies harder than he (생략).
34.12.	명사를 꾸며주는 것은?	형용사
34.13.	형용사를 꾸며주는 것은?	부사
34.14.	부사를 꾸며주는 것은?	부사
34.15.	부사가 못 꾸미는 것은?	명사
34.16.	draw?	**하나?** draw A into B **둘?** A를 B로 이끌다
34.17.	여기서 A와 B는 누구?	A: farmers and settlers B: the region
34.18.	빈도부사 위치?	be/조동사 뒤, 일반동사 앞
34.19.	expanded의 주어는?	more fertile soil
34.20.	expanded는 자동사인가 타동사인가?	타동사
34.21.	어째서?	~을/를 넓히다
34.22.	타동사 뒤에는?	목적어
34.23.	명사 역할 시작	1. 주어 2. 타동사 뒤 목적어 3. 전치사 뒤 목적어 4. 주격 보어 5. 목적격 보어 6. 동격
34.24.	expanded의 목적어는?	the new country's territory
34.25.	해석	미국이 영국으로부터 독립된 후에, 중서부 지역의 더 비옥한 땅은 지역으로 농부들과 정착민들을 꾸준히 이끌었습니다, 그리고 새로운 국가의 영토를 크게 확장시켰습니다.
35.	(A) Found in most oceans, (B) various species of squid use light, which (C) they can generate, for both camouflage (D) or attracting the predators of their predators when they feel threatened.	
35.1.	답 근거	(D) 상관 접속사 both A and B: 'A와 B 둘 다'를 이해해야 한다.
35.2.	found는 동사인가?	아니다
35.3.	그러면?	분사
35.4.	분사 기능 시작	형용사, 부사
35.5.	여기서는 무슨 기능?	형용사 기능
35.6.	누구를 꾸며주나?	various species (주절의 주어)
35.7.	various 품사는?	형용사
35.8.	명사를 꾸며주는 것은?	형용사
35.9.	형용사를 꾸며주는 것은?	부사
35.10.	부사를 꾸며주는 것은?	부사
35.11.	부사가 못 꾸미는 것은?	명사
35.12.	형용사 various 가 꾸며주는 것은?	명사 species
35.13.	species 뜻?	종
35.14.	species의 특징은?	단수여도 복수여도 똑같이 species

번호	질문	답변
35.15.	which의 품사는?	접속사
35.16.	무슨 접속사?	종속접속사
35.17.	that절 시작	명사절 I believe that he is honest. 형용사절 주격 The woman that is watering the plant is my mom. 목적격 The woman that I helped yesterday is my mom. 부사절 I'm sorry that I'm late.
35.18.	which절 무슨절인가?	목적격 형용사절
35.19.	목적격 형용사절 특징은?	빠진게 있다, 격이 있다(목적격), 생략 가능
35.20.	목적격 형용사절인것을 어떻게 알지?	which절의 동사 generate가 '~을/를' 발생시키다 라는 타동사 이기에 목적어가 필요한데, 목적어가 현재 빠졌다
35.21.	which절이 꾸미는 대상은?	선행사인 명사 light
35.22.	for 품사는?	전치사
35.23.	전치사 뒤에는?	명사
35.24.	그 명사의 기능은?	전치사의 목적어
35.25.	상관 접속사?	both A and B: A와 B 둘다, either A or B: A 또는 B, neither A nor B: A도 B도 아니다, Not A but B: A가 아니라 B, Not only A but also B: A뿐만 아니라 B도
35.26.	접속사 when?	3개, 명사절, 형용사절, 부사절 명사절: I don't know when she will begin next time. 형용사절: The day when we arrived was a holiday. 부사절: When it rains, she usually stays inside.
35.27.	when 여기서 무슨 절?	부사절
35.28.	which 무슨 절?	목적격 형용사절
35.29.	attracting은 분사? 동명사?	동명사 - 전치사 for의 목적어로 both camouflage and attracting
35.30.	feel 품사는?	동사
35.31.	feel은 자동사인가 타동사인가?	자동사
35.32.	자동사 뒤에는?	주격보어
35.33.	주격보어에 올 수 있는 것은?	명사, 형용사, done
35.34.	feel의 주격보어는?	threatened
35.35.	threatened 품사?	형용사
35.36.	해석	대부분의 바다에서 발견된 오징어의 다양한 종들은 그들이 위협을 느낄 때 위장과 그들의 적을 이끄는 것 둘 다를 위해 그들이 생성할 수 있는 빛을 사용합니다.
36.	Hydrogen is (A) a light, flammable element that (B) readily reacts with (C) another elements (D) to form many important compounds, such as water and ammonia, providing it is in its gaseous state.	
36.1.	답 근거	(C) another → other (복수명사 elements 수식할 수 있는 수량형용사 other로 바꿔야 한다)
36.2.	be동사 뒤에는?	주격보어
36.3.	주격보어에 올 수 있는 것은?	명사, 형용사, done
36.4.	is의 주격보어는?	명사 element
36.5.	콤마 체크리스트?	1. 품사, 품사 2. 사람, 사람 / 사물, 사물 3. ing, ing / to do, to do 4. a, a n / a a n / a a n d a n
36.6.	본문에서는?	a, a n (a light, flammable element)

번호	질문	답변
36.7.	that 품사는?	접속사
36.8.	무슨 접속사?	종속 접속사
36.9.	that?	명사절 I believe that he is honest. 형용사절 주격 The woman that is watering the plant is my mom. 목적격 The woman that I helped yesterday is my mom. 부사절 I'm sorry that I'm late.
36.10.	본문 that절은 무슨절?	주격 형용사절
36.11.	주격 형용사절의 특징?	빠지는게 있다, 격이 있다, 생략이 불가능하다
36.12.	readily 품사는?	부사
36.13.	뜻은?	쉽게
36.14.	명사를 꾸며주는 것은?	형용사
36.15.	형용사를 꾸며주는 것은?	부사
36.16.	부사를 꾸며주는 것은?	부사
36.17.	부사가 못 꾸미는 것은?	명사
36.18.	부사 readily가 꾸미는 것은?	동사 react
36.19.	부사가 동사 꾸며줄 수 있나?	있다
36.20.	react?	**하나?** react with　　　**둘?** ~와 반응하다
36.21.	another 품사는?	수량 형용사
36.22.	뒤에 단수명사 나오나 복수명사 나오나?	단수명사
36.23.	본문에서는 뒤에 뭐나오나?	복수명사
36.24.	따라서, another를 뭐로 바꾸나?	other
36.25.	to 부정사의 기능?	명사, 형용사, 부사
36.26.	to 부정사 예문 시작	명사 To see is to believe. 형용사 I have a friend to help me. 부사 He is too busy to trim his hair, 　　I am rich enough to buy a car, 　　Her hair is so long as to touch the floor.
36.27.	본문의 to form은 무슨 기능?	부사
36.28.	어째서?	'그 결과 ~하는'으로 해석
36.29.	to부정사 부사기능일 때 해석 5가지	1. 목적(-하기위해서): He went to see his friend. 2. 결과(그결과-하다): The boy grew up to be a fine youth. 3. 이유/판단(-하다니): He must be crazy to talk like that. 4. 원인(-해서): I rejoiced to hear of your recovery. 5. 조건/가정(-라면): To tell the truth, the prospect isn't bright.
36.30.	본문에서는 무엇으로 해석?	결과
36.31.	many 품사는?	수량 형용사
36.32.	뒤에 단수명사? 복수명사?	복수명사
36.33.	명사 누구 수식?	compounds
36.34.	such as 뜻?	예를 들어
36.35.	such as 품사?	전치사
36.36.	전치사 뒤에는?	명사
36.37.	그 명사의 기능은?	전치사의 목적어

번호	질문	답변
36.38.	명사 역할 시작	1. 주어 2. 타동사 뒤 목적어 3. 전치사 뒤 목적어 4. 주격 보어 5. 목적격 보어 6. 동격
36.39.	전치사구 such as의 목적어는?	water and ammonia
36.40.	접속사 providing?	1개, 부사절, 만약 ~라면, I'll take the job providing (that) I am given Saturdays off.
36.41.	state?	**하나?** in a state **둘?** ~의 상태로
36.42.	해석	수소는 만약 이것이 가스 상태라면 다른 요소들과 쉽게 반응하여 그 결과 물과 암모니아와 같은 많은 중요한 혼합물을 형성하는 가볍고 불에 잘 타는 요소입니다.
37.	Among the (A) <u>most complex</u> chemical compounds are (B) <u>that</u> of carbon, for they take on several (C) <u>different</u> structures at various temperatures and pressures, with the most precious and (D) <u>valuable being</u> diamonds.	
37.1.	답 근거	(B) that → those (주어, 동사가 도치된 상황에서 동사가 are이므로 주어는 those가 되어야 함)
37.2.	among?	**하나?** be among **둘?** ~에 속하다
37.3.	among 품사?	전치사
37.4.	전치사 뒤에는?	명사
37.5.	그 명사의 기능은?	전치사의 목적어
37.6.	명사 기능 시작	1. 주어 2. 타동사 뒤 목적어 3. 전치사 뒤 목적어 4. 주격 보어 5. 목적격 보어 6. 동격
37.7.	전치사 among의 목적어는?	the most complex chemical compounds
37.8.	most의 품사?	부사
37.9.	최상급 형태 시작	the most / the ~est
37.10.	명사를 꾸며주는 것은?	형용사
37.11.	형용사를 꾸며주는 것은?	부사
37.12.	부사를 꾸며주는 것은?	부사
37.13.	부사가 못 꾸미는 것은?	명사
37.14.	that 품사는?	대명사
37.15.	주어가 단수여야 하나 복수여야 하나?	복수
37.16.	어째서?	동사 are 가 복수동사
37.17.	대명사 that을 복수형으로 바꾸면?	those
37.18.	that/those 예문 시작	His dress is that of a gentleman, but his manners are those of a clown.
37.19.	for 품사는?	접속사
37.20.	어떻게 아나?	뒤에 주어 동사 나온다
37.21.	무슨 접속사?	등위 접속사
37.22.	등위접속사 시작	FANBOYS (For=Because, And, Nor=And not, But, Or, Yet=But, So)
37.23.	take?	**하나?** take on **둘?** 띠다
37.24.	several 품사?	수량 형용사
37.25.	뒤에 단수명사 복수명사?	복수명사
37.26.	복수명사 누구 꾸며주나?	structures
37.27.	various 품사?	수량 형용사

번호	질문	답변
37.28.	뒤에 단수명사 복수명사?	복수명사
37.29.	복수명사 누구 꾸며주나?	termperatures and pressures
37.30.	온도에서?	at temperature cf. 96p
37.31.	압력에서?	at pressure cf. 96p
37.32.	valuable은 형용사라 누굴 꾸며주나	명사
37.33.	명사가 없는데?	compounds라는 명사가 생략되었다
37.34.	being 품사는?	분사
37.33.	분사 종류 시작	1) -ing 2) -ed 3) 형용사 4) 명사 5) 전명
37.35.	해석	탄소의 혼합물은 가장 복잡한 화학 혼합물에 속합니다, 왜냐하면 그들이, 다이아몬드인 가장 중요하고 가치 있는 상태와 더불어, 다양한 온도와 압력에서 몇몇의 다른 구조들을 띄기 때문입니다.
38.	How their relationships began remains a mystery, but some organisms (A) cope with the threat of predators by forming relationships (B) that do not (C) necessary act (D) for the benefit of the other organism.	
38.1.	답 근거	(C) necessary → necessarily (형용사는 동사 수식할 수 없고 부사로 바꿔야 한다)
38.2.	How 품사?	접속사
38.3.	무슨 접속사	종속 접속사
38.4.	접속사 How?	2개, 명사절, 부사절, 명사절 뜻 2개 얼마나: I wonder how old he is. 어떻게: That is how it happened. 부사절 뜻 어떻게든: Do it how you can.
38.5.	본문에선 무슨절인가?	명사절
38.6.	역할은?	주어
38.7.	뜻은?	어떻게
38.8.	begin은 자동사? 타동사?	자동사
38.9.	어째서?	목적어가 없다
38.10.	remains 품사는?	동사
38.11.	동사 remain에 s 가 붙는 경우는?	주어가 3인칭 단수 일때
38.12.	명사 remains는 무슨 듯?	잔해, 잔여물
38.13.	동사 remains의 주어는?	how절
38.14.	주어로 쓰일 때 단수로 취급하는 것은?	명사절, to부정사, 동명사, 학문명 등
38.15.	remains는 자동사? 타동사?	자동사
38.16.	자동사 뒤에는?	주격보어
38.17.	주격보어에 올 수 있는 것은?	명사, 형용사, done
38.18.	remains의 주격보어는?	a mystery
38.19.	명사 역할 시작	1. 주어 2. 타동사 뒤 목적어 3. 전치사 뒤 목적어 4. 주격 보어 5. 목적격 보어 6. 동격
38.20.	cope?	**하나?** cope with **둘?** -에 대처하다.
38.21.	by -ing?	~함으로써
38.22.	in -ing?	~함에 있어서
38.23.	on -ing?	~하자마자

번호	질문	답변
38.24.	forming의 품사는?	동명사
38.25.	어째서?	전치사 by의 목적어로 명사가 와야해서
38.26.	that 품사는?	접속사
38.27.	무슨 접속사?	종속 접속사
38.28.	that?	명사절 I believe that he is honest. 형용사절 주격 The woman that is watering the plant is my mom. 목적격 The woman that I helped yesterday is my mom. 부사절 I'm sorry that I'm late.
38.29.	본문 that절은 무슨절?	주격 형용사절
38.30.	주격 형용사절의 특징?	빠지는게 있다, 격이 있다, 생략이 불가능하다
38.31.	that절이 꾸며주는 대상은?	relationships
38.32.	that절 기능?	주격 형용사절
38.33.	forming 분사? 동명사?	동명사 - 전치사 by의 목적어
38.34.	necessary 품사는?	형용사
38.35.	형용사가 이 자리에 적절한가?	아니다
38.36.	어째서?	형용사는 명사만 꾸며줄 수 있어서
38.37.	N시리즈	no 형용사 not 부사 never 부사 none 대명사
38.38.	act 품사는?	동사
38.39.	그래서 적절히 바꾸려면?	부사 necessarily
38.40.	benefit?	하나? for the benefit of 둘? -의 이익을 위해
38.41.	해석	어떻게 그들의 관계가 시작했는지는 미스터리로 남아있습니다, 그러나 몇몇의 유기체들은 다른 유기체의 이익을 위해 필수적으로 작용하지 않는 관계를 형성함으로써 포식자의 위협에 대처합니다.
39.	(A) By the early 1800s, America's population (B) had reached a remarkable level of (C) uniform, (D) as well as developed a distinct national character that we can still recognize.	
39.1.	답 근거	(C) uniform(유니폼, 제복) → uniformity(통일성,획일성) 전치사 뒤에 명사가 온 것은 적절하나, 문맥상 의미가 적절하지 않음.
39.2.	by +시간?	-까지, -즈음에
39.3.	had reached는 정형동사 형태 몇번?	3번 have done 해오다 능동
39.4.	정형동사 형태 시작	do, be done, have done, have been done, be doing, have been doing
39.5.	reach?	하나? reach a level 둘? -단계에 도달하다.
39.6.	uniform 자리에 와야 하는 품사는?	명사
39.7.	어째서?	전치사 of 뒤에는 명사가 와야 한다
39.8.	전치사 뒤에는?	명사
39.9.	그 명사의 기능은?	전치사의 목적어
39.10.	uniform은 명사인가?	명사로써 '유니폼, 제복'이란 뜻이 있으나 문맥상 부적절
39.11.	적절한 명사는?	uniformity 동일성, 획일성

번호	질문	답변
39.12.	상관접속사?	1. both A and B A와 B 둘 다 2. Either A or B A또는 B 3. Neither A nor B A도 B도 아니다. 4. Not A but B A가 아니라 B 5. Not only A but (also) B A뿐만 아니라 B도 (=B as well as A A뿐만 아니라B도 -수 일치는 B에)
39.13.	as well as 품사는?	부사
39.14.	that절?	명사절 I believe that he is honest. 형용사절 주격 The woman that is watering the plant is my mom. 목적격 The woman that I helped yesterday is my mom. 부사절 I'm sorry that I'm late.
39.15.	본문의 that절은 무슨절?	목적격 형용사절
39.16.	어째서?	that절의 동사 recognize의 목적어가 없다
39.17.	that 목적격 형용사절의 특징은?	빠진게 있다, 격이 있다, 생략이 가능하다
39.18.	that절이 꾸며주는 대상은?	선행사 national character
39.19.	해석	1800년대 초기까지 미국의 인구는 우리가 여전히 인지 할 수 있는 독특한 국가적인 특징을 개발해왔을 뿐만 아니라 동질성의 두드러진 단계에 도달해왔습니다.
40.	(A) With more than half of Russia's (B) annual production of petroleum, an (C) important source of tax revenue, is (D) produced in the region of Western Siberia where large oil fields dot the otherwise uninhabitable landscape.	
40.1.	답 근거	(A) With more than → more than 주어자리가 비어있으므로 주어역할 할 수 있도록 전치사 제거해야함.
40.2.	With 품사?	전치사
40.3.	전치사 뒤에는?	명사
40.4.	전치사 + 명사 역할?	형용사/부사 역할
40.5.	본문에서는 형용사/부사로 쓰여야 하나?	아니다
40.6.	어째서?	주어로 쓰여야 한다.
40.7.	주어로 쓰이려면 어떤 품사 필요?	명사
40.8.	more 품사?	대명사
40.9.	명사 역할 시작	1. 주어 2. 타동사 뒤 목적어 3. 전치사 뒤 목적어 4. 주격 보어 5. 목적격 보어 6. 동격
40.10.	명사로 쓰이려면?	with가 사라지고 More than 으로
40.11.	N,___,자리에 오는 것?	1) 동격인명사 2) 형용사절 3) 분사
40.12.	본문에서 무엇이 왔는가?	동격인 명사
40.13.	어떤 명사들끼리 동격?	petroleum, an important source
40.14.	정형동사 형태 시작	do, be done, have done, have been done, be doing, have been doing
40.15.	is produced 몇번?	2번 be done 당하다 수동
40.16.	수동태 뒤에는 목적어가 있나?	없다
40.17.	region?	하나? in the region of 둘? -의 지역에서

번호	질문	답변
40.18.	접속사 where?	where 3개, 명사절, 형용사절, 부사절 1) 명사절 I wonder where he lives. 2) 형용사절 This is the house where she was born. 3) 부사절 Stop, where the road branches off.
40.19.	여기서 where절 무슨기능?	형용사절
40.20.	어째서?	선행사인 명사 Western Siberia를 꾸며준다
40.21.	where절의 형용사절은 격이 있나?	없다
40.22.	otherwise 품사?	부사
40.23.	뜻?	그렇지 않으면
40.24.	해석	세금 수입의 중요한 자원인 러시아의 석유 연간 생산량의 절반 이상은 거대한 오일 밭이 산재해 있는 그렇지 않으면 사람이 살 수 없는 지역인 서부 시베리아 지역에서 생산됩니다.

별도 구매 서비스 소개

usherin.usher.co.kr

1. USHER **단어암기** 프로그램 소개
2. **첨삭권** 소개
3. **인강** 백지, 40문장 소개
4. **모의토플**
5. 토플 Reading 공부방법
6. 토플 Listening 공부방법
7. 수강 후기

1 USHER 단어암기 프로그램 소개
usherin.usher.co.kr

1. **듣고** - 아직도 눈으로만 외우나요?
   어셔단어 프로그램에서는 듣고, 쓰고, 품사외우고, 동의어까지 한번에 진행합니다.
2. **말하고** - 아직도 발음을 못하나요?
   발음 연습을 정확하게 프로그램이 읽어, 단어 외우면서 발음까지 한번에 준비할 수 있습니다.
3. **집중 암기**하고 - 천천히 성장 VS 고성장
   90일 동안 외울 단어를 13일 안에 끝내므로 반복효과 및 고성장을 이루어 낼수있습니다.
4. **internet based test** - 즉시채점+틀린것만 계속 테스트
   틀린 단어들만 다시 시험보기가 가능합니다.
5. **기분좋은 성취 확인** - 향상 기록 personal trainer
   본인이 본 시험 기록 내용이 누적 확인되어 본인에 성취를 확인 할수있습니다.

1. 어셔 책으로 공부하는 법

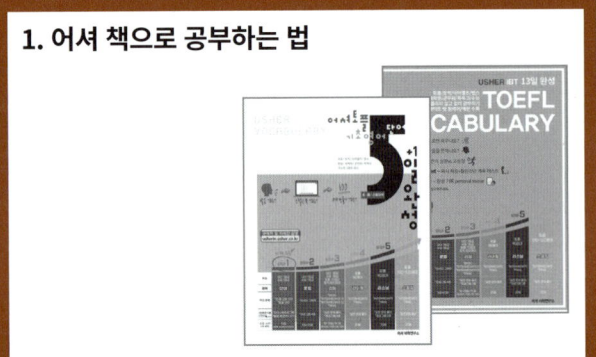

1. 타사 책으로 공부하는 법

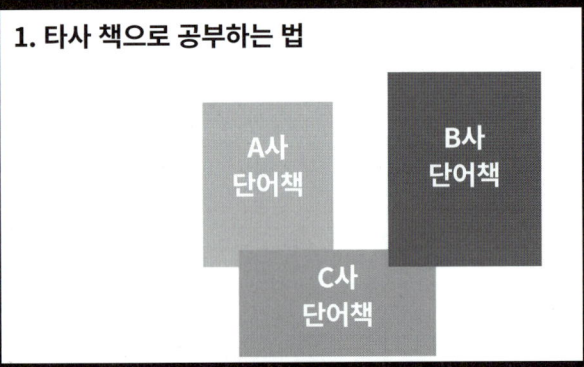

2. 발음을 먼저 듣고

2. 읽지도 못하는 발음기호 주고

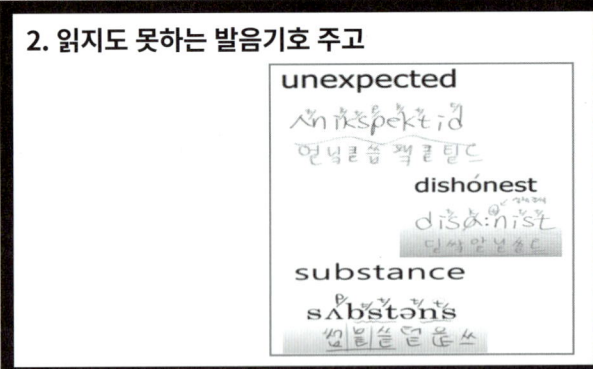

3. 들어본 발음 시켜보고

3. 내가 읽은 발음이 맞는지 모르고

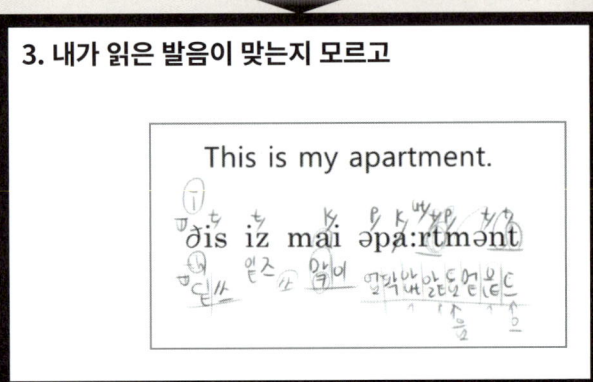

4. 인터벌

4. 빽빽이 써가면서 단어 외워야하는데

5. 분량을 나눠서 모의시험

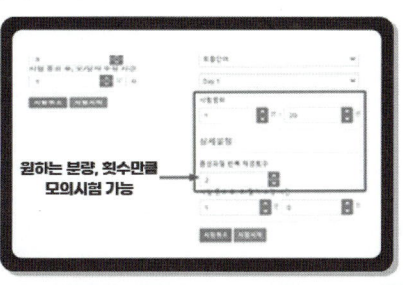

5. 빽빽이 써가면서 단어 외워야하는데

6. 준비되면 시전시험!
듣고 → 스펠링 → 품사 → 뜻 순으로 적기

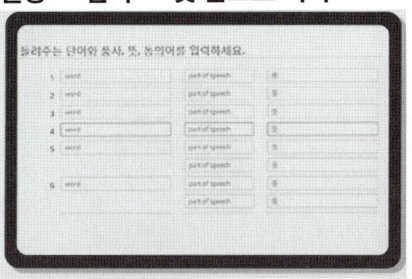

6. 학교 or 학원가서 종이에
한글 또는 스펠링 중 하나만 시험

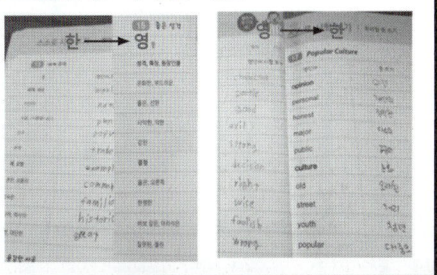

7. 하나라도 틀리면 오답처리
시험결과 자동체크

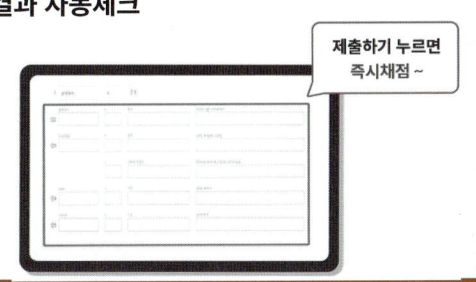

7. 채점을 내가 하면 잘못 외운 스펠링체크 못해주고
친구가 해주면 우정으로 틀린 것도 맞다고 해주고

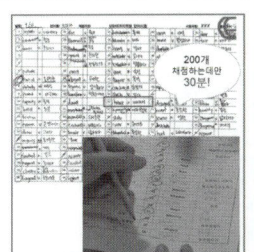

8. 틀린 단어 묶음으로 즉시 **오답노트** 만들어줌

8. 내가 뭘 틀렸는지 일일히 추려내야 하지만... 보통은 보지도 않고 그냥 버리게 됨

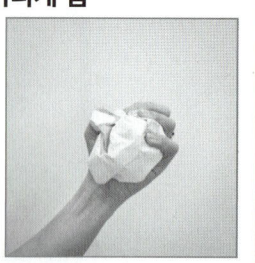

9. 틀린 개수 0으로 만들기 틀린 단어만 **재시험**

9. 틀린 단어가 뭔지 보지도 않고

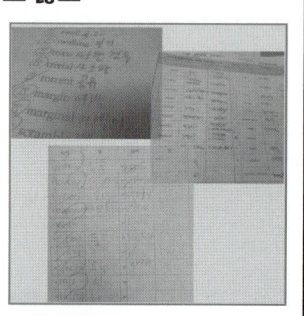

10. 한달 동안 시험 본 모든 기록 체크해주며 자극주는 시스템

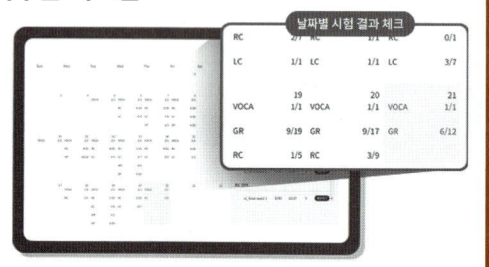

10. 종이가 너덜너덜해지면 그냥 버림

단어 프로그램 가격 소개

🗨 카카오톡으로 문의하기

	1개월 사용	3개월 사용	6개월 사용
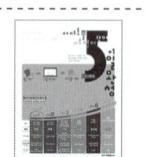 기초영단어	25,000원	~~75,000원~~ 60,000원 (1개월당 20,000원 20% DC)	~~150,000원~~ 84,000원 (1개월당 7,000원 44% DC)
 토플단어	25,000원	~~75,000원~~ 60,000원 (1개월당 20,000원 20% DC)	~~150,000원~~ 84,000원 (1개월당 7,000원 44% DC)
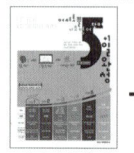 기초영단어 + 토플단어	40,000원	~~120,000원~~ 90,000원 (1개월당 30,000원 25% DC)	~~240,000원~~ 108,000원 (1개월당 9,000원 55% DC)

2 첨삭권 소개
usherin.usher.co.kr

01 스피킹/라이팅 첨삭이 필요한 이유?

대체로 독학을 할 수 있다고 생각하는 리딩, 리스닝과는 달리 스피킹 라이팅은 독학이 힘듭니다.

이유는? "내가 뭘 틀렸는지 모르니까!!!"

대안은?? 독학이라고 했으니, 과외나, 학원은 빼고, 남는 건 첨삭이나, 그냥 혼자 틀린 걸 계속 보거나….

그런데, 첨삭을 받으러 검색을 해보면 가격이 라이팅 한편 당 23,000…원…?

한편만 첨삭 받으면 끝날 것 같진 않은 내 실력을 봐서는…

비용 감당 안됨. 어쩌지?

02 학원까지 다니고 싶진 않은데
스피킹/라이팅 첨삭만 받을 순 없나요?

▼라이팅 첨삭 *10회권은 어셔수강생에게만 제공됩니다* (2024.08. 현재)

1회권	어셔	1회 첨삭권 25,000원	최저가 1회당 25,000원
	해**	1회권 없음 2회 첨삭권 54,000원	1회당 27,000원
	영**	1회 첨삭(1일 소요)권 28,000원	1회당(1일 소요)권 28,000원
5회권	어셔	5회 첨삭권 100,000원	최저가 1회당 20,000원
	해**	5회권 없음	5회권 없음
	영**	5회 첨삭(1일 소요)권 119,000원	1회당(1일 소요)권 23,800원
10회권 *어셔 수강생 한정	어셔	10회 첨삭권 150,000원	최저가 1회당 15,000원
	해**	10회권 없음	10회권 없음
	영**	10회권 없음	10회권 없음

▼스피킹 첨삭 (2024.08. 현재)

1회권	어셔	1회 첨삭권 15,000원	최저가 1회당 15,000원
	해**	1회권 없음 2회 첨삭권 54,000원	1회당 27,000원
	영**	1회 첨삭(1일 소요)권 16,000원	1회당(1일 소요)권 16,000원
5회권	어셔	5회 첨삭권 60,000원	최저가 1회당 12,000원
	해**	5회권 없음	5회권 없음
	영**	5회 첨삭(1일 소요)권 68,000원	1회당(1일소요)권 13,600원
10회권 *어셔 수강생 한정	어셔	10회 첨삭권 110,000원	최저가 1회당 11,000원
	해**	10회권 없음	10회권 없음
	영**	10회권 없음	10회권 없음

구매처 및 자세한 설명 usherin.usher.co.kr

03 첨삭 구성은 어떻게 되나요?

▼ 스피킹 첨삭

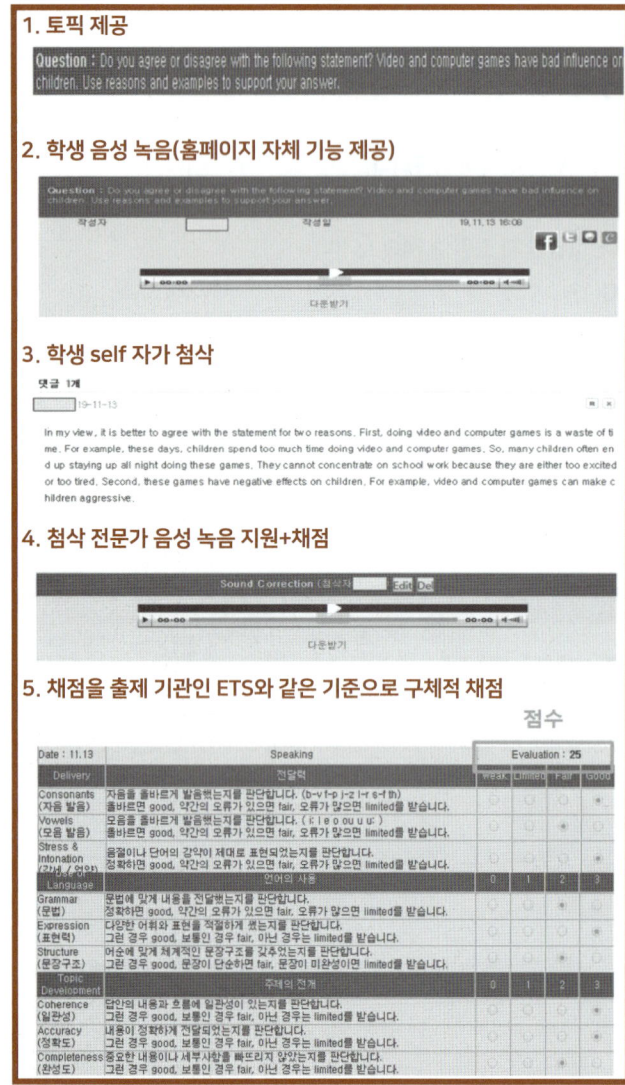

▼ 라이팅 첨삭

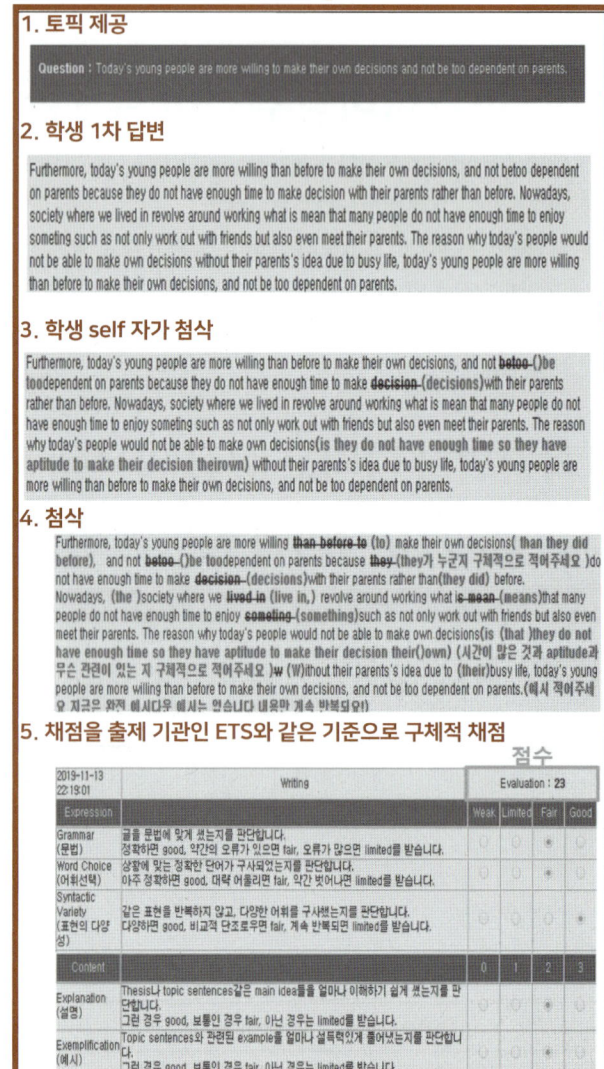

04 첨삭 신청하기

첨삭은 근무일 기준(평일)으로 진행되며, 주말 또는 휴일은 익일 평일에 진행됩니다.

3 인강-리딩
usherin.usher.co.kr

	STEP 1	STEP 2 (이 책 수준)	STEP 3	STEP 4	STEP 5	STEP 6
목표	내신 1등급 수능 1등급	내신 1등급 수능 1등급	내신 1등급 수능 1등급 토플 70점대 토익 800점대	토플 80점대	토플 90점대	토플 100~120점대
과목	단어	문법	리딩	라이팅	리스닝	스피킹
책의 종류	①초·중·고등 단어 ②토플 단어	①어셔인 그래머	①BASIC ②INTERMEDIATE 01 ③INTERMEDIATE 02 ④FINAL	①INTERMEDIATE ②FINAL	①INTERMEDIATE ②FINAL	①INTERMEDIATE ②FINAL
USHER 어플 Study Tool	①단어시험프로그램 ②발음 체크(모든 단어)	①프로그램 4종	①실전 문제 풀이, ②프로그램 3종	①실전 문제 풀이	①실전 문제 풀이, ②프로그램 2종	①실전 문제 풀이
소요 시간 (1회 독해)	13일 (하루 200개 단어관리)	5일+10일	15~18일/각 권 (BASIC 1지문/1일 기준)	20일	20일	20일

나의 성격 PERSONALITY
INTP 미래 지향, 긍정

핵심 가치 CORE VALUE
성장 # 자조(스스로 돕는다) # 착함 # 긍정 # 정확함 # 결과 # 책임감 # 도전

나의 강점 STRENGTH
관리력 # 집중력 # 기획력 # 체계적 개발능력 # 집요함 # 속도

"할 얘기 많은"
"멋진" 삶!!

수업 특징
- 단순화
- 긴장감
- 바뀔때까지

USHER
이덕호

나의 성격 PERSONALITY
ENTP
저는 유연성과 적응력을 가진 사람입니다.
성공의 길과 개인적 성장은 순식간에 이루어지는 것이 아닙니다.
하지만 저는 작은 발전의 단계를 거듭하면서
성장하고자 합니다. 저는 변화하는 세상에 꾸준히 적응하고,
그것을 통해 계속해서 성장하려고 합니다.

핵심 가치 CORE VALUE
저의 주된 가치는 꾸준함입니다. 어떤 일이든지 지속성이
있으면 결국 목표를 달성할 수 있다고 믿습니다.

나의 강점 STRENGTH
저는 변화하는 환경에 잘 적응하고,
다양한 상황에서 필요한
해결책을 발견하는 것을 잘합니다.

This Too Shall Pass
이 또한 지나가리라

VISION BIG5
건강한 삶 저는 몸과 마음이 건강한 삶을 추구합니다.
항상 배우기 저는 세상이 계속 변하고 발전하는 것처럼,
자신도 항상 새로운 것을 배우며 성장하고자 합니다.
긍정적인 삶 저는 긍정의 힘을 믿습니다. 긍정적인 태도를 가지고 삶을 대하고자 합니다.
인내심 저는 어려움을 겪을 때에도 인내심을 잃지 않고 목표를 향해 나아갑니다.
감사함 저는 삶의 모든 것에 감사의 마음을 가지고 그 감사의 마음을 통해
더 많은 긍정적인 에너지를 발산하고자 합니다.

USHER
김채운 부원장

나의 성격 PERSONALITY
ISTJ 현실주의자. 모든 일을 꾸준히 체계적으로

핵심 가치 CORE VALUE
#희망 #긍정 #재미

나의 강점 STRENGTH
#성실함 #솔직함 #원칙적 #긍정적 #체계적

하루아침에 되는것은 없다

VISION BIG5
1. 발전하는 하루 2. 건강한 신체 3. 활기찬 분위기
4. 겸손한 마음 5. 간결한 수업

USHER
김석균

왜 백지를 배워야 할까 ?

건물을 지으려 합니다.
맨손으로 할 수는 없겠죠? 장비들을 써서 공사해야할텐데…
그렇다면 다음 기계 들의 이름은?

여기까지는 쉽죠?
그럼 이건?

이름도 모를겁니다.
그런데, 내가 가서, 일에 도움이 되야 할 상황이라면?
"이름"과 "무엇에 쓰는지"부터 일단 알아야겠지요.
일단 이름을 알아야합니다.
"이거 쇄석기 옆에 놔야 한다~" 고 했는데, 쇄석기를 모른다면?
도움이 안됩니다.

즉, "개념"은 잡아야 합니다.

"분사는 절을 구 로 줄인거다" 라고 설명했는데,
분사도 잘 모르고, 절도 모르고, 구도 잘 모른다면?
이름 암기라도 해 두면, 도움 될, 첫 걸음은 한 겁니다.

"이름을 안다"면,
그 기계가 "무엇에 쓰는건지" 안다.

땅을 파는 애인지, 무겁고 큰걸 높은데까지 들어 올리는 애인지

여기까지가 "백지"의 내용입니다.

인강 + 프로그램 배합

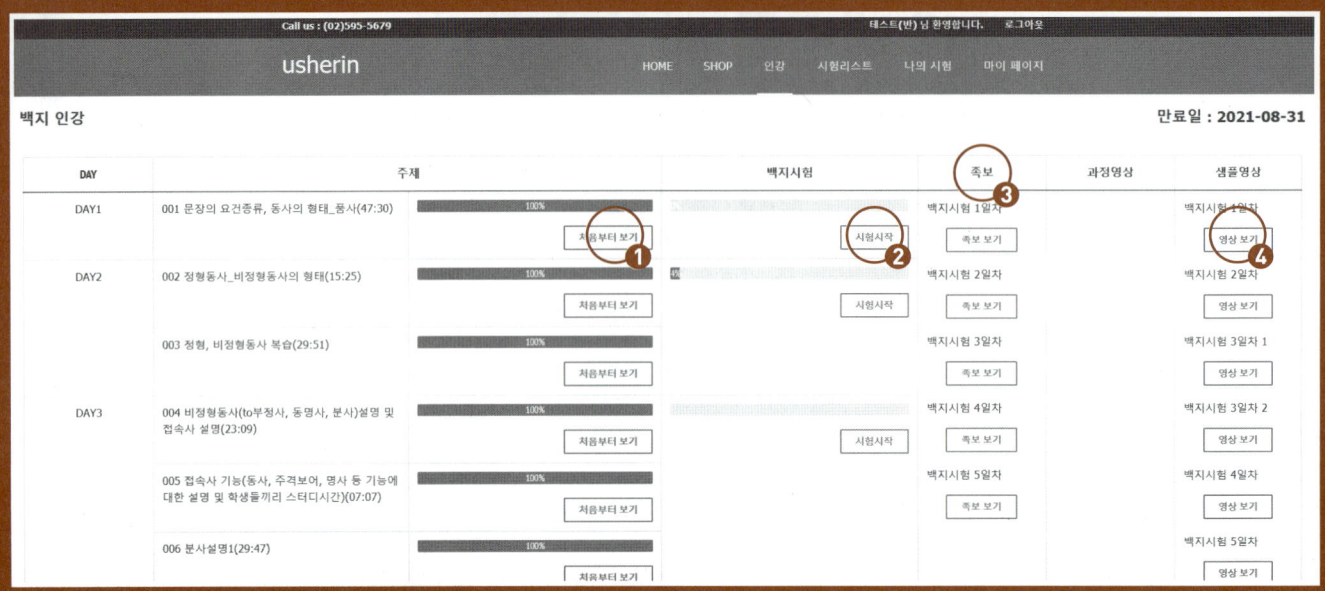

01 동영상 부분

인강이 스튜디오 강의가 아니다.

내가 어려워 할때쯤, 같이 어려워하는 학생들의 얼굴을 읽은 강사샘이 갑자기 원래 나가기로 했던 진도를 멈추고, 다시 설명해주고, 소화할 시간을 주면서, 세세히 챙겨주는게 일반 인강과 다름 (*여기서 단점은 그래서, 스튜디오 강의처럼 자로 잰듯 50분 단위로 수업이 끊어지지 않고, 약간 더 길어지기도 하고, 별도 특별 훈련을 시켜주시기도 한다.)

수업하면서, 계속 말을 시킨다.

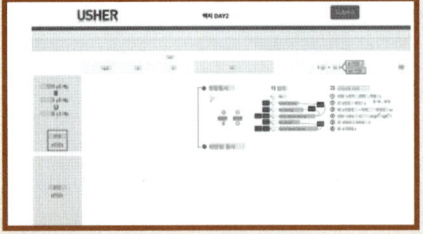

02 프로그램 부분

수업 끝나면, 그날 수업을 wrap up할 때, 계속 질문해서 다 일단 머리속에 넣어 버린다
(당연히 다 어딘가로 사라지는거 샘도 아니까, 더 그러시는듯)
그리고 일차 타이핑 시험을 본다 .

시험 결과? 그렇게 넣어줬는데도, 또 틀린다.
채점? 즉시 나오니, 전체 결과 띄우고, 하나하나 뭐가 틀렸는지 확인하며 체크 된다.
꼼수 따윈 없다는…

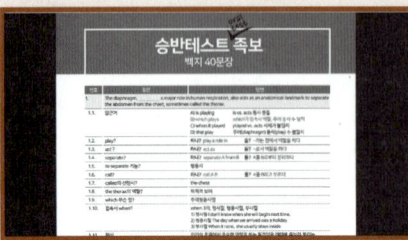

03 족보

학생들이 공부를 알아서 잘 하고, 잘 노트 할것이라는 건 알지만,
그래도 철저히 정리 해둔, 어셔 시험 족보!

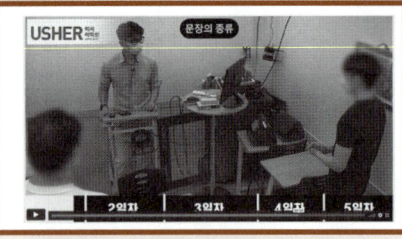

04 구두 테스트 영상

넘버링한 것을 하나하나 이해를 했는지, 암기도 됐는지 꼼꼼히 봐준다.
그냥 종이 조각 주고 알아서 하라고 하는건 누구나 할수 있다고?

어셔만의승반 시험 체계는 독하기로 유명하다.
무자비하게 묻는데, 그게 다 나중에 도움이 된다는…
(분위기 때문에 별도로 동영상 제작해서, 날짜별로 시험을 볼수있게 해줬다.

왜 40문장을 배워야 할까?

"백지를 안다"고 (= 기본 개념은 안다고), "사용 할 줄 안다(=한다)" 로
자동으로 연결 되지는 않습니다.

예를 들어보겠습니다.
백지 파트를 마쳤다면 (절대 본인 기준 아닙니다. 동영상속 떼창보다 잘 할 만큼)
"이름" - "사용처" 를 알게 된 겁니다.
그런데 "사용법"을 모른다면? 여전히 도움이 안됩니다
그래서, 공부하긴 했는데도, 점수로 확인이 안됩니다.
(중,고등학교 내신 정도는 빼고)

결국, 아무것도 못합니다.

건설 "작업"은 진척을 낼 수가 없겠지요.
그렇다면 사용법을 알아야 합니다.
건설 기계라면, 위험한 물건이니, 조심조심 "천천히 사용법"을 배우고,
"직접 사용"해 봐야겠지요.

여기서 주의할 것은 시간이 걸려도, 사용법을 "알아야" 하고, 직접 "사용해봐야 한다"는 점입니다.
(포크레인을 흙 퍼내는 기계로만 아는게 아니라, 직접 흙을 퍼 내 봐야 한다는 겁니다)

40문장은, 사용법을 익히고, 사용해보는 과정입니다.
속도가 중요할까요? 능숙함이 중요할까요?

달인중에서는, 포크레인으로 달걀과 골프공을 옮기는 사람도 있습니다.

하지만, 40문장 단계는 서툴러도, 일단 동작이라도 똑바로 해보는게 목표 입니다.
여기까지가 40문장의 목표 입니다.

인강 + 프로그램 배합

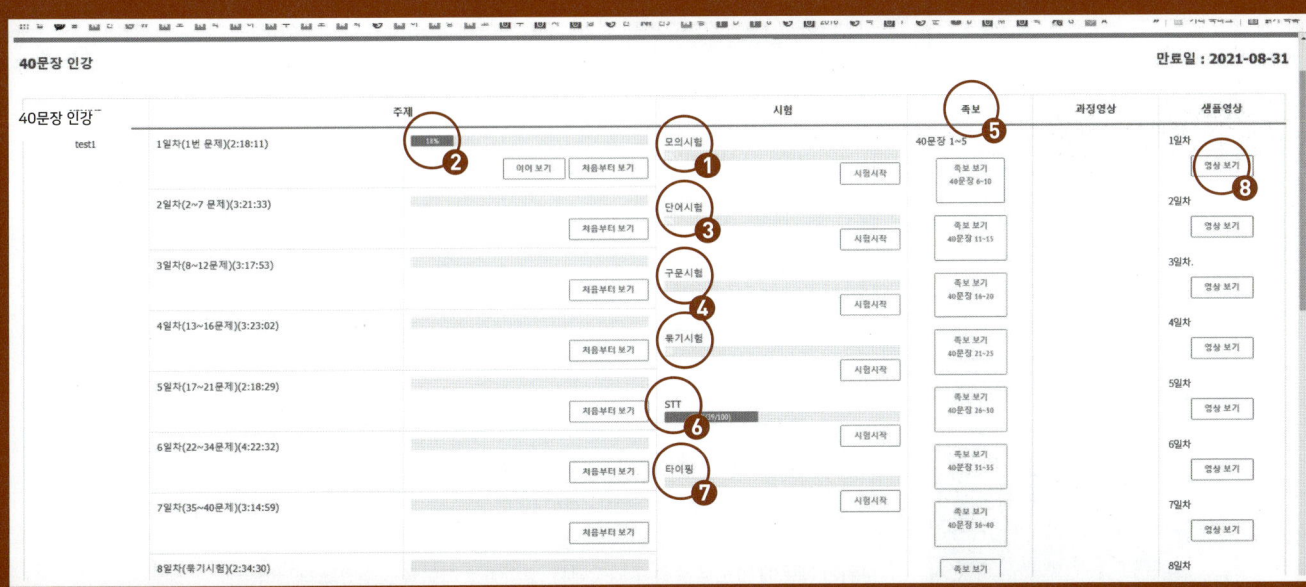

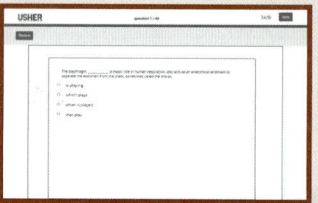

01 모의시험
어셔의 모든 리딩과 문법 교재등은
모두 컴퓨터 시험으로 시험 봅니다.
실제 시험장이 컴퓨터 시험이니까, 당연히 도움 되지요.

02 동영상
인강이 스튜디오 강의가 아니다.

내가 어려워 할때쯤, 같이 어려워하는 학생들의 얼굴을 읽은 강사샘이 갑자기 원래
나가기로 했던 진도를 멈추고, 다시 설명해주고, 소화할 시간을 주면서, 세세히 챙겨주는게
일반 인강과 다름 (*여기서 단점은 그래서, 스튜디오 강의처럼 자로 잰듯 50분 단위로
수업이 끊어지지 않고, 약간 더 길어지기도 하고, 별도 특별 훈련을 시켜주시기도 한다.)

수업하면서, 계속 말을 시킨다.

03 구문·단어
그런데 여기서 더 나아가,
각 문제에 대한 단어 구문 시험을 모두 별도 시험으로 체크 합니다.
채점은 당연히 제출 즉시 ㅎㅎㅎ

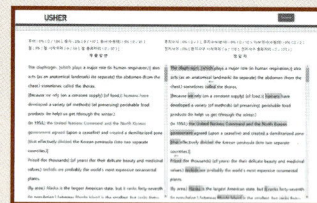

04 묶기 시험
구문 시험? ㅎㅎ
다른데서는 관심도 안가져 줘서, 알아서 파악해야하는걸 하나하나 다 짚어주고

이렇게 재료들을 다 정리 한후에는 잘 엮어서 문장파악을 잘 해야하는데,
"왜 난 외우는것과 적용은 따로 놀까?" 싶을때,
문장 구조를 샅샅이 파악해주는 어셔만의 묶기 시험까지
이렇게 하면, 문장에 대한 이해는 당연 높아지지요.

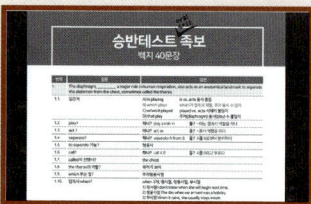

05 족보
학생들이 공부를 알아서 잘 하고, 잘 노트 할것이라는 건 알지만,
그래도 철저히 정리 해둔, 어셔 시험 족보!

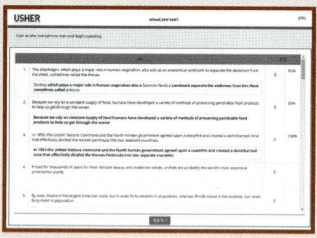

06 음성인식 발음 테스트
어셔의 모든 문법과 리딩문장은
음성 인식 프로그램을 통해, 읽으면서 내 발음을 체크해주고,
점수로 환산 기록 해줍니다. ㅎㅎㅎㅎ
잔인하지만, 도움은 확실히 되죠.
어차피 스피킹때 내 발음 상대방이 알아들을까?
궁금하곤 했는데, 한방에 해결 되죠. 그런문제는.

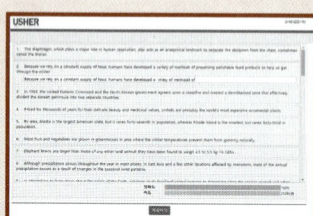

07 마지막엔 타이핑까지 확인해도 됩니다.
선택은 학생이죠.
그런데, 타자수가 300타 이하라면?
선택은 없습니다.
열심히 연습해야 시험장에서도 잘 해낼수있죠 ㅋ
(요즘 세상엔 영타는 기본이니까, 어차피 시험 아니어도 해야하긴 하죠 ㅎㅎ)

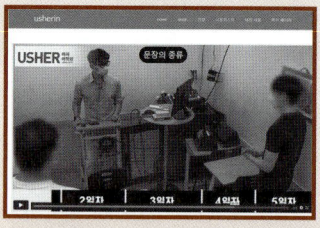

08 샘플 영상
넘버링한 것을 하나하나 이해를 했는지, 암기도 됐는지 꼼꼼히 봐준다.
그냥 종이 조각 주고 알아서 하라고 하는건 누구나 할수 있다고?

어셔만의승반 시험 체계는 독하기로 유명하다.
무자비하게 묻는데, 그게 다 나중에 도움이 된다는…
(분위기 때문에 별도로 동영상 제작해서, 날짜별로 시험을 볼수있게 해줬다.

4 모의토플
usherin.usher.co.kr

01 모의토플? 왜 봐야 하지?

Q1. 토플 시험 초보자
난 토플이 뭔지, 이름도 겨우 들었거나,
토플 공부를 해야한다는걸 겨우 알았는데,
일단, 내 실력이나 좀 보고,
대충 시험 구성부터 잡아 보고 싶다면?

A. 27만원짜리 진짜 토플 덜컥 잡고,
돈 날리지 말고,
일단 5만원짜리 모의 토플로,
어찌 생겼는지 파악하는 기회로 사용
바랍니다.

Q2. 영어 실력 충분히 있는 분?
A. 나는 영어 실력은 충분히 있는데,
그냥 시험 유형정도나 파악하고,
바로 시험 보면 되지 않을까?
라는 자신감이 있을 때,
실제 시험 전 몸풀기로 활용
바랍니다.

Q3. 토플 공부를 하면서, 본인의 실력 향상이 궁금하신 분
A. 이제 한달 공부 했는데,
내 공부 한 것이 얼마나 나아졌을지
궁금하다면, 실력 점검용으로
활용 바랍니다.

Q4. 실제 시험전에 최종 확인을 원하시는 분
A. 실제 시험장을 가야 하는데,
계속 종이로만 공부해서,
실제 토플시험장에서 모니터 적응과,
라이팅에서의 타이핑 적응등이
부족하다는걸 안다면,
미리 시험장 분위기를 확인용이 활용
바랍니다.

02 왜 모의토플? 을 봐야 하는가?

▼상세설명

Reading
가. 종이로 보는것과 컴퓨터로 보는 것 만으로도 심한경우 리딩 점수 30점 만점중, 5점 차이까지 나므로, 별도로 준비 해야합니다.
나. 밑줄치면 시험 보거나, 연필로 위치를 가리키며 시험 보는것과, 마우스를 움직여 가며 보는 것을 다르게 느끼는 경우, 시험장 환경에 적응하기 위해
다. 시험장의 엄격한 시간 관리를 미리 준비해야 하므로
라. 내가 많이 틀린 문제 분석을 통해 어느 유형이 약한지 파악하기 위해
마. (선택: 내가 어느유형이 약한지 파악후, 추가 관련 문제의 인강을 통해 미진한 부분에 대한 설명을 듣기 위해)

Listening
가. 스피커를 통해 시험을 보는게 아닌, 헤드셋을 통해 나오는 소리에서의 차이를 어색해 하는 경우가 있다.
나. 시험장 화면에서, 가장 조심 해야 하는 것은, 리딩은 한번 본 화면도 다시 되돌아 와서 체크 할수있지만, 리스닝의 경우, 한번 진행한 문제는 되돌아 가서 수정이 안되는데, 연습 없는 학생들이 가장 어이없게 많이 하는 실수이므로, 실수를 방지하기 위해
다. 시험장의 엄격한 시간 관리를 미리 준비해야 하므로
라. 내가 많이 틀린 문제 분석을 통해 어느 유형이 약한지 파악하기 위해
마. (선택: 내가 어느유형이 약한지 파악후, 추가 관련 문제의 인강을 통해 미진한 부분에 대한 설명을 듣기 위해)

Speaking
가. 시험장에서 마이크에 대고 말하는 것은, 무조건 소리를 크게 내야하는데, 학생들의 경우, 옆에 잘 하는 학생들이 있을경우, 기가 죽어 목소리를 작게 내서, 본인 실력보다 낮은 점수를 받는 경우가 있으므로, 미리 연습해서 본인의 목소리가 얼마나 작게 녹음 되는지 확인 해볼 기회
나. 1번부터 4번까지 네 개의 문제 순서에 적응하여, 실제 시험당일 문제 순서에 당황할일 없게 하기 위해
다. 내가 어느 유형이 약한지 파악하기 위해
라. (선택: 시험 본 것을 "첨삭"으로 이어져, 내 실력의 문제를 점검하기 위해) - **별도서비스**
마. (선택: 내가 어느유형이 약한지 파악후, 추가 관련 문제의 인강을 통해 미진한 부분에 대한 설명을 듣기 위해)

Writing
가. 시험장에서 라이팅 시험은 모두 타이핑 시험인데, 시험장 갈때까지도 독수리 타자를 쳐야 할만큼 준비 없는 것을 막기 위해
나. (선택: 시험 본 것을 "첨삭"으로 이어져, 내 실력의 문제를 점검하기 위해) - **별도서비스**
다. (선택: 내가 어느유형이 약한지 파악후, 추가 관련 문제의 인강을 통해 미진한 부분에 대한 설명을 듣기 위해)

03 토플의 평가 영역(리딩, 리스닝, 스피킹, 라이팅) 및 어셔 모의토플 소개

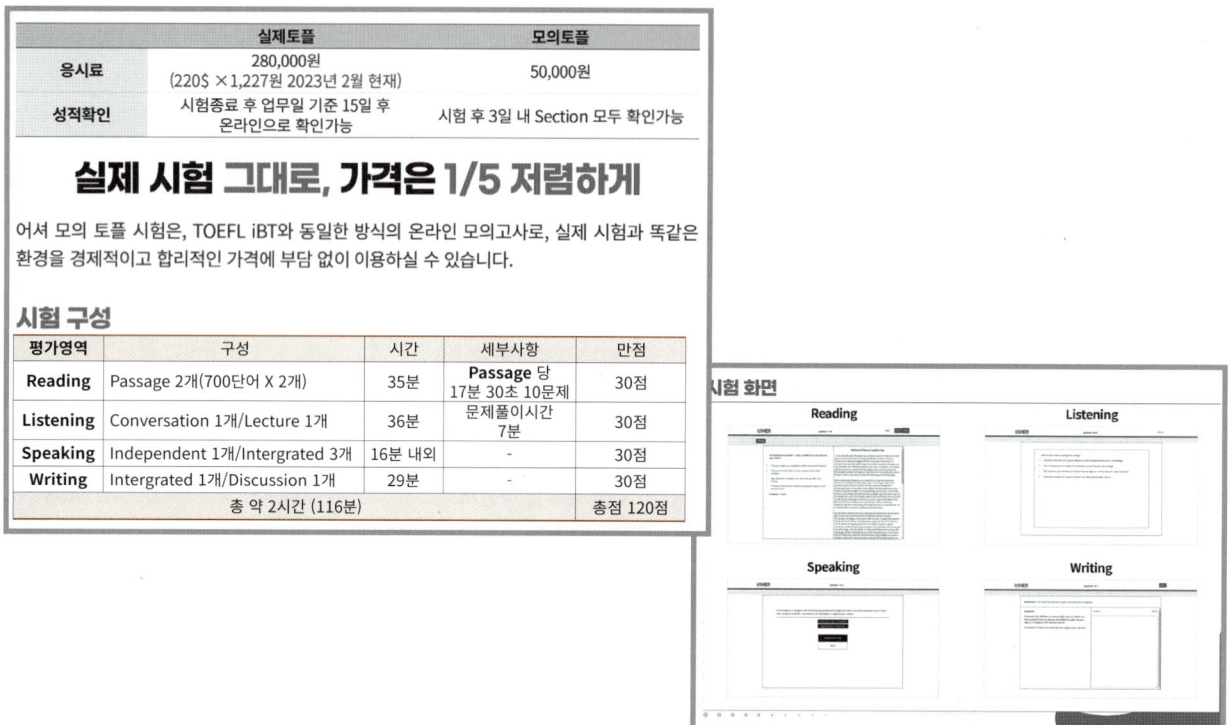

04 구매하기 (개별 과목 별도)

시험명	사용기간	가격
USHER 공식 토플모의고사 Full TEST	1년	50,000원
USHER 공식 토플모의고사 Half(R/L) TEST	1년	27,000원
USHER 공식 토플모의고사 Half(S/W) TEST	1년	27,000원
개별 과목	1년	15,000원

5 토플 Reading 공부방법

usherin.usher.co.kr

리딩 점수에 따라서

- 20점 미만이라면, 리스닝에는 너무 많은 힘을 쓰지 말고, 단어와 리딩에 집중 바랍니다.
  둘 다 하려다 하나도 못 할 수 있습니다.
- 20점 이상이라면, 1. 단어 2. 구문 3. 묶기 4. 열번읽기 까지 꼼꼼히 처리 바랍니다.
- 25점 이상이면, 단어, 구문은 거의 알 겁니다.
  대략 틀린 것 정도 간단히 마무리 하고 **묶기 및 오답 패턴 확인**에 집중하면 됩니다.

각각의 과정을 적으면 다음과 같습니다.

Step 1. 문제풀이
Step 2. TAGGING
Step 3. 구문 / 단어시험
Step 4. 묶기
Step 5. 타이핑
Step 6. 별지
Step 7. 접속사 암기

과정 순서대로 공부를 해야하는 구체적인 이유와 방법을 적어보겠습니다.

Step 1. 문제 풀이

- 문제 풀이는 실전 화면처럼 컴퓨터로 직접 풀면서 익숙해지는게 좋습니다.

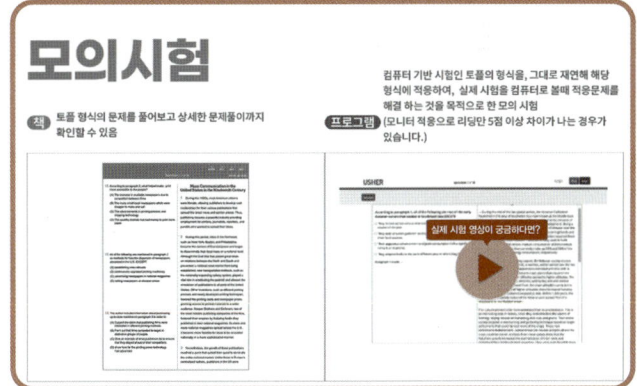

Step 2. TAGGING

- 문제 풀이 직후, 잊기 전에, 문제 풀면서 가장 짜증 났던 부분 = 즉, 이해하기 힘들었던 부분을 체크해 둬야 합니다.

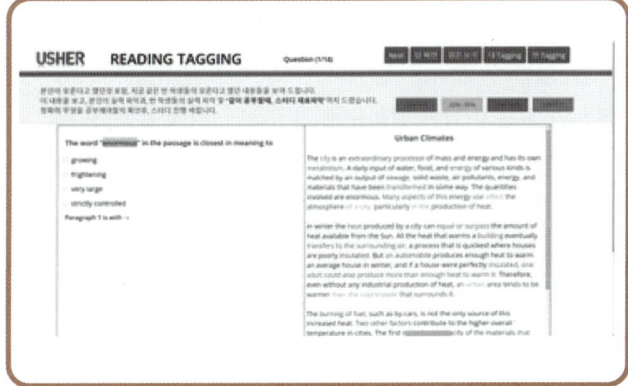

Step 3. 구문 / 단어 시험

- 귀찮은 거 압니다. 그래도 해두시기 바랍니다. 리딩 20점 미만은 실력 없어서 하기 싫어도 해야 하고, 리딩 25점 넘는 분들은 별로 할 것도 없겠지만, 그래도 다 챙겨 두시기 바랍니다.

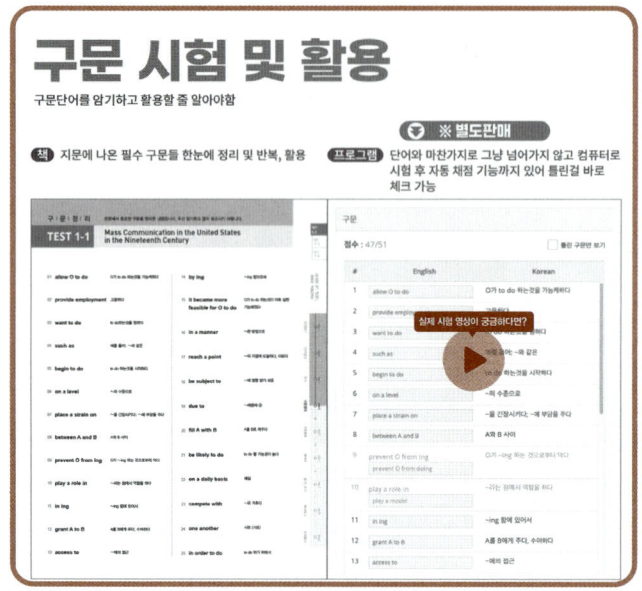

Step 4. 묶기

- 리딩 20점 미만은 실력이 없으니, 파악+ 실력 자체를 늘리기 위해 필요합니다.
- 리딩 25점 이상은 만점 받기 위해서, 본인이 어느 부분이 약한지 "샅샅이 훑어야 할 때", 가장 강력한 툴입니다.
  "30점의 절박함과 귀찮음 중", 더 강한 것이 여러분의 행동을 바꿀겁니다.

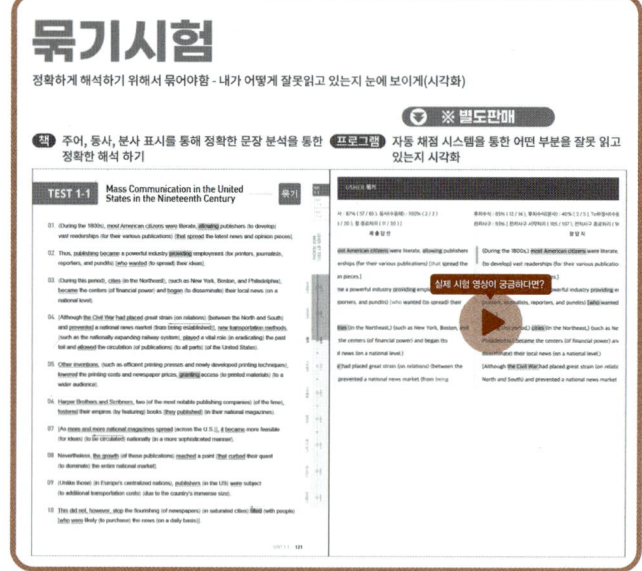

Step 5. 열번읽기(내 발음 체크 = 말 할 수 있으면 들린다)

- 리딩 20점 미만의 학생들에게 가장 중요한 점은 "말 할 수 없으면, 들을 수 없다!!!" 입니다.
- 본인만 아는 이상한 발음으로 기억하면, 절대 못듣습니다. 이그제그래이션? Exaggeration을 이렇게 읽는 학생. 답 없습니다.
- 말 할 수 있는지는, 학원 프로그램이 모두 파악해 줍니다. 채점까지.
  여러분은 성실함만 있으면 됩니다.

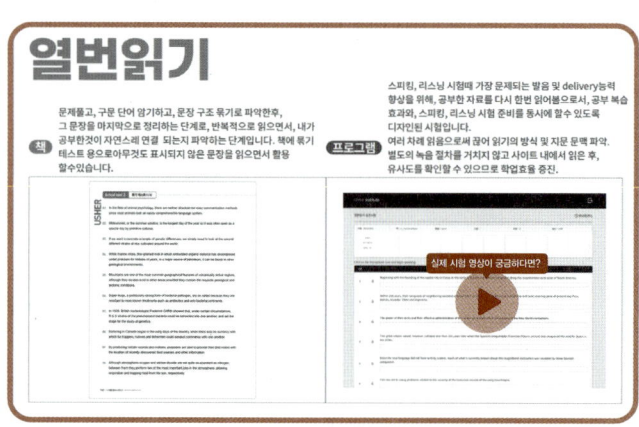

Step 6. 타이핑

- 라이팅 시험은 영타가 기본인데, 이를 따로 준비하는것이 아닌, 공부한 자료를 반복 연습함으로서, 영타와 복습을 동시에 진행 가능케 하는 시험
- 주어진 문장을 따라 써 보며 정확도와 속도를 올려, 문맥 파악과 더불어 컴퓨터 기반 시험인 토플에서 고득점 하기 위한 필수 역량을 증진

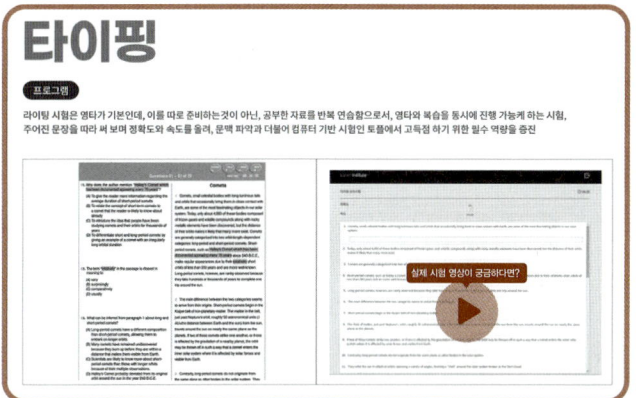

Step 7. 별지

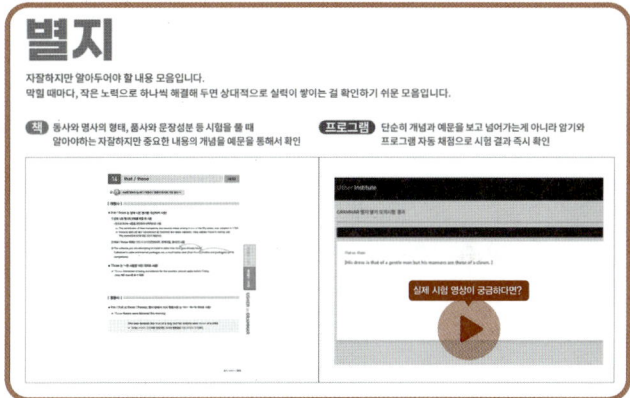

Step 8. 접속사 암기

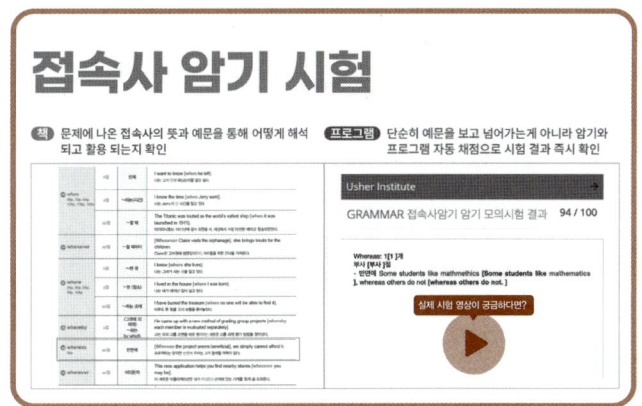

어셔어학원을 다니면,

어셔어학원을 다니면, 이 과정을 모두 스터디 시간에 **무료**로 합니다.

하지만, 사정이 있어서 **인강을 듣거나 프로그램만 구매하시는 분들은**

반드시, 위 내용들을 기억하고, 실행하면, 실력 향상에 큰 도움 되실겁니다.

6　토플 Listening 공부방법

usherin.usher.co.kr

리스닝 점수에 따라서

- 20점 미만이라면, 리스닝에는 너무 많은 힘을 쓰지 말고, 단어와 리딩에 집중 바랍니다.
  둘 다 하려다 하나도 못 할 수 있습니다.
- 20점 이상이라면, **1.** 단어　**2.** 구문　**3.** 딕테이션　**4.** 열번읽기 까지 꼼꼼히 처리 바랍니다.
- 25점 이상이면, 단어, 구문은 거의 알 겁니다.
  대략 틀린 것 정도 간단히 마무리 하고 **딕테이션 및 오답 패턴 확인**에 집중하면 됩니다.

각각의 과정을 적으면 다음과 같습니다.

Step 1. 문제풀이
Step 2. TAGGING
Step 3. 구문 / 단어시험
Step 4. 딕테이션
Step 5. 열번읽기 (내 발음 체크 = 말 할 수 있으면 들린다)
Step 6. 타이핑

과정 순서대로 공부를 해야하는 구체적인 이유와 방법을 적어보겠습니다.

Step 1. 문제 풀이

- 문제 풀이는 실전 화면처럼 컴퓨터로 직접 풀면서 익숙해지는게 좋습니다.

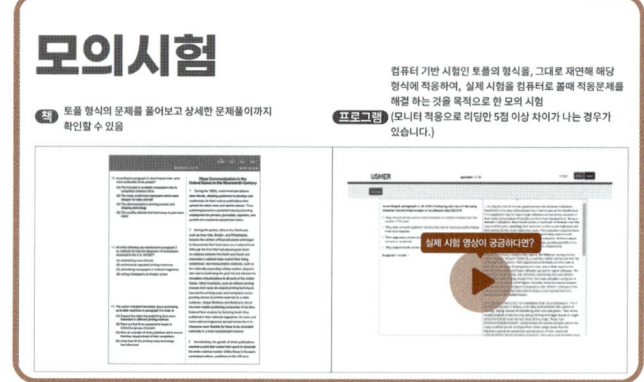

Step 2. TAGGING

- 문제 풀이 직후, 잊기 전에, 문제 풀면서 가장 짜증 났던 부분 = 즉, 이해하기 힘들었던 부분을 체크해 둬야 합니다.

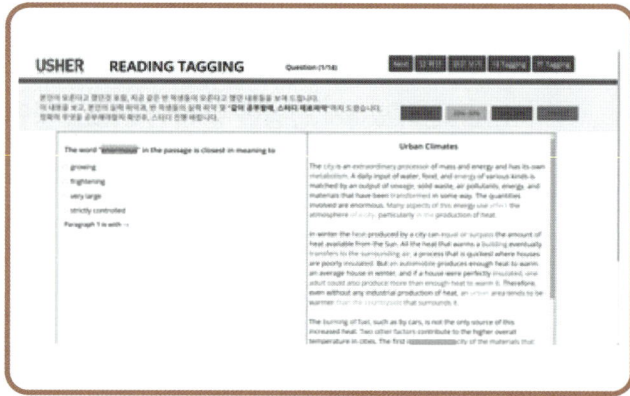

Step 3. 구문 / 단어 시험

- 귀찮은 거 압니다. 그래도 해두시기 바랍니다.

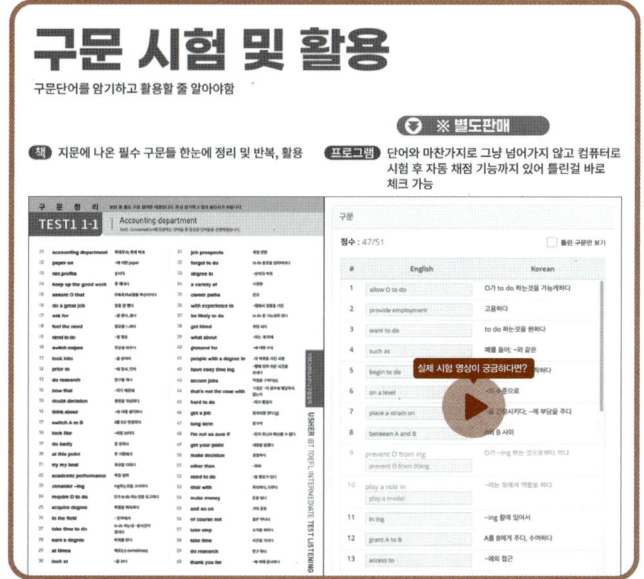

Step 4. 딕테이션

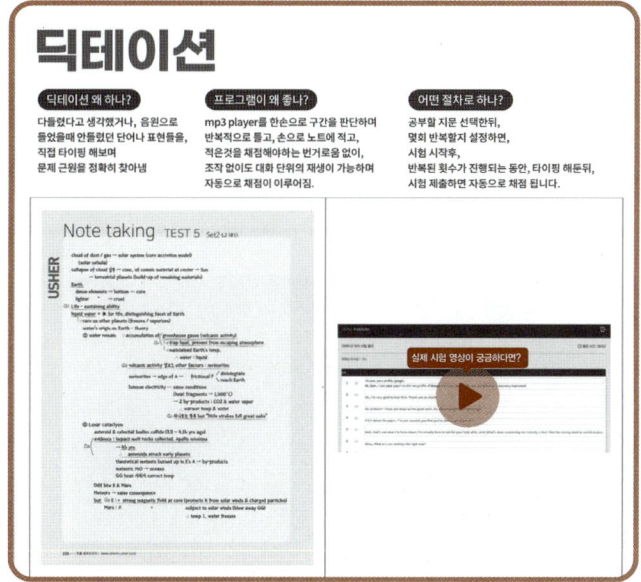

Step 5. 열번읽기(내 발음 체크 = 말 할 수 있으면 들린다)

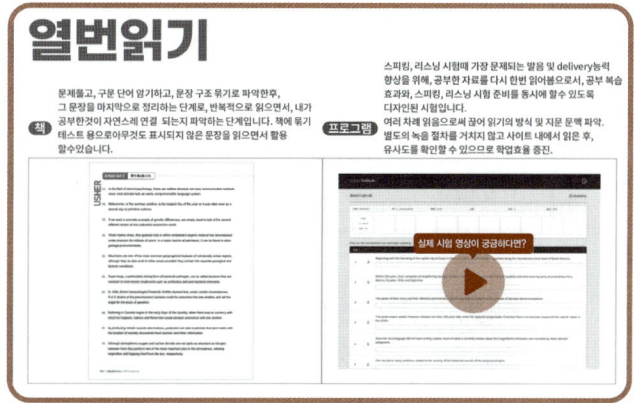

Step 6. 타이핑

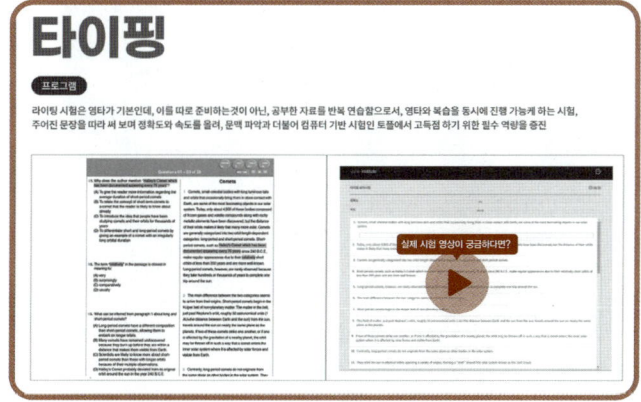

349

7 수강 후기
usherin.usher.co.kr

> 김유석
> 97점 두달간 토플 시험에서의 승리: 훌륭한 교사진, 함께 노력한 학원 동료들에게 감사를

반배치고사

일자	반	GR			RC	LC
		SW1	SW2	SW1+SW2		
2024-03-29	성인 정규 Intermediate반	10	18	28	32	23
2024-02-29	성인 정규 Intermediate반	11	11	22	28	22
2024-01-23	신규	9	13	22	25	

모의토플

일자	RC	LC	SP	WR	합계
2024-03-15	17	25	19	20	81
2024-02-16	22	19	0	0	41

2024.03 성인교육중급반 김유석 성취표

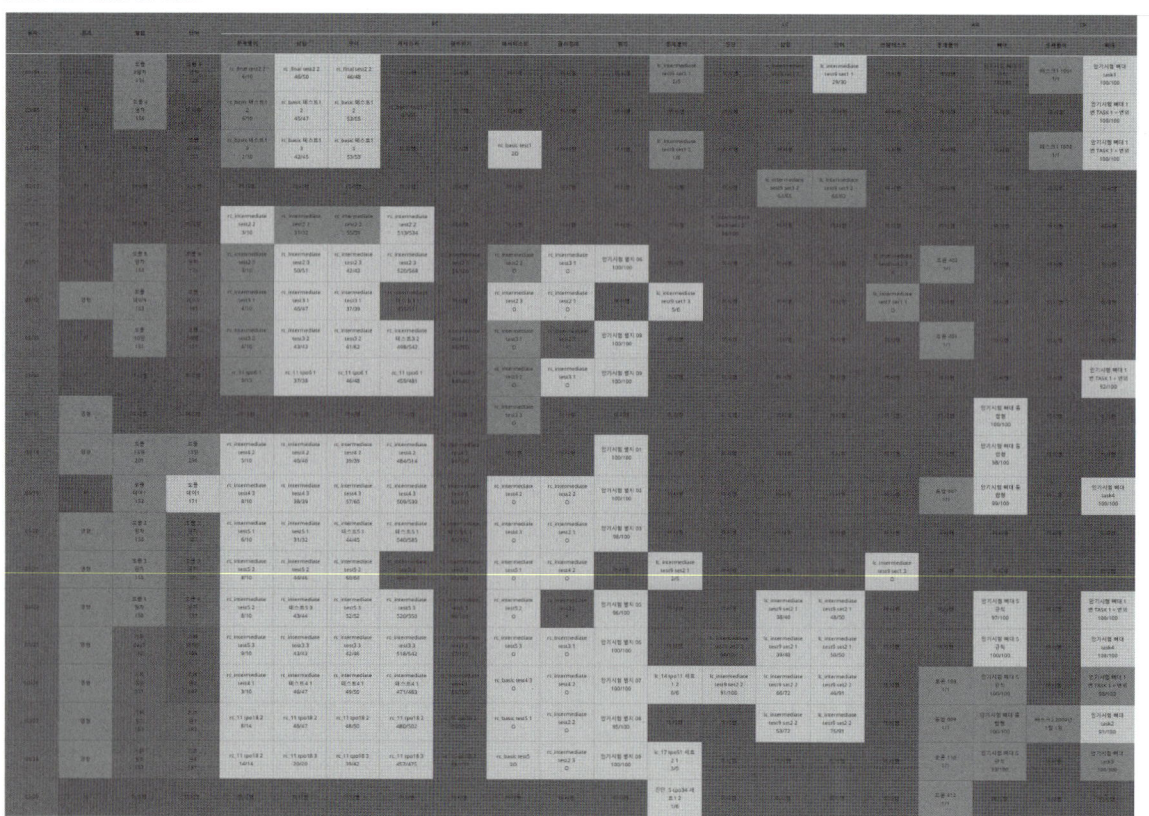

마이페이지 MYPAGE

배치고사 신청/결과확인	예습공지 게시판	수강증 확인	교재 확인하기	증명서 발급
사물함 안내	무료교재 mp3/부록	토익특강 성적표	쿠폰함	사물함 신청

김유석님 반갑습니다 회원정보수정

수강중인 강의 / 반별게시판	결제 진행중인 강의	결제내역	장바구니	교재확인 / 배송조회
0건	0건	20건	0건	0건
자세히 보기	자세히 보기	자세히 보기	자세히 보기	자세히 보기

▎처음 학원에 들어올 때 시작 했던 반
2024년 02월 성인 정규 Intermediate반

▎수강 했던반 / 총 개월수
2024년 02월 성인 정규 Intermediate반
2024년 03월 성인 정규 Intermediate반
2024년 04월 성인 정규 K1반

▎학원에 오기전에 가지고 있었던 점수 (파트별)
- 토익점수_ 합계 : 0 RC : 0 LC : 0
- 토플점수_ 합계 : 70 RC : 19 LC : 18 SP : 13 WR : 20

▎목표했던 토플 점수
100점

▎취득한 토플 점수
RC: 28 LC: 22 SP: 20 WR: 27

▎최초/중간/ 최종
- 최초_ 합계 : 70 RC : 19 LC : 18 SP : 13 WR : 20
- 중간_ 2024-01-23 배치고사 SW:22, RC:25, LC:0
  2024-02-16 모의고사 RC:22, LC:19, SP:0, WR:0
  2024-02-29 배치고사 SW:22, RC:28, LC:22
  2024-03-15 모의고사 RC:17, LC:25, SP:19, WR:20
  2024-03-29 배치고사 SW:28, RC:32, LC:23
- 최종_ RC: 0 LC: 0 SP: 0 WR: 0

▎토플 공부한 이유(학업 이유)
일본유학(EJU)

파트별 상세 설명

• Reading

제가 가장 나댈수 있는 영역입니다.
저는 한 달동안 삼지문 -> 인터 -> K반 까지 승반했었던 유일한 사람이기에, 현재 인터반 학생들이 주의깊게 봤으면 합니다. 다만 한가지 전제조건은, 저는 원래 문해력으로 승부보는 사람이었다는 점입니다. 즉 지문 이해력은 높으나, 영어해석능력이 부족해서 RC영역에서 고생했다는 점을 말해두고 싶습니다.

우선 첫 달은, 영어를 읽고 푸는데에 대한 '자신감', 그리고 긴 문장을 만났을때 '익숙함' 에 중요성에 대해서 배웠습니다. 혜성쌤께서 강조하신 '오늘 푼 지문 10번 읽기' 과제를 다 하진 못했었으나, 세번씩이라도 읽다보니, 모르는 단어가 나오거나, 긴 문장을 봤을때 느끼는 자신감이 상당히 올라갔고, 정답률 또한 올라갔습니다. 그러나, 아직 이 시기에서는, 문장 직독직해의 수준이 낮은상태였으며, 주어진 시간안에 한 지문을 읽는것이 불안했습니다.

두 번째 달에는, 사실상 제 RC영역에 가장 큰 영향을 주신 김석균 선생님의 수업을 들었습니다.
선생님의 가르침 하에서 선생님이 강조하시는, 그리고 제가 느끼는 중요성의 순서는 다음과 같습니다.

1.수업시간에 선생님께서 워드에 정리하고, 수업 후에 올려주시는 메모를 빠르게 기억하고 넘어가기 입니다.
>> 각 지문 테마 별, 자주 나오는 단어나 표현들이 익숙해지기 때문에, 다음 번, 비슷한 지문을 만났을 때, 읽는 속도와 정확성, 자신감이 매우 다릅니다.

2. 묶기 빠르게 할 것***
묶기를 연구해가며 하지마세요. 묶기는 하나의 시험입니다. 문장 내에서, 본인이 약한 문법의 영역을 파악할 수 있는 부분이기 때문에, 빠르게 풀 되, 묶기의 결과를 잘 살펴보고, 메모를 남겨둡시다. 특히 토플 RC에서 등위접속사 and, or 과 같은 문법을 다르게 읽는다면, 해석이 전혀 다른 내용이 되기 때문에 지문 이해에 큰 방해가 될 것 입니다.

3. 해석테스트
토플의 RC는 사실 이해를 하지 못한다고 해도, 70프로의 정답률을 보장할 수 있는 시험이라고 생각합니다.
그 이유로는, 어차피 문제에서 물어보는것은 지문의 특정 부분에 관해서 이고, 지문을 한번 읽었을때 기억을 살려, 빠르게 문제에서 요구하는 부분을 지문에서 찾기만 한다면, 정답률 또한 상당히 올라갈 것 입니다.
다만, 지문을 읽고 기억하는데에 있어서, 중요한 능력이 직독직해라고 생각합니다. 토플은 영어단어 바꿔넣기의 시험. 즉 영어를 잘한다는 느낌보다, 유의어 단어나 표현을 얼마나 알고있는지를 묻기에, 기계적인 암기능력을 요구한다고 생각합니다.
그렇기 때문에, 직독직해가 된다면, 유의어가 페러프라이징 된 선지를 고를수 있기때문에, 정답률이 올라갑니다.
또한, 결정적으로 직독직해를 잘 하게 된다면, 영어문장을 빠르게 읽게 되기 때문에, 시간안에 문제를 다 읽고 푸는것이 가능해진다고 생각합니다. 이런 직독직해능력을 기를 수 있고, 내 상태를 점검할 수 있는 해석테스트를 열심히 준비합시다.

4. 네 번째로 제가 생각하는 석균쌤의 RC포인트 + 어셔에서 가장 중요하게 강요하는 부분인 단어 입니다.
어셔를 다니면서 단어시험은 가장 큰 스트레스중 하나라고 생각합니다. 우선 학원측에서 단어암기를 하라고 과제를 내주면, 암기조차 안하는 학생들이 있기 때문에, 인터반 기준 200개중 180개의 빡센 목표를 요구하는 것 같습니다.
다만 제 생각으론, 단어를 암기하는데에 있어 가장 중요한것은 200개중 180개로 통과해서 초록불을 띄우는 것이 아니라, 내가 한번 본 단어의 뉘앙스를 얼마나 파악했는지 입니다.
아마 저와 수업을 들어보신 분들은 공감하시겠지만, 석균쌤이 수업중에 나온 단어에 대해 동의어를 물어보실 때, 가장 대답을 잘하는 학생이 저 였을 것입니다. 하지만, 반면에 3월달 VOCA 성취율이 가장 낮은 학생도 저라고 생각합니다. 매번 160~170개로 180개를 통과하지 못한적이 허다했거든요.
하지만 그렇다고해서 저는 단어공부의 시간을 줄인적이 없습니다. 대신 낯선 단어가 갖고있는 의미, 그리고 동의어, 이 단어가 어떤 주제의 지문에서 나오는가 에 초점을 맞췄습니다.
그와 반대로, 단어시험 통과율이 엄청 높으신 분들 혹은, 학원을 오랫동안 다니신 분들에게 있어, RC의 점수를 큰 폭으로 향상시키는대에 방해되는것이 바로 180개 제한 통과방식인것 같습니다. 160개에서 180개로 단어시험 정답률을 높히기 위해선, 한글뜻에 초점을 맞추게 되고, 그러다보면, RC지문에서 만난 낯선 단어를 빠르게 의미를 떠올리는데에 딜레이가 생길 것 입니다.
물론 우선 단어의 익숙함을 줄이고, RC지문에서 만났을 때, 자신감 있게 한글로 해석할 수 있다면, RC의 한 지문을 읽는데에 유의미한 정답률 상승이 있다고 생각합니다. 그렇기 때문에, 단어를 열심히 외우시고, 통과를 잘하는 분들이라면, 지문에서 모르는 단어가 나왔을때는, 남들도 모르는 단어라고 생각하고 일단 자신감 있게 읽고 넘어가셔야 한 지문을 넘어 RC, RC를 넘어 LC, SPK, WRT까지,, 나머지 영역에도 전반적인 영향을 주는 자신감을 잃지 않을 수 있습니다. 그렇기에 본인의 자신감을 유지하는데에 가장 중요한 단어를 소홀히 하시지 마시길 바랍니다.

마지막으로 제 어셔에서의 토플 기간동안 가장 중요했던 3월달 첫 주 "삼지문 반" 입니다.
삼지문반을 수강함으로써, RC에서의 제 단점을 확실히 파악하는것이 가능했습니다.
수강후기 Reading 영역 첫 문두 에서도 말했다시피, 저는 상대적으로 감각적인 문해력을 가진 반면에, 영어를 한국말로 옮기는 부분에 대해서 많이 부족했었습니다. 그러다보니 제가 이해를 할 수 있는 지문들에 대해서는 70% 까지의 정답률을 보장했으나, 이해가 되지않는 주제에 관해서는 그야말로 처참했었죠..

그러다 원장님이 삼지문반 승반테스트를 진행하시고, RC영역에 대해서 설명해주실때, 그야말로 광명을 찾았습니다.
RC = R+C, 즉, Reading +comprehension 이라는 말, Reading 이 7, Comprehension이 3의 비율을 갖는다는 것을 듣고 나서야 비로소, 그때서야 제 단점이 Reading (직독직해) 라는 점에 대해 확신할 수 있었습니다.
그 이후로는, 인터반 -> 삼지문반으로 하반당했다는 압박을 머금고 친한 동료들 경선이와 건우형과 함께 세가지 지문 부수기에 목숨 걸었습니다. 저의 지문 이해력과 설명 + 경선, 건우의 직독직해 설명이 서로에게 큰 시너지를 주었습니다. 3월의 첫 주에 삼지문 반을 경험한 것이, 지속적인 제 RC점수의 상승에 포문을 열었다고 생각합니다.
그렇게 터프하게 학원 불 꺼져도 11시 반까지 공부하다가 보니 한 가지 재미있는 일화도 남겼던것이 기억에 남내요 ㅋㅋㅋ
원장님이 퇴근하시다가 어둠속에서 공부하던 저와 소연, 경선의 공부하는 동영상을 찍어가신것, 채운쌤께서도 퇴근 하시다가 저희를 발견하시고 기분좋아하셨던 그런것들이 저희에게도 큰 원동력이 되었던 것 같습니다.
다시 궤도로 돌아와서 정리하자면, 삼지문 반을 거쳐, 3월 모의토플 이전까지 문제풀이및 석균쌤의 수업에 익숙해졌고, 3월 셋째 주 부터 RC점수가 팍 뛰더니 변동기에 들어오기 시작한 것 같습니다. 그리고 3월 이후 어셔에서의 생활을 마무리 하려던 찰나, 석균쌤과 채운쌤의 설득과 조언에 못이겨 4/2, 4/3의 수업도 듣게 되었고, 이 기간에 RC 고득점 평탄화가 이뤄져, 저를 하여금 어셔에서 졸업을 하도록 만들어 준 것 같습니다.
마무리로, 쌤들 말 안듣는 친구들에게도 한마디 하자면, 자기 멋대로 공부를 하려면 우선 쌤들이 시킨것부터 끝내고 하는것은 어떨까요? 석균쌤의 말씀대로, 제 RC점수가 상승하고 안정된 시기는, 어셔의 syllabus를 다 채우는데 성공한 시점부터라는 점을 알아주셨음 합니다.

- Listening

저에게 있어서, 시험 한번한번의 변동이 가장 큰 과목입니다.
모의토플 에서는 25점도 맞아보았고, 수업시간에 풀었던 문제는 컨버 렉쳐 렉쳐 다 맞은 적도 있었던것을 비추어 볼 때, 듣기의 고점 자체를 한번 끌어올리는데에는 성공했다고 생각됩니다.
먼저 그렇게 끌어올리는데 성공했던 이유를 생각해 보면

첫째. 채운쌤의 세뇌.
질문과 답변 위주로 들어라, 고유명사 연도 는 꼭 적어라, 동사위주로 들어라, 예시는 예시가 나온이유, 그것에 대한 결과를 들어야 한다,, 노트테이킹은 왼쪽에서 오른쪽으로 해라.
사실 더 많은데,, 신입분들은 수업료 내고 들으시라고 여기까지만 !! / 기존 학생들은 본인들이 메모했던 내용들을 한번 정리한 다음, WRT통합형의 파이브룰즈 처럼 달달 외우는 것을 추천합니다.

둘째. 디스커버리 유튜브채널의 영상 "마지막 알레스카인" 반복 청취.
1시간 46분짜리 몰아보기 영상을 매 대중교통에서, 집안일 할때, 밥먹을때 반복해서 들었을 시기가 LC점수가 가장 잘 나왔던 시기입니다. 저는 시골출신에, 서바이벌에 관심이 많아 재밌게 봤던 영상인데, 토플 bio지문에 나오는 단어들을 귀로 반복해서 들었던것이 상당히 고무적 이었습니다. 시각을 이용해서 공부하지 않는 시간에는 꼭 귀라도 영어로 채워두길 바랍니다.

셋째. 딕테이션을 단어 단어 단어 적고, 중간에 비었던 부분을 다시 매꾸는 것이 아니라, 영어를 한 뭉탱이 단위로 듣고 적었을 때, 내용이 가장 잘 들렸고, 그러다 보니 노트의 위에도 적어야 하는 내용만 적을 수 있어서, 정답률이 높았던 것 같습니다. 채운쌤이 말하시는 딕테이션의 방식 1단계 2단계 3단계를 잘 수행하시길 바랍니다.

다만, 더 높은 점수를 내지 못한 이유에는

첫째. 어셔에 있는 도중, 리스닝 자습에 시간을 많이 쓰지 못한것.
RC와 LC는 몇번 고점을 찍는것이 가능하다면, 그 이후에는 점수의 변동을 잡아주는것이 중요하다고 생각하는데, 이 변동을 잡는것에 시간을 투자하지 못한것 같아서 아쉽습니다.

둘째. 노트테이킹을 점점 많이 적게 된 것.
노트테이킹의 양에 대해서도, 선생님들마다 다르지만, 저는 적게 적었을때가 오히려 더 정답률이 높았습니다.
단순하게 내용을 많이 적은것은, 디테일을 놓칠 확률이 큽니다.

셋째. 단기기억 기르는 연습을 게을리 함.
영어는 한국말처럼 단어만 투욱 툭 던져서는 의미가 만들어지지 않는다고 선생님들이 많이 말씀하십니다.
그렇다면 영어를 잘 듣기위해선, 언어 하나의 덩어리가 어디부터 어디까지인지 인식을 하고, 기억을 하고있어야 합니다.
청취테스트 연습을 부지런히 한다면, 본인이 들은 한 덩어리 덩어리가, 잘 기억에 남고, LC정답률 상향에 크게 기여할 것 같습니다.
LC영역에서 저의 결론은 "문제풀이 방식에 시간을 쏟지 맙시다" 라는 것입니다. 토플 리스닝 특성 상, 내용이 잘 들리고, 디테일을 기억하거나 노트에 옮겨적는다면 문제는 어지간히 다 맞을 것 이라 생각합니다.

- **Speaking**

4과목 중 가장 낮은 점수를 맞아서 가장 할말이 적습니다. 뼈대 잘 외우고, 12간지 잘 외우고, 리스닝영역 문장단위로 적고!! 이 삼박자가 맞지 않고서는 의미있는 점수를 낼 수 없다고 생각합니다. 토플이 단과시험이 아니고, 여러 영역을 요구하는 만큼, 전체의 성적을 끌어올리기 위해선, 무리를 해서라도 하루에 스피킹 하나정도 녹음하는것을 추천드립니다.

두번째로 스피킹 1번과 같은경우 암기가 끝이 아니고, 주어진 주제문에 대해 뼈대와 12간지를 변형시키는 유연함 도 길러야한다는 점 잊지 말아주세요.

저 같은 경우, 솔직히 유연하게 대처하는 연습이 소홀했기 때문에, 걍 논리 안맞는 문장나와도 자신있게 어거지로 밀고 들어갔습니다. 그래서 20점이라도 나오지 않았나 싶어요..

자신있게 어거지로 밀고가서 20점이라도 확보하려면 뼈대 + 12간지를 반드시 외워야 할 것입니다.

- **Writing**

4과목중 가장 의외인 점수를 가져다준 고마운 과목입니다. 사실 WRT이 고맙기보단 당연히 채운쌤께 너무 감사드립니다..

스피킹과 더불어 공부량이 적었던 과목인데, 왜 27점이 나왔을까요??...

바로 제 WRT점수가 12간지와 파이브룰즈에 위대함을 다시금 증명했다고 생각합니다.

물론 저도 작전을 세우긴 했는데,, 그게 12간지의 위대함과 더불어 잘 들어맞았네요.

제 작전은, 제가 많은 내용을 생산할 수록, 문법과 스펠링 미스가 많아져서, WRT의 총점을 깎을것이라 예상해서, 안전빵 문장들만 가져다 적었습니다. 절때 어렵게 쓰려고 하지 마시고, 본인만의 예시 뼈대를 만들고, 12간지에 기대어 최대한 문장을 간단하게 쓰는것을 추천드립니다.

- **어셔의 관리 프로그램 (asap프로그램) 관련 사용 팁**

점수 취득 후 얻게된 결과

1) 한번 실패를 맛 보았던 토플에서 성공을 거둔것.
매번 꿈에 나오던 학창시절 담당일진을 길에서 만나 뚜드려 팬것과 동일한 기분이지 않을까요??

2) 자신감
내 인생에 있어서 가장 높았던 벽 '토플'을 넘었기 때문에,, 앞으로 못할건 하나도 없을것 같다는 근자감

저는 ○○스에서 1년 이상의 시간과 돈을 써가며 영어의 5형식부터 공부했습니다. ○○스의 기본문법 교실은 to부정사가 뭔지 모르는 저에게는 꽤나 재미있고 이해가 잘 갔던 수업이었죠.

그러나 문제는 ○○스 토플 커리큘럼에 들어가면서 시작입니다. 제가 생각한 ○○스 토플의 문제를 순서대로 나열하자면,

1) 영어 기초반에서 토플 기초반으로 넘어갈 때, 간극이 꽤 크다.

>> 단어 요구량이 너무 차이나기 때문에, 영어 기초반에서 공부한 뒤 바로 토플 기초반수업 못따라갑니다.

2) 영어실력의 "근본"을 경시한다.

>> 이게 가장 큰 문제라고 생각합니다. 특히, 만약 이글을 보는 본인의 목표가 80점 이상이라면.

제 생각으로, ○○스의 '입문+인터미디엇' 반의 수준이, 어셔의 '완초 1~2반' 이랑 비슷합니다.

근데 차이점이 있다면, ○○스에서는 딱 그정도의 영어수준을 지닌 학생들이 그 상태에서 점수를 잘 내도록 교과과정이 맞춰져 있습니다. 그말은 즉, 더 높은 점수대로 도전하는 "근본"을 쌓는데에 아 무 런 도움이 되지 않는 다는 점입니다.

본인이 영어가 안읽히고, 안들려도.. 그 상태에서 점수를 내게 알려주는 방법이 ○○스식 입니다.

이 방식으로는 저같이 영어의 "근본"이 없는 학생들에게 있어서 90점대의 아성에 도전할수가 없습니다.

3) 각 과목 선생님들이 다르고, 같은 과목의 선생님들도 너무 많다.

>> 템플릿 다 난리납니다. 같은 과목의 선생님들 마다 말이 아 다르고 어 다릅니다.

각 과목의 선생님들의 목소리가 너무 큽니다. 수업시간 40~50분의 짧은 시간에 수업을 듣기 위해서, 하루 과목당 4~5시간 정도의 자습량을 요구합니다. 즉, 토플 4과목의 과제를 마치지 않는다면, 수업을 듣는 의미가 없습니다.

○○스 다녀보신 분들 수업 1주차 부터 같은 교실에 사람들이 적어지는것을 경험했거나, 혹은 본인이 점점 수업에 참여를 못하게 되는 학생이셨죠?

그~러~니, 어셔를 토플 학원에 안중을 넣고 계신 분이라면, 혹은 지금 다니고 계신 분이라면 영어의 "근본" 을 쌓기위해서 어떻게 해야하나 열심히 고민해보세요. 공부법에 최첨단 방식은 없습니다.

암기, 반복, 직독직해 이런 무식 하다고 여겨지는 공부가 아직도 사용 되는 이유는 '전통적' 이기 때문입니다. 전통이 전통으로 이어져 온 것에는 그것이 최선책 이어왔기 때문입니다.

학생분들의 뇌는 그저, 때려 넣는것만 생각하시고, 학원에서 시키는것에 대해 의문을 가지지좀 마세요.

그렇게 본인이 학원보다 좋은방법을 알고 있었다면, 지금 이 후기를 볼 일도 없을 테니까요.

뇌의 사용량을 다른데 투자할 것 없이, 내용을 집어넣는 것에만 집중한다는것이 얼마나 효율적입니까?

대신, 학원이 이걸 왜 시키는걸까? 에 대해서만 '고민' 수준에서 머물도록 하는것을 추천합니다..

어셔 어학원에서의 시간들을 돌이켜보며...

어셔에서의 두 달은 제 수명 1~2년을 끌어쓴다는 느낌으로 지냈습니다.
1) 수면은 두달동안 평균 5시간 안넘을거라 생각하구요,,
2) 점심또한 편의점 삼각김밥만 먹어서 소화장애 심각했었죠..
같이 공부했던 친구들은 알겠지만 제 말버릇 중 하나가 소화안되서 죽을것같다..
위생천/까스활명수 마셔야겠다 아마 지겹도록 들었을 것입니다

근데 할만했습니다.. 어셔에서 토플은 공부라기 보단, 하나의 팀 스포츠라고 생각합니다. 매일같이 남아서 동료들과 훈련을 하고, 스스로의 한계를 극복하고, 결과로써 증명한다. 이렇게 생각했기 때문에 어셔에서 상당히 즐거운 시간을 보낼 수 있었습니다.

인생에서 무언가를 위해 몰두하는 경험을 쌓기위해 최적의 환경을 잘 조성해주신 원장님, 그리고 채운쌤과 석균쌤, 해성쌤과 같이 교사진들의 엄청난 하드워킹.. 어셔에서의 두 달은 진정한 낙수효과에 대해서도 느끼게 해준 것 같습니다.

저는 두 달하고 빠질생각으로 다녔기 때문에 제가 열심히 해야하는건 당연했구요..
그런데도 불구하고 나를 가르치는 선생님들은 몇년씩 이 생활을 반복하고 있다는 사실을 생각해 본다면,, 적어도 본인이 어셔에 있는 동안은 그들보다 열심히 해야한다는걸 잊지마세요.

어셔생활백서

[1] 밥집:
1) 먹고싶은것 없으면 "감미옥" - 시간은 금입니다. 가장 가까운 복합 한식 분식집이며, 맛 또한 일대에서 상위권입니다. 만약 사장님께 아양을 잘 떤다면, 공짜 밥 무한리필도 가능합니다.
2) 먹고싶은것 없고, 감미옥이 질린다면 "KFC" (도보 왕복 약 8분)
3) 학원 MZ세대들이 아마,, 제일 좋아할 김치볶음밥&돈까스 "하트타임" (KFC 근처)
4) 든든한 국밥 "장터순대국" (KFC 아랫층)
5) "뉴코아 킴스클럽" 푸드코드: 가지마세요 시간 다 뺏깁니다. (도보 왕복 약 16분)
>> 참고로 점심은 빠르게 편의점에서 드시고 구문/단어, 묶기 하세요.. 시간은 금입니다.

[2] 자습실 (=학원 오픈시간)
1) 평일: 매일 아침 7시 30분 안에 열리고, 오후 11시 ~ 11시 30분에 닫힙니다.
2) 주말: 주 마다 쌤들께 여쭤보세요. 열릴때도, 안 열릴때도 있습니다.
>> 토플 학원의 학원비는 결코 싸지 않습니다. 최대한 학원의 전기, 수도, 난방 비용을 털어간다는 생각으로 남으세요.

[3] 대인관계:
제 생각으로 어셔에서 공부 다음으로 중요한 영역같습니다. 얼굴을 본 기억이 있는 사람과 마주친다면 정중히 인사부터 나눕시다. 특히, 열심히 하는 학생이 있다면, 혹은 점수를 잘 내는 친구가 있다면 잘 보고 배웁시다.

Thanks to

1) 경선.. 어셔가 나에게 선물한 가장 친한 친구.. 덕분에 어셔 너무 재미있게 다녔다... 나도 가끔 너무힘들고 맨탈 흔들릴때 있었는데, 그때마다 경선이의 활기랑 에너지가 나아갈 힘을 계속해서 준것같아.. 진짜 너 없었으면 쉽게 졸업하기 힘들었을것같아 너무고맙다 경선아. 빠르게 졸업하고 서로 남은 한국에서의 목표한 바를 완수한 다음에 또 신나게 놀아보자

2) 소연.. 아마 본인은 모르실 것 같은데, 소연님이 제 점수가 오르는데 1등 공신이십니다.. 소연님 분석을 꽤 했거든요 ㅋㅋㅋ 소연님 같은 분이랑 수업을 들을수 있었던것이 진짜 엄청난 행운이었습니다. 그리고 왜 또 공부는 그렇게 열심히 하시는지.. 서로 각자의 위치로 돌아간다음에도 잊지말고 자주 연락해요. (콩고물 얻어먹을라니까)

3) 환준.. 같은 일유생의 키즈나.. 인터에서 K반으로 넘어간 동료이자 산책 나카마... 뭐 우리는 일본에서 끈덕지게 볼것같으니 짧게 씀

4) 건우.. 건우햄 행동력 하나는 진짜 끝내줍니다.. 사실 저도 제 친구들 사이에서 미친행동력으로 비난과 감탄 둘다 받는데 형은 그 이상인 것 같아요.. F-k ng 트래블러 건우형. 저도 여행 좋아하니까 아프리카 정도 아니면 한번 같이 가는것도 좋을지도..?

5) 혜성.. 경선, 건우와 더불어 삼지문 -> 인터반의 동료.. 혜성님 힘들어 하시다가 저랑 경선이가 혜성님 웃게 만들었을때 상당히 성취감 있었습니다. 그리고 제가 생각하는 가장 빨리 졸업할 것 같은 맴버 3명중 한 분이십니다. 자신감 잃지마시고 토플 부수기 기원합니다.

6) 인터반 친구들

졸업하고 하느라 교실의 분위기도 많이 달라졌지만,, 다들 함께 할 수 있었기 때문에 토플이라는 거대한 압박 안에서 나름 즐겁게 보냈던것 같습니다.. 2월달에 인터반의 화목하고 재미난 분위기를 만들어두고 가신 하륜이형, 동훈이형도 너무 감사드리고,, 수업시간에 저랑 경선이가 어떻게보면 수업을 방해할 수도 있을 수준에 헛소리를 해도 다들 웃고 넘어가주셔서 감사합니다. 모두 목표한 바를 이루시길 기원합니다.

김유석 어셔졸업 일등공신 채운쌤:

처음에 상담할 시기부터 제 토플공부에 가장 크게 기여해주셨다는 점 알아주셨음 합니다 ㅋㅋㅋ
선생님만 믿고 다른생각 안한 덕에, 기대하지 않은 좋은 점수를 만들 수 있었던 것 같아요.. 비록 처음 반 배치가 완초 2반으로 떨어졌지만, 쌤 께서 2달안에 졸업하려면, 힘들더라도 인터반이 좋을수 있다고 조언해주신 덕에, 인터반에서 기분좋은 시작을 할 수 있었습니다. 그리고 또 가끔 제 기강이 해이해질 타이밍에 완벽히, 교실 전체에 기강 다져주신것도 큰 도움이 되었습니다 ㅋㅋㅋㅋㅋ
12간지야 뭐 말하는거 입아프구요.. 저는 선생님께서 단순히 '선생님'이라는 직책을 빼고도 '김채운'이라는 훌륭한 사람을 만난 것에 대해 좋은 경험한 것 같습니다. 하지만 건강도 잘 챙기셔서 롱런하셨음 좋겠어요 ㅋㅋ 채운쌤 너무 감사합니다 !!

석균쌤:

가끔 편한길 찾고싶어서 쌤한테 시도할때마다 본전도 못찾고 깨진 기억들이 떠오르네요.. 덕분에 정신차리고 공부했습니다 쌤.ㅋㅋㅋ 어셔 한달 더 다니고 싶었던 가장 큰 이유가 바로 석균쌤의 수업이었는데,, 다행히도 금방 졸업을 했네요...
그리고 리딩 테마별로 지문 별 문제풀이 순서를 직접 고안하셨는지는 모르겠지만,, 테마별 리딩 문제풀이 순서가 너무 도움됐습니다.. 딱 우주에 대해 잊어먹었을 즈음에 복습시키고,, 슬슬 적응되던 테마에서 벗어나서 낯선거 풀게시키고.. 그 외에도 쌤께 고마운거 많지만 이만 줄이겠습니다. 쌤은 쿨하시니까요 ~

조교쌤들도 너무 감사했습니다 !! 특히 예림쌤, 유하쌤, 명준쌤,, 매번 해태할때마다 답답하셨을텐데,, 저였으면 좀 화났을수도 있엇을것 같은데, 친절하게 질문받아주시고 너무 감사했습니다 !!!